山东宏观经济研究报告
（2022）

张中英　主编

山东大学出版社
SHANDONG UNIVERSITY PRESS
·济南·

图书在版编目(CIP)数据

山东宏观经济研究报告.2022/张中英主编.—济南：山东大学出版社，2023.11
ISBN 978-7-5607-8032-0

Ⅰ.①山…　Ⅱ.①张…　Ⅲ.①宏观经济—研究报告—山东—2022　Ⅳ.①F127.52

中国国家版本馆CIP数据核字(2023)第223140号

责任编辑　陈佳意
封面设计　张　荔　杜　婕

山东宏观经济研究报告(2022)
SHANDONG HONGGUAN JINGJI YANJIU BAOGAO (2022)

出版发行　山东大学出版社
社　　址　山东省济南市山大南路20号
邮政编码　250100
发行热线　(0531)88363008
经　　销　新华书店
印　　刷　山东华鑫天成印刷有限公司
规　　格　720毫米×1000毫米　1/16
　　　　　24印张　468千字
版　　次　2023年11月第1版
印　　次　2023年11月第1次印刷
定　　价　79.00元

《山东宏观经济研究报告(2022)》
编 委 会

序　言

2022年是极不平凡、具有重大里程碑意义的一年。党的二十大胜利召开，擘画了全面建设社会主义现代化国家、以中国式现代化全面推进中华民族伟大复兴的宏伟蓝图。站在新征程新起点上，省委、省政府坚持以习近平新时代中国特色社会主义思想为指导，深入学习贯彻党的二十大精神，坚决落实习近平总书记对山东工作的重要指示要求，锚定“走在前、开新局”，着力统筹疫情防控和经济社会发展，精准实施宏观调控，有力应对外部环境冲击、“三重压力”叠加等超预期因素影响，推动山东经济社会发展总体呈现稳中向好、进中提质的良好态势，主要经济指标好于全国、好于对标省份，对全国经济增长的贡献率位居首位，在稳住经济大盘中彰显了应有担当、作出了山东贡献。

回顾这一年，全省上下坚决贯彻党中央决策部署，在省委、省政府坚强领导下，坚持高质量发展不动摇，成功争取国家赋予山东建设绿色低碳高质量发展先行区的光荣使命，纵深实施黄河重大国家战略，推动新旧动能转换“五年取得突破”，乡村振兴、海洋强省建设成效凸显，多重机遇叠加赋能，战略位势加快跃升。坚持深化改革开放不动摇，成功举办跨国公司领导人青岛峰会、“好客山东　好品山东”推介、尼山世界文明论坛等重大活动，一批事关全局长远的改革举措、高端平台、优质企业、标志性项目集聚落地，内生动力活力夯实塑强，对外吸引力和影响力全面提升。坚持以人民为中心不动摇，精准优化防控措施，最大程度保护人民生命安全和身体健康，最大限度减少疫情对经济社会发展的影响，幼有所育、学有所教、劳有所得、病有所医、老有所养、住有所居、弱有所扶七类事举措有力、扎实推进，高质量发展成果更多更公平惠及广大群众。在这个过程中，山东省宏观经济研究院锚定建设“山东有地位、全国有影响”新型高端智库目标，围绕全省重大战略实施、重大政策创新、重大改革推进、重大工程建设，靠前服务、深入调研、前瞻研究，承担省委、省政府政策谋划和专项调研任务50余项，组织开展重要研究课题100余项，形成了一批高质量学术成果，获省领导批示20余次，为各级各领域科学决策提供了重要参考。经优中选优，现分7个专题、汇集45篇精品成果编撰成《山东宏观经济研究报告(2022)》，希望能对读者以宏观视野认识和研判山东经济发展有一定帮助。

2023年是全面贯彻落实党的二十大精神的开局之年，也是绿色低碳高质量发展先行区建设起步之年，做好经济工作意义重大。特别是当前，全球经济增长动能持续减弱，我国需求收缩、供给冲击、预期转弱“三重压力”仍然较大，在复杂严峻的经济形势下，我国经济韧性强、潜力大、活力足，长期向好的基本面将进一步凸显，同时山东比较优势持续放大，各种积极因素加快集聚，战略位势更加凸显，政策支撑更加强劲，经济循环更加畅通，开放格局更加宽广，发展后劲更加充足。放眼世界、立足全国、服务山东的宏观经济研究大有可为，也应大有作为。山东省宏观经济研究院要牢牢把握党中央、国务院宏观政策方向，紧紧围绕省委、省政府关于经济工作的决策部署，聚焦高质量发展首要任务，以推动绿色低碳高质量发展先行区建设全面起势为着力点，从把握时间窗口、改善社会预期、提振发展信心入手，及时主动开展应用性、时效性、针对性研究，拿出一批有高度、有远见、有支撑的优秀成果，努力为推动中国式现代化“山东实践”作出新的贡献。

（山东省发展和改革委员会党组书记、主任）

2023年8月

目　录

第一篇　服务融入新发展格局

第二篇　推动科技自立自强

第三篇　深化新旧动能转换

第四篇　践行国家“双碳”战略

第五篇　全面深化改革开放

第六篇　扎实推进共同富裕

第七篇　他山之石可以攻玉

第一篇　服务融入新发展格局

山东半岛城市群一体化高质量发展指数报告

推动山东半岛城市群一体化高质量发展是贯彻落实习近平总书记关于山东“走在前、开新局”重要指示要求的重大战略举措，是建设绿色低碳高质量发展先行区的重要支撑。为此，山东省宏观经济研究院组成课题组，以指数形式对山东半岛城市群一体化高质量发展进行量化测度。主要情况如下。

一、指数设计：遵循三大原则

聚焦一体化、高质量发展内涵，指数设计过程遵循以下三个原则：一是全面性，构建三级指标体系，包括产业创新协作、设施互联互通、市场统一共建、生态环境共保、对外协同开放、城乡融合发展、民生服务共享等7个一级指标及19个二级指标、41个三级指标，多维度、立体化反映区域一体化发展情况。二是科学性，从理论和方法层面开展多轮专家论证，同时征求省直24个部门、三大经济圈联席会议办公室和16市的意见，得到了肯定与认可。三是可靠性，数据来源[①]具有较为完备的统计体系作保障，保证数据规范、口径统一，可获取、可评价。

二、分析结果：区域一体化高质量发展呈现三大特点

采用2020年和2021年数据，以2020年为基期，基准值是100点，运用加权算术平均法，对山东半岛城市群和三大经济圈一体化高质量发展进行量化测度。

(一)整体来看，山东半岛城市群一体化高质量发展快速推进

以“双循环”新发展格局为引领，突出绿色低碳高质量发展先行区总抓手，2021年发展总指数为112.23，增长速度达到12.23%；7个分指数中有6个增速高于10%，呈现全方位加速发展态势(见图1)。

---

① 本报告数据来源于山东省统计局等相关厅局。

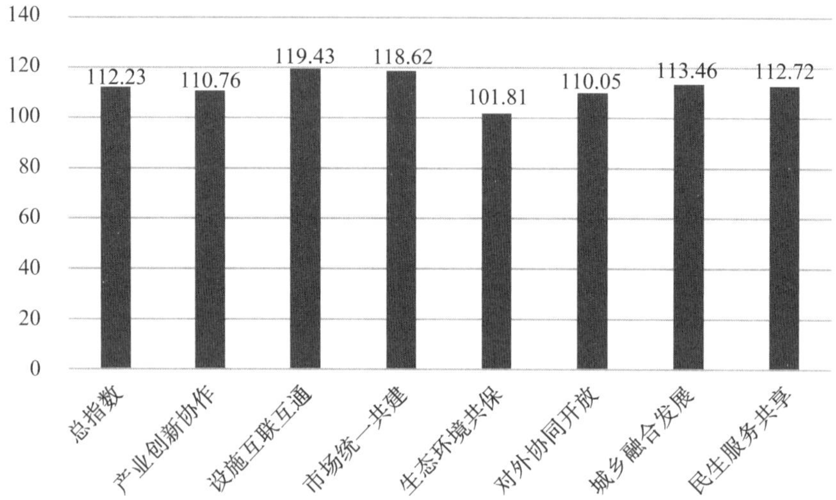

图 1　山东半岛城市群一体化高质量发展指数

(二)分区域看,三大经济圈发展各有亮点

省会经济圈、胶东经济圈、鲁南经济圈一体化高质量发展指数分别为111.03、117.29、115.36,增速分别为11.03%、17.29%、15.36%,均实现了两位数增长(见图2)。其中,生态环境共保增速,省会经济圈居三大经济圈之首;市场统一共建、城乡融合发展、民生服务共享增速,胶东经济圈高于另外两个经济圈;产业创新协作、设施互联互通、对外协同开放增速,鲁南经济圈高于其他两个经济圈(见图3)。

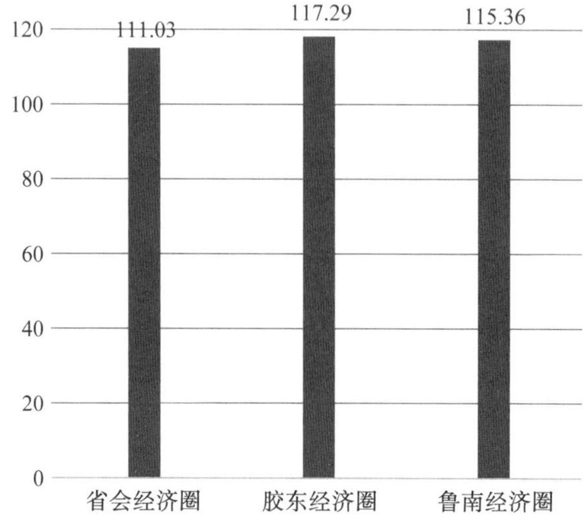

图 2　三大经济圈一体化高质量发展总指数

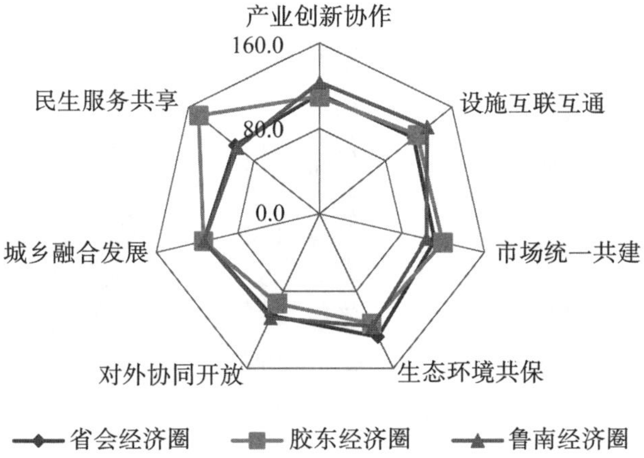

图 3　三大经济圈一体化高质量发展分指数

(三)分领域看,设施互联互通、市场统一共建成为发展主动力

七个领域中,设施互联互通和市场统一共建增速最高,接近 20%,成为拉动山东半岛城市群一体化高质量发展的两大主要动力。具体情况如下。

1.产业创新协作力度增强

产业创新协作分指数为 110.76,核心城市济南、青岛的产业向服务高端化发展,三大经济圈产业分工协作发展趋势向好,区域创新共同体加速形成(见图 4、图 5、图 6)。

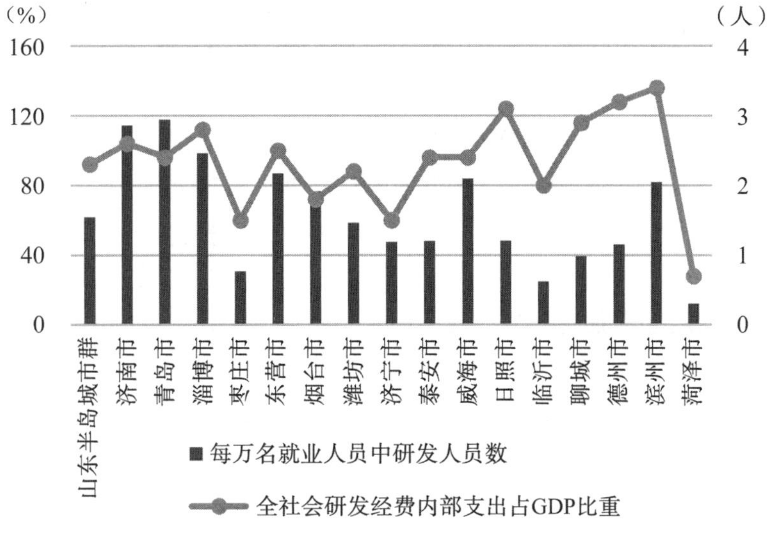

图 4　山东半岛城市群研发人员数及研发经费占 GDP 比重

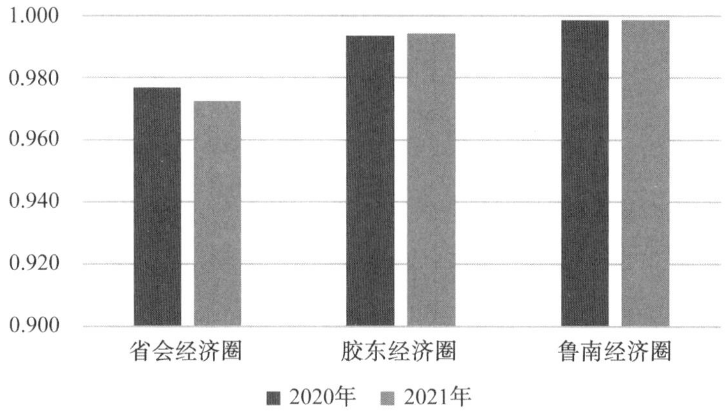

图 5　三大经济圈产业结构相似系数

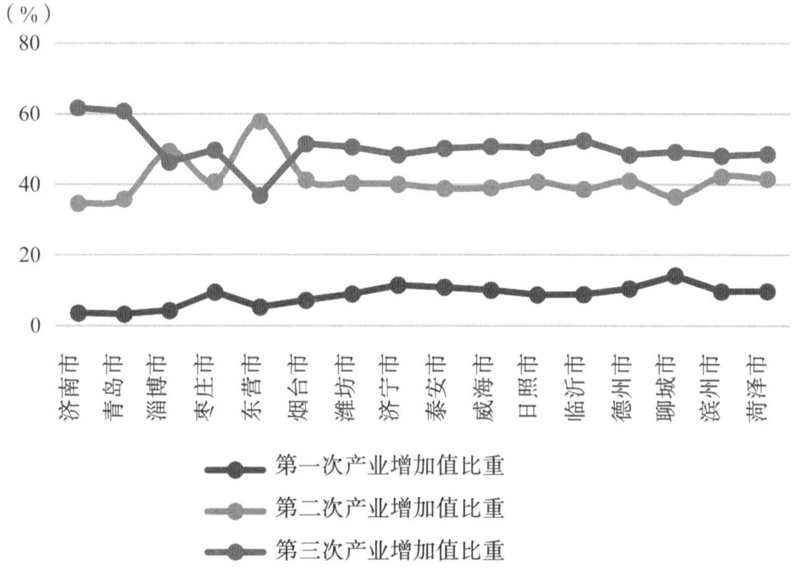

图 6　2021 年山东半岛城市群各市三次产业增加值比重

2.设施互联互通加力提速

设施互联互通分指数为 119.43。现代化综合交通体系日益完善,“山东的路”品牌持续擦亮(见图 7)。数字化信息网络建设有序推进,截至 2021 年底,累计开通 5G 基站数达 10.1 万个(见图 8)。

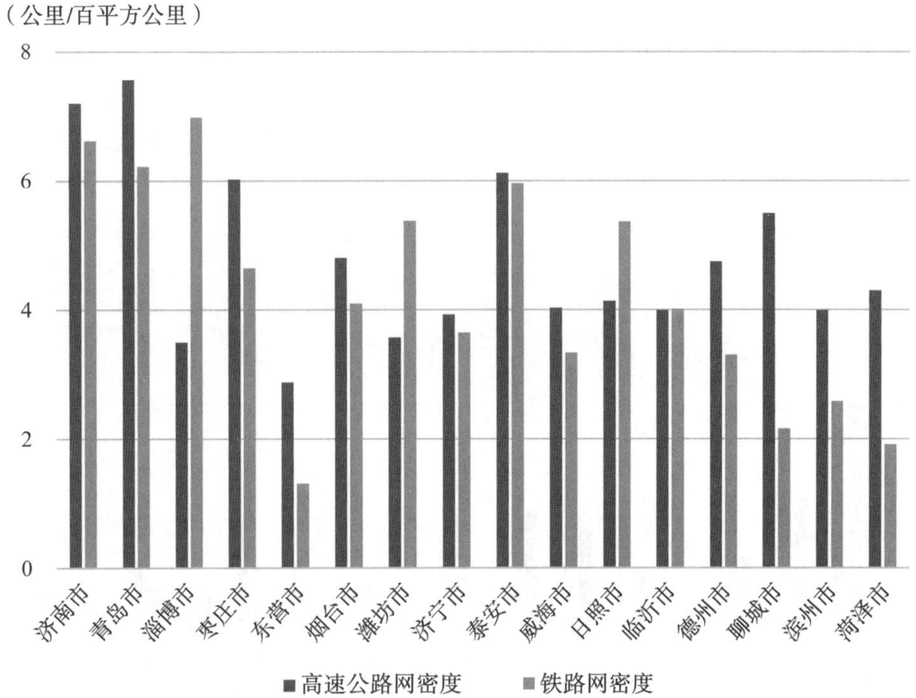

图 7　山东半岛城市群各市高速公路网密度和铁路网密度

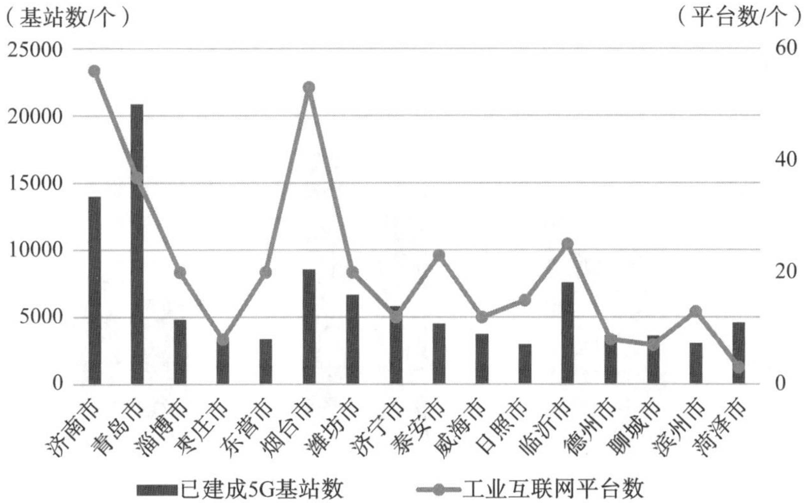

图 8　山东半岛城市群各市 5G 基站数和工业互联网平台数

3.市场统一共建更加顺畅

市场统一共建分指数为118.62。要素市场发展协同高效,人力、资本、技术等要素的供给活力进一步增强,商品市场规模不断扩大(见图9、图10)。2021年吸收省外内资总额是2020年的1.85倍,社会消费品零售总额同比增长15.3%。

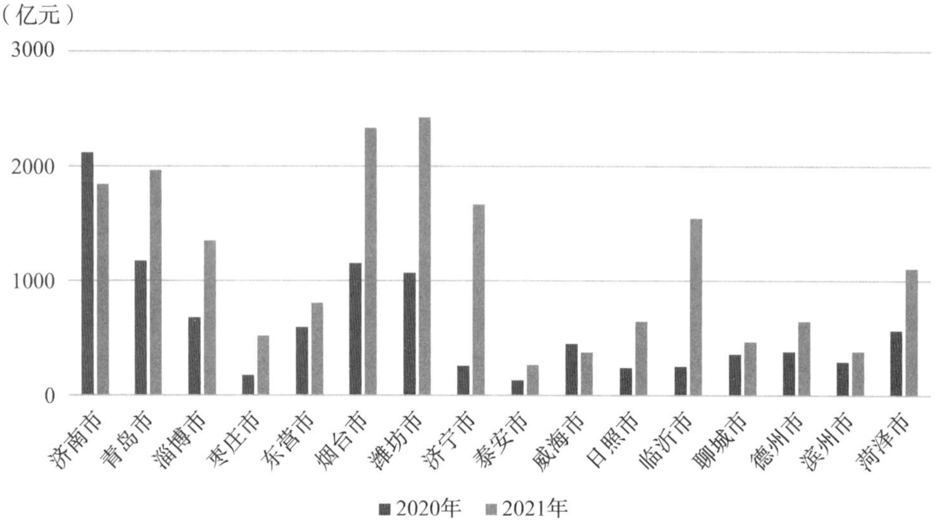

图9 山东半岛城市群各市吸引省外内资情况

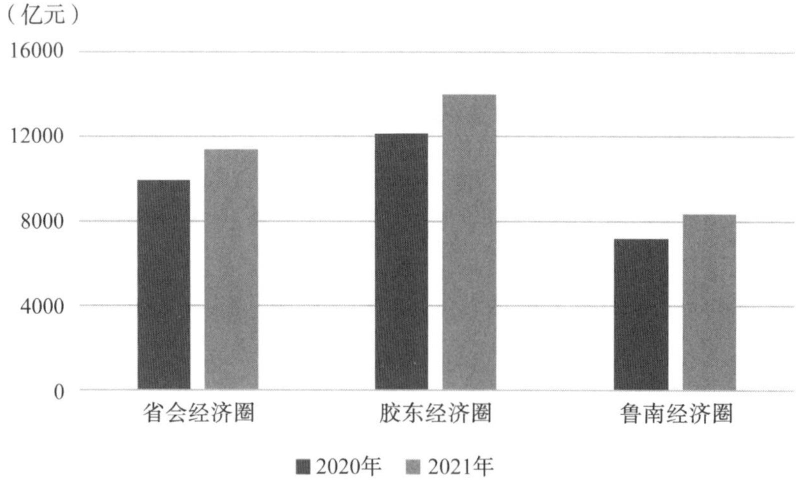

图10 三大经济圈社会消费品零售总额

4.生态环境共保稳步推进

生态环境共保分指数为101.81。环境共保联治机制有效运行，生态环境质量不断改善（见图11）。2021年联动开展跨行政区域环境执法达68次，细颗粒物（$PM_{2.5}$）平均浓度同比下降15.2%，降尘量同比增长12.6%。

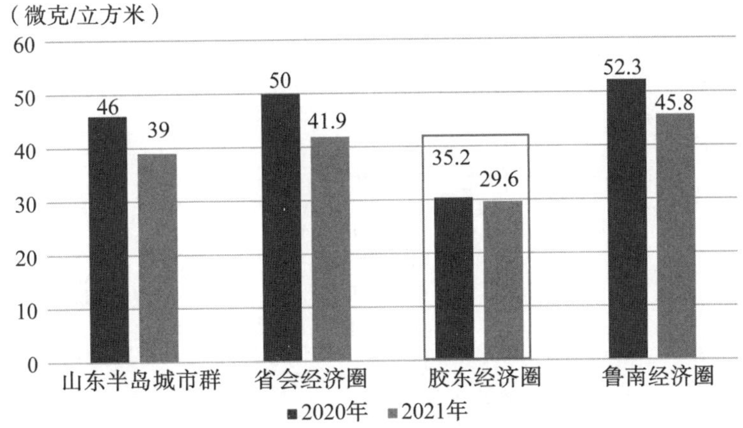

图11　山东半岛城市群及三大经济圈细颗粒物（$PM_{2.5}$）平均浓度

5.对外协同开放持续深化

对外协同开放分指数为110.05。对外开放水平不断提升，外贸进出口固稳提质效果明显（见图12）。"一带一路"市场货物贸易进出口总值同比增长32.9%，民营企业货物贸易进出口总值同比增长35.6%，"齐鲁号"中欧班列累计开行总量突破5000列。

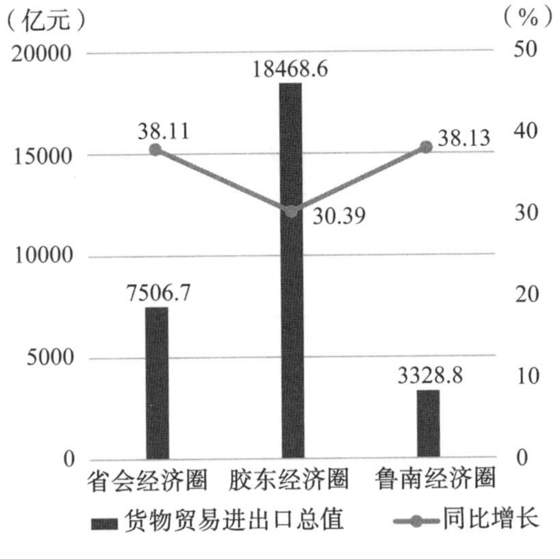

图12　2021年三大经济圈货物贸易进出口总值及同比增幅

6.城乡融合发展状况良好

城乡融合发展分指数为 113.46。新型城镇化建设成效显著，城乡融合载体建设加快推进，城乡发展差距逐渐缩小(见图 13)。城乡居民人均可支配收入之比由 2020 年的 2.33 下降到 2021 年的 2.26，城乡居民人均消费支出之比由 2.16 下降到 2.05。

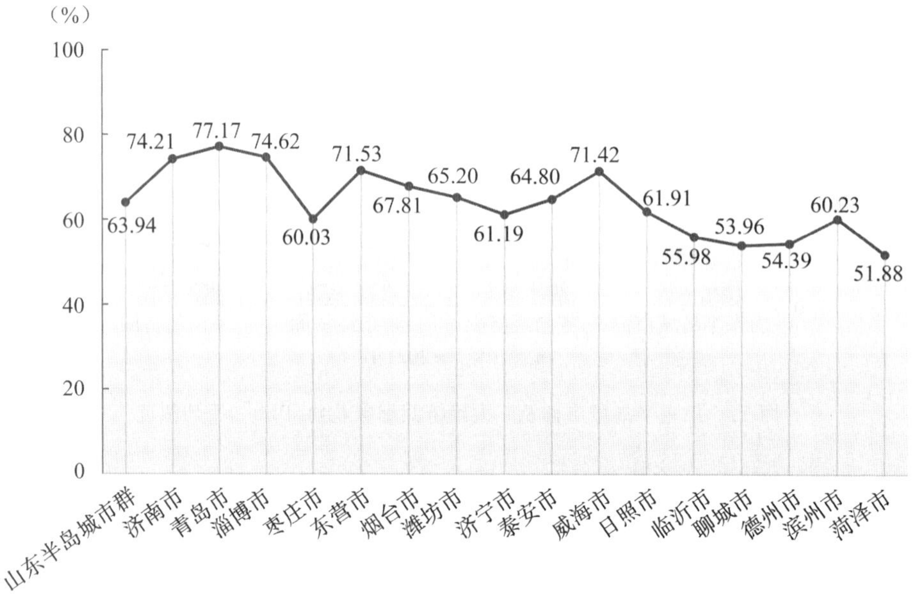

图 13　2021 年山东半岛城市群及各市常住人口城镇化率

7.民生服务共享增进福祉

民生服务共享分指数为 112.72。文化教育共享品质不断升级，“好客山东”文化旅游品牌美誉度不断提升，老有所养成效显著，居民获得感进一步增强(见图 14、图 15)。

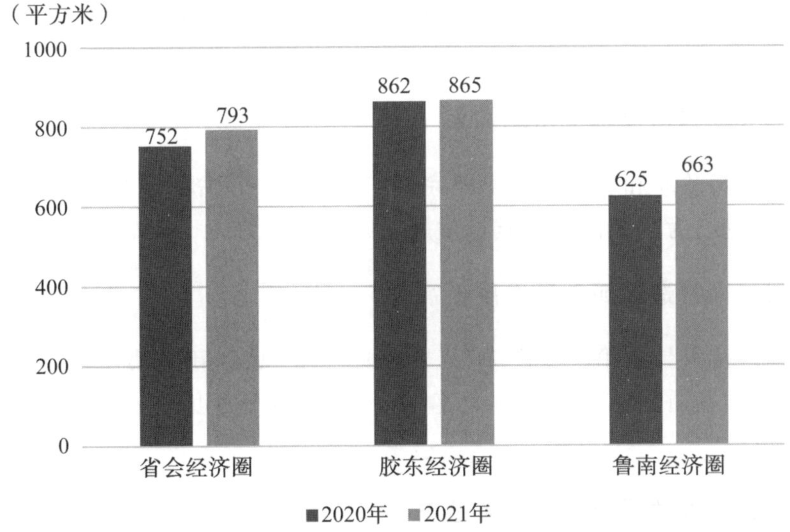

图 14　三大经济圈每万人拥有公共文化设施面积

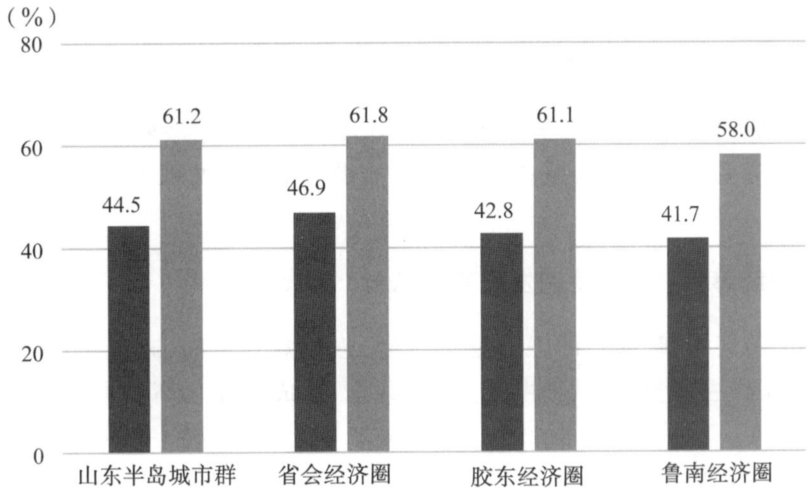

图 15　山东半岛城市群及三大经济圈养老机构护理型床位占比

三、发展建议：五个着力点助推一体化高质量发展加速提升

总体来看，山东半岛城市群一体化高质量发展具备了加快突破的基础条件，但也存在诸多制约，如产业错位发展程度低、基础设施整体性不强、工作推

进机制尚不健全等。今后,应从五个方面持续发力,加快构建区域发展新格局。

(一)共同构建高标准市场体系

依靠有为政府和有效市场不断完善产权保护、市场准入、社会信用等市场经济基础制度,为区域协调高质量发展注入持久动力。

(二)协同打造区域创新发展新高地

始终坚持科技是第一生产力、人才是第一资源、创新是第一动力,完善科技创新体系,畅通创新要素流动渠道,加大创新协作力度,提升创新对协同发展的贡献度。

(三)合力推动绿色低碳高质量发展

强化城市群"一盘棋"意识,推动产业结构、能源结构、投资结构、生活方式等深刻转变,以绿色低碳高质量发展先行区建设谱写中国式现代化"山东篇章"。

(四)协力拓展开放合作新优势

整合省内资源,拓展外部资源,注重与其他重大国家战略的联动,推动要素市场贯通和平台开放,整体提升城市群集聚能力,增强城市群辐射带动功能。

(五)统筹完善区域协调发展实施机制

健全跨区域、跨部门的强力推进机制,强化规划协同、政策集成、项目统筹,夯实工作主体责任,共商共建、共治共享,形成一体化高质量发展的强大合力。

课题组成员:张中英　高福一　倪艳亭　吴军　任栋　王志勇　崔雁冰

山东省县域经济高质量发展路径与对策研究

郡县治，天下安。县域经济是应对全球危机挑战的“压舱石”，是维护社会正常运转的“稳定器”，是经济发展的基本动力源。山东省宏观经济研究院长期关注战略研究和区域发展，认真学习贯彻党的二十大精神，党中央、国务院以县城为重要载体的城镇化建设，县城城镇化补短板强弱项及省以下财政体制改革等文件要求。针对县域热点难点问题，山东省宏观经济研究院与山东省社会科学界联合会联合开展了全省县域经济高质量发展调研工作，赴 8 个典型县(市)实地调研，面向 16 市 78 个县(市)征集意见。总体来看，山东省县域经济正处于优化定位、强化功能、抢抓机遇、创新突破的关键时期，迈入了新时代中国特色社会主义现代化建设的新征程，在促进全省高质量发展“走在前、开新局”中至关重要。

一、山东省县域经济发展成效显著

山东省先后出台了推动县域经济发展的系列政策举措，县域经济整体实力不断提升，有力推动了全省经济社会发展。

(一)综合实力显著增强

2021 年，我省县域平均实现地区生产总值 432.8 亿元，平均实现公共预算收入 30.8 亿元；人均创造价值显著高于全国平均水平。有 13 个县(市)进入 2022 年度赛迪百强县榜单；3 个县级市 GDP 突破千亿元大关，2 个县级市 GDP 超过 950 亿元，距离千亿县一步之遥。县域城镇、农村人均可支配收入分别达到 3.9 万元和 2.1 万元，城乡可支配收入之比由 2018 年的 2.1 缩小为 2021 年的 1.9，收入差距显著低于全国平均水平。县域发展形成积厚成势、奋楫争先的良好态势。

(二)生态环境明显改善

全省城市和县城建成区生活污水集中收集率达65.3%,再生水利用率达45.8%,生活垃圾焚烧处理率达83%,建成区绿地率37.3%,人均公园绿地面积为17.4平方米;全面完成建成区黑臭水体整治,协同推进城市排水"两个清零、一个提标",在历史性消除劣Ⅴ类水体的基础上又历史性地消除了Ⅴ类水体,国控地表水考核断面水质全部达到Ⅳ类及以上;全面推进"无废城市"建设,所有县(市)全部启动垃圾分类,全省细颗粒物($PM_{2.5}$)浓度4年下降31.6%,"蓝天白云、繁星闪烁"成为"日常品"。曲阜、荣成等10个县(市)先后入选国家生态文明建设示范市县。

(三)产业特色优势彰显

我省形成了一批特色化发展典型县(市)。涌现了以寿光、莘县为代表的农业大县,以龙口、邹平为代表的工业强县,以胶州、平度为代表的外贸强县,以滕州、齐河为代表的文旅康养强县,以荣成、商河为代表的生态文明强县,以滕州、莱阳为代表的现代物流强县,以及深耕优秀传统文化、建设世界文明交流互鉴高地的曲阜,资源枯竭型县域转型发展典型邹城、新泰,突破区位局限打造临港产业的莒南,借助互联网奋力创新的"网红县"——曹县。

(四)创新实力明显提升

我省3个县(市)入选科技部公布的首批创新型县(市);14个县(市)入选《光明日报》发布的2021年度全国科技创新百强县(市),数量居全国第3位;拥有国家级"专精特新"中小企业118家。其中,荣成建成国家级创新平台8个,走在了全省前列。

(五)基础设施加快完善

我省实现了县县通高速,25个县(市)高铁直达,8个县(市)建成通用机场;5G基站和充电桩的平均密度分别达到96个/百平方公里和75台/百平方公里。建成县级物流节点200多个,乡镇物流节点近2000个,村级物流节点突破2万个;农村快递网点6237个,乡镇快递网点实现全覆盖,建制村全部直接通邮。随着基础设施"七网"行动的推进,县域基础设施网络将更加完善。

山东省县域经济的重大成效和历史变革得益于以下几个方面。一是省委、省政府的高度重视和持续推进。专门设立县域经济发展办公室具体负责制定发展战略和改革措施,加强评估考核;多次召开全省大会和专题会议安排部署相关工作，先后实施“扩大县级管理权限”“促强扶弱带中间”“以市为单位整体提升县域经济发展水平”等改革创新，形成了昌邑的“小机构、大服务”、诸城的“贸工农一体化”、金乡的“农贸带动”等经验；在全国率先开展“县域经济科学发展试点”和“县域经济高质量发展差异化评价”，推动县域经济实力不断提升，“百强县”数量长期位列全国前三。二是营商环境的改善和市场主体的快速发展。改革开放初期，实行了乡镇工业、村办工业、联办工业、个体工业“四个轮子”一起转的“四轮”战略，使乡镇企业在较短的时间内异军突起；通过优化制度环境、强化要素保障，推动县域民营企业做大做强，涌现出魏桥、南山、西王等一批明星企业，其中，魏桥集团成功入选《财富》世界500强。三是突出地方特色和主导产业的培优塑强，紧抓发展机遇，突出区位优势，全力打造特色产业。不断优化产业结构，大力推进农业产业化经营，提高农业综合效益，保障粮食安全，夯实县域发展经济基础；发挥龙头企业带动作用，培育形成邹平铝业生产、胶州智能家电电子、邹城矿山装备智造、诸城汽车及零部件等多个特色产业集群，部分产业在国内国际均具有重要影响力。四是注重民生福祉和经济社会的协调发展。不断加大财政支出，持续改善办学条件，积极化解大班额问题，每百名小学生的专任教师数由2018年的5.8人提高至2020年的6.2人，智慧校园覆盖率达到80%。居民医疗条件不断改善，2018～2020年，县域平均每万人拥有的医生数、卫生人员数、床位数分别由20人、50人、45张提高到23人、56人、49张，全省县级医院医疗服务能力达标排名居全国第二位；组建388个县域医疗服务共同体，数量位居全国第一。

二、山东省县域经济发展面临挑战与机遇

面对百年未有之大变局和世纪疫情的冲击，国际形势复杂变化，我国发展格局深刻调整，山东省县域经济发展面临五大挑战和四大机遇。

（一）面临的挑战

一是财政保障亟待加强。分税制改革以来，县域财权事权不匹配问题日益突出，财政收支矛盾更加突显，可用财力明显不足，半数以上县域面临“三保”压力。2021年，全省仅26个县（市）财政收支比在60%以上；21个县（市）财政收支比低于40%，部分县域严重依赖转移支付。

二是资源要素制约趋紧。资金、土地、能耗、碳排放等要素统筹调配权限的上收和多年来土地的粗放式使用导致县域传统生产要素储备枯竭；在产业发展向高端化、智能化全面转型的背景下，县域对新型生产要素缺乏足够的吸引力。

三是新动能的引领能力有待提升。多数县域产业层次不高,新动能尚处于势小力弱的发展阶段。2021 年,江苏有 26 个县(市)进入赛迪中国科技创新百强县榜单,是山东省的 2 倍;昆山市高新技术企业达到 2264 家,是山东省县域 GDP 排名第一的胶州市的 3.3 倍。

四是发展不均衡。区域分布上,13 个赛迪百强县中,胶东经济圈有 9 个,省会经济圈和鲁南经济圈各有 2 个;GDP 排名前 5 位的县域,有 4 个位于胶东地区,排名后 4 位的均位于鲁西南和鲁西北地区。经济总量上,2021 年山东省 GDP 排名前 10 位的县域经济总量为 9595.8 亿元,排名后 10 位的县域经济总量为 1931.6 亿元,前者是后者的 4.97 倍。

五是与先进地区差距有所加大。山东省百强县数量明显减少,入选百强县榜单的数量由 2016 年的 21 个下降到 2022 年的 13 个;2022 年江苏省、浙江省的百强县数量分别为 25 个和 17 个,明显高于山东省。全国 43 个千亿县中,江苏省、浙江省分别有 17 个和 9 个,山东省仅 3 个。2021 年,江苏昆山 GDP 突破 4748 亿元,比山东省排名前 4 的县域的 GDP 总和还多 73 亿元。2020 年,山东省县域人均 GDP 和单位面积 GDP 分别为 4.75 万元和 0.28 亿元,江苏省县域人均 GDP 和单位面积 GDP 分别为 10.46 万元和 0.66 亿元,分别是山东省的 2.20 倍和 2.36 倍。

(二)重大机遇

一是战略和政策机遇。县域发展已经迎来国家战略叠加政策红利期,黄河流域生态保护和高质量发展国家战略、在山东建设绿色低碳高质量发展先行区的战略布局,山东半岛城市群发展、中华优秀传统文化"两创"先行示范区、自贸试验区以及长城、黄河、大运河国家文化公园建设等一系列国家级政策举措,为山东省县域经济高质量发展提供了生态保护纵深推进、产业发展换道超车、降碳提质良性互动、区域发展协调均衡、优秀传统文化传承弘扬、文旅融合深度推进、城市软实力壮大提升等重大机遇。

二是市场机遇。我国经济总量体量大、潜力足、韧性强,是全球货物贸易第一大国和第二大消费市场;山东省经济总量和人口总数均居全球第 15 位;人均 GDP 达到 1.26 万美元,接近中等发达国家水平,国内省内市场空间都非常大。"双循环"新发展格局的构建和巨大的国内市场规模将推动山东省县域进一步融入国内国际产业链、供应链,为县域发挥九大比较优势、高质高效服务全国统一大市场、共享我国产业和市场扩容升级提供历史机遇。

三是创新机遇。科技是第一生产力、人才是第一资源、创新是第一动力。新技术的迅猛发展带来产业产品、组织管理、业态模式的迭代升级,经济运行各环节正发生革新性重构。国际政治经济格局深刻调整、西方发达国家保护主义抬头让国内企业将更多的目光转向国内，通过推动创新资源下沉在县域寻找增长空间；高新技术的快速发展加速了相关产业由大城市向县域的转移；高素质农民呈现的县域回流态势带来了新的技术，推动了大城市的知识溢出；互联网技术的发展为县域获取高水平教育资源和输出农产品、工业品等提供了新的渠道。县域内外多种资源的共同发力，让县域迎来了重大的创新机遇。

四是空间机遇。新型城镇化与乡村振兴的双轮驱动，将为县域的未来发展提供强大驱动力，中国式现代化和共同富裕将重塑县域发展空间。以县城为重要载体的城镇化的加快推进将不断促进县城补短板、强弱项，持续提升基础设施和公共服务水平，提升县城城镇化智慧、绿色、均衡、双向发展水平，引导农业转移人口就地就近城镇化，加快城乡融合，助推产业强镇不断壮大，提升产业发展的空间容量，最大限度拓宽县域发展空间。

三、县域经济发展新方位新特征

党的二十大为我们描绘了以中国式现代化全面推进中华民族伟大复兴的宏伟蓝图，在新征程上，得县域者得未来。第一，县域是推进中国式现代化的基础保障，是增强粮食安全的主力军和基础工业产品的主产地，是保障产业链供应链韧性和安全稳定的重要支撑。第二，县域是构建新发展格局的战略基点，是拥有庞大人口规模和巨大内需潜力的重要市场，是建设全国统一大市场的基础单元和利用国内国际两个市场两种资源、有效促进经济循环的基础节点。第三，县域是改革创新的不竭源泉，是农业农村改革和创业创新发展的策源地，以县域、乡镇企业和农村为代表的基层不断打破窠臼，让首创精神遍地开花，持续形成自下而上和自上而下相结合的改革动力。第四，县域是人与自然和谐共生的基础单元，是实现绿色低碳高质量发展的重要支撑，持续深入打好蓝天、碧水、净土保卫战，实现发展模式、生产方式和生活理念的绿色低碳转型，为推动高质量发展提供良好生态保障。第五，县域是推动乡村振兴、实现共同富裕的坚实堡垒，是辐射带动乡村振兴的最前沿，是促进共同富裕的主战场，县域连接城、乡两端，只有不断做大做强县域，才能全面推进乡村振兴、实现共同富裕。

四、对策建议

着眼当前与长远，县域已经展现出作为生产生活最优空间的潜质，山东省亟须创新理念，推动县域经济实现创新突破发展。

(一)推动县域功能定位实现新跨越

把“宜居宜业和美”作为县域的新定位，打造各具特色、富有活力、宜居宜业的现代化县城。坚持以人为核心推进新型城镇化，尊重县城发展规律，统筹县城生产、生活、生态、安全需要，因地制宜补齐县城短板。推进数字化改造，建设新型基础设施，提升信息化水平，发展智慧县城。增强县城综合承载能力，更好地满足农民到县城就业安家的需求和县城居民生产生活的需要，为实施扩大内需战略、协同推进新型城镇化和乡村振兴提供有力支撑。以推进就地就近城镇化为主要抓手，加快提升县域常住人口城镇化水平。提升农业转移人口的就业能力，使其在子女教育、卫生、社会保障等方面享受同等待遇。

(二)推动县域经济发展和财源建设实现新突破

增强产业支撑能力，一县一策，选择确定1～2个优势主导产业，加快培育特色产业集群。推进毗邻县区协同发展，克服县域“大而全”“小而全”的结构缺陷，精准选取切入点，引导骨干企业加快嵌入国内国际产业链、供应链。增强产业平台功能，聚焦细分主导产业培育一批“千亩百亿”园区；推进县域产业园区整合提升，支持发展成效明显、引领示范作用突出的省级开发区申报创建国家级开发区。

强化县域财源建设，增加县域在税收、非税收入、土地出让金等方面的净收益返还比例；完善增值税留抵退税分担机制，缓解退税相对集中的县域的退税压力。调整财政分配关系，建立财权、事权相适应的财政管理新体制。推动财力下沉，增强基层公共服务保障能力，对下放到县域的事权给予配套财力支持。推动一般性转移支付向革命老区、欠发达地区及担负生态保护、粮食和重要农产品生产等职责的重要功能区域倾斜，不指定具体支出用途，由下级政府统筹安排使用。

(三)推动县域营商环境实现新优化

持续一体推进“放管服”改革，打造市场化、法治化、国际化营商环境，减轻市场主体负担，降低制度性交易成本和经营成本。着力破解用地、用能难题。

稳妥推进农村集体经营性建设用地入市改革，提高供给，有效缓解土地供求矛盾；进一步挖潜存量土地，盘活闲置用地，减少粗放用地；加快土地整理整治，积极参与新增建设用地指标跨区域交易。推动能耗指标瓶颈制约有序破解。在能耗总量控制下，加大省级留存部分能耗指标向能效利用率高县域的倾斜力度，省级能耗指标收储交易资金重点对节能降碳效果明显的项目予以支持。

（四）推动县级领导善抓经济工作专业能力实现新提升

强化政治意识。坚持以习近平新时代中国特色社会主义思想为指导，全面贯彻习近平经济思想，坚持理论联系实际，不断提高认识和把握经济规律、分析判断经济形势、应对经济运行复杂局面的能力。要强化系统思维。立足整体、着眼长远，使各项政策和举措符合客观规律、满足群众需求。把抓经济摆在当前工作最重要的位置，有力有序推进稳增长系列决策部署落地见效，善于用改革的办法推动工作，用市场的规律抓机遇。要加强专业知识学习。要加强经济学知识、科技知识学习，正确认识和把握实现共同富裕的战略目标和实践途径、资本的特性和行为规律、初级产品供给保障、防范化解重大风险、碳达峰碳中和等新的重大理论和实践问题，坚决把新发展理念落实到具体工作中。

（五）推动县域规模实力实现新超越

紧扣“三新一高”要求，找准发展定位，深挖发展潜力，厚植发展优势，奋力走出一条具有山东特色的县域高质量发展之路。到“十四五”末，基本破解束缚山东省县域经济发展的各种制约因素，打造一批 GDP 过千亿、财政收入过百亿的龙头县域，力争百强县数量超过 20 个，使全省县域经济实力再上新台阶。推动“千亿县”扩容提质。在重大基础设施、重大生产力布局等方面加大对“千亿县”的支持力度，进一步塑强产业链，壮大块状产业集群，提升科技创新能力，突破性发展现代服务业，在“千亿县”中争先进位。开展准“千亿县”对标提升行动。做精做强细分产业，加强与中心城市、都市圈、城市群的经济链接、交通互通、产业联动，持续缩小差距，奋力挺进“千亿县”。严格控制撤县建市设区，培育壮大一批特色县域。对形成发展特色经验的县域给予重点支持。

课题组成员：张中英　王小伶　高福一　王安　李继伟　任栋　冀晓群
许月恒　马方奎　姜楠　郑磊

山东半岛城市群合力打造国际消费目的地研究

消费是扩内需、稳增长的着力点，是高质量发展的重要引擎，是山东落实国家系列重大战略、加快服务和融入新发展格局的发力点。党的二十大报告指出着力扩大内需，增强消费对经济发展的基础性作用，并明确以城市群、都市圈为依托构建大中小城市协调发展的格局。《山东半岛城市群发展规划（2021～2035年）》指出，建设一批区域性消费中心城市，打造兼具时尚魅力和半岛特色的北方消费中心和重要国际消费目的地。围绕"三新一高"发展要求，抢抓国内统一大市场时代机遇，通过对国内外先行区域进行跟踪分析，赴主要消费城市开展深入调研，本研究提出构建"一平台、两中心、N板块"的消费发展总体格局和平台驱动、服务支撑、数字赋能、绿色推动、品牌铸魂的发展机制，推动山东半岛城市群合力打造引领北方地区、辐射东北亚的高端新型国际消费目的地。

一、打造国际消费目的地的意义

（一）打造国际消费目的地是持续推动经济增长的重要路径

消费、投资、出口是拉动经济增长的"三驾马车"。长期以来，我国经济发展主要依赖投资和出口。随着产业升级和结构调整，消费对经济增长的贡献率不断提升。消费已成为我国经济高质量发展的第一拉动力。此外，面对经济下行压力，综合施策稳消费也是稳定经济基本盘的关键支撑。通过打出促消费的"组合拳"，释放被抑制、被冻结的消费需求，可助推消费发挥稳经济"压舱石"的作用。

（二）打造国际消费目的地是服务和融入新发展格局的必然选择

构建新发展格局需立足扩大内需这一战略基点，充分发挥国内市场的强大优势，培育完整的内需体系。针对我国目前消费紧缩的问题，亟须实行以促消费为主的扩大内需政策。合力打造国际消费目的地有助于释放山东半岛城市群的消费潜力，促进消费市场提质升级，为服务和融入新发展格局打下坚实的内需基础，为增强经济发展内生动力和韧性提供内需保障。

（三）打造国际消费目的地是融入全国统一大市场的重要抓手

建设全国统一大市场是打通制约经济循环的关键堵点、打破地方保护和市场分割、促进商品要素资源顺畅流通的重大部署。打造国际消费目的地有助于强化市场基础制度规则统一，在产权保护、市场准入、公平竞争、社会信用等方面设立统一标准，推动山东在融入全国统一大市场中抢占先机。

（四）打造国际消费目的地是实施重大发展战略的重要动能

绿色低碳高质量发展先行区建设、黄河流域生态保护和高质量发展、乡村振兴、海洋强省等多项战略叠加赋能，为我省消费扩容提质带来战略机遇。目前，我省产业结构偏重，能源结构偏煤，绿色消费需求仍待释放。以全域合力共建国际消费目的地为契机，全盘布局、统筹规划，有助于推动形成绿色低碳的生产生活方式，以生活绿色低碳化带动生产绿色低碳化，推进系列重大战略落地。

（五）打造国际消费目的地是满足人民美好生活需要的内在要求

建设国际消费目的地有利于集聚国内外消费资源，为城乡居民提供内容丰富、方式便捷的消费产品，促进消费资源均衡，满足各收入群体多样化、个性化的消费需求，促进物质和精神生活的共同富裕。同时，有助于完善我省城市间利益共存机制，推动构建一体化、均等化的高质量公共服务体系，促进共同富裕。

二、国际消费目的地的内涵表征

（一）国际消费目的地的三个特征

1.消费的国际化

国际消费目的地作为融合国际因素并具有国际影响力的区域，其基础设施可快捷、高效联通世界，区域内产业结构以高端、发达服务业为主，社会文化和人居环境的包容度、友好度、开放度和有序度极高。其国际化特征涵盖消费群体以及商品和服务的国际化。

2.载体的数字化

依托5G、虚拟现实、大数据等现代信息技术,国际消费目的地以高智能、全链接、零延时为出发点,创建“衣食住行游”全场景集,推进传统实体商业体数字化转型,积极布局无人零售、智慧零售等新零售业态,打造集展示、体验、销售为一体的沉浸式消费场所。

3.产品的品质化

国际消费目的地作为中心城市和周边区域的综合消费枢纽节点,通过“中心—区域”良性互动、“服务业—制造业”协同集聚、“生产链—流通链—交易链”整合畅通,汇集全球高品质高端知名品牌和本地特色产品,丰富文化艺术、休闲娱乐等精神消费供给。

(二)国际消费目的地的四个功能

1.商业促进

国际消费目的地立足国内环境、辐射周边区域、联通世界各地,整合资源、市场、数据、技术等各类要素,畅通生产链、流通链、交易链,有效促进本地消费扎实强劲、周边消费集聚融合、跨区域消费灵活便捷,在城市间发挥长期可持续的商业促进作用。

2.知识增值

国际消费目的地依托其特色自然环境、历史遗迹、博物馆、现代生产生活场所以及科学研究中心等,围绕自然、社会、科学等领域,开展知识研讨、学术交流、沉浸体验和户外探险等消费活动,可满足人们的认知需求,增进知识、提升见识、丰富阅历。

3.文化价值实现

国际消费目的地深刻把握消费行为具有文化价值的内涵指引,通过开展基于生态环保、绿色发展价值追求的生态旅游消费,基于跨民族、跨地域文化交流互鉴追求的人文旅游消费,基于人类基本生存和公平价值追求的社会公益消费等,体现消费的文化价值。

4.生活范式升维

国际消费目的地紧抓科技产业变革“机会窗口期”,把握消费新类型、新领域、新业态,依托科技创新中心、新兴产业育成集聚中心、高端综合体育设施集聚地等,培育众多新消费品牌文化,引领国际消费流行风潮,实现生活范式的变革升维。

（三）国际消费目的地的五个核心要素

1.复合型国际消费场景集群

通过在一定区域空间内汇集具有国际知名度的公共建筑、公共机构、公共品牌、公共艺术、公共遗存等要素，以及具有国际影响力的科研机构、高品质购物中心、博物馆等，推动消费活动向多维化、复合型、多层级叠加发展。

2.多元型国际消费活动系列

积极举办具有国际知名度、影响力和多样化的消费活动，如世界级职业体育赛事、国际性时尚艺术节庆活动、国际性科技人文学术活动等，并积极获取主办资格，关注永久或长期驻地及周边开发利用动态，以扩大国际知名度、提升国际消费活动集聚力。

3.友好型国际消费环境体系

通过完善的基础设施、人性化的服务体系、健康的营商环境，以及签证便利、往来通达、支付便捷等，从消费端和供给端两个方面创造友好型消费环境，并从制度、文化、社会氛围等各个层面发力，消除语言、习俗、价值观等多方面的隔阂。

4.魅力型国际消费个性特色

通过健全自主品牌的强产业链、深挖本地特色资源、开展区域间合力推动的全局性部署，既充分阐释人类共同向往和推崇的价值观，又展现人类文明的多样性与共生性；既贯穿城市文明历史演进的主线脉络与时代机遇，又融合现实和理想，引领未来趋势和发展；既集成体现生产方式和生活范式，又融合表达人文、科技、艺术、历史，充分彰显自身独特丰富的个性和魅力。

5.指引型国际消费发展风向

通过引入国内外精品消费品牌、发布最新产品、提供最新服务，打造与国际潮流前沿接轨的新型商圈，促进新产业新业态的发展创新，推动消费产品、场景、服务、模式的不断更新迭代，强化潮流引领，促进消费升级，激发消费创新创意的“策源中心”功能作用。

（四）国际消费目的地的六个量化指标

1.国际知名度

随着经济全球化的快速发展，国际贸易往来日趋频繁，全球进入高度互联共通时代，国际知名度成为城市影响力和全球竞争力的综合体现。国际知名度的提升有助于加快城市国际经贸活动的频繁化往来，提高消费市场的国际化程度，进一步释放品质化消费潜力。

2.消费繁荣度

商业的良性发展促进商品贸易量增加,经济价值在更为频繁的交易中得以充分体现,消费繁荣度成为区域商业经济繁荣的根本表现。消费繁荣意味着经济发展、经济环境、消费预期相对稳健,市场的活跃性、企业的创新性、商品供给的优越性较强,消费活动更能满足消费者对物质文化的需求和对美好生活的期盼。

3.商业活跃度

消费目的地的消费活力在很大程度上影响着区域内经济增长的弹性和发展的潜力,商业活跃度是区域内消费活力的重要特征。消费的频次高、间隔短说明商业活跃度高,能够促进新的消费需求加快释放、居民消费增量不断放大、区域内综合消费实力持续提升,同时能够辐射带动周边地区发展,加快经济循环畅通。

4.设施支撑度

城市交通等基础设施条件的改善有利于加快国际消费目的地的培育壮大。消费设施的支撑度是促进商业繁荣发展的重要因素。一方面,交通范围的多点化、广泛化和运输形式的多样化、联合化有利于商品流转和人员流动的高效畅通;另一方面,消费配套设施的便捷舒适有利于缓解城市交通拥堵等客观压力,为消费者营造便捷轻松的消费环境,从而带来良好的消费体验。

5.消费舒适度

消费的过程是消费者对于商品使用和商品服务的全方位体验,提升消费舒适度是留住消费者、增加消费量的关键。集聚特色的产品和舒适的消费环境可以大幅延长消费者驻留时间,加深消费者对产品和服务的良好感受,有利于充分挖掘消费潜力,提升消费者满意度,增强消费黏性。

6.政策引领度

政策引领度是影响消费者放心、安心、舒心消费的制度环境因素,区域内高质量、可持续发展的制度化、长效化保障有利于促进国内国际“双循环”。优化政策环境、完善扶持体系和政策保障可以为开辟新市场、扩大再生产、提高经济效益创造条件,从而提升消费预期、影响消费倾向、形成消费良性循环。

三、山东省打造国际消费目的地的SWOT分析

(一)优势分析

1.消费规模大

我省人口、经济总量分别与京津冀、成渝、东北三省、西北五省区的人口、经

济总量相当，户籍、常住人口“双过亿”，消费总量超过全国的1/14，市场主体数量占全国总量的1/12。2021年，山东消费支出对经济增长的贡献率达60.6%；消费品零售总额首次突破3万亿元大关，达到33714.5亿元，比2020年增长15.3%，高于全国平均水平2.8个百分点，居全国第3位。

2.引致消费需求增速快

2016～2021年，我省人均地区生产总值由5.92万元增长到8.17万元，6年间增长了38%，而同期全省居民人均可支配收入从2.47万元提高到3.57万元，增长了44.53%。人均可支配收入的快速增长为消费规模的扩容升级打下了坚实的基础。

3.产业支撑强

我省产业门类齐全。例如，现代农业领跑全国，农产品出口总值占全国农产品出口总值的22.7%，出口额连续23年位列全国第一。山东是全国唯一拥有41个工业大类的省份，100多种重点产品产量位居全国前三。服务消费超过商品消费，成为消费增长的新动能。2022年前三季度服务业对GDP增长的贡献率达50.8%。

4.基础设施完善

随着物联网、云计算、虚拟现实技术、体感设备等的快速发展，我省不断加快新型基础设施布局，推动商贸流通迭代升级，拥有省级工业互联网平台115个。在全国15个“双跨”（跨行业、跨领域）工业互联网平台中，卡奥斯COSMOPlat工业互联网平台连续3年位居榜首，浪潮云洲工业互联网平台跃居第六。2021年，我省信息技术产业营业收入突破1.2万亿元。

5.消费品牌影响力大

山东现有中华老字号66个，排名全国第六。截至2020年底，山东马德里国际注册商标、地理标志商标数量分别为9118件、792件，均居全国第1位。品牌联盟发布的“2022中国品牌500强榜单”中，山东共计有18个品牌入围，上榜品牌数量居全国第6位，其中海尔集团位居山东榜首。

6.国际市场参与度高

山东成功举办了上海合作组织青岛峰会、跨国公司领导人青岛峰会、儒商大会等国际型会议，成立了全国首家RCEP综合服务平台，创办了日本、韩国及RCEP进口博览会，实现了2021年全省对RCEP其他缔约方进出口增长32.9%，每年举办青岛国际时装周、帆船周、啤酒节等活动，90家制造业单项冠军企业主导产品市场占有率居全球首位。

(二)不足分析

1.有效消费能力和平均消费倾向有待提升

“十三五”以来,我省居民人均消费支出与江苏省、浙江省、广东省相比差距较大,居民平均消费倾向和与我省人均可支配收入相当的辽宁省、福建省存在差距,甚至低于全国平均水平。另据网易数读分析,山东居民人均消费支出居全国第11位,其中,人均食品烟酒消费支出居第16位,人均居住消费支出居第11位,人均教育文化娱乐消费支出居第6位,人均衣着消费支出居第7位。

2.消费载体形态存在差距

商圈方面,在全国商圈排名前20中,山东半岛城市群无一入选,缺少知名商圈和“网红”新商圈。此外,我省24小时便利店等便民消费载体覆盖范围有待扩大,比重有待提高。据中国连锁经营协会发布的2022年中国城市便利店指数,我省济南和青岛的24小时便利店比重仅为30.77%和33.90%。消费形态方面,我省缺少超现实大空间、沉浸式、虚拟IP等高标识度场景。

3.高端消费主体和场所明显偏少

我省服务型消费供给不足,上半年第三产业投资增长3.4%,低于第二产业12.9个百分点,甚至低于第一产业0.3个百分点。我省仅有的4家中国服务业企业百强,均位于75名后,缺少京东、字节跳动、阿里巴巴、腾讯等龙头服务企业支撑,缺少瑞幸咖啡、泡泡玛特、海马体等新消费企业引领。亿元以上商品交易市场山东383个,略高于广东(273个),低于江苏(420个)、浙江(644个)。

4.知名品牌入驻率低

我省最好的青岛品牌门店总数和入驻品牌数量均排在15座新一线城市的尾部。另据第一财经指数报告,2021年青岛、济南时尚消费指数分别居全国第16位和第23位,均低于中部地区长沙(第13位)和郑州(第14位)的时尚消费指数。

5.电商尤其是县域电商发展有待加强

2022年前三季度,我省网络零售额仅相当于江苏的58.5%、浙江的36.2%、广东的23.2%。浙江17个县域入榜“2021中国县域电商竞争力百强榜”,广东、江苏各13个,而我省仅8个。县域数字乡村和高品质文旅融合发展滞后,基础设施存在短板。

6.全域消费有机联系还有待深化

我省城市尚未形成具有影响力、清晰明确的消费特色定位,消费标签存在泛化、低水平重复延伸现象,围绕消费主题合作的顶层设计与协作体系有待完善。川渝建立全域联动体系，长三角创新“机构法定、业界共治、市场运作”的跨域治理模式。

(三)机遇分析

1.服务型消费社会趋势明显

据统计，2021 年我国人均 GDP 达到 12551 美元，处于中等偏上收入国家水平。根据发达国家经验，预计“十四五”时期，随着服务型消费占比超过 50%，我国开始进入服务型消费社会。14 亿多人口的服务型消费的全面释放意味着生活方式、生产方式、商业模式走向现代化，意味着共享社会发展基本格局的形成。

2.Z 世代已成为消费的核心力量

当前，消费市场的主流群体正在崛起，千禧一代和 Z 世代[①]已成为国内主流消费群体。数据表明，2021 年近 3 亿人的 Z 世代撬动消费支出达 5 万亿元。Z 世代将消费视作个性表达、社交谈资和悦已奖赏的多元体现，追求新奇与体验并重、健康与颜值兼顾。把握 Z 世代的消费红利是抓住未来消费潮流的重中之重。

3.元宇宙等新场景推动消费演变

元宇宙的本质是服务于人，其价值在于降本增效和创造新需求。以元宇宙新消费之非同质化通证(Non-Fungible Token，NFT)为例，2021 年 NFT 席卷媒体、游戏等多个行业，带动了数字经济发展。全球科技巨头维萨(Visa)、推特(Twitter)等宣布入局，国内公司如阿里巴巴、腾讯、小米、哔哩哔哩也推出数字藏品，NFT 的关注度在世界范围内得到放大。

4.消费市场回暖向好

随着新冠疫情防控进入新阶段，消费需求逐步释放，线下消费客流逐步恢复，餐饮、旅游等消费支出恢复弹性较大。据文化和旅游部数据，2023 年春节假期国内旅游人数达 3.08 亿人次，同比增长 23.1%。携程报告称，春节旅游订单较 2022 年春节假期增长 4 倍。春节档电影总票房突破 67 亿元，成为影史春节档票房第二。

(四)挑战分析

1.国际消费中心的国际竞争

国际知名消费品牌活动影响力低，伦敦、巴黎、纽约等国际消费中心城市

---

① 千禧一代泛指 1980～1996 年出生的人，Z 世代泛指 1997～2012 年出生的人。参见世界贸易组织:《2019 年世界贸易报告》，上海人民出版社 2019 年版，第 101 页。

的设计节、时装周、电影节已拥有广泛国际声誉。世界知名消费地标与商圈培育力度不够,国际消费中心地往往拥有世界知名的消费地标,如巴黎的香榭丽舍大街,亚洲的迪拜购物中心、东京银座等。

2.国内消费中心城市和目的地的竞争

在国内,山东面临其他城市建设国际消费中心城市和消费目的地的竞争和挑战。例如,北京是全国的政治中心、文化中心、科技创新中心和国际交往中心,打造国际消费中心城市具有得天独厚的优势。

3.重投资轻消费的结构失衡

考虑到扩大投资对稳增长效果显著,我国稳增长对投资的依赖性强,存在投资饱和、投资过剩问题,且呈现报酬边际递减现象。对消费的轻视导致我国巨大的消费潜力未得到有效释放。在经济高质量发展新阶段,亟须转变重投资轻消费的理念。

四、山东省打造国际消费目的地的推动路径

(一)打造“一平台、两中心、N板块”的发展布局

一是“一平台”,打造国际化消费资源多元融合聚集平台。围绕集聚消费资源、优化消费供给、改善消费环境、提升消费品质、塑强消费品牌,逐步承载综合性宣传信息数据共享平台、优质消费资源集聚对接平台、线上线下消费融合平台、品牌国际化培育发布平台、“好品山东”“老字号”推介矩阵平台、商品服务流通网络平台、高端消费要素招引平台、全场景多业态体验式消费平台、消费信用维权一站式平台、产业生态创新试点推广复制平台等10项平台功能。二是“两中心”,打造济南、青岛“双核”国际消费中心城市。济南和青岛作为山东合力建设国际消费目的地的核心承载区,应立足区位特色优势,突出差别化探索路径,形成极具竞争力的消费业态、消费场景、消费方式和消费制度,引领省会经济圈、胶东经济圈率先实现消费领域高端化、链条化、一站化,着力突破消费脱节、项目雷同、设施不够强、链条不够畅等瓶颈,带动多个城市建设区域性消费中心、山东半岛城市群实现一体发展。三是“N板块”,打造多元化区域特色消费板块。把握多元消费要素融合发展、生产消费端去边界化规律,以贯通生产链、流通链、消费链为关键,以整体布局、整体打造、整体宣传为重点,充分发掘自然人文资源、三次产业优势、存量增量空间,一类一链条、一业一政策,增强产业要素协同性、产业链条完整性、一站式精品项目引领性,集全省之力打造文旅、海洋、美食、农产品、医美、康养、教育等全域精品消费板块。

(二)强化基础设施建设支撑

1.构建综合立体交通网络

推动形成山东半岛城市群“四横五纵沿黄达海”十大通道,实现省内交通多点联动、区域带动。打造一批区域性综合交通枢纽,实现经济圈内 1 小时、省内各地 2 小时、全国主要城市 3 小时通达。着力打造干线铁路、城际铁路、市域铁路、城市轨道交通“四网融合”。建设以青岛港为龙头,以日照港、烟台港为两翼,以潍坊港、威海港、东营港、滨州港为补充的山东半岛世界级港口群。积极拓展航线网络,增强与国内外主要城市的通达性。优化完善高速公路网络布局,畅通对外高速公路通道,强化各市间快速联通。

2.建设现代流通体系

加快构建“通道+枢纽+网络”现代化物流运行体系,形成省内 1 天送达、国内 2 天送达、国际主要城市 3 天送达的“123”物流网。统筹推进现代流通体系硬件、软件、渠道和平台建设,打造数字化、智慧化、开放型现代商贸流通体系。大力发展规模化、网络化多式联运,充分发挥不同运输方式的比较优势,积极推行“一单制”。围绕我省农产品优势产区、重要集散地和主销区,科学布局冷链物流基地,补齐产地“最先一公里”和城市“最后一公里”短板。着力提升订单、运输、仓储、配送全过程数字化、智能化水平。

3.加快布局新基建

推动省会经济圈、胶东半岛经济圈、鲁南经济圈环形高速铁路网建设,大力发展城市轨道交通。加快布局 5G 基站,有序推进全省重点商圈、重点景区等区域 5G 网络全覆盖。优化数据中心建设布局,推广普及工业互联网、物联网。依托人工智能、人机交互等技术建设信息消费示范区。充分利用商业网点、旅游景区、社区、街区等周边地面和地下空间,科学配置布局充电桩和加氢站。

(三)培育引领全球消费新高地

1.做强首店首发经济

加大商业品牌首店省级政策支持和财政扶持力度,引导各市出台发展“首店经济”的配套措施,吸引国内外知名品牌来鲁开展首发、首秀、首展等活动,设立全球性、全国性和区域性品牌首店、旗舰店、新概念店等。开通品牌首店服务“绿色通道”和新品网络首发平台,助力品牌首店落地和宣传。

2.提质升级传统消费

推进“一刻钟便民生活圈”建设工程,开展省级试点工程,推动各市加快一刻钟便民生活圈建设。打通农村电商商品服务下沉、农产品上行微循环“毛细血管”,抢树农产品直播带货新标杆。围绕家电、餐饮、汽车等重点领域,充分发挥消费券促进消费、带动生产的积极作用,推广普及数字消费券,扩展消费券覆盖范围,加快资金拨付结算,强化消费券领取和使用管理。

3.培育壮大新型消费

聚焦精细化和精致化Z世代消费市场,用好大数据技术,有针对性地开发个性化产品服务。积极应对人口老龄化,加快培育银发消费市场,开发适老化技术和产品,促进数字产业和老龄产业有机融合,培育智慧养老新业态。紧盯第四消费时代,关注新审美、新综娱、新情趣,辅抓新圈层、新群体、新业态,全力提升新消费形象。

4.倡导绿色低碳消费

围绕衣食住行游,扩大绿色低碳产品供给和消费,培育绿色消费理念。建立健全绿色消费激励机制,强化绿色消费信贷支持。落实新增可再生能源消费不纳入能源消费总量控制政策,建立完善绿色电力市场化交易机制,强化生产者责任延伸制。健全绿色产品和服务标准体系,扩大标准覆盖范围。

(四)畅通国内外消费市场

1.优化市场消费环境

以放心消费示范城市创建为引领,点、线、面结合深入开展“放心消费在山东”全域创建活动,提高经营者诚信守法意识,强化消费维权主体责任,畅通消费纠纷解决渠道。建立健全全省消费者投诉快速反应处理工作制度,落实快分流、快回应、快办理、保质量“三快一保”机制,推动消费纠纷多元化解。大力推行线下实体店无理由退货,积极推动建立先行赔付基金,切实保障线下消费“后悔权”。

2.打造一流营商环境

对标世界银行标准,打造审批少、效率高、服务优、获得感强的国际一流营商环境。创新政务服务云模式,整合构建标准统一、布局合理、管理协同、安全可靠的半岛城市群一体化政务大数据平台,提升“一网通办”水平。实施统一的市场准入负面清单制度,完善城市群一体化信用体系,完善产权制度和市场退出机制。

3.提升入境消费便利

争取济南、烟台、威海72小时过境免签政策落地,扩大青岛144小时过境免签覆盖国家范围。搭建入境签证互联网申报平台,拓宽入境游客数字化支付渠道,优化游客购物离境退税流程。建立多语种服务体系,实施国际化标识改造工程，提升国际化城市群形象。

4.引导境外消费回流

鼓励在重点商圈、机场等增设免税店，引进日上、中免等具有免税营业资质的企业落户山东。借鉴海南离岛免税政策，将其本土化转化应用推广至山东重点地区。将免税业的主要服务对象由境外人士拓展至境内居民。推进内外销产品“同线同标同质”工程，推动产品提品质、创品牌，减少消费外溢。积极引入国际高端教育和医疗资源，搭建合作平台，引导教育、医疗等消费回流。

（五）塑造齐鲁特色消费品牌

1.打响本土优势品牌

推动大观园、宏济堂、福字牌等山东老字号通过科技创新、产品翻新、营销出新等举措实现品牌换新。实施质量强省与品牌战略，在家用电器、信息技术、高端设备、高端化工、美颜美妆、饮料食品等细分领域培育一批知名品牌，开展评选并定期发布“好客山东，好品山东”品牌名单。通过展览展示、品牌推介、产销对接等方式，加强山东农产品品牌与重点城市产销精准对接，提升“齐鲁灵秀地，品牌农产品”影响力和知名度。

2.强化文化赋能品牌

推动儒家文化、泰山文化、黄河文化、运河文化、红色文化、海洋文化与“好客山东，好品山东”优质品牌深度融合、互促发展，培育和发展一批富有齐鲁文化的国潮和本土品牌。探索优势文化要素为产品研发、设计制造、文旅发展铸魂赋能的实现方式，以优秀文化提升产品竞争力，以优质产品提升文化传播力。

（六）建设高质量消费供给体系

1.培育引领消费新主体

树立“产消并重”理念，以产业化、项目化、工程化稳抓消费，鼓励消费供给主体和需求主体创新发展，着力培育一批具备大体量、运用新技术、承载高档次、引领新风尚的消费龙头企业、样板地标、核心商圈。借鉴“齐河文旅集群模式”和我省电商产业园推进模式，打造一批产销一体的高端消费产业园区和集群。聚焦“品牌＋新业态”，打造集研发、康养、文化、休闲等多要素于一体的多元消费新载体，布局产业融合型消费场景。

2.广聚多元消费资源

深度对接中国国际进口博览会、中国国际消费品博览会，加大海外原产地直采力度,丰富进口消费品供给。发挥济南、青岛和烟台自贸试验区优势,打造一站式国际供应链服务新模式。吸引国内外消费品牌在山东设立总部,支持本土企业发展壮大。保障基础食品、衣着等物质型消费供给,扩大旅游、文化、健康等服务型消费供给。

3.加快商业数字化转型

推动消费互联网和工业互联网"两网贯通",开展电商直播进农场、进工厂、进市场等活动,探索"合作直播"定制多元化消费场景。引导互联网平台与实体商业深度合作,打造智能化、定制化、体验式"网上餐厅""云逛街""云展览"等线上商业新模式。在商圈、社区、旅游景区等加快布局智能售货机、智能取餐柜、无人贩卖机等智慧零售终端。

4.丰富特色消费供给

加快推进可穿戴设备、数字家庭、智慧医疗、智能机器人等智能终端产品的生产与推广。建设信息消费体验中心,运用虚拟现实、增强现实、交互娱乐等技术,丰富居民信息消费体验。培育夜间文旅集聚区、24 小时便利店、深夜食堂餐饮区等夜间消费特色街区。鼓励旅游景点、博物馆、公园等公共场所延长营业时间、推出夜场活动,协同优化调整夜间公交线路和运营班次。

课题组成员:张中英　亓珍　翟一杰　王永彬　周国庆　武仪　史倩倩
姜胜　王迎　于丽娟　杨立平

全国统一大市场建设下的山东定位及发展对策研究

加快建设全国统一大市场是以习近平同志为核心的党中央着眼全局，从战略层面做出的重大决策，是一场深层次、系统性的经济体制改革，目的是集聚资源、推动增长、激励创新、优化分工、促进竞争。为抢抓全国统一大市场建设机遇，发挥山东比较优势，更好利用国内国际两个市场，助力“走在前、开新局”和新时代社会主义现代化强省建设，山东省宏观经济研究院组成课题组，分析研判全国统一大市场给我省带来的机遇和挑战，研究提出了我省的发展定位及下一步对策建议。

一、积极把握全国统一大市场带来的机遇与挑战

建设全国统一大市场是构建新发展格局的坚强支撑。综观国内外区域经济发展，那些发展水平高、综合实力强的地区无一例外是竞争规则完善、市场化程度高的地区，更好发挥市场在资源配置中的决定性作用。积极参与全国统一大市场建设有利于推动我省更好实现“在服务和融入新发展格局上走在前”。

从发展机遇来看，全国统一大市场提出推进商品和服务市场高水平统一，不断培育发展强大国内市场，这为我省“十强”现代优势产业及优质商品和服务提供了更加广阔的市场空间。随着市场壁垒的打破、现代流通网络的建设、市场准入制度的统一，经济循环体系更加畅通高效，为我省深化拓展与全国产业链、供应链的合作带来重要机遇；生产要素在产业内部、产业间、区域间的自由流动更加顺畅，为我省发挥区位交通、市场规模等优势，吸纳和聚集更多高端创新要素资源带来重要机会。

从风险挑战来看，统一大市场下的产业和资本将加速重新布局，向产业生态好、配套条件优、综合成本低的地区集聚，围绕产业生态、平台经济、区域发展的竞争更加激烈，这对我省产品和服务质量、产业链供应链体系、要素平台建设、中心城市发展提出了新的更高要求。我省产业仍集中于产业链前端，终

端产品、高端产品占比较低，不利于强化品牌优势、抢占超大规模国内市场；平台型企业及各类要素平台、消费平台数量偏少、影响力偏弱，不利于整合产业链上下游资源、集聚国内国际资源要素；人口、资本、技术等要素加速向中心城市和城市群流动，京津冀、长三角、粤港澳大湾区等动力源地区对我省的虹吸效应更加明显。

二、我省在服务融入全国统一大市场中的角色定位

面向全国统一大市场建设，我省应发挥战略区位、特色产业、需求潜力等方面的比较优势，主动作为、破立并举，在服务融入全国统一大市场中更好推动“走在前、开新局”，为全国提供示范、探索经验。

(一)全国产业链供应链安全的压舱石

产业链供应链安全稳定是全国统一大市场建设的重要基石。特别是受逆全球化、贸易保护主义抬头、新冠疫情、俄乌冲突等多重因素叠加影响，保障产业链供应链安全稳定成为关系国家长远发展的战略考虑。我省是全国重要的化工、建材、医药、装备制造生产基地，拥有 2 个国家先进制造业集群、7 个国家级新兴产业集群、187 家制造业单项冠军企业、362 家国家级专精特新“小巨人”企业，多个子行业产业规模居全国前列，在全国制造业版图中占据重要地位。我省是全国 13 个粮食主产省份之一，生产了全国约 8%的粮食、11%的水果、12%的蔬菜、13%的水产品。疫情发生以来，我省强大的基础原材料、粮食和重要农产品供应保障能力更加凸显了我省在国内产业链供应链中的压舱石地位。

我省应发挥特色产业链和产业集群优势，突出制造业主战场，促进科技创新和产业升级，加强质量、标准和品牌建设，创建国家级制造业高质量发展示范区，打响“好品山东”品牌，抢占国内国际市场和产业链供应链高位；夯实粮食安全基础，全力抓好农产品有效供给，防范粮食供应短缺风险，为“端牢中国饭碗”贡献山东力量。

(二)重大战略区域市场一体化的典范

我省是黄河流域生态保护和高质量发展战略的 9 省区之一，地区生产总值、工业总产值、进出口总额等主要经济指标均居沿黄省区首位，是黄河下游生态保护和防洪减灾的主战场、中华文明的重要发祥地之一和儒家文化的发源地，山东半岛城市群具有龙头引领作用。向北，德州、滨州等地与京津冀地

区相连，通过对接京津冀协同发展战略，精准承接京津两地高端要素、高端产业和优质资源，成为京津冀产品、劳动力的重要供应基地；向南，日照、临沂、枣庄等市与苏北地区相连，通过加强与江苏及长三角地区的合作，推动产业链供应链共建；向西，山东半岛城市群与中原城市群一体化发展，有望形成全国人口最多、消费潜力最大的区域之一。

我省应发挥联通黄河流域生态保护和高质量发展、京津冀协同发展、长三角一体化发展等重大国家战略的桥梁纽带作用，加强黄河流域生态保护、污染治理、防洪减灾、文化保护传承等领域的协同治理，推动与京津冀、长三角等地区的产业链供应链协作，建立健全区域合作机制，构建区域统一的要素和资源市场，打造区域市场一体化的典范。

(三)内外市场高效联通的战略枢纽

对内，我省是黄河流域最便捷的出海口，“一字型”东西向大通道连通沿黄主要经济区，“四横五纵”综合运输大通道辐射国内广阔腹地，具备贯通南北、连接东西的通道能力；是全国唯一拥有 2 个国家级直联点的“双枢纽”省份，具备全国范围网间通信流量疏通能力；瓦日铁路、京杭大运河等能源运输通道和锡盟—山东、上海庙—鲁南等特高压输电网络服务全国能源跨区域配置。对外，我省毗邻日韩、面向东北亚、联通“一带一路”，拥有中国(山东)自由贸易试验区、中国—上海合作组织地方经贸合作示范区、综合保税区、跨境电商综合试验区等高能级开放平台载体，中欧班列(齐鲁号)直达沿线 22 个国家 52 个城市。

我省应发挥内外市场联通的优势，进一步优化综合立体交通网络布局，推进国家物流枢纽和骨干冷链物流基地建设，面向“一带一路”沿线国家、RCEP 成员国市场发力，强化在交通、物流、能源、信息等方面的枢纽功能，培育区域性物流中心，构建东连日韩、西接欧亚的国际物流大通道，打造内外市场高效联通的战略枢纽。

(四)扩大内需战略实施的重要阵地

实施扩大内需战略是我国应对长短期、国内外诸多风险挑战的必然选择和重大举措。我省社会消费品零售总额排名全国第三，人均地区生产总值超过 1 万美元，拥有 1 亿多人口的消费潜能及两个 GDP 过万亿城市、11 个全国 GDP 百强城市，山东省第十二次党代会提出未来五年人均生产总值达到11 万元，市场规模和消费潜力巨大；省委、省政府纵深推进“十大扩需求”行动，加强基础设施“七网”建设，挖潜增新并行，加快基础设施互联互通，蕴藏巨大投资潜力,既能扩大短期需求又能增强长期动能;县域经济联通城市发展和乡村振兴,13个县(市)入选全国百强县、3个县级市GDP突破千亿元,以县城为重要载体的新型城镇化建设空间广阔,激发"双循环"潜力。

我省应发挥市场规模和消费投资潜力优势,深入挖掘消费需求,大力发展智能、时尚、绿色消费,培育医疗、康养、文旅、体育等服务消费,促进消费扩容提质,建设北方消费中心和重要国际消费目的地;抓住用好国家部署构建现代化基础设施体系的机遇,立足全生命周期,优化基础设施建设模式,放大基础设施投资拉动效应。

三、长三角、粤港澳区域一体化市场建设经验

全国统一大市场强调优先推进区域协作。长三角地区、粤港澳大湾区是我国市场化发育程度高、民营经济发展早、一体化合作深入的区域,在探索打破行政壁垒、破除市场分割、实现区域一体化发展等方面具有引领示范作用。

(一)长三角区域一体化市场建设经验

长三角"三省一市"着眼"一体化""高质量"发展,致力于共同打造统一开放、示范引领的大市场。一是着眼交通基础设施互联互通,畅通要素流动大通道。以跨区域重大项目统筹衔接、协同推进为重点,签署《长三角地区打通省际断头路合作框架协议》,推进17个省际断头路项目建设;发展省际毗邻公交,加快过江通道建设,上海、江苏、安徽长江断面基本实现隔江相望的设区市之间过江通道直连;以城际铁路、轨道交通建设为重点,基本实现上海、南京、合肥、杭州高频次1小时快速通达。二是推进市场体系一体化建设,营造公平规范的市场环境。建立长三角市场监管联席会议制度,实施"营商环境联建、重点领域联管、监管执法联动,市场信息互通、标准体系互认、市场发展互融,统一市场规则、统一信用治理、统一市场监管"的"三联三互三统一"工程,推动市场监管领域数据共享、检验检测结果互认、标准质量基础一体化。三是加强信息互联共享,破除行政壁垒和市场隐性门槛。推进长三角政务服务"一网通办",实现跨区域、跨部门、跨层级的数据互联互通、业务协同联动。四是打造区域协同创新共同体,促进创新要素集聚共享。制定《长三角科技创新共同体发展规划》《长三角G60科创走廊建设方案》等,探索协同创新新机制、新模式;合作共建长三角科技资源共享服务平台,推动大型科学仪器设施、科技创新券等跨区域互用互认、服务共享。五是试点示范打破行政边界约束,让要素资源自由流动。长三角生态绿色一体化发展示范区横跨上海、江苏、浙江,探

索形成了两批“不破行政隶属、打破行政边界”的制度经验。

(二)粤港澳大湾区一体化市场建设经验

粤港澳大湾区作为国内循环和国际循环的结合与对接区,以高密度的交通网络、高能级的城市群生态、良好的创新土壤、开放的制度环境,实现了各类要素资源的流动。一是以高密度的交通网络实现区域内高频通勤。珠三角城际轨道是我国第一个真正意义上统一规划、统筹建设、覆盖全区域的区域轨道交通网络,实现了以广州为中心、主要城市间1小时互通,以及珠三角中部、东部和西部都市区内部1小时互通。二是以高能级城市群形态实现产业协同发展。大湾区各市在产业和城市功能上产生了明显分工,广州门户城市特征明显,深圳经济中心城市特征突出,两中心城市间及与港澳的联系强度大;以都市圈建设为中心,辐射带动粤东西北地区“融圈进链”发展,发挥粤港澳大湾区产学研链条优势、产业分工协作优势和大市场优势。三是以良好的创新土壤集聚全球创新资源。聚焦提升基础科研创新能力,推动创新要素加速流动,建设“广州—深圳—香港—澳门”科技创新走廊,打造大湾区国际科技创新中心,积极吸引和对接全球创新资源;前海深港青年梦工场、深圳河套的深港科技创新合作区等一系列创新合作平台,串起大湾区“创新项链”。四是以开放的制度环境畅通国际循环路径。利用港澳作为规则标准的“出海口”,在与科技创新紧密结合的大数据、人工智能、区块链、5G、物联网、储能等领域,充分调动粤港澳科创和商贸资源,积极参与国际标准体系的制定,提升在国际经济治理中的话语权。

四、我省服务融入全国统一大市场的对策建议

(一)建设高质量现代流通体系

现代流通体系衔接供需两侧,串接上下游、产供销,有助于在更大范围内把生产和消费联系起来,扩大交易范围,推动分工深化,提高生产效率。统筹推进现代流通体系硬件和软件建设,促进全社会物流降本增效。(1)完善现代商贸流通体系。推动消费品骨干市场转型升级,打造高标准消费品市场和一站式商品采购中心;围绕钢铁、化工、有色、制造等领域布局建设区域性新型工业品专业市场,建设服务重点制造业集群的供应链集成服务基地;实施农产品产地市场提升行动,培育打造全国性农产品产地市场;支持济南、青岛建设国际消费中心城市,培育具有全国影响力的核心商圈,打造具有国内外影响力的

消费目的地。(2)提升区域交通互联互通能力。将联网、补网、强链作为重点,立足全生命周期,推动交通运输设施跨区域一体化发展。对内,优化提升鲁北、济青、鲁南横向通道,加快完善鲁中横向通道,推进城市群交通一体化;对外,融入黄河流域"一字型"大通道,对接京津冀—长三角主轴、京哈走廊和京藏走廊,构建沿黄达海国际陆海联运通道。

(二)塑强产业链供应链竞争优势

依托超大规模市场丰富应用场景和放大创新收益的优势,聚焦"十强"现代优势产业,纵深推进新旧动能转换,推动产业链供应链整体提升。(1)提高供给体系质量。坚持有所为、有所不为,聚焦11条标志性产业链,深化落实"链主"企业牵头主导、产业链联盟合作、产学研协同推进的"链长制"工作机制,推动产业链向下游产业、终端消费品领域延伸,培育若干在国内外有影响力和带动力的标志性产业链条、先进制造业集群,创建国家级制造业高质量发展示范区;深化标准化综合改革,强化企业标准引领,鼓励企业制定高于行业标准、国家标准、国际标准的企业标准,以标准抢占行业话语权。(2)提升产业创新能力。立足"十大创新"行动,突出市场和企业发展需求,强化创新资源外引内联,推动上下游企业协同创新联合发展,促进产业创新力整体跃升;发挥济南、青岛两大中心城市的引领作用,开展人才发展体制机制综合改革试点工作,打造区域人才中心和创新高地;省、市、县联动布局建设一批创新飞地、人才飞地、离岸创新中心,柔性利用外部创新人才资源。(3)打响"好品山东"品牌。品牌是市场竞争的核心要素,全球20%的头部品牌占领了80%的市场份额。应大力实施质量强省战略,深入开展质量提升行动,统筹推进企业、行业、产业质量提升,构建"名品＋名企＋名产业＋名产地"的集群品牌和区域品牌体系,提升产品和服务质量水平。

(三)培育资源要素交易平台

围绕将市场资源禀赋优势转变为强大竞争力,推进资源要素交易平台建设,加快培育资源要素交易市场,提升资源要素的吸引集聚能力。(1)推进公共资源交易平台整合共享。结合我省实际,系统梳理公共资源类别和范围,建立全省统一的公共资源交易目录,形成公共资源交易全省"一张清单"。(2)打造资本市场服务平台。依托齐鲁股权交易中心、山东蓝色经济区产权交易中心等,争取开展制度和业务创新试点工作,加强与上海证券交易所、深圳证券交易所、北京证券交易所、全国中小企业股份转让系统(新三板)等全国性证券市场的合作衔接;发展供应链金融,加强与上海票据交易所供应链票据平台对接,探索有利于中小微企业融资和符合私募机构投资者要求的融资产品。(3)培育发展能源资源交易平台。积极参与石油、煤炭等领域国家交易平台的建设,争取建设国家级能源商品交易平台或能源资源交易中心;依托黄河流域要素市场联盟,组建黄河流域要素资源市场化交易平台,推动碳排放权、排污权、用能权共同市场建设,构建面向黄河流域的要素资源交易生态圈。

(四)深入推进数字化转型

数字化的本质特征在于泛在链接、泛在感知、泛在共享、泛在合作,是服务融入全国统一大市场、实现更大范围跨区域交易的最有效手段。发挥数字化在服务融入全国统一大市场中的关键作用,挖掘数据资源要素潜力,推进经济社会数字化转型。(1)构建高效联通的数字基础设施。用好济南、青岛国家级互联网骨干直联点开通机遇,结合国家"东数西算"工程,统筹优化5G、数据中心、工业互联网等新型基础设施建设空间格局,强化算力统筹和智能调度,提升数据中心跨网络、跨地域数据交互能力,打造全国信息基础设施先行区。(2)加快培育数据要素市场。数据作为数字经济时代重要的生产要素,具有明显的规模经济效应,日渐成为经济社会发展的核心战略资源;加快建立山东省数据交易中心,建立统一有序的数据交易机制,推动数据资产评估、定价、交易、质押、抵押,鼓励数据资源合规交易、有序流通、高效利用。(3)推进数字经济与实体经济深度融合。数字化时代的加速到来能够有效打破时空限制,推动专业分工更加精细、供需匹配更加精准、资源配置更加高效,极大拓展生产、消费空间;应持续拓展数字技术赋能的深度和广度,以卡奥斯COSMOPlat、浪潮云洲等工业互联网平台为牵引,搭建一批企业级、行业级、区域级互联网平台,培育一批数字诊所、数字医院等,帮助传统企业和中小企业实现数字化转型。

(五)争取开展先行先试

充分利用我省独特优势,在区域市场、社会信用、绿色低碳等方面积极开展先行先试,以点带面,打造市场一体化先行示范区,为建设全国统一大市场提供"山东经验"。(1)开展区域市场一体化建设试点。围绕黄河流域生态保护和高质量发展,深化在生态保护修复、水资源节约集约利用、黄河文化传承弘扬、基础设施内外联通、优势产业配套成链等方面的合作,建设黄河流域一体化发展先行区;加强与京津冀、长三角地区协同发展,聚焦产业协作、园区共建、技术共享等方面,推动德州天衢新区与京津冀地区、临沂沂河新区与长三角地区、菏泽鲁西新区与中原地区加强合作,探索跨省合作发展的有效路径。

(2)开展社会信用制度创新试点。研究制定全省统一的信用信息基础目录,建立统一的社会信用代码制度,构建信用信息网络平台,推动地方、行业信用信息系统建设及互联互通。(3)开展破除地方保护和市场分割专项行动。坚持存量清理与增量审查相结合,推动各地对存量政策措施开展全面自查,对含有地方保护和市场分割的政策措施和做法依法予以修改或废止,全面落实对新制定政策措施的公平竞争审查制度。

课题组成员:张中英　高福一　刘德军　王安　许月恒　任栋　尚蔚
鹿晔

新发展格局下山东省要素市场化配置改革研究

加快构建以国内大循环为主体、国内国际双循环互相促进的新发展格局是一项关系我国发展全局的重大战略任务。党的二十大报告指出，加快构建新发展格局，着力推动高质量发展。构建全国统一大市场，深化要素市场化改革，建设高标准市场体系。在新发展格局下，为推动要素市场化配置改革进程，先后出台了《中共中央国务院关于构建更加完善的要素市场化配置体制机制的意见》《要素市场化配置综合改革试点总体方案》《中共中央国务院关于加快建设全国统一大市场的意见》等政策文件，构筑起了要素市场化配置改革的“四梁八柱”。山东高度重视要素市场化配置改革，在第十二次党代会上将其确定为今后五年要着力抓好的十二方面重点任务的重要内容和“九大改革攻坚”“十大创新”的重要内容。近年来，山东省积极出台保障政策，大力推进改革进程，不断激发市场主体活力，在打造统一平台、推动要素流动等方面取得了一定成效，但与先进省市相比，土地、劳动力、资本、技术、数据等市场化配置改革仍存在较大差距和诸多不足，亟待系统推进、分类施策、重点突破，助推社会主义现代化强省建设。

一、推进要素市场化配置改革的重要意义

经济体制改革实质上是不断优化资源配置方式、提升资源配置水平的过程。生产要素的合理高效配置是优化资源配置的关键所在。要素市场化配置改革可作为经济体制改革的“先手棋”，也可以作为改革进入深水区之后突破市场瓶颈的“制胜棋”。

（一）化解经济结构性矛盾的重要保障

新时代，我国社会的主要矛盾已经转化为人民日益增长的美好生活需要和不平衡不充分的发展之间的矛盾，结构性问题更加突出，反映在总需求结构、产业结构、收入结构、城乡结构、区域结构等多个方面。从深层次来看，结

构性问题的本质是要素资源没有根据效益最大化或效率最大化的原则进行配置。因此,进一步完善要素市场化配置体制机制,推动生产要素从低质低效领域向优质高效领域流动,将有效解决要素资源错配问题,提高要素资源配置效率,从而有助于从根本上解决我国长期以来存在的结构性问题与矛盾。

(二)建设高标准市场体系的关键举措

高标准市场体系基本建成是"十四五"时期经济社会发展的主要目标之一。高标准不仅体现为商品市场上供求机制、价格机制和竞争机制等市场机制充分发挥作用,更体现为要素市场上市场对各类要素资源配置的决定性作用。经过40多年改革开放,我国商品市场和服务市场发展迅速,97%以上的商品和服务由市场定价,但要素市场发育相对滞后,要素市场化配置范围相对有限、要素流动体制不完善、要素价格形成机制不健全、新型要素市场规则相对滞后等成为当前建设高标准市场体系面临的主要短板。要想补齐这些短板,必须深化要素市场化配置改革,建立健全统一开放的要素市场,从而实现要素价格市场决定、流动自主有序、配置高效公平。

(三)构建全国统一大市场的应有之义

习近平总书记强调:"市场资源是我国的巨大优势,必须充分利用和发挥这个优势,不断巩固和增强这个优势,形成构建新发展格局的雄厚支撑。"①《中共中央国务院关于加快建设全国统一大市场的意见》指出,建设全国统一大市场是构建新发展格局的基础支撑和内在要求,打造统一的要素和资源市场是建设全国统一大市场的重点内容之一。但在实践中,要素市场存在二元结构、循环受阻、交易成本偏高等问题,严重抑制了市场的规模扩展和层次提升。因此,加快推进要素市场化配置改革将逐渐打破地方保护和市场分割,打通制约经济循环的关键堵点,促进商品要素资源在更大范围内畅通流动,加快建设高效规范、公平竞争、充分开放的全国统一大市场。

(四)提高全要素生产率的重要途径

我国经济已由高速增长阶段转向高质量发展阶段,这对提高全要素生产率提出了迫切要求。全要素生产率的提高主要源于资源配置效率的提高和技术水平的进步。推进要素市场化配置,既能破除要素自由流动的体制机制障

---

① 《习近平谈治国理政》第4卷,外文出版社2022年版,第177页。

碍，实现资源配置效率的提高，也能让企业成为独立的市场主体来配置要素资源，从而形成更为有效的激励机制和激励效应，充分调动各类市场主体的积极性与创造性，促进技术创新与技术进步。因此，要素市场化配置将会对全要素生产率产生积极影响，提高经济的增长质量。

二、山东推进要素市场化改革的主要成效

山东省委、省政府历来高度重视要素保障工作，将其作为实施新旧动能转换重大战略、推动实现“走在前、开新局”的重要举措，近年来做了大量工作并取得积极进展。

（一）全省统一交易平台运行成效显著

2021 年 6 月，山东省挂牌成立山东产权交易集团有限公司暨山东省公共资源（国有产权）交易中心，这是经国务院国有资产监督管理委员会评审确定的具有中央企业国有资产交易“全牌照”的机构之一。截至 2021 年底，山东产权交易集团有限公司通过市场化方式盘活错配、低效、闲置、报废要素资源及优化增量资源配置，交易额累计突破 1 万亿元，为市场主体融资 2500 亿元，国有资产保值增值贡献超过 500 亿元，交易额和增值率连续多年位居全国省级地方产权交易机构前列。山东产权交易集团有限公司在实现“国资全覆盖”的同时，整合分散资源，挖潜新要素品种，推动将省、市、县三级各类资源要素纳入统一平台进行市场化配置；搭建山东产权云数据管理系统，形成覆盖全国、辐射世界的交易网络和信息共享平台；牵头联合沿黄其他八省（区）要素交易机构成立黄河流域要素市场联盟，依托财政部、国务院国有资产监督管理委员会授予的中央企业和中央金融企业的产权交易资质（黄河流域唯一），陆续与宁夏、内蒙古、陕西、山西、河南等省份要素交易机构签订合作协议，共同推进大经济区域、全要素市场化交易，促进省内外黄河流域要素优化配置和产业有序转移。

（二）土地市场政策不断优化

我省印发《关于规范征收土地管理工作的意见》，明确 11 项征地程序，规范征地补偿费用管理，保障被征地群众利益。开发运行山东省征地区片综合地价查询系统，归集发布 16 市 136 个县（市、区）340 个征地区片范围、级别、价格标准等信息，提高征地工作透明度。出台《2022 年度土地要素跟着项目走实施细则》，分级分类保障项目用地。印发《山东省国有建设用地弹性供应暂

行办法》,推行长期租赁、先租后让、弹性年期供应等灵活工地方式。印发《关于推进开发区节约集约用地促进高质量发展的若干措施》,推进工业、仓储、研发、办公、商业等混合用地按照主导用途差别化供应。制定全省统一的土地二级市场交易细则,启动城镇土地使用税差别化政策试点,摸清国有企业存量土地底数,全面推进盘活存量建设用地工作。印发《关于全面落实"标准地"改革任务的通知》,推进新增工业用地以"标准地"制度供地。

(三)劳动力市场加快健全

全省16个设区市人民政府均已出台贯彻落实文件,彻底放开城镇落户限制。拓宽就业服务覆盖面,凡年满16周岁(含)有劳动能力、有就业需求、处于失业状态的城乡劳动者(含港澳台劳动者),均可在常住地或户籍地或参保地或就业地享受公共就业服务,努力实现就业服务城乡劳动者全覆盖、各类企业单位全覆盖。加大人才服务力度,为609位民营企业人才和443位外籍人才颁发"山东惠才卡",提供出入境和居留、子女就学等29项绿色通道服务。简化毕业生就业手续,推行毕业生与用人单位网上签约"秒办"服务,累计生成电子报到证171.4万张。依托省级统一的"两台一库"[①]实现流动人员人事档案转递等高频服务事项"全程网办""全省通办""跨省通办"。

(四)资本市场持续壮大

开展"齐心鲁力·助企惠商"金融支持小微企业和个体工商户发展专项行动,筛选小微企业"白名单"68.7万户、个体工商户"白名单"40.6万户,组织开展融资对接,截至2022年底,全省普惠小微贷款余额1.4万亿元,同比增长26.4%,高于各项贷款增速14.6个百分点。开展"绿色金融全面推进年"行动,截至2022年底,全省绿色信贷余额11697.9亿元,同比增长62.14%。推动金融开放创新,成立山东省人民币跨境使用工作专班,推动跨境人民币在大宗商品、境外承包工程等重点行业,央(国)企、大型民企等重点企业,东盟成员国、"一带一路"沿线、日韩等重点国家或地区的使用。2022年,全省人民币跨境收付合计7628.6亿元,同比增长35.8%。

(五)技术要素供给活力显著增强

开展省属高等学校、科研院所科技成果转化综合试点,在转化净收入单位

① "两台一库"指山东省流动人员人事档案统一业务经办平台、网上办事平台和流动人员人事档案基础信息数据库。

留成部分中提取不低于15%的经费用于人员奖励和机构能力建设，赋予科研人员职务科技成果长期使用权60项、所有权29项。修订《山东省自然科学基金项目经费管理办法》，除重大基础研究外，省自然科学基金均已落实科研经费包干制。完善科技和金融结合风险补偿机制，支持3164家企业获得科技成果转化贷款185.89亿元。下达2021年度省级科技成果转化贷款风险补偿、贷款贴息资金计划3614.7万元，有效缓解企业融资难、融资贵问题。注册成立山东国合产业技术研究院有限公司，统筹推进国际科技合作创新创业共同体建设，打破海外技术封锁，畅通人才和技术引进渠道，加强国际产学研合作，初步遴选科技合作项目指南建议39项。

（六）数据要素流通规则逐步完善

构建"1＋16＋N"全省一体化大数据平台体系，完善常态化数据供需对接机制，建立省级数据向各市返还机制，累计提供数据共享服务超过225亿次，已开放数据目录14万个，发布数据49.8亿余条。山东省公共数据开放成效在2021年上半年中国开放数林指数评估中位列全国第二。深化大数据创新应用，开展全省大数据创新应用成果评选，评选典型应用场景300个和优秀解决方案240个。征集打造"无证明"应用、公共视频应用、空间地理信息应用等领域典型应用场景1500余个，年内重点遴选打造400个应用场景。出台《山东省一体化算力网络建设行动方案（2022～2025）》，推动算网融合发展。施行《山东省大数据发展促进条例》，依托山东数据交易有限公司完善数据交易平台建设，试点推行数据（产品）登记。完善数据交易平台运行规则，发布数据交易、数据（产品）登记、主体身份审核、数据来源审核、数据（产品）上架审核等相关制度规定，制定数据产品登记团体标准2项，启动数据产品分类及编码标准建设工作。

三、先进省份经验借鉴

围绕国家对要素市场化配置改革的整体部署，具备条件的地区相继开展了改革探索。例如，在传统要素方面，浙江积极推动农村宅基地制度改革；在新型要素方面，广东积极推动数据要素市场化配置改革。这些省份都形成了一批成熟的经验，值得参考借鉴。

（一）传统要素方面：浙江实施"三权三票"改革，激活农村沉睡土地资源

近年来，浙江义乌率先提出将原有宅基地"所有权—使用权"制度转变为

宅基地"所有权—资格权—使用权"的制度理念。2020 年底,浙江象山县、龙港市、德清县、义乌市、江山市入选新一轮农村宅基地制度改革试点,绍兴被列入整市推进试点,取得了宝贵经验,值得借鉴。

1.探索宅基地"三权分置"改革,创新实施"三权三票"制度

浙江诸暨市紧扣中央探索宅基地"三权分置"要求,围绕农村高质量发展推进共同富裕主题,以处理好农民和土地的关系为主线,以腾空间、化矛盾、优保障为重点,不断探索宅基地所有权、资格权、使用权"三权分置"的具体实现路径,创新设计出"三权三票"制度体系。其中,保障权票对应的是资格权,保留权票对应的是使用权,集体权票对应的是所有权。保障权票重在实现对住房困难群众的兜底保障。按照"以人认定、按户归集、直系统筹"原则,对人均占用宅基地面积小于 15 平方米或人均建筑面积小于 30 平方米的住房困难户核发宅基地"保障权票",建立建房资格库,固化资格权利,同步摸清底数,理顺保障机制。保留权票重在放活农户宅基地使用权的流转路径,允许宅基地在特定范围内流转调剂。对退出宅基地使用权的农户核发退出宅基地使用权面积的"保留权票"。以一户多宅整治为切入口,通过"以权换钱"推动实现全域整治,通过"以权入股"探索集体经营性建设用地入市,同时实践探索合法权源进行等量置换、等量移位,将"一户一宅"提升为"一户一宗",切实提升土地利用效率。集体权票重在强化村集体所有权中对宅基地的处分权力。村集体对统一回收的农户闲置宅基地和集体非住宅建设用地进行拆除复垦后,按复垦总面积的 50%核发"集体权票",其余 50%归市政府统筹使用。村集体在实现"集体权票"优先保障本村农户建房后,可通过市场流转、政府回购等方式获利,农户凭借"保留权票"保底分成,实现利益共享、多方得利,有效推动富民强村。

2.创造四项"全国第一",全面助推宅基地制度改革

浙江诸暨市通过创新设计"三权三票"制度体系,初步形成一套相对成熟的"诸暨经验",并创下四项"全国第一"。一是颁发全国第一张"集体权票"。为解决历史形成的"一户多宅"、私下买卖、违规建造等问题,浙江出台《浬浦镇农村宅基地"保障权票"实施细则》《陈宅镇宅基地改革试点村农村住房历史遗留问题处理实施细则》等 13 个实施细则办法。浬浦镇五美村 20 户村民与村集体签订协议,成为全市首批退出宅基地的农户,同时全国农村宅基地制度改革首张"集体权票"在这里诞生。二是颁发全国第一张"保留权票"。"保留权票"是在土地使用权证注销、房屋拆掉后,镇政府发给农户或村集体的一个书面凭证,该凭证在宅基地制度改革期间与合法土地使用权证具有同等的效力。村民凭借"保留权票"可进行项目评估、质押登记等,获得银行授信、开展银行

贷款，并享受专属优惠利率。2022 年 3 月 18 日，通过拆除危旧的小学校舍，绍兴陈宅镇石壁湖村党总支书记代表村股份经济合作社拿到了第一张“保留权票”。村民们通过拆除危旧老房子置换货币并获得“保留权票”，符合条件的可以有偿获批宅基地，也可以选择经济实惠的共建房。三是办理全国第一笔“集体权票”抵押授信和全国第一笔“保留权票”抵押贷款。石壁湖村通过政府主导、金融参与、风险共担的“政银担”模式，将宅基地信息作为村集体和农户普惠贷款增值提额的依据，推出“权票”系列质押贷款产品及配套金融服务政策，显化资产价值，2022 年 8 月已取得银行授信 11.75 亿元，发放的首笔“集体权票”专项授信贷款为 170 万元、首笔“保留权票”专项授信贷款为 5.5 万元。

3.“有为政府”+“有效市场”，助推全国首例宅基地市域跨县“流通”

浙江绍兴、湖州主动作为、积极创新，盘活农村宅基地资源。一是绍兴实现全国首例市域范围内农村宅基地跨县流转。作为全国新一轮农村宅基地制度改革整市试点，绍兴一直先行先试。2018 年，绍兴柯桥区探索宅基地有偿选位制度，村民可以跨村、跨镇选位。2020 年，率先开展峡山镇全国农村宅基地制度改革试点项目，适度引入宅基地分配竞争机制，允许绍兴全市范围内有宅基地资格权的农户跨县(市、区)有偿选位。2021 年，绍兴福全街道被确定为农村宅基地制度改革试点市级先行镇，重点探索城镇规划区内农村有机更新和宅基地资格权的跨区域实现。2022 年，绍兴市柯桥区福全街道多次与绍兴市、柯桥区农业农村局对接，对村级低效土地盘活、地块确认、资格审核、竞价流程等进行会商；6 月 2 日，通过村内和村外两场竞拍完成第一期 15 宗宅基地的有偿竞价，共有 4 户村内农户和 11 户“外来户”成交，总成交价达 576.8 万元。跨区域竞拍成功后，原有宅基地无偿归还村集体。二是湖州德清完成全国首宗农村宅基地线上盘活。德清县围绕农村宅基地审批难、服务难、监管难等问题，建成全省首个农村宅基地综合管理信息系统——“宅富通”。其中，农户宅基地申请、德清“宅小巡”App、农村宅基地建房“红黄绿”三色动态预警平台等切实推动了农村宅基地全流程数字化管理。德清县成立了农村宅基地制度改革试点工作专班，通过数字赋能推进农村宅基地制度改革试点，把“蛋糕”分到百姓手里，促进乡村全面振兴。

(二)新型要素方面：广东点“数”成“金”，推动从数据流通到数据资产化全流程创新

2021 年，广东在全国率先出台《广东省数据要素市场化配置改革行动方案》，全面启动数据要素市场化配置改革工作，成功实现多个全国首创，为全面数字化发展注入强劲动力。

1.提出“1＋2＋3＋X”改革思路,数据要素市场化配置改革在全国率先破题

2020年以来,广东积极谋划数据要素市场化配置改革工作并在全国率先破题,印发《广东省数据要素市场化配置改革行动方案》,明确提出“1＋2＋3＋X”的改革思路。其中,“1”是坚持“全省一盘棋”统筹推进,完善数据要素市场化配置法规政策,优化制度供给,保障市场统一开放。“2”是构建两级数据要素市场结构,激发各类供需主体活力。“3”是推动数据新型基础设施、运营机构、交易场所三大枢纽建设,打通供需渠道,保障数据要素生产、分配、流通、消费各环节畅通。“X”是充分激活数据潜能,为各行业各领域应用赋能。

2.培育完善的市场体系,打通数据从资源到资产全环节

构建以行政为主导的一级市场和以公平竞争为基础的二级市场,建设高质量可持续的新型数据要素市场体系。一级市场方面:一是完成省市一体化“一网共享”平台建设,为公共数据资源流通提供技术保障。该平台已发布数据资源目录5.18万个,数据总量达659亿条,满足1645个部门、1247个系统的数据使用需求,数据调用量达666.2亿次。通过“开放广东”平台向社会开放2.84万个公共数据集和225个数据服务接口。其中,“信用广东”平台归集信用数据184亿条,数据总量持续居全国首位。二是探索数据资产凭证,为公共数据资产化流通和应用提供权威载体。自2021年10月广东发布全国首张公共数据资产凭证以来,已签发资产凭证2.24万张。佛山顺德获得公共数据资产登记证书,实现广东省首批公共数据资产“入市”。三是设立广东省数据运营管理机构,实现数据可控可监管。创新公共数据开发运营模式,开展数据资产登记与合规审查,有效推动政府、企业、社会多元主体数据融合和服务创新。二级市场方面:重点打造新型数据交易场所,为市场提供安全可控的流通交易平台。广东省数据交易所采用“一所、多基地、多平台”架构运营,其中按照“省市共建、广佛协同”的思路引入央企控股及省市区龙头国企优势资源建设广东省数据交易所,为区域数据交易服务设立多基地。

3.推出“三大首创”,激发数据要素市场活力

为进一步激发数据要素市场活力,广东在推进数据要素市场化配置改革的过程中实现了三个“全国首创”。一是首创政府首席数据官制度,通过完善组织管理体系盘活公共数据资源。在广东省委政法委、公安厅等13个省有关部门和广州、深圳、珠海、佛山等11个地市开展首席数据官试点,为数据资源“一网共享”管理体系落地提供了坚实的组织保障。二是首创数字空间,通过创新用数模式构建数据流通安全环境。“粤省事”上线个人数字空间,汇聚95种个人常用证照和34项常用数据,累计授权用证达655万次;“粤商通”上

线法人数字空间，汇聚30种企业常用证照和37项常用数据，数字空间为企业和群众提供了数据的携带、授权、存证、溯源的边界安全服务，探索出了公共数据流通应用新范式。三是首创数据经纪人，依托专业服务中介探索数据流通交易新模式。广州海珠、佛山顺德两地率先推出数据经纪人，涉及电力、电商、金融、工业互联网领域，充分发挥龙头企业在生态协同、数据运营、技术创新等区间服务的优势，形成65个场景的数据产品，从整合产业链业务场景上，促进数据产品与服务多领域流通，进一步激发数据活力。

4.完善流通交易规则，构建全链条制度保障体系

广东围绕数据开放、共享、交换、交易、应用、安全、监管等数据要素全周期，从省级层面统筹建设面向场景的数据要素流通交易规则体系，实现全省数据交易“数同门、车同轨”。今后，将在五个方面发力：一是通过合规登记保障数据资产权益。在数据流通交易中坚持“无场景不登记、不登记不交易、不合规不上架”原则，明确数据资源持有权、数据加工使用权、数据产品经营权，保障数据产品和服务合法合规。二是规范数据交易机构，实现专业化交易。鼓励各类企业的数据产品、服务、资产，以及算力资源等数据能力，基于“无场景不交易”的要求进场交易。在数据交易机构的建设中，重点对交易主体、交易标的、交易活动、交易行为等进行规范管理，确保数据要素市场体系安全和可持续。三是通过数据经纪人释放数据流通交易价值。对数据经纪人在公共数据开发利用、数据产品经营等方面提供激励政策，在相关产业扶持政策上给予更多便利，鼓励探索建立行业数据空间，培育更多数据流通新模式。四是建立监管体系，优化数据交易环境。在数据要素市场体系建设中，建立政务服务数据管理局、网络安全和信息化委员会办公室、公安等主管部门协同的监管机制，压实地方属地监管责任。五是通过技术安全规范筑牢数据安全屏障。引入多方安全计算、联邦学习等隐私计算先进技术，实现数据“可用不可见、可控可计量”以及“数据不出域”，确保数据合规登记、流通交易等全流程顺利开展。

四、山东要素市场化配置改革面临的主要障碍

山东推动要素市场化配置改革仍面临市场壁垒、二元结构、制度滞后等障碍。

(一)区域性和行业性市场壁垒有待破除

该障碍主要表现在跨区域投资、科技成果跨区域转化、民营企业市场准入等方面。一是跨区域投资受到限制。部分城市为了发展经济往往制定各类优

惠政策吸引外来投资,但在面对本地龙头企业进行跨区域布局时,地方政府往往通过游说、利诱等方式试图将企业的投资留在本地,甚至采取惩罚性措施阻止企业在其他地方投资。二是科技成果跨区域转移转化受到约束。部分城市为了将科技成果留在本地,设置了各种限制,制约了科技要素的跨区域流动,也影响了科技成果转化的成效。三是民营企业市场准入存在歧视性规定。即使在一些已经放开的行业和领域,民营企业也会面对各种“玻璃门”,在行政审批、业务开展等各个环节受到隐性约束。

(二)二元结构双轨运行现象仍大量存在

该障碍主要表现在土地、资本、劳动力等要素市场化配置方面。一是土地要素市场存在城乡二元分割问题,既存在城市土地招拍挂、协议转让等市场化配置机制,也存在城乡土地市场的二元分割。市场在土地配置中未能起到主导作用,政府对土地一级市场的独家垄断权既催生了土地增值收益分配中的不公平现象,又导致了城市土地供应紧张,推高了城市土地价格和住房价格。二是资本要素市场存在体制内外的二元分割问题,既存在规范市场和不合规市场的二元结构,又存在国企和民企融资的二元结构。在规范的证券市场中,资金的利率由货币供求关系和市场风险共同决定,具有公开、透明的特点。而在民间借贷等尚不规范的市场中,部分业务在灰色地带运行,资金价格超出政策规定的范围,资本承受的风险难以得到有效控制。从不同主体看,国有企业和民营企业的融资难度和成本存在显著差异,尤其是在经济下行期间,一些民营企业还出现了被抽贷和断贷的风险。三是劳动力要素市场存在城乡身份的二元分割问题。受城市公共服务不足影响,大量农民工在城乡间作“候鸟式迁徙”。在城市内部,劳动者又因企业所有制不同和体制内外的身份差异而被差别化对待,不同身份的劳动者在社会保障和公共服务等方面也会被差别化对待。

(三)制度建设滞后导致市场发育不足

该障碍主要表现在技术要素、数据要素市场化配置改革方面。一是技术要素市场配置功能不够健全、制度保障水平不足。突出表现在以下三个方面:知识产权保护不到位造成技术开发和创新能力提升缓慢,监管力度不够和处罚过轻,企业和个人技术创新的积极性和创新动力不足;技术转化机制不健全,存在“两头强中间弱”的现象,即前端产业研发和后端产业投资相对强,中间地带的技术成果产业转化开发较薄弱;当前技术交易相关政策法规主要鼓励技术供给方输出,对技术需求方的鼓励则相对有限,技术市场化应用激励不足。二是数据要素市场中产权交易定价分配等方面的规则不健全。数据市场中规则和制度仍不健全，成为制约市场发育的瓶颈，突出表现在以下三个方面：在数据权属、收益分配、资产估值、数据安全、公平竞争等方面仍缺乏系统性的制度安排，导致政策预期不稳定，市场主体参与交易的动机不强，尚存在"数据壁垒"和数据"汇而不用"的问题；数据交易基础设施建设、交易规则制定、人才培养等方面仍相对滞后，数据交易的基础条件仍较为薄弱；由于制度、设施、收益等方面的不足，大量市场主体仍处于观望状态，市场交易规模较小。

五、推动山东要素市场化配置改革的重点及对策建议

按照系统推进、分类施策、先易后难、重点突破的原则，有序推动我省要素市场化配置改革。

(一)持续提高土地要素配置效率

一是建立城乡统一的建设用地市场。借鉴浙江经验，在坚决守住土地公有制性质不改变、耕地红线不突破、农民利益不受损三条底线的前提下，支持平度、兰陵、禹城、寒亭、汶上等试点地区结合新一轮农村宅基地制度改革试点，探索宅基地所有权、资格权、使用权分置的实现形式，对集体经营性建设用地与国有建设用地给予同权对待。支持建立健全农村产权流转市场体系。

二是推动以市场化方式盘活存量用地。探索通过建设用地节约集约利用状况详细评价等方式，细化完善城镇低效用地认定标准，鼓励通过依法协商收回、协议置换、费用奖惩等措施，推动城镇低效用地腾退出清。推进国有企事业单位存量用地盘活利用，鼓励市场主体通过建设用地整理等方式促进城镇低效用地再开发。

(二)加快推动劳动力要素有序流动

一是深化户籍制度改革。探索在山东半岛城市群内部开展居住证互通互认，试行以经常居住地登记户口制度逐步破除以户籍配置公共服务资源的做法，实现基本公共服务常住地提供，引导劳动力在城乡间、区域间自由流动。建立健全与地区常住人口规模相适应的财政转移支付、住房供应、教师医生编制等保障机制。

二是深化制度服务创新。健全统一开放、竞争有序的人力资源市场体系，加强事中事后监管，维护市场秩序，保障公平竞争。完善评价制度，拓宽技术技能人才发展通道。动态调整修订职称评价标准，畅通非公有制经济组织、社

会组织等领域人才职称申报渠道。

(三)切实提升资本要素服务实体经济力度

一是深化资本市场改革,提高资本市场直接融资比重。稳步推进区域性股权市场改革试点,支持省内非上市股权公司和地方持牌金融机构到区域性股权市场托管登记。鼓励省内上市公司、挂牌公司利用多层次资本市场做优做强。推进企业上市倍增行动方案,精准分层、动态培育拟上市企业。支持符合条件的企业发行公司债券、企业债券、短期融资券、中期票据、资产支持证券等债务融资工具。

二是深化科创金融改革,围绕创新链完善资金链。创新政府科技经费支持方式,探索集科技券商、科技贷款、科技担保、科技保险等为一体的全功能科技金融服务体系。强化金融机构、产业投资基金、创业投资引导基金与科技产业园区众创空间、"孵化器"、"加速器"等孵化载体的对接,加大对孵化载体内在孵企业的投融资力度。

三是深化普惠金融改革,引导资本要素向重点领域倾斜。支持有条件的地市创建国家级普惠金融试验区,构建"绿色金融+数字普惠"的新型普惠金融体系。多措并举降低中小微企业融资成本,大力推进中小企业融资平台和信用信息平台建设,为金融机构服务中小微企业提供数据支撑。优化"三农"金融服务体系和机制,支持金融机构与现代农业产业园合作,探索开发土地流转、种植、养殖、加工、仓储等各产业链环节的金融综合服务,创新对农业产业化龙头企业、农民专业合作社、家庭农场等新型农业经营主体的金融服务模式。

(四)大力推进技术要素向现实生产力转化

一是加快创新科技成果转化机制。完善知识产权的权利归属制度,保护技术发明人以及职务发明人的知识产权权益。完善知识产权许可使用、转让、质押等制度。建立以企业为主体、市场为导向、科研人员自主决定科研成果转化体制,建立专事技术成果转化的服务机构,帮助研发人员和企业精准对接合作。

二是推进技术和资本要素融合发展。支持金融机构设立专业化科技金融分支机构,加大对科研成果转化和创新创业人才的金融支持力度。完善创业投资监管体制和发展政策。支持优质科技型企业上市或挂牌融资。完善知识产权融资机制,扩大知识产权质押融资规模。鼓励保险公司积极开展科技保险业务,依法合规开发知识产权保险、产品研发责任保险等产品。

(五)探索完善数据要素流通规则

一是释放公共数据资源价值。借鉴广东经验，推动公共数据运营机构建设，研究制定公共数据授权使用服务指南，强化授权场景、授权范围和运营安全的监督管理。开展公共数据资源普查，形成全省统一的系统清单、数据清单、需求清单，推进公共数据资源体系建设。建立公共数据资产确权登记和评估制度，探索公共数据资产凭证生成、存储、归集、流转和应用的全流程管理。

二是激发社会数据资源活力。支持构建农业、工业、交通、教育、就业等领域数据开发应用场景。支持济南、青岛等具备一定数字化基础的区域开展制造业数字化转型试点。鼓励行业组织、企业和高校院所等单位推动数据分析挖掘、数据可视化、数据安全与隐私保护等核心技术攻关，强化数据技术应用，搭建数据产品和服务体系，打造数据创新生态。

三是强化数据安全保护。健全政府主导、多方参与的数据分类分级保护制度，加强对个人隐私、个人信息、商业秘密、保密商务信息等数据的保护。健全数据安全风险评估、报告、信息共享、监测预警和应急处置机制。支持有关部门、行业组织、企业、教育和科研机构、有关专业机构等在数据安全风险评估、防范、处置等方面开展协作。

课题组成员：倪艳亭　孔峻岩　兰晓青　王昊宇

山东塑强应急物流体系“应急能力”对策研究

流通体系在国民经济中发挥着非常重要的基础性作用。近期山东省全面开展基础设施“七网”行动，并将“加快完善现代物流网络”作为重点任务之一。近年来，自然灾害、突发公共卫生事件、地缘政治冲突等频发，不断考验着物流体系的应急应变能力，特别是 2022 年上海等地在新冠疫情防控期间出现了阶段性地区物流运行不畅和生活物资供应不到位、不及时等现象，这引起了党中央、国务院的高度重视。针对这些情况，山东省宏观经济研究院课题组聚焦重点问题，立足长远发展，围绕进一步增强山东省物流体系应对重大灾害、极端事件的应急能力，提出了以下对策建议。

一、应急物流体系是我国现代物流体系的重要组成部分，是国家和社会应对多种安全威胁的重要物质支撑

自 2003 年我国提出“应急物流”表述以来，在国家和各级政府应急管理部门的统筹规划下，应急物流相关建设取得了显著成效，在抗击新冠疫情中也切实发挥了重要作用。尤其是 2018 年以来，国家先后调整组建了应急管理部、国家粮食和物资储备局，从国家层面对应急物资保障相关事务进行统筹，更为应急物流的系统建设奠定了组织基础。2020 年 2 月，习近平总书记在中央全面深化改革委员会第十二次会议上提出“要健全统一的应急物资保障体系”，“要健全国家储备体系”，“要建立国家统一的应急物资采购供应体系”。[①] 2020 年 9 月，在中央财经委员会第八次会议上，习近平总书记提出要“加快建立储备充足、反应迅速、抗冲击能力强的应急物流体系”[②]。应急物流体系建设正

① 《习近平主持召开中央全面深化改革委员会第十二次会议强调　完善重大疫情防控体制机制　健全国家公共卫生应急管理体系》，《人民日报》2020 年 2 月 15 日。

② 《习近平主持召开中央财经委员会第八次会议强调　统筹推进现代流通体系建设　为构建新发展格局提供有力支撑》，《人民日报》2020 年 9 月 10 日。

式进入中央决策部署。

2022年上半年，上海等地因新冠疫情防控形势严峻，出现了生活物资供应不到位等现象，尤其是涉疫地区物流运行不畅，生活物资“最后一公里”的配送效率不高等问题引起了党中央、国务院的高度重视。在突发事件发生时，不仅要保障物流运输供给，还要避免物流成为疫情的传播渠道。这对于保障受灾人民生活、维护社会稳定、提高救援能力等都具有重要作用。

二、当前我省应急物流体系建设主要在协同管理体系、基础设施配套、系统管理智慧化等方面存在短板

应急物流作为特殊紧急事态下的物流业态，其政策性、时效性强，组织协调复杂困难。目前我省已是名副其实的运输大省，但作为全国首个交通强国省域示范区，还需要进一步提高交通运输特别是应急物流骨干网现代化、融合化、智能化水平，实现“由大变强”。

（一）协同管理体系还不够健全，无法适应爆发性需求

一是信息发布水平还需提升。应急物流体系建设要求将事前防范和事中应急相结合，但现有管理体系中没有统一的信息发布渠道，且各地区网络公开的信息往往与实际情况偏差较大，“认不清、看不到、管不住”往往会导致不同程度的“通行难、停车难”等，进而还可能引发食品安全、囤积居奇、哄抬价格等次生问题。

二是管理机制需要进一步完善。应急物流管理具有行政化、指令化等特点，各地落实政策难免“各自为战”，或“生搬硬套”，或层层加码，经常是“东西有而够不到”。上海拥有国内最发达的流通体系，但由于新冠疫情的复杂性和部分措施跟进不到位，城内物流配送、城外干线货运都出现过“断流”。2022年3月我省发生新冠疫情之后，各市陆续制定了防控措施。从相关行业协会了解到，95%的道路货运公司受限于措施不协同、不统一，出现过劳动力和运力紧张问题，部分物流企业运力较以往下降了三成左右。

三是运输成本明显增加。部分城市实行交通管制后，货车通行路线受限，导致车辆滞留或绕行。有企业反映，原来1天的行程，疫情期间可能要走4～5天甚至更长。从调研情况看，一些货车司机因报备材料不足等下不了高速，到达不了目的地；高速劝返、滞留服务区、车上隔离等现象比较普遍；约七成以上的企业反映疫情期间物流运输成本上升压力明显加大。

(二)基础设施配套还不够完善,无法应对突发性需求

一是相对集中单一的公路运输的应变能力不强。2021 年全省公路货运量占货运总量的 84.3%,铁路、水运货运量分别占货运总量的 9.9%和 5.8%。当前物资运输通道以传统的公路运输为主,因此一旦发生紧急事件,短期内突然增加的应急物资运送量可能会造成公路运输系统的拥堵和瘫痪,减缓反应速度,物流运输阻断,应急物流体系难以应对。

二是流通网络互补性不够。从国外实践看,美国建有 5000 多个公共机场和近 15000 个私人机场,联邦政府可在紧急状态下临时征用任意机场为国家应急物流服务;德国受灾群众可在 15 分钟内获得救援服务,德国年均航空应急救援活动达到 4 万余次。而我省应急民航支线机场数量有限,公路通达度与衔接度明显不足,内河航道等级偏低,亟须建立广覆盖、可替代的综合立体应急物流网络。

三是仓储设备专业性不足。大部分应急仓储设备平时仅作为普通存储设备使用,标准化程度不高,对于专门的应急物资来说,储什么、怎么储、储在哪不明确。预测预警、应急指挥、监控反馈等配套技术设施不足以应对规模大、影响广、持续时间长的重特大突发事件,极可能导致“平时不用,急时又不好用”。

(三)智能设施配套还不够智慧,无法满足有效性需求

一方面,数字化手段赋能应急物流的应用融合依然不足。传统的技术工具已无法应对不可抗力对数据提出的快速整合、实时开放的要求,产供销储数据犹在“孤岛”,生产资料卡在“最先一公里”出不去,生活资料卡在“最后一公里”进不来,阻碍产业链上下游正常生产和民生市场供应。

另一方面,应急物流储备仓库缺乏基础的资源信息管理系统。以 2020 年新冠疫情初期的武汉为例,由于需求信息没有及时与社会捐助进行共享、匹配和调度,一度出现了社会捐赠的医疗物资堆积在红十字会和需求方医疗物资严重匮乏共存的现象,而目前从国内到湖北省内仍没有统一的应急物流信息管理平台。

三、从加强管理协调、适度超前谋划和突出智慧化建设等方面入手,提升我省应急物流体系建设水平

在突发事件发生时,应急物流在保障受灾群众生活、维护社会稳定、提高救援能力等方面具有重要作用。中央财经委员会第十一次会议强调“立足全

生命周期，统筹各类基础设施布局”，为妥善解决制约经济社会科学发展的突出矛盾和深层问题启发了新思路、找到了新路径。凡事预则立，不预则废，落实到我省应急体系建设上，要做到适度超前、系统谋划，打通堵点、科学谋划，以人为本、长远谋划，力图使应急物流体系在前期介入、中期应对、后期总结的过程中形成有机循环，真正实现环环相扣、协同配合、高效运转、持续发展。

（一）联动管理，加强重要政策和重点项目研究协调与组织实施，实现互联互通

一是完善法律体系建设，研究制定地方性应急物流规章制度、法律法规，明确各级政府机关的权责范围以及其他社会主体的权利义务。二是明确相关机构部门在统筹、规划、建设、管理等方面的职责，规范应急预案编制，建立跨地区、跨部门联动响应机制。三是推动各地动态建立负责城市保供任务的商贸流通、物流配送的企业“白名单”，对应急运输生活必需品、药品、鲜活农产品和冷藏保鲜产品的车辆给予通行便利，实现信息互换、监管互认、执法互助。

（二）增强韧性，适度超前开展应急基础设施投资，不断满足经济社会发展需要

把握好“物流基础设施与供水供电设施一样，一刻也不能停”这个理念。一是统筹建立涵盖铁路、公路、水运、民航等各种运输方式、干支衔接的综合配套网络设施，实现应急物资在不同运输方式之间的快速衔接，不断强化中转联运设施功能。二是充分发挥铁路长距离干线运输、航空快速运输的比较优势，促进彼此有效衔接、互为补充，形成组合优势，同时提高干支衔接能力和运转分拨率，完善城乡内部配送网络。三是整合存量设施，对现有物流设施进行应急功能改造与嵌入，增强基础设施应急弹性，推动常态物流和应急物流融合发展，实现“平时服务”和“急时救急”两种状态随时切换。四是支持末端智能配送点建设，积极推进货运无人机、无人车、无人码头、无人仓等无接触配送，努力解决配送“最后一公里”和“最后100米”难题。

（三）转型升级，建成与现代物流网相适应的数字基础设施，智能化资源配置

一是在生产端和消费端同时建成数字化基础设施，加强物流数据共享平台建设，打造运输、仓储、配送一体化智能供应链，推动物流信息平台与供应链上下游企业系统对接，增强协同运作能力。二是构建应急资源信息共享和指挥调度平台,力争实现应急物资管理的全程留痕、监督追溯和动态掌控,满足应急物资分散、即时、及时的物流需求。三是使用云计算、大数据等技术,探索“储备+互联网+物流”的车货匹配、运力优化、运输协同等融合模式,创新应急物资配置方式,扩大资源配置范围。

课题组成员:张辉　张钰　张鹏　李建芳

第二篇　推动科技自立自强

沿黄九市经济社会发展创新力评价

山东是黄河流域经济最发达的省份，是践行黄河流域生态保护和高质量发展战略的龙头省份。习近平总书记明确要求山东努力在推动黄河流域生态保护和高质量发展上走在前，同时也提出在增强经济社会发展创新力上走在前，经济社会发展创新力走在前是贯彻落实黄河流域生态保护和高质量发展战略的重要支撑。省委、省政府聚焦增强经济社会发展创新力，提出实施“十大创新”行动计划，将创新贯穿经济社会发展全过程。本课题围绕贯彻落实省委、省政府“十大创新”行动计划，结合沿黄地区特点和经济社会创新发展趋势，丰富各领域创新发展内涵，构建指标体系，以定量与定性相结合的方式对沿黄九市经济社会发展创新力进行全面评价，找出薄弱环节，精准施策，通过经济社会发展创新力走在前，确保落实黄河流域生态保护和高质量发展战略走在前。

一、经济社会发展创新力内涵及要求

经济社会发展创新力，即经济社会创新发展能力，是在经济社会发展各领域中，不断提供具有经济价值、社会价值、生态价值的新思想、新理论、新模式、新路径的能力，是实现高质量发展的关键支撑，涵盖经济社会发展的各领域、全过程。围绕贯彻落实省委、省政府“十大创新”行动，结合沿黄地区经济社会发展特点，确定了沿黄九市经济社会发展创新力评价的十个主要领域，包括科技研发创新力、人才引育创新力、营商环境创新力、数字变革创新力、产业生态创新力、要素保障创新力、风险防控创新力、文化宣传创新力、民生改善创新力和绿色低碳创新力①。

① “十大创新”中包括推进落实创新，但考虑指标获取因素，定量评价难度较大。考虑黄河流域生态保护和高质量发展，强调沿线地区走生态优先、绿色发展的道路；另外，绿色低碳高质量发展示范区落地建设对绿色低碳发展提出新的要求，故增加了绿色低碳创新。

科技研发创新力。党的二十大报告指出:“科技是第一生产力。”①科技研发创新力,即科技研发能力,是原创性科学研究能力和技术创新能力的总称,指创造和应用新知识、新技术、新工艺,采用新的生产方式、经营管理模式,开发新产品、提高产品质量、提供新服务的能力,是实现科技自立自强、提升区域经济社会发展创新力的主导能力,是推动区域高质量发展的重要内核。主要体现在科技研发投入效能、科技平台载体支撑、企业科技创新能力、科技创新成效等方面。

人才引育创新力。党的二十大报告指出:“人才是第一资源。”②人才引育创新力,即引进、培育人才的能力,是指通过完善人才引育战略布局、夯实人才事业平台载体、创新人才发展体制机制、优化教育培养模式等举措,加大对战略科学家、一流科技领军人才和创新团队、青年科技人才、卓越工程师、大国工匠、高技能人才等重点人才队伍精准引育和吸引集聚的能力,是经济社会创新发展的基石和核心。主要体现在引育人才规模、引育人才结构、引育人才创新成果等方面。

营商环境创新力,即创新优化营商环境的能力,是指通过完善产权保护、市场准入、公平竞争、社会信用等市场经济基础制度,提升政府治理效能、集聚和配置各类资源要素、提升市场活跃度的能力,为经济社会创新发展提供重要的软环境支撑。主要体现在公共服务、市场环境、政务环境、融资环境、普惠创新、法治环境等方面。

数字变革创新力,即强化数字赋能的能力,指运用互联网、大数据、云计算、人工智能、区块链等先进数字技术,赋能政务服务、产业发展、民生改善、生态建设等各领域,全面提升经济社会数字化智能化发展水平的能力,是实现经济社会创新发展的时代要求和必然选择。主要体现在治理模式数字变革、生产方式数字变革、生活方式数字变革、数字变革基础支撑等方面。

产业生态创新力,即创新培育优良产业生态的能力,指在一定区域范围内,通过合理的产业分工与协作,高效地整合利用市场资源要素,有效向社会提供一流商品和服务的能力,是塑强产业竞争力的关键环节和重要支撑,是实现经济社会创新发展的必由之路。主要体现在产业链、创新链、供应链打造和协同推进,产业集群集聚发展等方面。

要素保障创新力,即创新加强要素保障的能力,指通过要素市场化改革等

---

① 习近平:《高举中国特色社会主义伟大旗帜　为全面建设社会主义现代化国家而团结奋斗——在中国共产党第二十次全国代表大会上的报告》,人民出版社 2022 年版,第 33 页。

② 习近平:《高举中国特色社会主义伟大旗帜　为全面建设社会主义现代化国家而团结奋斗——在中国共产党第二十次全国代表大会上的报告》,人民出版社 2022 年版,第 33 页。

创新举措，加大市场化交易、差异化配置、内生性挖潜等方面的创新力度，破除阻碍要素科学自主有序流动的体制机制障碍，促进要素保障能力及全要素生产率加快提升的能力，是经济社会创新发展的重要保障。主要体现在对能源、粮食、土地、资金、人口等要素的保障方面。

风险防控创新力，即防范化解各类风险的能力，指统筹发展和安全，强化底线思维，注重抓住主要矛盾和矛盾的主要方面，有效防范和化解各类经济和社会风险隐患的能力，是经济社会创新发展的重要保障。主要体现在社会稳定、金融安全、财政安全等方面。

文化宣传创新力，即创新推动文化宣传的能力，指深入挖掘儒家文化、黄河文化、运河文化等中华优秀传统文化和红色文化的独特魅力，为产品研发、设计制造、文旅发展铸魂赋能，实现文化创造力、传播影响力、宣传引导力持续提升的能力，是经济社会创新发展的重要组成部分和文化根基。主要表现在文化事业发展、文化设施完善、文化消费倾向等方面。

民生改善创新力，即保障和改善民生的能力，指以共同富裕为目标，围绕解决人民群众"急难愁盼"问题，健全基本公共服务体系，提高公共服务水平，增强均衡性和可及性，不断实现人民对美好生活的向往的能力，是经济社会创新发展的本质要求。主要体现在地区经济发展、居民增收、重点群体保障、公共服务均等化、共同富裕等方面。

绿色低碳创新力。党的二十大报告指出："推动经济社会发展绿色化、低碳化是实现高质量发展的关键环节。"①绿色低碳创新力，即创新推动绿色低碳发展的能力，对沿黄地区而言，指以全方位、多层次深化黄河流域大保护、大治理和发展方式绿色低碳转型为重点，推进黄河生态环境高水平保护、水资源深度节约集约利用、能源结构持续优化、产业结构绿色转型，最终实现绿色低碳高质量发展的能力。主要体现在能源降耗和对空气、水等的治理保护方面。

二、经济社会发展创新力评价指标体系构建

（一）指标体系构建

1.构建原则

本课题遵循科学性、可操作性、完备性、系统性的原则，构建沿黄九市经济

---

①　习近平：《高举中国特色社会主义伟大旗帜　为全面建设社会主义现代化国家而团结奋斗——在中国共产党第二十次全国代表大会上的报告》，人民出版社2022年版，第50页。

社会发展创新力评价指标体系,对沿黄九市经济社会发展创新力进行量化评价比较。

2.指标的选取

根据沿黄九市经济社会发展创新力内涵,从科技研发创新力、人才引育创新力、营商环境创新力、数字变革创新力、产业生态创新力、要素保障创新力、风险防控创新力、文化宣传创新力、民生改善创新力和绿色低碳创新力等10个维度确立了一级指标,并根据各维度具体内涵,结合指标的可测度性和数据的可获得性,兼顾绝对性指标与相对性指标,确定了47项二级指标。

(二)指标权重确定

为避免主观因素对权重的影响,确保评价的客观性、科学性、可信性,本课题选用熵值法这一客观赋值法,对47个二级指标进行权重计算。评价指标体系如表1所示。

表1　赋权后的经济社会发展创新力评价指标体系

一级指标	序号	二级指标	指标权重
科技研发创新力	1	全社会研发经费支出占地区生产总值的比重(%)	0.01834
	2	财政科技支出占公共财政支出的比重(%)	0.02059
	3	规模以上工业企业研发经费支出占营业收入的比重(%)	0.01968
	4	基础研究经费占研发经费的比重(%)	0.02297
	5	“四新”经济增加值占GDP的比重(%)	0.01851
	6	高新技术产业产值占规模以上工业总产值的比重(%)	0.01917
	7	高新技术企业数量(个)	0.02690
	8	科技型中小企业数量(个)	0.02721
人才引育创新力	9	研发人员全时当量(万人/年)	0.02081
	10	硕士研究生人数(人)	0.02647
	11	万人有效发明专利拥有量(件)	0.02411
	12	专利申请量(件)	0.02752
营商环境创新力	13	中国营商环境指数(分)	0.02034

续表

一级指标	序号	二级指标	指标权重
数字变革创新力	14	数字经济核心产业增加值占 GDP 的比重(%)	0.02198
	15	5G 基站数(个)	0.02783
	16	有电子商务交易活动企业占比(%)	0.02080
	17	每百家企业拥有网站数(个)	0.01928
	18	公共数据服务开放接口数量(个)	0.02085
	19	可全程网办率(%)	0.01858
	20	智慧社区数量(个)	0.02098
产业生态创新力	21	“雁阵形”产业集群(个)	0.02102
	22	“十强”产业集群领军企业(个)	0.02384
	23	专精特新“小巨人”企业(个)	0.02046
	24	国家级单项冠军企业(个)	0.02168
	25	省级瞪羚企业(个)	0.02476
要素保障创新力	26	全社会用电量(亿千瓦时)	0.02274
	27	粮食综合生产能力(万吨)	0.02061
	28	金融业增加值占地区生产总值的比重(%)	0.01912
	29	城市新增就业人数(万人)	0.02351
	30	上市公司(个)	0.02285
风险防控创新力	31	地方政府负债率(%)	0.02023
	32	城镇登记失业率(%)	0.02001
	33	不良贷款率(%)	0.01862
文化宣传创新力	34	文化事业费(万元)	0.02272
	35	居民文化消费占总支出的比重(%)	0.01837
	36	居民人均教育文化娱乐支出(元)	0.01880
	37	博物馆(个)	0.02160
	38	公共图书馆(个)	0.01944

续表

一级指标	序号	二级指标	指标权重
民生改善创新力	39	人均地区生产总值(万元)	0.02207
	40	民生支出占财政收入的比重(%)	0.01868
	41	居民人均可支配收入增长率(%)	0.01988
	42	城乡收入倍差(倍)	0.01952
	43	劳动年龄人口平均受教育年限(年)	0.01898
	44	常住人口城镇化率(%)	0.02013
绿色低碳创新力	45	地表水达到或好于Ⅲ类水体占比(%)	0.02022
	46	单位地区生产总值能源消耗降低率(%)	0.01828
	47	空气质量优良天数占比(%)	0.01890

数据来源:《山东统计年鉴(2021)》、各市 2021 年统计公报。

三、沿黄九市经济社会发展创新力综合评价

(一)总体评价

结合二级指标权重,利用无量纲化平移处理后的指标值进行加权求和计算,对沿黄九市经济社会发展创新力进行测度评价。评价结果如表 2、表 3 所示。

表 2　山东省沿黄九市经济社会发展创新力评价结果

城市	总得分	排名
济南	0.81474	1
淄博	0.46567	2
济宁	0.38480	3
泰安	0.34483	4
滨州	0.31876	5
东营	0.29438	6
德州	0.29166	7
聊城	0.25186	8
菏泽	0.21954	9

表 3　山东省沿黄九市经济社会发展创新力分领域评价得分

科技研发创新力		人才引育创新力		营商环境创新力		数字变革创新力		产业生态创新力	
济南	0.15498	济南	0.09901	济南	0.02036	济南	0.11044	济南	0.11052
淄博	0.07144	淄博	0.02469	淄博	0.01075	滨州	0.06692	淄博	0.06885
泰安	0.06950	济宁	0.01541	东营	0.00953	淄博	0.06257	泰安	0.03754
滨州	0.06694	东营	0.01432	济宁	0.00679	东营	0.05683	济宁	0.03558
德州	0.06644	滨州	0.00901	泰安	0.00622	德州	0.05607	德州	0.01663
聊城	0.05279	泰安	0.00779	滨州	0.00552	济宁	0.04013	菏泽	0.01350
济宁	0.04041	德州	0.00644	德州	0.00269	聊城	0.03398	聊城	0.01211
东营	0.03418	聊城	0.00536	聊城	0.00102	泰安	0.02852	滨州	0.00866
菏泽	0.01129	菏泽	0.00220	菏泽	0.00002	菏泽	0.02458	东营	0.00556
要素保障创新力		风险防控创新力		文化宣传创新力		民生改善创新力		绿色低碳创新力	
济南	0.07522	济南	0.05382	济宁	0.08225	淄博	0.07484	泰安	0.04136
滨州	0.03922	济宁	0.04789	济南	0.07668	济南	0.07395	济宁	0.04115
聊城	0.03359	泰安	0.04258	淄博	0.07293	德州	0.06346	济南	0.03975
菏泽	0.03152	东营	0.03981	泰安	0.04254	东营	0.05840	东营	0.03973
淄博	0.03088	淄博	0.03122	菏泽	0.03515	泰安	0.05158	菏泽	0.03595
济宁	0.02940	德州	0.02355	聊城	0.03201	菏泽	0.04814	滨州	0.03100
德州	0.02892	聊城	0.01838	滨州	0.02892	滨州	0.04709	聊城	0.02366
泰安	0.01721	菏泽	0.01721	东营	0.02539	济宁	0.04579	淄博	0.01750
东营	0.01063	滨州	0.01546	德州	0.02010	聊城	0.03895	德州	0.00736

根据测算结果，沿黄九市中，处于经济社会发展创新力第一梯队（＞0.4）的是济南、淄博，处于第二梯队（0.3～0.4）的是济宁、泰安、滨州，处于第三梯队（0～0.3）的是东营、德州、聊城、菏泽（见图 1）。

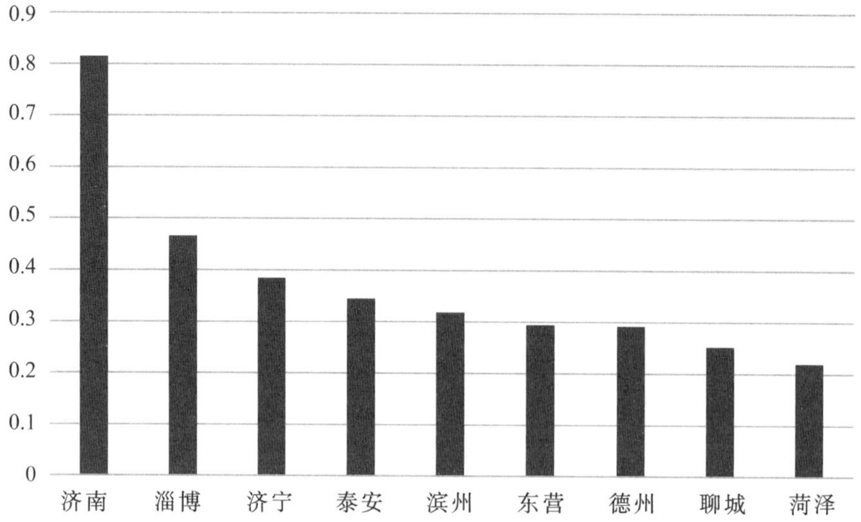

图 1　山东省沿黄九市经济社会发展创新力评价结果

整体来看,沿黄九市经济社会发展创新力水平不高,不及全省平均水平,各分领域指标地域差异明显,面临着发展不平衡不充分的"双重"矛盾。

一是沿黄九市整体经济社会发展创新力水平不及全省平均水平。受经济发展水平等因素影响,沿黄九市经济社会发展创新力整体不强,47 项二级指标中有 28 项低于全省平均水平。

二是沿黄九市各市经济社会发展创新力差距明显。其中,济南经济社会发展创新力总体水平和分领域水平领先优势明显,远高于其他各市,10 项一级指标中有 9 项居前两位,47 项二级指标中有 41 项高于全省平均水平,是沿黄九市经济社会创新发展的龙头引领型城市。菏泽则 10 项一级指标中有一半都居后 3 位,47 项二级指标中有 37 项低于全省平均水平。

(二)分领域评价

1.科技研发创新力

济南科技研发创新力大大强于其他八市,位列第一(见图 2)。其中,高新技术企业数量、科技型中小企业数量、"四新"经济增加值占 GDP 的比重、基础研究经费占研发经费的比重均居首位。

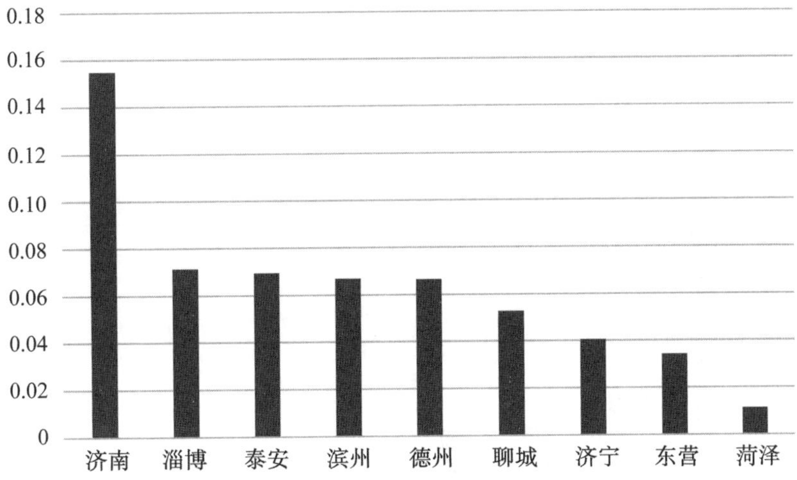

图 2　沿黄九市科技研发创新力评价结果

从总量指标看，九市科技研发创新力整体水平略低于全省平均水平。济南拥有的高新技术企业数量占九市总数近一半，占全省的比重超过 20%；然后为淄博和济宁；其他各市高新技术企业数量较少。

从占比情况看，“四新”经济增加值占 GDP 的比重较高的是济南、滨州、淄博和聊城，均高于全省平均水平(31.7%)，体现了四市近年来加快新旧动能转换的良好成效。高新技术产业产值占规模以上工业总产值的比重较高的是泰安和济南，均在 50%以上，分别高出全省 10.7 和 7.9 个百分点。

从研发投入情况看，规模以上工业企业研发经费支出占营业收入的比重，九市中有六市高于全省平均水平；全社会研发经费支出占地区生产总值的比重，九市中有七市高于全省平均水平；济南基础研究经费占研发经费的比重最高，大大高于其他八市和全省平均水平；菏泽研发投入最为薄弱。

存在的问题及薄弱环节：沿黄九市科技研发创新力整体偏低，低于全省平均水平。8 项二级指标中仅有 2 项达到全省平均水平。各市科技研发创新力差距较大，济南科技研发创新力大大强于其他八市，但菏泽 8 项二级指标均低于全省平均水平。研发投入偏低，特别是菏泽，全社会研发经费支出占地区生产总值的比重不足 1%。基础研发较弱，基础研究经费占研发经费的比重大幅低于全省平均水平(3%)，其中八市不及全省平均水平。

2.人才引育创新力

济南人才引育创新力大大强于其他八市，一方面体现了省会城市对人才的强吸引力，另一方面体现了济南近年来突出要素集聚，持续优化创新创业生态的良好成效(见图 3)。

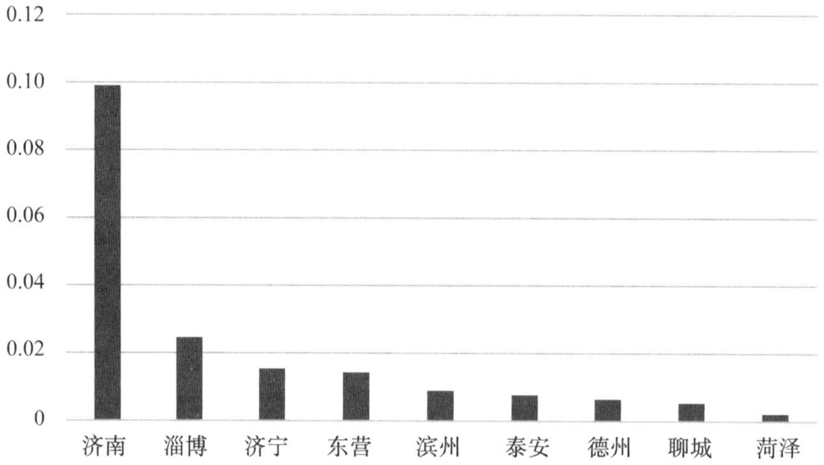

图 3　沿黄九市人才引育创新力评价结果

从分项指标看,济南各项指标全面领先,且领先优势明显,硕士研究生人数、研发人员全时当量、万人有效发明专利拥有量和专利申请量分别占沿黄九市的 46%、31%、37%和 40%。

存在的问题及薄弱环节:沿黄九市人才引育创新力不足,能够突破关键技术、带动产业发展、具有引领作用的"高精尖缺"人才匮乏。沿黄九市研发人员全时当量、硕士研究生人数、万人有效发明专利拥有量、专利申请量等 4 项二级指标均低于全省平均水平。菏泽人才引育创新力最弱,研发人员全时当量、万人有效发明专利拥有量均不足全省平均水平的 30%,规模以上工业企业中开展研发活动的仅占 7.3%,原始创新、基础研究和应用研究薄弱。东营省级瞪羚企业、国家级单项冠军企业数量仅占全省的 0.79%和 2.69%,高层次人才相对短缺,人才难引难留问题突出。

3.营商环境创新力

根据《中国营商环境指数蓝皮书(2021)》,营商环境创新力第一梯队为济南,第二梯队为淄博、东营,第三梯队为济宁、泰安、滨州,第四梯队为德州、聊城、菏泽(见图 4)。

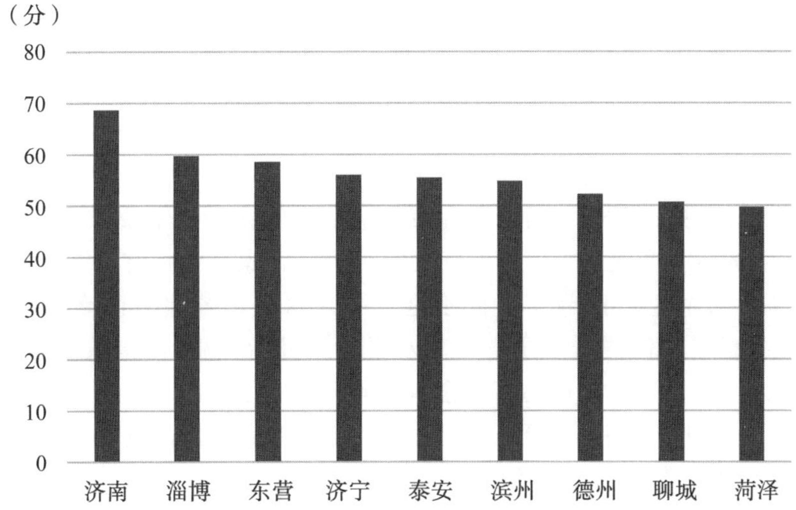

图 4 沿黄九市营商环境指数

存在的问题及薄弱环节：从中国营商环境指数来看，沿黄九市中仅济南、淄博、东营三市营商环境指数高于全省平均水平，表明沿黄九市经济社会发展软环境亟待改善。

4.数字变革创新力

济南数字变革创新力最强，位于第一梯队，领先优势明显；滨州、淄博、东营、德州位于第二梯队；济宁、聊城、泰安、菏泽数字变革创新力较弱，位于第三梯队（见图 5）。

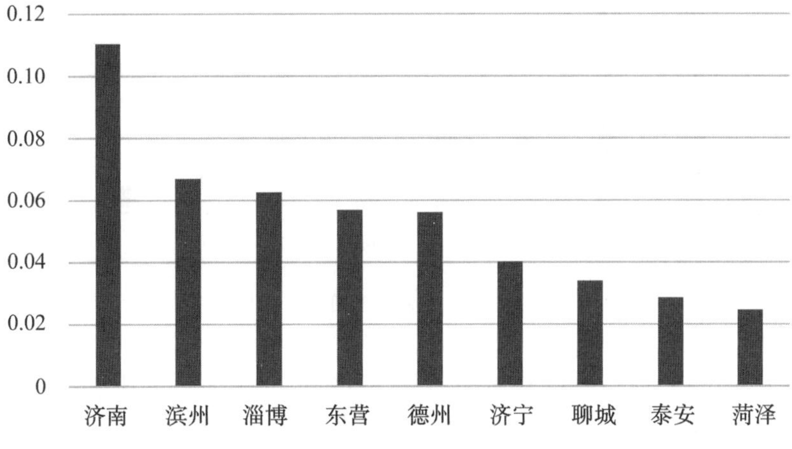

图 5 沿黄九市数字变革创新力评价结果

从分项指标来看,济南在数字经济发展、数字基础设施建设、数字社会推进等方面领先优势明显。滨州在加强数据开放共享、推进数字政府建设方面成效突出,公共数据服务开放接口数量、可全程网办率均位居沿黄九市第一。德州每百家企业拥有网站数多于济南,排在第一。有电子商务交易活动企业占比排名前三位的是淄博、东营和滨州。

存在的问题及薄弱环节:沿黄九市数字变革创新步伐不快,7 项二级指标中,数字经济核心产业增加值占 GDP 的比重、每百家企业拥有网站数、有电子商务交易活动企业占比等 4 项低于全省平均水平。若除去济南,其余八市 7 项二级指标平均值均低于全省平均水平。二级指标中,济南数字经济核心产业增加值占 GDP 的比重远高于全省平均水平,滨州略超全省平均水平,其余七市均未达到全省平均水平,表明沿黄九市整体数字经济发展滞后,数字赋能经济社会创新发展的能力不强。

5.产业生态创新力

沿黄九市产业生态创新力不及全省平均水平,5 项指标中有 4 项低于全省平均水平。济南产业生态创新力最强,淄博位列第二,之后是泰安和济宁,其余五市较弱(见图 6)。

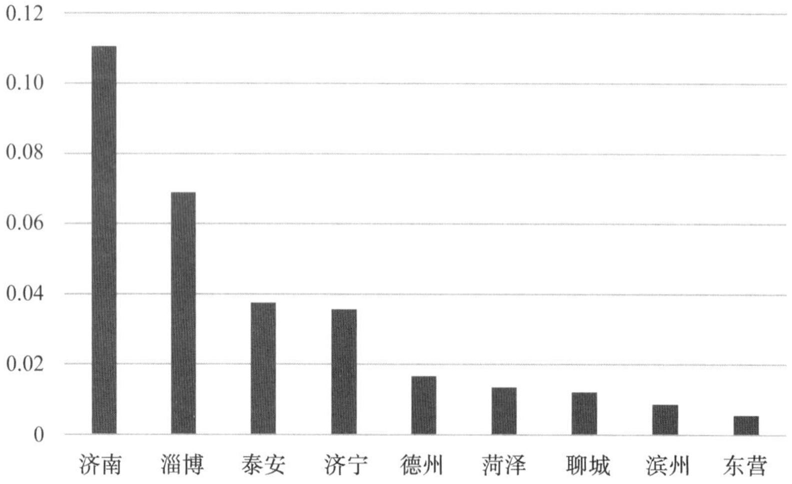

图 6　沿黄九市产业生态创新力评价结果

从分项指标来看,济南和淄博在"雁阵形"产业集群、"十强"产业集群领军企业、专精特新"小巨人"企业、省级瞪羚企业和国家级单项冠军企业的排名均居前两位,分别占九市的 33%、40%、42%、67%和 40%。

存在的问题及薄弱环节：沿黄九市产业生态创新力5项二级指标中有4项低于全省平均水平，占指标总数的80%；若除去济南，则其余八市产业生态创新力全部低于全省平均水平。沿黄九市的"雁阵形"产业集群、"十强"产业集群领军企业、专精特新"小巨人"企业、国家级单项冠军企业数量分别为6个、7个、6个、6个，低于全省平均水平。

6.要素保障创新力

济南要素保障创新力远高于其他八市，泰安和东营最弱，其余六市水平相当（见图7）。

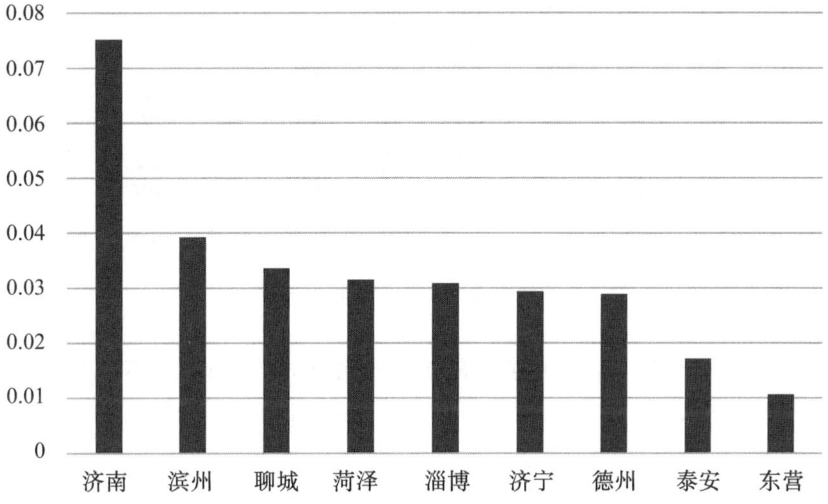

图7　沿黄九市要素保障创新力评价结果

从分项指标来看，人口支撑方面，济南新增就业人数远高于其他八市，体现了省会城市对人口较强的吸纳能力；金融保障方面，济南上市公司数量和金融业增加值占地区生产总值的比重均位居沿黄九市第一；粮食保障方面，德州和菏泽粮食综合生产能力最强，占九市总量的40%；用电量方面，滨州全社会用电量最高，远高于其他八市。

存在的问题及薄弱环节：沿黄九市金融保障和人口支撑方面低于全省平均水平。其中，金融业增加值占地区生产总值的比重与全省平均水平持平，但上市公司数量仅为全省平均水平的一半，有五市上市企业数量不足10个；新增就业方面，除济南外，其余八市城市新增就业人数均低于全省平均水平，吸纳就业的能力较弱，制约了沿黄九市经济社会创新发展。

7.风险防控创新力

济南和济宁的风险防控创新力最强,然后是泰安、东营、淄博和德州,聊城、菏泽和滨州较弱(见图 8)。

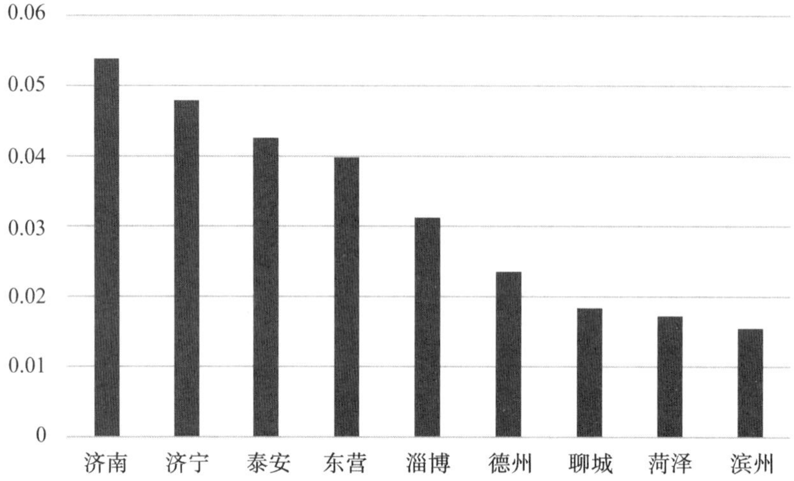

图 8　沿黄九市风险防控创新力评价结果

从分项指标来看,济南地方政府负债率最低,为 210%。不良贷款率最高的是滨州和东营,分别为 5.32%和 4.50%,分别高出沿黄九市平均值 2.7 个和 1.9 个百分点;最低的是济南,为 0.85%。

存在的问题及薄弱环节:从风险防控创新力二级指标看,沿黄九市地方政府负债率和不良贷款率分别高出全省平均水平 44.5 个和 1.3 个百分点,其中,五市地方政府负债率高于 300%,达到红色债务风险等级;四市在 200%~300%,达到橙色债务风险等级。地方政府债务高企给地区经济社会持续稳定发展带来较大风险隐患。不良贷款率反映了金融机构贷款质量,沿黄九市整体贷款质量不高,需加强防控,警惕金融风险。

8.文化宣传创新力

受文化资源禀赋、文化宣传理念、文化宣传力度等因素影响,济宁、济南、淄博文化宣传创新力明显高于其他六市(见图 9)。

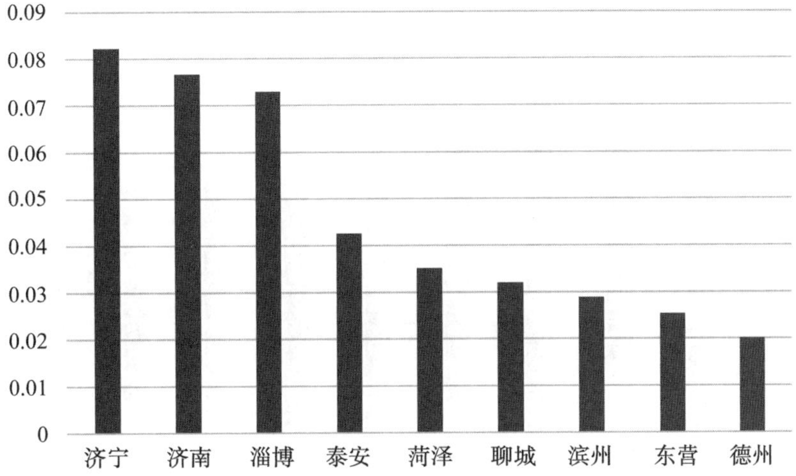

图 9　沿黄九市文化宣传创新力评价结果

从分项指标看，文化资源供给方面，淄博、济宁、泰安、济南博物馆较多；济南、济宁和德州公共图书馆较多；济南和济宁文化事业费排在前两位，大大高于其他七市。总体看来，文化资源供给方面，济南和济宁领先。居民文化消费倾向方面，居民人均教育文化娱乐支出最高的是淄博，然后是济南，偏低的是菏泽和德州；居民文化消费占总支出的比重，济宁、聊城、淄博较高，济南、东营和德州偏低。

存在的问题及薄弱环节：沿黄九市文化宣传创新力较弱。文化宣传创新力 5 项二级指标中，仅居民文化消费占总支出的比重 1 项与全省平均水平接近，其余 4 项均低于全省平均水平。其中，沿黄九市文化事业费仅占全省的 42.8%，除济宁、济南和淄博外，其他六市文化事业费均大幅低于全省平均水平；东营的博物馆、公共图书馆数量仅占全省的 2.25% 和 3.90%；德州居民人均教育文化娱乐支出仅为全省平均水平的 42.2%，居民文化消费占总支出的比重为九市最低，低于全省平均水平 3 个百分点。

9.民生改善创新力

淄博和济南民生改善创新力水平相当，高于其他七市（见图 10）。

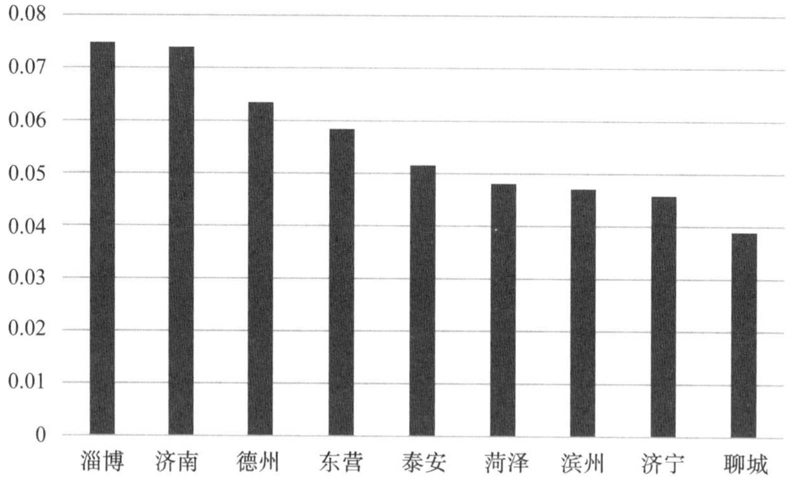

图 10　沿黄九市民生改善创新力评价结果

从分项指标看,东营和济南人均地区生产总值均在 10 万元以上,远高于其他各市;菏泽和聊城均不足 5 万元,差距明显。淄博和德州民生支出占财政收入的比重最高,均超过 80%;东营最低。收入方面,菏泽、德州和聊城居民人均可支配收入增长率最高;济南、东营、淄博和滨州城乡收入倍差在 2 倍以上,德州和聊城城乡收入倍差最小。

存在的问题及薄弱环节:受经济社会发展水平等因素影响,沿黄九市公共服务、基础设施历史欠账普遍较多,民生改善任务艰巨。民生改善创新力 6 项二级指标中,有 4 项低于全省平均水平。沿黄九市中有六市人均地区生产总值低于全省平均水平。城镇化发展不够协调,淄博、济南和东营常住人口城镇化率均超过 70%,菏泽、聊城和德州尚不足 55%。民生领域投入不足,民生支出占财政收入的比重低于全省平均水平 2 个百分点,民生改善难度较大。

10.绿色低碳创新力

根据测算结果,沿黄九市绿色低碳创新力低于全省平均水平,泰安、济宁和济南较强,聊城、淄博和德州较弱(见图 11)。

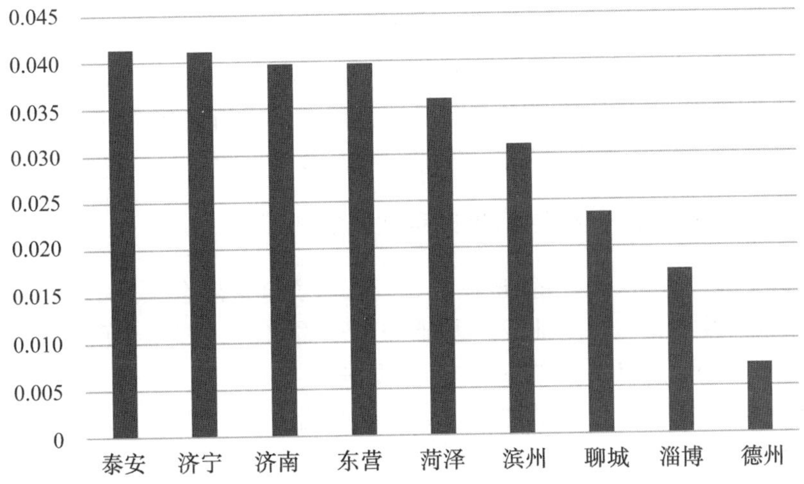

图 11　沿黄九市绿色低碳创新力评价结果

从分项指标看，能源降耗方面，单位地区生产总值能源消耗降低率较高的是滨州、东营和济南。空气质量方面，空气质量优良天数占比泰安和东营较高，德州、菏泽和淄博较低。水质方面，地表水达到或好于Ⅲ类水体占比较高的是菏泽、济宁和济南，高于全省平均水平。

存在的问题及薄弱环节：沿黄九市绿色低碳创新力 3 项二级指标均低于全省平均水平。地表水达到或好于Ⅲ类水体占比、单位地区生产总值能源消耗降低率和空气质量优良天数占比分别低于全省平均水平 19.8 个、0.2 个和 10.7 个百分点。空气质量方面，沿黄九市空气质量优良天数占比均未达到全省平均水平；能源降耗方面，德州受高耗能行业占比高、能源消费结构不优等影响，单位地区生产总值能源消耗降低率不升反降，为－4.4%；水质监测方面，地表水达到或好于Ⅲ类水体占比仅菏泽、济宁、济南三市达到全省平均水平。

四、推动沿黄九市经济社会创新发展的思路及建议

坚持以习近平新时代中国特色社会主义思想为指导，全面贯彻党的二十大精神，按照党中央、国务院系列决策部署和省委、省政府工作要求，统筹推进“五位一体”总体布局、协调推进“四个全面”战略布局，以推动沿黄九市经济社会创新发展为主题，以落实黄河流域生态保护和高质量发展战略和建设绿色

低碳高质量发展先行区为总抓手,深化各领域改革,构建区域联动机制,完善政策支持体系,强化济南中心城市引领作用,着力提升科技研发、人才引育、营商环境、数字变革、产业生态、要素保障、风险防控、文化宣传、民生改善、绿色低碳等十大创新力,塑强沿黄九市经济社会创新发展新优势,推动黄河流域生态保护和高质量发展重大国家战略率先突破、做出示范。

(一)把牢科技第一生产力,提升科技研发创新力

一是实施教育链、人才链、产业链、创新链、资金链融合发展行动。立足沿黄九市人才、教育、科技、产业发展基础和未来需求,聚焦“四个面向”,围绕我省重大科技需求、重点产业链发展方向,促进九市人才、教育、科技、产业等资源流动融通、形成合力。二是加强重大创新平台布局。积极争取创建一批国家实验室和国家重点实验室,布局建设国家级和省级制造业创新中心、技术创新中心、产业创新中心等创新载体。三是塑强基础研究能力。完善对高校、科研院所、科学家及有能力企业的基础研究长期稳定支持机制,形成基础研究、应用基础研究、技术创新、成果转化、产业化商业化联动新模式。

(二)强化人才第一资源,提升人才引育创新力

一是加快完善有利于人才引育的政策环境和服务体系,推动引人方式、育人方式、用人方式创新,实施以增加知识价值为导向的分配政策,增强人才引育力、灵活性和精准度。二是积极推进沿黄九市人才资源共育共享,整合公共就业和人才服务信息平台,建立黄河流域一体化人力资源市场。完善公共就业服务体系,实现跨区域资质互认,促进人力资源合理流动和有效配置。推进多种形式的教育合作,打造一批开放共享的职业技能人才培养培训基地。

(三)创新市场经济体制,提升营商环境创新力

一是完善基础制度建设。北京、上海、重庆、杭州、广州、深圳六个国家营商环境创新试点城市已形成了一批可复制推广的试点经验。沿黄九市区主动对标先进,加快市场经济基础制度建设,细化改革举措,加快打造市场化、法治化、国际化的营商环境。二是提升市场主体融资效率。政府及相关部门、金融机构、商业银行三个主体分别施策,充分保障市场主体,特别是中小微企业的融资权益,提高市场主体的融资效率。

(四)深入推进数字赋能,提升数字变革创新力

一是加强数字经济战略布局,加快建设云网融合、绿色低碳、安全可控的智能化综合性数字信息基础设施。二是促进数字经济与实体经济深度融合，积极探索“灯塔工厂”“未来工厂”等智能制造新模式，促进数字经济和实体经济深度融合。三是借鉴浙江推进数字政务经验，加快智慧政府建设，推动技术融合、业务融合、数据融合，破除跨层级、跨地域、跨系统、跨部门、跨业务堵点和壁垒，推进数字赋能智慧政府建设，提升政府履职效率和数字化服务水平。

（五）推进集群链式发展，提升产业生态创新力

一是培育跨区域先进制造业集群。编制整体产业地图，根据集群之间的资源整合共享、产业链配套编制专项发展规划，发挥产业链“链主”企业带动作用，推动跨区域整合产业链，搭建产供需有效对接、产业上中下游协同配合、产业链创新链供应链紧密衔接的产业合作平台，提升沿黄九市产业集群能级。二是培育打造一流领军企业。着力实施一流领军企业培育工程，突出“产品卓越、品牌卓著、创新领先、治理现代”，发挥好一流企业在自主创新和产业生态打造上的关键作用，为沿黄九市经济社会创新发展提供重要支撑。

（六）补齐要素资源短板，提升要素保障创新力

一是大力推进以人为核心的新型城镇化，实现城镇规划、城镇承载能力、城镇品质、城镇经济、城镇治理、城乡融合的全面提升，逐步打造高品质城市生活空间，增强人口吸纳能力。二是提升金融保障能力，强化重点项目建设和小微企业发展融资保障，推动更多企业挂牌上市，加快推进济南市科创金融改革试验区建设。推动绿色金融加快发展，支持银行设立绿色金融事业部或特色分支机构，鼓励符合条件的金融机构探索开展绿色债券、绿色基金和绿色信贷资产证券化等新型金融业务。三是依托黄河流域要素市场联盟，探索组建黄河流域要素资源市场化交易平台，推动碳排放权、排污权、用能权共同市场建设，构建面向黄河流域的要素资源交易生态圈。

（七）防范化解各类风险，提升风险防控创新力

一是提升政府债务管理水平。加强风险源头管控，硬化预算约束，严格地方建设项目审核，遏制隐形债务增量。建立市场化、法治化的债务违约处置机制，稳妥化解隐性债务存量。进一步打破政府兜底预期，分类推进融资平台公司市场化转型，推动形成政府和企业界限清晰、责任明确、风险可控的良性机制。二是提升防范化解金融风险能力。着力强化金融稳定保障体系，完善监管机制，推进金融风险处置的常态化、机制化和规范化，提升沿黄九市金融体系抵御风险能力和服务实体经济质效，筑牢金融安全防线，守住金融安全底线。

(八)打造黄河文化品牌,提升文化宣传创新力

一是促进黄河文旅融合发展。推进黄河文化的系统保护、深入挖掘、全面研究,为黄河文化创造性转化、创新性发展奠定基础。大力发展各类文化产业,推进黄河文化和旅游产业深度融合发展。二是深化黄河文化交流互鉴。加强与沿黄省份文化旅游合作,将黄河山东段文化旅游融入国家整体战略和国家精品旅游线路。构建多类型黄河文化交流基地,开展多领域国内外黄河文化合作。依托世界儒学大会、尼山世界文明论坛、中日韩儒学对话会议等,打造世界大河文明交流互鉴高地。三是繁荣发展文化事业。加大文化事业投入,优化文化经济政策,健全现代文化产业体系和市场体系,完善文化设施。加强黄河文艺创作,推动黄河文化在新时代发扬光大。

(九)扎实推进共同富裕,提升民生改善创新力

一是加强民生领域投入,健全覆盖全民、统筹城乡、公平统一、安全规范、可持续的多层次社会保障体系,增强均衡性和可及性。完善分配制度,广泛调动各方面积极性和创造性,有效配置生产要素,促进高质量发展。二是加快提升县城公共设施水平和公共服务能力,推动县城智慧化改造,同时,加强县城产业平台建设,全面提升县城承载能力。

(十)加强流域生态保护,提升绿色低碳创新力

一是持续加强流域生态保护。以黄河水资源保护与集约节约利用为突破口,探索建立协同立法机制和重点方面统一的制度规范,打造"黄河战略"协同立法山东样板。完善流域环境治理体系和共建共治机制,切实维护好流域生态安全。二是促进流域产业绿色低碳转型。积极发展绿色低碳新兴产业,加快建设智能电网、能源微电网、分布式能源、新型储能等基础设施网络,布局高效光伏发电、大功率海上风电等清洁能源装备与关键零部件制造。加强储能关键技术、控制系统的研发产业化,构建材料、设备、集成、检测全产业链。壮大节能环保装备产业,加快节能环保服务业发展。

课题组成员:刘佳　赵祎煊

山东推动高水平科技自立自强对策研究

当前全球创新版图正在加速重构，世界各主要国家高度重视科技与产业主导权，围绕关键核心技术与关键科技产业的较量日益成为大国间博弈的焦点。立足新发展阶段，我省科技创新事业面临新的重大使命。增强科技创新对高质量发展的引领支撑作用，不仅在于突破某些具体的科学难题、技术瓶颈和产品制造等“卡脖子”问题，还在于强化实现科技自立自强的系统性薄弱环节，激发科技“创新链”内在潜力，如此才能突破具体的“卡脖子”问题。近年来，我省创新资源快速增加，创新产出成效显著，科技创新环境更加优化，初步构建起开放型、多层次的创新生态系统。但与先进地区相比，我省尚未形成健全完善的创新生态链，还存在诸多薄弱环节，这对进一步提升我省区域创新能力、攀升国际创新链条造成系统性障碍。

一、我省科技自立自强取得显著成效

近年来，我省创新资源快速增加，创新产出成效显著，科技创新环境更加优化，初步构建起开放型、多层次的创新生态系统，为全省经济高质量发展提供了有力科技支撑。

(一)创新能力迈入全国前列

我省组织实施了一批重大关键技术攻关项目，突破了一批“卡脖子”技术难题，取得了一批重大技术成果。世界首套时速600公里的高速磁浮交通系统成功下线；全球首款“国密算法高抗冲突物联网安全芯片”面世；具有完全自主知识产权的燃料电池智能雪蜡车亮相冬奥会；国内首套水下采油系统海试成功；超纯海藻酸钠正式上市，打破国外垄断；3个1类新药、3个中药新药获批上市；世界首座四代技术高温气冷堆核电机组并网发电；柴油机本体热效率首次达到51.09%，再创世界纪录。在智慧交通、精细化工、燃料电池等20个领域中，我省在科技创新和产业化上均走在全国前列。2021年，我省区域创新能力居全国第6位，青岛、济南分别居全国第10位和第14位。[1]

(二)创新平台建设成效显著

2021年，我省创新平台建设提速。国家燃料电池技术创新中心获批设立，国家技术创新中心数量位居全国前列。2项大科学装置被纳入国家重大科技基础设施布局，实现历史性突破。“1313”实验室体系不断健全，6家省实验室获省政府批复。山东先进聚合物、海洋物探装备等9家工程研究中心被纳入国家新序列管理，数量居全国第2位。截至2021年底，拥有省级企业技术中心1881家，国家企业技术中心196家，总数居全国首位。省级“政产学研金服用”创新创业共同体发展到31家，备案新型研发机构356家，院士工作站数量达到444家，初步构建了独具山东特色的创新创业生态体系。

(三)创新主体规模不断壮大

我省大力实施高新技术企业培育、创新型领军企业培育、科技型中小企业培育三大工程，构建科技型企业全生命周期梯次培育体系。截至2021年底，全省高新技术企业达到20180家，比2020年增长38.2%，创历史新高。科技型中小企业入库达到2.89万家，居全国第3位。截至2020年底，全省拥有省级以上科技企业孵化器225家，省级以上众创空间419家，其中，国家级科技企业孵化器98家、国家级众创空间242家，分别居全国第3位、第2位，全省科技企业孵化器、众创空间在孵企业超过2.5万家，为培育高新技术企业提供源头力量。2021年，全省高新技术产业产值占规模以上工业产值的比重为46.8%，比2020年提高1.7个百分点。

(四)科技创新人才加快集聚

我省认真落实《关于做好人才支撑新旧动能转换工作的意见》《关于实施“人才兴鲁”行动打造新时代人才聚集高地的若干措施》，出台加强科技干部人才队伍建设若干措施、集聚院士智力资源10条措施、支持青年科技人才创新12条举措、外国人来山东工作便利化服务若干措施等，推出一批健全科技创新市场导向、科研诚信建设和项目评审、人才评价、机构评估改革等方面的制度创新成果，构建起全方位、全周期、全类别人才发展支撑体系。截至2021年底，全省共有住鲁两院院士和海外学术机构院士115人，其中海洋领域全职住鲁院士21

[1] 本文数据来源于各省统计年鉴、统计公报及网络公开数据库。

人，占全国的34%，数量位居全国第一。国家级、省级领军人才突破4500人。

(五)科技发展环境更加优化

我省科技创新制度体系不断完善，相继出台《关于健全科技创新市场导向制度的若干措施》《关于深化项目评审、人才评价、机构改革的实施意见》《关于弘扬科学家精神加强科研诚信建设的若干措施》等文件。整合省直部门科技资金，自2020年起每年设立不少于120亿元的省级科技创新发展资金，集中投向重大关键共性技术攻关、重大原始创新、重大技术创新引导及产业化和重大创新平台项目等四大重点创新领域，2021年省级科技创新发展资金增长10%。基础研究投入力度持续加大，全省基础研究经费增长近一倍，省自然科学基金规模已突破5.05亿元。强化放权、减负、激励，创新科技计划管理模式，统筹推进科技攻关"揭榜制"和首席专家"组阁制"改革，加快推行项目经费"包干制"，全面激发各类创新主体内在动力。

二、我省科技自立自强存在五大薄弱环节

(一)创新型企业发展相对不足

高新技术企业是产业化主力军，能够发挥示范带动作用。截至2021年底，我省高新技术企业突破2万家，入库科技型中小企业2.8万家。但与先进地区相比，我省仍然存在高新技术企业总量偏少、优质企业缺乏等问题(见图1)。从总量来看，截至2020年底，我省高新技术企业共计14560家，仅占全国的5.4%，比广东、江苏、浙江分别少38237家、18174家、7383家。从营收规模看，2020年，我省高新技术企业实现营业收入32313.4亿元，仅占全国的6.2%，占比比广东、江苏、浙江分别低11.7个、4.3个、2.1个百分点；从营收利润率看，2020年，我省高新技术企业营收利润率为6.2%，比全国平均水平和广东、江苏、浙江分别低0.5个和1.3个、0.4个、5.9个百分点。从收入结构看，2020年，我省高新技术企业实现技术收入1394.5亿元，仅占营业收入的4%，占比比全国平均水平和广东、江苏、浙江分别低9.7个和8.2个、0.2个、10.5个百分点。从研发投入能力看，2020年，我省高新技术企业研发经费支出为71.8亿元，研发经费投入强度为2.2%，比全国平均水平和广东、江苏、浙江分别低0.3个和1.2个、0.8个、0.6个百分点。

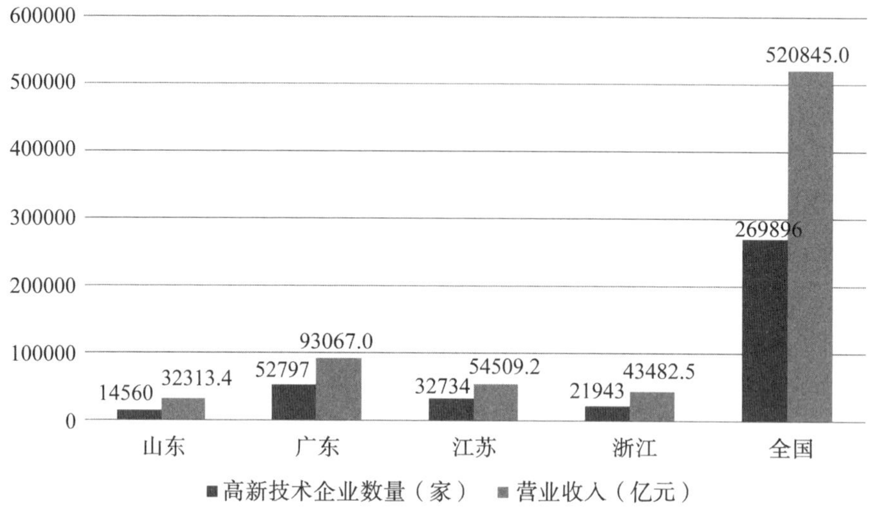

图 1　2020 年我省高新技术企业数量和营业收入及与全国和广东、江苏、浙江对比

(二)科技企业孵化器建设有待加强

科技企业孵化器是培育科技型中小企业、孵化高新技术企业以及促进科技成果转化、加速高新技术产业化的重要平台,也是助力实现科技自立自强的重要力量之一。截至 2020 年底,我省拥有各类科技企业孵化器共计 318 家,其中,国家级 97 家。然而,与先进地区相比,我省科技企业孵化器数量仍然偏少,优质孵化器少,孵化能力不足,投融资能力不强,孵化效果不突出(见图 2)。在总量方面,截至 2020 年底,我省科技企业孵化器数量仅占全国总数的 5.4%,比广东、江苏、浙江分别少 761 家、610 家、119 家;其中,国家级比广东、江苏分别少 74 家、122 家。根据 2020 年度国家级科技企业孵化器绩效评价结果,我省18 家科技企业孵化器获评优秀(A 类)等级,仅占全国优秀(A 类)总数的 7%,比广东、江苏、浙江分别少 25 家、47 家、2 家。在孵化能力方面,截至 2020 年底,我省孵化总面积 897.1 万平方米,占全国的 6.9%,仅是广东、江苏、浙江的 47.2%、36.0%、93.4%;全省科技企业孵化器拥有创业导师人数 5707 人,比广东、江苏、浙江分别少 6182 人、1647 人、345 人。从孵化效果看,2020 年,我省科技企业孵化器实现总收入 18.3 亿元,占全国的 3.7%,仅为广东、江苏、浙江的 16.1%、23.4%、53.5%;每家孵化器平均收入 575.5 万元,仅为全国平均水平和广东、江苏、浙江的 67.6% 和 54.5%、68.4%、73.5%;单位面积实现收入 204 元,比全国平均水平和广东、江苏、浙江分别低

176.2元和395.2元、109.3元、152.2元。截至2020年底，我省科技企业孵化器累计毕业企业数量为12942家，占全国的6.9%，仅为广东、江苏、浙江的55.5%、42.3%、78.9%；其中，收入达5000万元的企业数量为269家，占累计毕业企业总数的15.5%，比全国平均水平和广东、江苏分别低0.8个和1.5个、9.7个百分点。

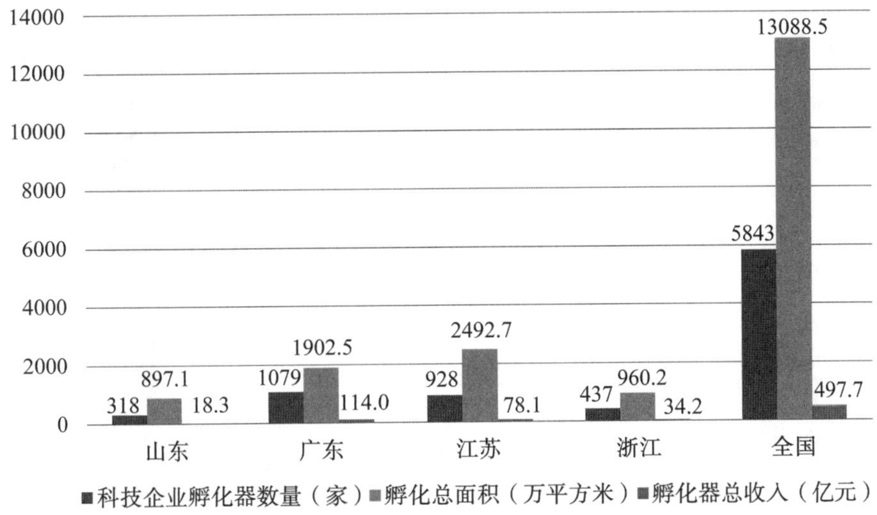

图2　2020年我省科技企业孵化器数量、总面积和总收入及与全国和广东、江苏、浙江对比

(三)"创客"文化氛围不够浓郁

推进创新创业是实施创新驱动发展战略的重要抓手。近年来，我省推动"大众创业、万众创新"持续向更大范围、更高层次和更深层次稳步推进，为全省新旧动能转换提供了有力支撑。然而，与创新创业水平发达的先进地区相比，与支撑我省高质量发展的要求相比，我省鼓励创业、支持创新的文化氛围仍不够浓厚，社会创业者创业热情相对不高(见图3、图4)。在创业载体上，截至2020年底，我省拥有众创空间共计525个，占全国的6.2%，比广东、江苏、浙江分别少468个、373个、210个。在创新创业团队和人员数上，2020年，我省众创空间服务的创业团队数共计11361个，占全国的5.1%，比广东、江苏、浙江分别少8327个、4847个、2811个；截至2020年底，全省创业团队人员数为41868人，占全国的5.0%，是广东、江苏、浙江的63.7%、79.2%、78.2%。2020年，全省在众创空间开展创业的初创企业数共计11019个，占全国的5.0%，仅是广东、江苏、浙江的47.6%、56.9%和67.1%。在开展各类创业培训、创业论坛、项目路演等方面，2020年，我省举办创新创业活动7619场次，数量仅是全国和广东、江苏、浙江的5.9%和67.5%、73.6%、73.7%。在资金支

持方面,我省与发达省份也存在较大的差距。2020 年,全省众创空间获得财政资金支持 1.78 亿元,仅是江苏、浙江的 38.2%、37.7%;给予众创空间财政补贴 1.75 亿元,仅为广东、江苏、浙江的 83.2%、53.6%、57.7%。

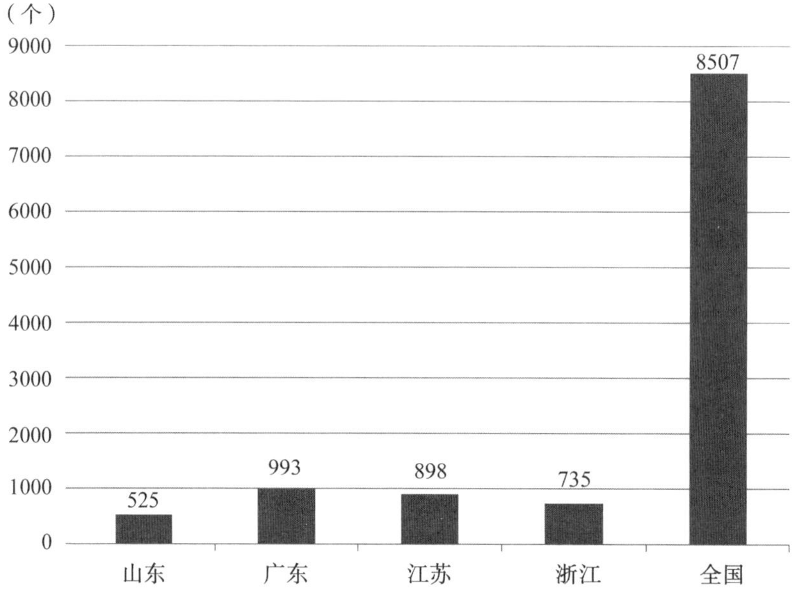

图 3　2020 年我省众创空间数量情况及与全国和广东、江苏、浙江对比

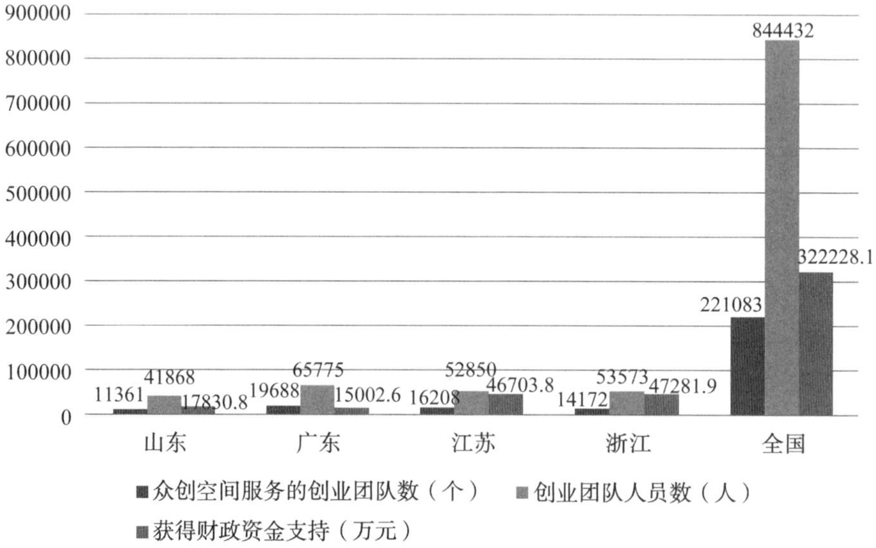

图 4　2020 年我省众创空间服务的创业团队数等指标及与全国和广东、江苏、浙江对比

(四)科技金融市场发展滞后

科技金融服务体系是创新生态链中的重要一环,啃下高水平的科技自立自强的“硬骨头”离不开金融方面的支持。近年来,我省大力推动科技与金融融合,加快科技金融创新,在解决科技企业融资难、科技成果转化难等方面取得显著成绩,但与发展较快的省份相比,依然存在较大差距(见图 5)。从全省科技企业孵化器投融资情况来看,2020 年,全省孵化基金总额为 74.1 亿元,占全国的 3.9%,仅为广东、江苏、浙江的 28.5%、26.7%、22.4%;当年获得风险投资额为 20 亿元,占全国的 2.5%,仅为广东、江苏、浙江的 17.5%、12.0%、25.0%;当年获得投融资企业数为 729 家,占在孵企业总数的 5%,比全国平均水平和广东、江苏、浙江分别低 1 个和 1.5 个、3.3 个、1 个百分点;获得投融资的企业平均获得投融资额 274.3 万元,仅为全国平均水平和广东、江苏、浙江的 48.6%和 54%、50.7%、38.3%。从全省众创空间融资情况来看,2020 年,获得投融资的创业团队数共计 376 个,占创业团队总数的 3.3%,比全国平均水平和广东、江苏、浙江分别低 0.7 个和 2 个、0.8 个、2.5 个百分点;创业团队当年获得投融资总额 3.8 亿元,平均每个创业团队获得投融资总额 3.3 万元,比全国平均水平和浙江分别少 3.8 万元和 1.3 万元;当年获得投融资的初创企业数为 340 个,占初创企业总数的 3.1%,比全国平均水平和广东、江苏、浙江分别低 0.8 个和 1.5 个、1.8 个、2.5 个百分点;初创企业当年获得投融资总额 3.4 亿元,平均每家初创企业获得投融资额 3.1 万元,比全国平均水平和广东、江苏、浙江分别少 16.4 万元和 15.2 万元、15.5 万元、10.6 万元。

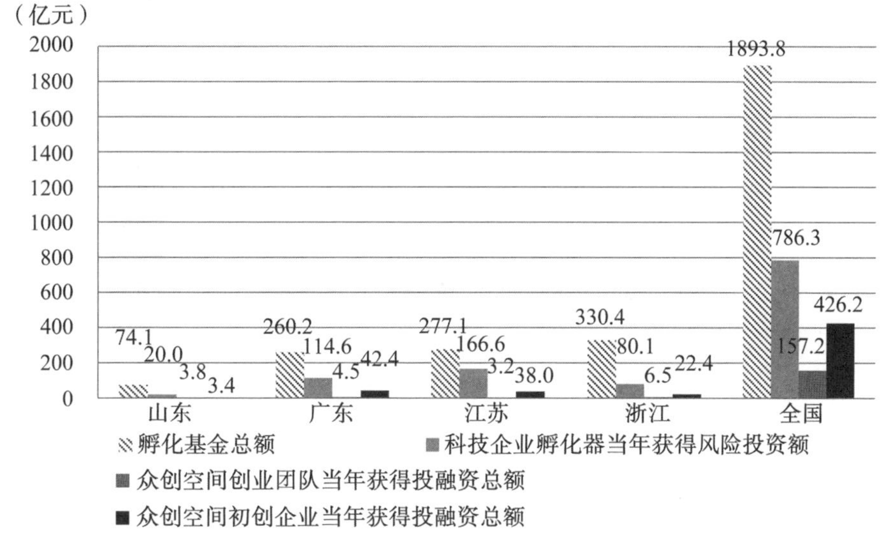

图 5　2020 年我省孵化器、众创空间投融资情况及与全国和广东、江苏、浙江对比

(五)科技成果转化渠道不健全

科技成果转化是科技创新成果走向产业市场的“最后一公里”，是创新链和产业链有效对接的关键环节。近年来，我省不断创新完善科技成果转化和产业化渠道平台以及转移转化模式，为实现新旧动能转换和经济高质量发展提供了有力支撑。但与发达地区相比，我省科技成果转化还存在技术交易市场不健全、科技成果转化中介机构不完善、技术经纪人缺乏等突出问题(见图 6、图 7)。2020 年，我省技术合同成交额 1953.9 亿元，占全国的 6.9%，排在全国第4 位，是排在第 2 位的广东和第 3 位的江苏的 56.4%和 83.7%；平均单笔合同成交额 264.2 万元，比全国平均水平和广东、江苏、浙江分别少 250 万元和 605.6 万元、142.6 万元、305 万元；拥有国家技术转移机构 27 个，比广东、江苏分别少4 个和 18 个；拥有国家技术转移机构技术经纪人 217 人，仅占全国的 4.8%，比广东、江苏、浙江分别少 157 人、563 人和 675 人。

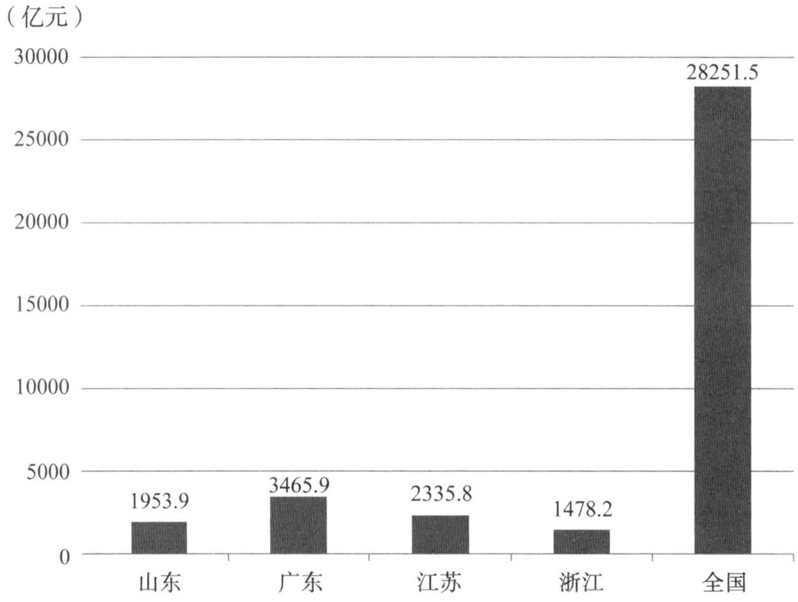

图 6　2020 年我省技术合同成交额情况及与全国和广东、江苏、浙江对比

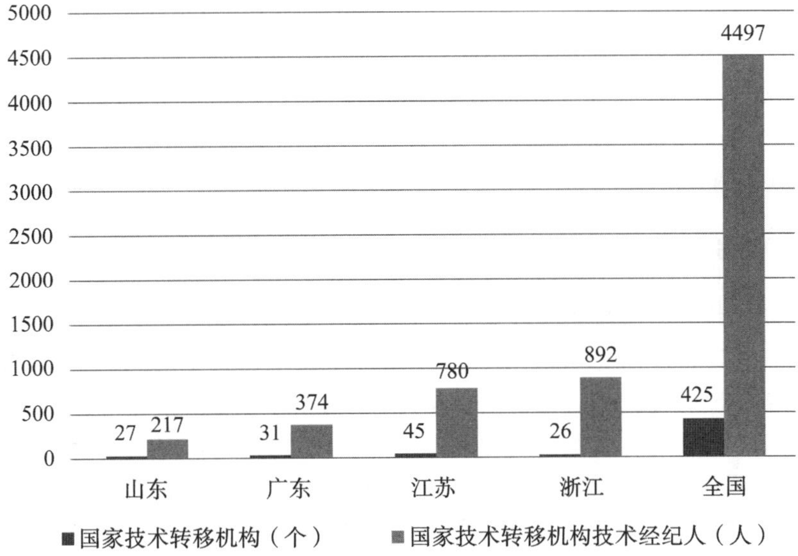

图 7　2020 年我省国家技术转移机构、技术经纪人情况及与全国和广东、江苏、浙江对比

三、我省加快实现高水平科技自立自强的对策建议

（一）加强创新型企业培育

搭建企业育成空间，完善“众创空间—孵化器—加速器—产业园区”全链条科技企业孵化育成体系，大力培育优质创新主体，形成企业阶梯式发展路径，不断壮大大、中、小科技企业群体。推进一批创新型企业领跑发展，集合政策和资金，围绕制造业优势领域，大力培育创新型领军企业、专精特新中小企业、高新技术企业，打造一批创新型企业的“领头羊”和中坚力量。强化企业创新服务，开展企业全生命周期精准扶持，积极帮助企业引进高端研发平台、大型科技基础设施，鼓励和引导企业加强核心技术攻关，专注行业细分领域做精做强，培育壮大创新型领军企业队伍。

（二）实施“大孵化器”战略

推进孵化器专业化改造和规范，按行业或产业发展路径，对无特色、综合性孵化器进行重组，重新确定组织架构、孵化方向、孵化方式，形成各具特色的专业孵化机构。鼓励孵化器行业协会和科技企业孵化器联合建设创业孵化行业赋能平台,着力打造各具特色、灵活高效的创业孵化平台。推进科技孵化器协同创新共同体建设,建立由大企业牵头,中小企业、科技社团、高校院所共同参与的产业孵化共同体,围绕关键领域和“卡脖子”关键共性技术,开展联合攻关,实现共同体成员资源共享、接力孵化和共同投资。加强区块链、大数据、机器学习等技术应用,更好赋能创业孵化的数字化转型,打造智能孵化平台。

(三)吸引各类主体创新创业

鼓励大中型企业开展内部创业,支持大企业充分发挥在资金、技术、人才、市场等方面的优势,围绕优势细分领域建设平台型众创空间,着力打造最具活力和竞争力的双创生态系统。支持中小微企业双创基地建设,提升小微企业双创基地建设和运营水平,促进小微企业双创基地向智慧化、平台化、生态化方向发展,不断提高双创服务能力。鼓励科研人员投身科技创业,支持大学生创新创业,鼓励高等院校、科研院所、创业投资机构等社会力量创业,全力激发多元主体活力。扎实开展各类创新创业赛事活动,针对各类赛事活动制定相应的支持政策,并加强对涌现的优秀创新创业项目的跟踪支持,不断拓宽创新创业广度。

(四)推进科技金融深度融合

鼓励银行业金融机构结合科技企业特点,发展科技金融业务,探索打造由银行运营的科技创新垂直孵化平台,为中小科创企业提供全景式、全要素、全生命周期的资金支持。支持银行业金融机构创新“非接触式”金融服务模式,充分运用AI、区块链、云计算和大数据等新技术,提升基于大数据的客户识别能力、贷款全流程风控能力,根据新行业、新业态、新模式、新市场机遇下的创新创业企业客户群体特征,提供有针对性的金融产品和差异化服务。支持创业企业和团队投身金融科技创新领域,发展股权投资(VC/PE)、天使投资,引入更多闲置资金和中长期资金,为种子期、初创期及高成长性的创新型科技企业提供支持。

(五)打通科技到经济的“最后一公里”

推进金融支持与科技产权交易相结合,设立知识产权和科技成果产权交易市场,推进科技成果登记、挂牌、交易全流程服务和数据共享,改变现有技术交易场所“各自为战”局面。加强技术转移体系建设,推动建立各类科技成果转移转化机构,建设区域性、行业性技术转移机构,着力构建“一站式对接、一条龙服务、全生命周期、全要素网络”的技术转移转化生态系统。加强专业化技术转移人才培育，充分发挥企业、大学、科研院所、社会组织、行业协会等社会力量的作用，围绕研发设计、孵化培育、技术交易等领域，加快培养一批懂技术、懂科技金融的专业化技术经纪人（经理人）队伍。

课题组成员：许月恒　刘德军　王淑娟　鹿晔　汤薇　许秀静
于丽娟　尚蔚　张靖会

山东创业投资支持科技创新路径研究

创业投资重点培育种子期、初创期、成长期的中小微企业和原始创新领域的科技企业，是经济社会发展创新力的重要表征。自20世纪90年代开始，山东创业投资实现从无到有，创新创业潜力不断释放，经济社会发展创新力持续提升，但同时也存在总体规模偏小、前沿技术培育不足、专业人才短缺等突出问题。

一、创业投资在我省“走在前、开新局”中将发挥重要的战略引擎作用

历史经验表明，创业投资强则科技强，发展创业投资是提升科技创新和产业链竞争力的关键所在。创业投资行业聚集区往往是新兴产业策源地。美国几乎所有知名的科技公司都有创业投资机构的背影，全美超过1/4的企业都有创业投资机构参与投资，几乎每一个在硅谷发展良好的科技公司都接受过创业投资的帮助。深圳的腾讯、大疆、华大基因等科技企业的早期发展也都有创业投资机构的支持。创业投资是创新创业发展的助推器。当前，我国资本市场中创业板七成以上、科创板八成以上的公司均得到过创业投资机构的多轮投资。新三板的8000多家挂牌企业及区域股权交易中心几万家挂牌企业中得到创业投资支持的比重更高。我省2021年IPO上市的企业中，创业投资的渗透率达到95%。“科技—产业—金融”的新三角循环必将取代过去“房产—土地财政—金融”的旧三角循环。

山东省第十二次党代会提出，提升科技创新效能，强化科技攻关项目、平台、人才、资金一体化配置，大力发展科创金融，为我省发展创业投资、提升经济社会发展创新力指明方向、明确路径。近4年来，投资山东的在投创业投资基金年均增长35%左右，总量居全国第6位。我省在中国证券投资基金业协会备案的创投基金1084只、募资规模1575亿元，均是2019年的3.2倍，分别同比增长126%、58%。我省创业投资行业经过多年努力已到蓄势待发之时。

二、创业投资支持我省科技创新的现状

2022年初，省委提出要重点抓好“十大创新”，在加快科技研发创新和产业生态创新中，科技型中小微企业的灵活性、多元化、快速成长特性能够起到引爆新增长点的独特作用。从美国硅谷、北京中关村和深圳等国内外发展经验看，充分发挥创业投资投早、投小、投硬科技的作用对科技型中小微企业的成长至关重要。

创业投资基金的规模快速扩大。统计资料显示，截至2021年底，我省管理基金数量2866只、私募基金管理机构836家。① 其中，2021年新增创业投资基金595只，是2016年的21.25倍，占全国的比重由2016年的2.21%提高到14.60%，提高了12.39个百分点。截至2022年3月底，新增创业投资基金157只，占全国的比重进一步提升至16.07%，比“十三五”初期提高了13.86个百分点。

项目覆盖行业和投资阶段更加广泛。2021年，山东创业投资基金（中国证券投资基金业协会备案）参与的创业投资案例达104个，占全国总量的4.34%，比2016年提高了2.37个百分点。涉及的行业领域已从“十三五”初期的几个行业扩展到包括新材料、网络产业、环保工程、先进制造业、金融保险业等在内的26个行业。投资区域越来越广，“十三五”初期投资主要集中在浦东、深圳、苏州等地区，现在逐步向我省及北京、上海、广州等地区投资，并注重对重庆、陕西、福建等省份的投资。

区域集聚态势日趋明显。山东创业投资活动主要集中在济南、青岛、烟台三个市，2021年，三市在投创业基金总额占全省的55.7%，三市的创业投资基金数量占全省的61.6%。但是在《证券时报》发布的“2021中国内地省市创投实力榜”中，青岛、济南分别位列第14、16，而西安、合肥、长沙等中西部省会城市均排在济南、青岛之前。从创业投资机构前50强企业看，山东也仅有鲁信创业投资集团1家企业入围。

三、创业投资支持我省科技创新的的三大障碍

目前，我省创业投资在投早、投小、投硬科技方面与先进省份相比还有一定差距。相关数据显示，2021年我省在初创期和种子期的创业投资案例数占

① 如无例外说明，本文中的数据均为截至2021年12月31日的清科数据。

总投资案例数的比重为22.82%,比北京、上海、广东、浙江分别低15.88个、12.89个、10.81个和9.94个百分点。究其原因,主要存在以下几个问题。

前沿技术培育能力不够。我省创业投资机构投资领域覆盖面较广,但在国家“十四五”期间要加快壮大的新一代信息技术、生物技术、新能源、新材料、高端装备、新能源汽车、绿色环保以及航空航天、海洋装备等战略性新兴产业中,我省参投最多的两个行业是新一代信息技术和生物技术。2021年我省创业投资机构投资生物技术的案例数量仅占江苏的1/5左右,创业投资机构投资新一代信息技术的案例数量不及江苏的1/4、广东的1/3、北京及浙江的1/2。作为实现“双碳”目标发展基础的清洁技术,2021年,我省创业投资机构投资案例数量为12个,低于广东(16个)、江苏(28个)。这种差距反映出我省与其他省份在新兴产业创新力上的差距,也预警了我省创业投资行业发展后劲不足的问题。

国有创业投资机构投资机制相对保守。投早、投小、投硬科技是经济社会创新对创业投资行业的期待,也是大型创业投资企业高端化发展的必由之路。当前国内大型创业投资机构大多有国有资产背景,是投早、投小、投硬科技的潜在主力军,但是在现实中投早、投小、投硬科技决策困难、操作困难。首先,硬科技项目起步时往往只有一纸技术、三两个人,无固定资产、无完备的企业架构,无法达到国企投资前的评价标准,而高风险性很容易导致投资失败后的追责。其次,调研中有178家机构反映投早、投小、投硬科技曾经给企业绩效和管理人员收入带来逆向影响。究其原因,市场评价硬科技项目投资成功与否的依据是市场估值,而国有企业的绩效评价依据是是否产生实际利润,硬科技项目往往市场估值增长快而实现利润周期长。最后,创业投资早期的项目大概需要5~10年的培育期,硬科技投资所需周期更长、风险更高、难度更大,但目前人民币基金存续期最高不超过8年,这容易导致项目未成熟时被撤资。

可募长期资金缺乏的情况依然存在。融资难问题是投早、投小、投硬科技面临的最大障碍。2021年,在我省注册且在中国证券投资基金业协会备案的创业投资基金已募资金规模达到520.71亿元,占全国已募资金规模的11.68%,比广东、江苏、浙江分别低2.40个、10.05个、10.60个百分点。在2021年年初对创业投资机构的调查问卷中发现,仅有不到1/4的调查对象认为2022年长期资金缺乏的情况会有所缓解。一方面,有六成以上的创业投资机构认为造成募资难问题的原因是社会可募资金的减少。2021年,我国股权投资市场募资金额为2.21万亿元,同比增长84.5%,但大额人民币基金管理人多数具备国有资产背景。在此次调查中,2021年募资规模在50亿~100亿元的基金管理人中,有国有资产背景的占比为68.2%,而无国有资产背景的占比仅为

31.8%，募资规模在100亿元以上的基金管理人全具有国有资产背景。另一方面，地方政府热点问题不断出现，作为撬动社会资本最有效手段的基金纷纷设立，各机构的资金也趋于分散。再叠加经济周期下行、新冠疫情影响、政府减税降费政策全面实施，财政收支空间大幅缩小，多种因素导致符合创业投资需求的长期社会资本日益缺乏。

四、推进创业投资支持山东科技创新的建议

为充分发挥创业投资在加速技术迭代升级、推动创新创业高质量发展等方面的作用，亟须破解三大障碍。为此提出以下四条建议。

一要着力拓宽投早、投小、投硬科技的创业投资资金来源。发挥财政资金、国有资本的杠杆作用，建立市、区(市)县联动投入机制，形成上下联动的省市县(区)三级引导基金体系。积极争取国家科技成果转化引导基金、国家制造业转型基金等国家级引导基金的支持，共同设立创业投资引导基金。在法律允许的范围内，支持通过上市、发行企业债券和其他债务融资工具、募集保险资金等多形式拓宽资金来源；探索发展投贷联动、投保联动、投债联动等投融资新模式，支持创业投资机构与其他各类金融机构开展长期性、市场化合作。

二要着力建设中小企业项目库和项目集聚区。围绕我省5G移动通信、第三代半导体芯片、智能机器人、先进碳材料、高端装备制造、集成电路设计等重要领域的“卡脖子”技术难题与产业短板，定期遴选优质项目入库。充分发挥科创金融改革试验区、新旧动能转换先行区、高新技术开发区以及创新型特色产业基地的先行先试政策优势，探索打造山东创业投资孵化基地、基金特色园区、基金小镇等创业投资集聚载体，培育和推介优质投资项目源。

三要着力理顺投早、投小、投硬科技的机制。在此次调查中，有超过55%的调查对象有国有资金入股。其中，61%的调查对象认为当前国有创业投资机构缺乏激励机制，55%的调查对象认为项目容错机制不够清晰，42%的调查对象认为考核办法不符合行业长远发展的要求。为此，鼓励国有创业投资企业追求长期投资收益，建立适合创业投资行业特点的国有资产管理和考核办法，积极建立必要的风险补偿机制、利益统筹机制与尽职免责机制。支持具备条件的国有创业投资企业开展混合所有制改革，鼓励国有创业投资企业与社会优秀管理机构合作。探索建立国有创业投资机构和创业投资核心团队持股模式，进一步放宽新设立创业投资企业的单一员工持股比例。

四要着力加强投早、投小、投硬科技的考核奖励。做好全省高质量发展综

合绩效评价工作,加强对创业投资累计金额占地区生产总值比重的评价考核。通过财政奖励支持,引导创业投资企业对我省初创期、种子期创业企业加大投资力度,力争该项考核指标实现位次前移;将支持各市创业投资发展的省级奖励政策纳入金融领域专项资金支持范围;引导推动各市增加政府创业投资引导基金规模,出台吸引创业投资机构聚集、创业投资人才引进、服务体系建设以及对本土企业吸纳创业投资进行奖补等配套政策措施。定期总结分析各地创业投资发展情况,并按照规定对工作实绩突出的单位和个人予以表扬。

课题组成员:郑艳娜　迟泓　李贺旋　谢尚青

山东产业生态创新问题与对策研究

2022年5月，山东省委书记李干杰在中国共产党山东省第十二次代表大会上提出，要统筹优化重大生产力布局，建立跨区域产业整合、园区共建机制，引导各地聚焦特色主导产业，打造一批制造业高质量发展示范区。我省产业基础雄厚、门类齐全，但受历史、经济发展阶段等各种因素影响，我省在产业生态建设方面还存在产业结构同质化、产业链配套不完善、产业功能区协同性不强等问题。近期，山东省宏观经济研究院刘德军研究员课题组围绕推进产业生态建设展开研究，并借鉴国内部分省市打造现代产业生态圈的主要做法，提出我省加快构建系统完备、互联共生、创新活跃的产业生态的对策建议。

一、我省构建产业生态的实践成效

(一)打造良好产业生态的顶层设计逐步完善

建立健全区域战略统筹机制，全面深入落实黄河流域生态保护和高质量发展战略，构建"一群两心三圈"区域发展总体布局，形成陆海全方位协同发展机制。统筹高端装备、高端化工、新一代信息技术等"十强"产业布局，优化调整钢铁、炼化、焦化等高耗能行业布局，建立"雁阵形"产业集群及集群领军企业培育库，依托"一群两心三圈"的总体布局初步建立起统筹优化产业发展的区域协调发展新格局。济南新旧动能转换起步区、青岛西海岸新区、四大省级新区等区域战略新载体建设稳步推进，相继破题，积极承接重大生产力布局，着力建设产业发展新高地初具雏形。省会经济圈科技创新联盟、胶东经济圈工业互联网一体化国家级示范区、鲁南经济圈协同创新中心等产业一体化发展联结逐步建立，纽带加快形成，产业跨区域协同发展加快推进。

(二)链式发展和集群带动的产业生态初步形成

深入实施标志性产业链突破工程和"5+5"十强现代优势产业集群培育工程，优选做强11条标志性、战略性、全局性产业链，初步形成32个5大传统产业、41个新兴产业领域“雁阵形”产业集群。济南信息技术、青岛轨道交通装备、烟台先进结构材料和生物医药等7个优势产业集群入选全国首批战略性新兴产业集群,数量居全国首位。实施创新型产业集群试点,山东威海高新区高端医疗器械、枣庄锂电等15个创新型产业集群被纳入国家创新型产业集群试点名单,数量居全国第2位。

(三)集聚良好产业生态的平台载体加快培育

将产业园区作为产业发展的重要平台,截至2021年底,全省共有省级及以上开发区173个。启动建设济青烟国际招商产业园,聚焦新一代信息技术、高端装备、新能源新材料、医养健康、节能环保等5大产业前沿方向,全力打造主导产业突出、产业生态系统完善、具有全球影响力的高端产业集聚区。截至2021年底,济青烟国际招商产业园累计引进世界500强项目25个、行业领军企业和产业链引擎性项目83个。

(四)引导良好产业集群集聚发展的要素跨区域流动机制更加健全

强化全局思维,打破区域、产业、资源配置等要素分割,因地制宜、因业布局、因时施策,统筹谋划推进区域产业发展。在全国率先出台省级《关于建立“要素跟着项目走”机制的意见》,明确“什么要素”跟着“什么项目”走,以及“怎样跟着项目走”等关键问题,通过省级统筹和分级配置相结合,强化资金、土地、能耗、污染物排放总量替代指标、水资源、数据、资金等要素的统筹,实现省级要素安排和发展需求的精准匹配。制定《要素保障创新2022年行动计划》,着力破除阻碍要素科学自主有序流动的体制机制障碍,促进要素保障能力及全要素生产率加快提升。

(五)厚植产业发展沃土的优良营商环境持续优化

围绕保护各类市场主体合法权益,激发市场活力,制定出台《山东省优化营商环境条例》,推出营商环境优化“67条”。聚焦区域产业“建圈强链”,深入实施营商环境创新提升行动,制定《优化营商环境创新突破行动实施方案》《“十大创新”2022年行动计划》《“十强产业”2022年行动计划》《“十大扩需求”2022年行动计划》等政策文件,将优化营商环境作为“一把手”工程,全面打造市场化、法治化、国际化一流营商环境。营商环境建设整体水平已位列全国第一方阵。

二、我省产业生态创新发展存在的突出问题

(一)产业结构同质化特征明显

整体来看,我省许多地区的产业基础类似,发展战略和发展规划中选取的重点产业也比较相似。对比16市“十四五”规划纲要可以看出,选取的战略性产业和重点发展的优势产业很多是相同的,如新一代信息技术、生物医药、智能制造装备、新能源汽车、新能源、新材料等。部分地区甚至形成了竞争关系,更倾向于发展类似产业,如青岛、烟台、威海、潍坊、日照等沿海5市重点发展的海洋产业中,海工装备制造、海洋生物医药、海水淡化等海洋新兴产业频繁出现,大有“一拥而上”的趋势,重复建设同质性问题突出,严重影响了发展要素的合理流动,也制约了资源配置效率的进一步提升(见表1)。同时,海洋港口是5市的优势,但协同发展不够,存在同质化竞争现象。

表1　全省16市“十四五”战略性新兴产业发展重点

地市	发展重点领域
济南	大数据与新一代信息技术、智能制造与高端装备、精品钢与先进材料、生物医药与大健康等
青岛	新一代信息技术、生物医药、智能制造装备、新能源、新材料、现代海洋、航空航天等
淄博	新材料、智能装备、新医药、电子信息等
枣庄	高端装备、新材料、新能源、新医药、新一代信息技术等
东营	新材料、生物医药、航空航天、现代海洋、新能源、高端装备等
烟台	装备制造、电子信息、汽车汽配、新材料、生物医药、新能源等
潍坊	声光电和集成电路、高端动力装备、新能源汽车、生物医药、高端医疗器械、机器人等
济宁	高端装备、新一代信息技术、新材料、医药产业、新能源等
泰安	新材料、新能源与节能环保、新一代信息技术、医养健康等
威海	新一代信息技术、新医药与医疗器械、先进装备与智能制造、碳纤维等复合材料、海洋生物与健康食品产业等

续表

地市	发展重点领域
日照	汽车整车及零部件、综合能源产业(主要是太阳能、生物质能、海洋能、地热能等新能源)、生命健康(主攻生物制药、医疗器械)等
滨州	高端装备制造、新能源、新材料、生物医药、健康制造等
德州	高端装备、新能源与节能环保、医养健康、新材料、新一代信息技术等五大战略性新兴产业
聊城	装备制造、新材料、新能源汽车、新一代信息技术、生物医药等
临沂	医药产业、新一代信息技术产业、新材料产业、新能源产业等
菏泽	新能源新材料、新一代信息技术产业等

资料来源:各市"十四五"规划纲要。

(二)缺乏良好的产业协同生态

当前,我省许多产业前后向关联度小,以产业链、价值链、创新链为纽带的产业高层次协同发展相对不足,企业零部件本地配套率低。比如,青岛是国内传统三大家电(电视、冰箱、洗衣机)的生产基地之一,但智能家电的核心关键产业发展相对滞后,上游产业链配套率、配套水平不够高,产业向价值链高端发展受限。相比之下,合肥坚持培育产业链、创新链、政策链、人才链衔接贯通的产业环境,打造"智能家电—智能家居—智慧家庭"产品生态,推动家电产业与战略性新兴产业融通互促,白色家电本地平均配套率约为70%,核心配套率约为75%。再比如,一项关于胶东经济圈一体化建设的调查问卷结果显示,在被问及"目前胶东经济圈产业协同在哪些方面问题突出"时,政府卷和企业卷中产业协同各项指标值均超过3分,而各市产业结构互补性不强是最突出的问题,分值分别为3.34和3.12分;经济圈内各产业转移承接地间利益分享机制不健全问题也很突出,分值均为3.31分;各市主导产业同质化问题紧随其后,分值分别为3.28和2.98分。这说明胶东5市之间产业规划缺乏有效对接,推动产业协同发展的形势较为迫切。另外,在汽车制造领域,我省尚未形成适应消费者个性的高端乘用车整车产业链,根据有关统计,青岛汽车制造产业本地配套率在30%~50%,而重庆则达到了80%。

(三)各产业功能区之间的协同需加强

当前,我省各地产业功能区之间缺乏有效的协同机制,包括产业功能区的跨市域总体协同、产业功能区之间的产业协同、产业功能区内部的要素协同等多个层面。一是市域内产业生态圈及功能区之间协同机制不健全。以青岛市为例,市级层面缺乏明确的产业生态圈管理机构,存在多个行政部门管理同一产业生态圈的情况,造成了政策不匹配、信息不协调等多维消耗。二是跨行政区的产业协同需加强。目前,各地本位主义、各自为政的思想依然突出,跨行政区的交流合作仍然存在较大障碍,这使得区域间共同推进产业协同发展的可能性进一步降低,各市及县(市、区)的产业功能区间普遍未建立起明确的协商发展机制。三是各功能区内的产业精细发展不足。各市的开发区、产业园区等产业功能区对辅助产业(配套产业)的关注度普遍不够,多数功能区主导产业企业存在两个极端:一是优势企业笼统设置研发、供应、生产、销售、品牌、后勤(财务、人事、合同等)等大而全的内置机构;二是成长型企业多数专注"生产",对研发、品牌等高附加值环节有需求却不能就地购买,在功能区层面形成了产业分工的结构性错位,降低了资源配置效率。

三、部分省市推进产业生态创新的经验借鉴

(一)以产业生态圈为引领科学布局产业功能区,重塑产业经济地理

以产业生态圈引领产业功能区建设,是当前城市经济组织方式的一次重大变革,已成为推动经济高质量发展的重要抓手之一。比如,四川成都以产业生态圈创新生态链推进经济工作组织方式转变,为推动经济高质量发展探索出一条新路径。一方面,聚焦重点产业和特色领域,分重点企业生态圈、重点行业生态圈、重点区域生态圈三类,统筹推进全市市级重点产业生态圈、区县级产业生态圈建设。通过编制全市产业一体化发展全景图,规划建设了 14 个产业生态圈,涉及电子信息、医药健康、绿色智能网联汽车、航空航天、轨道交通、智能制造、先进材料等领域。在具体做法上,围绕终端产品强化利益关联,以头部企业为牵引,全力打造利益共同体,推动主导产业以上下游、左右岸为脉络深度协同配合,培育"微型生态圈"。另一方面,将全市 116 个产业园区精减调整为 66 个产业功能区,并结合各功能区的资源禀赋、产业现状等基础,形成各产业功能区区域边界清晰、主导产业明确、专业分工合理、差异发展鲜明的跨区域产业关联和协同发展态势,不断增强同一产业生态圈下各功能区的规模效应、耦合效应。自 2017 年成都提出以产业生态圈为引领、规划建设产业功能区以来,14 个产业生态圈和 66 个产业功能区累计引进重大项目 411 个,总投资达 6785.11 亿元,均占全市总量的九成以上;集聚工程技术、研究中心超

1200家,引进高层次人才140名、顶尖团队14个。

(二)全力打造"顶配版"新产业发展平台,为重大生产力布局优化提供支撑

当前,以新一代信息技术、集成电路、柔性电子、5G、区块链、大数据、新材料、新能源、生命科学、航空航天等为代表的战略性新兴产业或重量级未来产业迅猛发展,且普遍具有产业链条长、集群效应强、大项目带动等特点。为更好地促进这些大产业的发展,为这些产业量身定做新产业平台已成为必然趋势。比如,浙江充分认识到打造新产业平台的重要性,将新产业平台视为引领推动全省经济质量变革、动力变革、效率变革的要求,并高起点谋划"万亩千亿"新产业平台建设。新产业平台的特征主要体现为:一是在发展模式上,要明确在连片的5～10平方公里区域内聚焦一个主导产业,每个产业平台要实现千亿级以上产出,且主导产业产值需占千亿总产值的80%以上;二是在产业定位上,聚焦数字经济核心领域、智能装备、航空航天装备、高端生物医药和前沿材料等5大重点方向40余个细分领域的重量级未来产业,且高新技术产业产值占比要在80%以上,形成新产业集聚发展的高地;三是在平台培育上,聚焦大项目带动,标志性项目要求总投资额不低于50亿元,或产品技术达到国际领先水平,或是由行业领军型企业投资;四是在生态搭建上,聚焦创新生态,如首批入选的紫金港数字信息平台依托西湖大学和浙江大学,形成了"高校—政府—企业"的产学研协作模式。

(三)通过提高区域产品链和产业链配套能力,大力吸引国际先进产业转移

建立产品链和产业链配套体系、提高区域产品链和产业链配套能力是吸引国际先进产业转移的有效手段。国内一些发达地区已经从战略高度认识到产品链和产业链配套体系建设与国际先进制造业区域集群优势构建之间的互动机制的重要性,并以提升地区产品链和产业链配套能力为重点,开拓吸引国际先进制造业区域集群的新路径。比如,江苏城市群经济活力和竞争力的凸显,在很大程度上就得益于各地在以区域产品链和产业链配套体系为特征的产业集群建设上的有效定位。无锡以设计、芯片制造、封装测试等为主业,吸引了希捷、华晶电子、威孚高科等一批有技术竞争力的跨国企业,这使无锡在区域创新体系建设中取得重大进展,也是无锡高新技术产业集群迅速形成的直接动因。昆山民企则为本地区集群的台资和其他外资企业提供了上万亿元总产值的配套总量,成为昆山企业集群最大的竞争优势所在,也助力昆山成为中国工业总产值"万亿俱乐部"中的首个县级市。随着昆山制造业的发展和产业链的不断完善,越来越多的跨国大企业选择在昆山建立研发中心,目前昆山

产业集群集聚了微星科技、通力电梯、统一食品、神达电脑等一批外资企业研发中心，这标志着昆山产品链和产业链配套体系正在走上一个新台阶。

（四）发挥区域重点城市引领作用，引导产业集群错位发展

由一个中心城市引领，带动周边地区形成大都市经济区（圈），引领带动区域经济发展，已成为推动经济发展的一个重要方向。例如，长三角地区以国际化大都市上海为发展核心，结合周边城市特点形成健全的海陆空交通网、金融中心、贸易中心等，引领长江经济带发展。珠三角地区以“湾”为建设核心，以广州的海洋经济、香港的金融体系、澳门的海洋产业等优势为发展基础，充分发挥“港口群＋产业群＋城市群”的叠加效应，构建了拥有新的海洋产业体系的粤港澳大湾区。以郑州为核心的中原城市群，充分发挥各地产业发展差异性大、互补性强的优势，大力推进产业异构，加强产业分工协作，加快构筑协同发展、特色明显、相互配套的产业发展格局。其中，郑州作为中原城市群的核心，大力发展以高端制造业为支撑的优势特色现代产业体系，目前已形成电子信息、汽车、装备制造、新兴材料等一批超千亿元的产业集群；洛阳则把大型成套装备、农业机械、工程机械、交通运输装备、轴承及基础件等装备制造业作为重点，为中原城市群发展提供产业支撑；新乡以新业态服务业为主攻方向，重点发展电子商务、物流速递、配送分拨中心等现代服务业，为中原地区企业降低成本、优化资源和调整产业结构发挥了重要作用；许昌大力发展电力设备、烟草、金刚石、发制品等劳动密集型产业；焦作突出发展智能制造、生物医药、新能源新材料等先进制造业；开封则占据农产品和旅游业的优势；漯河的支柱产业是食品；平顶山的优势产业是煤炭；济源大力发展电力和铝工业。

四、对我省的启示及建议

（一）加快构建重点产业生态圈

聚焦“十强”产业及产业价值链环节，依托“雁阵形”产业集群，精准编制重点产业生态圈规划，强化重点产业生态圈规划布局、战略路径、产业政策等顶层设计，着力打造有机融合、良性循环的产业生态圈。加强头部企业信息和配套需求梳理，大力吸引研究创新力量、金融服务、共性技术平台、检验检测等优质资源，加快构建现代化产业生态圈。充分发挥行业头部企业、领军研究机构、专业服务机构等的积极性，探索组建产业生态圈联盟，依托产业联盟强化“产业关联”，推动产业生态圈联盟加快构建。制定产业生态圈建设指引，明确

产业生态圈建设要义、基本构成、发展目标、产业方向和推进机制等,建立标准体系,确保产业生态圈构建有序推进。

(二)大力推进产业功能区建设

依托重点开发区、传统工业园区、集中发展区,加快建设以产业新城、新产业发展平台等为主要特征的现代产业功能区。引导各市、各功能区立足自身特色和优势,精准确定与自身定位高度契合的主导产业,持续提高主导产业集聚水平,植入科技、金融、物流、信息、商务等生产要素,全面加强产业基础能力,加快构建兼具产业战略性和城际链接性的产业生态圈。注重发挥大项目牵引作用,瞄准重点企业、上下游关联产业,深挖重大项目背后的上下游产业,形成产业集群,大力引进一批高能级项目,围绕重大项目在各功能区内形成相对健全的产业生态圈。制定重点产业功能区名录,明确各产业功能区的名称、定位、主导产业方向、产业细分领域及空间范围,并实行动态更新。

(三)健全产业生态圈协同机制

坚持在全省范围内布局和培育产业链,系统梳理产业链条,明确各条产业链的引领城市和引领功能区,有效发挥其他城市或其他功能区的支撑作用,共同打造先进产业集群。以功能区为重点,推动重点功能区协同整合,积极探索经济区与行政区适度分离方式,围绕构建重点产业生态圈,推动重点产业功能区在产业规划、园区基础设施、服务体系共建、政策制定等方面全面对接,促进各功能区在产业链、创新链、供应链关键环节进行协同分工。推动重点关联产业功能区通过产业园区共建、项目建设投资回报、落户企业利益分成等方式,建立健全产业生态创新发展的利益共享机制,协同开展产业成链、集群招商,推动人才、技术、金融、信息等资源共享,共同构建具有国际竞争力和区域带动力的现代产业生态圈。

课题组成员:刘德军　王淑娟　鹿晔　王永彬　刘燕　于丽娟　史倩倩
刘亦舟

山东高校毕业生人才引育创新对策研究

人才是创新的第一资源，是推动高质量发展的关键引擎。山东省委、省政府提出“十四五”期间我省要成为全国重要的创新高地、人才高地，加强人才引育创新是吸引人才的重中之重。高校是人才培养基地，每年毕业生的“流”与“留”直接关系着一个地区能否集聚人才优势、未来经济发展能否形成高端优势产业。本文基于 2015～2019 年山东省高校毕业生就业质量年度报告、山东省属高校及全国一流建设高校毕业生就业质量报告，从毕业生流向分析山东在人才引育创新方面存在的问题与挑战，并提出对策建议。

一、山东人才引育发展现状及面临的挑战

（一）从“育”的角度看，研究生培养规模与本科生培养规模不匹配，高端人才培育不足

山东省本专科毕业生数量多，是教育大省、生源大省，总体教育资源基础雄厚，而研究生培养人数少。山东省高等教育学校总数（152 所）位列全国第三，与排名前两位的江苏省（167 所）和广东省（154 所）相差不大，其中本科院校数量（70 所）排名第二，高职（专科）院校数量（82 所）排名第二。2020 年，山东省高等教育普通本专科毕业生共计 60.54 万人，仅次于河南（63.82 万人），位列全国第二。研究生学历人口数量能够比较准确地代表每个地区的人才水平，该项指标反映出高层次教育培养资源相对不足，研究生层次授予学位数（3.48 万人）排名第八，毕业生总数占全国研究生毕业生数的 4.5%，位列全国第九。博士研究生培养数量更少，博士毕业生 1716 人，居全国第 14 位，与江苏省（5014 人）和广东省（3386 人）相差悬殊。①

① 数据来源于中华人民共和国教育部网站。

(二)从“需”的角度看,人才结构与市场需求有偏差,高端人才储备不够

从产业需求来看,我省人才队伍储备与“十强”产业发展需求存在较大差距。一是“十强”产业相关高校顶尖人才师资队伍明显不足。从与“十强”产业相关的一流大学和一流学科(简称“双一流”)建设高校可以看出(见表1),高端装备、新一代信息技术、新能源新材料三个研究方向山东无一所高校入围“双一流”,师资储备明显不足,这与山东制造业大省地位不匹配。二是行业顶尖人才缺口较大。现代农业领域高端人才集中分布在北京,约占全国的25.5%,山东约占9.2%,与山东作为农业大省的市场需求存在一定差距;医养健康产业,健康管理以及健康咨询等中高端人才缺口较大,院士、国医大师数量远低于北京、上海等地。三是部分行业从业人员总量不足以支撑行业向高端发展。2015～2020年,全国信息相关从业人员数量增长了39.14%,而山东仅增长14.37%;金融业从业人员数量,广东增长了72.09%,山东增长了57.93%。另外,根据《2019年山东省高校毕业生就业质量年度报告》和《山东大学2019届毕业生就业质量报告》,用人单位对工学毕业生的需求占比高达50.25%,而工学专业的研究生和本科生占毕业生的比重仅为35.63%和38.94%。毕业生专业与就业专业相关度较低,其中,“很相关”仅占41.05%,“不相关”占比高达15.37%。

表1 “十强”产业相关的一流大学和一流学科建设高校名单

产业名称	高校名称
新一代信息技术	清华大学、北京邮电大学、上海交通大学、东南大学、电子科技大学、西安交通大学、西安电子科技大学、国防科技大学
高端装备	北京大学、清华大学、哈尔滨工业大学、复旦大学、上海交通大学、上海大学、浙江大学、华中科技大学、西安交通大学、西北工业大学、湖南大学、重庆大学
新能源新材料	北京大学、清华大学、北京航空航天大学、北京理工大学、北京科技大学、南开大学、天津大学、吉林大学、东北师范大学、哈尔滨工业大学、复旦大学、上海交通大学、华东理工大学、南京大学、苏州大学、东南大学、浙江大学、安徽大学、中国科学技术大学、南昌大学、郑州大学、华中科技大学、武汉理工大学、中南大学、中山大学、华南理工大学、四川大学、西安交通大学、西北工业大学、中国科学院大学
现代海洋	上海交通大学、上海海洋大学、厦门大学、中国海洋大学、哈尔滨工程大学

续表

产业名称	高校名称
医养健康	北京大学、清华大学、北京协和医学院、天津医科大学、复旦大学、上海交通大学、东南大学、浙江大学、中山大学、四川大学、山东大学
高端化工	南开大学、北京化工大学、天津大学、太原理工大学、大连理工大学、吉林大学、东北师范大学、复旦大学、上海交通大学、华东理工大学、南京大学、浙江大学、中国科学技术大学、厦门大学、山东大学、武汉大学、湖南大学、中山大学、华南理工大学、四川大学、兰州大学、石河子大学、中国科学院大学、中国石油大学
现代高效农业	中国农业大学、南京农业大学、浙江大学、华中农业大学
现代金融服务	北京大学、清华大学、中国人民大学、中央财经大学、对外经济贸易大学、辽宁大学、武汉大学、西南财经大学、上海财经大学
现代轻工纺织	天津工业大学、江南大学、华南理工大学、东华大学

资料来源：中华人民共和国教育部网站。

(三)从“留”的角度看，本省培育的人才中，教育部直属高校毕业生流出数量多于省属高校，高端人才留下少

山东省高校培养的人才总体上呈现净流出态势，与省属高校相比，教育部直属高校流出指数更高。从全省看，高校总体上人才流出指数①为1.31，即每培养131名毕业生要流出31人，流出率为23.66%，高于南方一些省份，如广东省人才流出指数为0.97，浙江省人才流出指数为1.08，江苏省人才流出指数为1.23。从高校看，以2019届②为例，省属高校中，青岛大学人才流出指数为1.22，流出率为18.03%；济南大学人才流出指数为1.33，流出率为24.81%；山东财经大学人才流出指数为1.42；山东科技大学人才流出指数为1.45。教育部直属院校共有毕业生约2.94万人，其中山东大学人才流出指数为1.8，流出率为44.44%；中国海洋大学人才流出指数为1.6，流出率为37.50%；中国石油大学人才流出指数为1.2，流出率为16.67%。此外，由于本省研究生招生规模小，2019年升学的7万人中至少有一半流出，升学也是毕业生流出的主要途径之一。

① 人才流出指数＝该省生源毕业生总量/回该省就业毕业生总量(不包含升学)，用来衡量人才流出程度。

② 通过公开渠道，山东省高校毕业生就业质量报告仅更新到《2019年山东省高校毕业生就业质量年度报告》，但因为相近年份的各项指标没有明显变化，可以将其作为依据。

(四)从“引”的角度看,外省培育的人才中,山东对人才吸引力偏弱,高端人才引进少

从就业吸引力来看(见表2),与其他省份相比,2021年全国GDP排名前五的省份中,山东省对人才吸引力偏弱,与粤、苏、浙三省相比差距明显,比河南省略强。其中,广东省对人才吸引力最强,然后是浙江省和江苏省,河南省对人才吸引力最弱。以南京大学毕业生为例,就业吸引力从强到弱依次为广东(251.74%)、浙江(187.07%)、江苏(85.47%)、山东(21.30%)、河南(10.96%),对其他高校毕业生的就业吸引力也呈现此种排序。从区域差异来看,山东省对于相邻省份、天津以及东北地区高校毕业生吸引力较强,而对于其他地区的高校毕业生吸引力较弱,存在明显的区域差异。具体来说,在一流大学建设高校(除山东大学、中国海洋大学、国防科技大学外)中,山东对于毕业生的就业吸引力在50%以上的高校均集中在东北地区,如吉林大学(103.1%)、大连理工大学(62.5%),而对于其他地区高校毕业生的就业吸引力均低于50%,尤其对于国内综合排名靠前的高校的毕业生吸引力更小,均不超过20%,如北京大学(16.67%)、清华大学(19.23%)、中国人民大学(15.63%)、浙江大学(11.49%)。

表2 鲁、粤、浙、苏、豫五省就业吸引力情况 单位:%

	山东省	广东省	浙江省	江苏省	河南省
南京大学	21.30	251.74	187.07	85.47	10.96
哈尔滨工业大学	35.14	771.29	170.81	133.18	17.25
厦门大学	13.89	379.28	123.13	82.76	13.02
天津大学	39.70	455.44	212.50	96.69	1.91
中国科学技术大学	8.29	362.00	110.77	85.52	4.03
中南大学	28.06	505.87	148.12	95.17	19.24
电子科技大学	9.03	355.26	201.86	79.00	4.70
东南大学	25.55	322.08	159.96	96.26	21.47
郑州大学	17.84	262.68	78.31	62.33	12.95
云南大学	28.51	614.23	87.99	57.18	18.44

注:就业吸引力=流向该地区就业的毕业生人数/该地区毕业生生源人数,值越大说明该地区对人才吸引力越大。具体数据来自“双一流”建设高校2019届高校毕业生就业质量年度报告,表中数字为地区就业吸引力。

二、主要原因分析

(一)工资待遇低是山东对人才吸引力较低的首要原因

行业平均工资低是山东对高校毕业生吸引力较低的首要原因。国有企业是全国 GDP 的主要贡献者,相比私营企业更具有代表性,因此本文选择各省国有企业平均工资进行对比分析。从 2020 年国有企业平均工资看,山东省农林牧渔业平均工资是全国的 1.7 倍,具有明显优势,同时信息和教育行业也略高于全国平均工资,其他行业均低于全国平均工资;与粤、苏、浙三省相比,除了农林牧渔业和采矿业以外,其他行业均低于粤、苏、浙三省,差别最大的金融业山东仅相当于浙江省的 59%,信息、金融、科学研究、教育以及卫生行业平均工资与其他省份相比均处于劣势,不利于与其他三省争夺高校毕业生人才,集聚人才优势。从增长速度看(2015～2020 年),除农林牧渔、制造以及科学研究行业增速高于全国外,其他行业均低于全国增速,增速最低的采矿业山东仅为全国的 19%,与全国差距越来越大;与粤、苏、浙三省相比,国有单位平均工资增速远低于其他三省,差距越来越大,制造业和金融业增速略高于其他三省,教育以及卫生行业低于其他三省,表明这些行业工资与其他三省的差距呈现逐步扩大趋势。总的来说,我省具有相对优势的行业是农林牧渔和制造业,但优势并不明显,其他行业劣势明显,且差距越来越大。尤其是与 GDP 排第 4 位的浙江的各行业平均工资相比,山东无论是平均工资水平还是工资增速,均处于劣势(见表 3)。

表 3　2020 年全国及部分省份行业国有企业平均工资及年增长率

	全国		山东省		广东省		江苏省		浙江省	
	平均工资(元)	年增长率(%)	平均工资(元)	年增长率(%)	平均工资(元)	年增长率(%)	平均工资(元)	年增长率(%)	平均工资(元)	年增长率(%)
国有企业	108132	13.1	102900	11.0	149782	19.0	144716	16.3	160069	13.1
农林牧渔	46047	9.3	80213	10.0	64341	21.3	52767	11.0	130805	24.3
采矿	95817	12.1	74326	2.3	99866	1.8	103964	14.4	64606	13.5
制造	94634	9.1	91585	11.9	80433	4.0	92049	9.3	92371	−1.2
信息	119323	14.1	124298	9.2	127265	8.1	162939	7.7	151641	13.4

续表

	全国		山东省		广东省		江苏省		浙江省	
	平均工资(元)	年增长率(%)	平均工资(元)	年增长率(%)	平均工资(元)	年增长率(%)	平均工资(元)	年增长率(%)	平均工资(元)	年增长率(%)
金融	161584	12.1	130624	7.4	188716	7.1	160386	6.9	221470	7.0
科学研究	129707	12.2	126669	12.3	190883	17.5	142558	11.2	174040	13.3
教育	112554	13.3	113686	10.4	154995	21.7	141694	16.2	155523	12.6
卫生	120663	12.8	111130	10.4	170510	21.6	140575	14.4	176006	12.6

数据来源:全国及各省统计年鉴。

(二)产业结构不合理,资源型重工业占比过大

首先,传统资源型产业和制造业比重过大,导致人才往往集中在资源产业和制造业领域,其他产业面临人才短缺。近年来,山东产业结构趋向合理,但仍然比较依赖传统高耗能的资源型产业。以2020年能源消耗量为例,全国为2.04亿元/万吨标准煤,山东省为1.75亿元/万吨标准煤,广东为3.38亿元/万吨标准煤,江苏为3.14亿元/万吨标准煤,浙江为2.62亿元/万吨标准煤,山东能耗强度远高于粤、苏、浙三省,同时也高于全国标准。而这类传统高耗能资源型产业对于人才的需求量要远低于高新技术产业。从山东拥有的世界500强企业也可以看出,其主要集中在能源、纺织、钢铁、工程机械等产业,如山东能源、魏桥集团、山东钢铁、潍柴动力以及海尔智家。其次,大企业数量较少,缺少大企业引领带动。大企业能够带动一个地区经济发展和提升地区整体创新能力,这对于吸引该领域人才有很大作用,而且围绕大企业能产生人才集聚效应。根据2021年《财富》世界500强企业,北京的数量最多达到60家,广东省有16家,浙江省有8家,山东省仅有4家。目前,浙江已经在上市公司、民营企业和世界500强企业的数量上超越山东,这导致其对人才的吸引力远远超越山东。另外,从校园招聘企业的数量上也可以看出,山东省对人才需求量相比粤、苏、浙差距很大。以哈尔滨工业大学为例,招聘企业数量排名靠前的省市为北京(993家)、江苏(663家)、广东(595家)、浙江(519家),分别占比15.50%、10.35%、9.29%、8.10%,山东仅有352家,占比5.50%。

(三)优质高等教育资源缺乏,阻碍了家庭式迁入

山东是仅次于河南的生源大省,然而仅有2所“双一流”高校和1所一流学

科建设高校，再加上其他省份“双一流”高校在山东招生人数较少，这导致山东优质高等教育资源严重不足。当前，家庭式迁徙愈发看中一个地区优质高等教育资源，优质高等教育资源已经成为影响毕业生落户意愿的显著因素。2021年数据显示，山东高考人数79.5万人，居全国第2位，仅次于河南(125万人)，本科第一批录取率14.29%，居全国第19位，“双一流”高校录取率1.59%，同样居全国第19位，而北京、天津和上海的本科第一批和“双一流”高校录取率均超过5.00%。总体而言，优质高等教育资源稀缺已经成为山东人才流失的重要原因。

(四)核心城市规模较小，辐射带动作用不强

首先，从城市首位度分析，山东省虽然拥有济南和青岛两座二线城市，但二者经济总量相近且规模较小。济南和青岛的GDP分别为1.24万亿元和1.01万亿元，排名分别为第13位和第19位。省会首位度(即省会GDP与全省GDP比值)为13.87%，其值偏低。两个中心城市的辐射带动作用不强，还不具备整合全省经济的能力。两个城市之间经济上的竞争较多，而彼此互补合作的地方较少，产业协调发展不够。其次，缺乏人才引领。智联招聘网站发布的《中国城市人才吸引力排名：2022》显示，山东省没有一个城市进入榜单前10位，100强榜单中有青岛(13)、济南(15)、东营(49)、威海(50)、潍坊(59)、淄博(62)、临沂(66)、济宁(98)。前10名中，北京高居榜首，上海位列第二，其余分别为广东的深圳(3)和广州(4)、浙江的杭州(5)、四川的成都(6)、江苏的苏州(7)和南京(8)、湖北的武汉(9)、湖南省的长沙(10)。一线大城市对人才的吸引力逐渐下降，而诸如长三角城市群、珠三角城市群以及京津冀城市群成为人才流入最多的地区。中央财经大学调查显示，80.69%的毕业生在求职时希望留在北京工作，21.49%希望留在长三角，16.38%希望留在珠三角。该调查与其他高校毕业生就业意愿地点基本一致。

三、政策建议

(一)在“育”上求突破，人才培养重点向“十强”产业紧缺人才倾斜

结合我省“十强”产业发展需求，在“育”上要“两手抓”。一是抓高端科研型人才培养。推进我省高等教育内涵式发展，优化高等教育布局。在自主培养上出新招，加快培养高端科研型人才，鼓励高校新增一批高水平学位授权点，以科技前沿和“十强”产业涉及的关键领域为目标，强化布局支撑我省创新

能力的基础学科专业,优化同新发展格局相适应的教育结构和学科专业结构,通过各种途径涵养本土高端科研型人才。二是抓高端技能型人才培养。全面构建现代职业教育体系,用好职业教育阵地,培养在实现高质量发展过程中紧缺的新型制造业高端技能型人才,让职业教育更加紧密对接“十强”优势产业,打破高端技能型人才成长“天花板”,以满足我省工业发展需求。

(二)在“需”上下功夫,健全人才需求反馈机制

完善人才信息平台,建立紧缺人才岗位的动态需求库。一是面向省内,围绕“引进什么样的人才”,聚焦我省新旧动能转换“十强”产业领域,由企业定期反馈人才需求,并由省人力资源主管部门牵头进行广泛征集、分类摸排梳理;二是面向省外,充分发挥第三方机构优势,运用大数据抓取、采集、分类等方式,最终形成科学、合理、可溯源的“十强”产业分类需求库,为实现精准引才奠定基础。

(三)在“引”上出实招,建立柔性引才常态机制

建立柔性引才常态机制,汇聚高端才智。立足产业特征、发展实际,通过扩大引才半径、转变引才模式、开放引才项目,转变过去依托给落户、给政策、给编制等方式,放宽人事管理,消除编制、工资待遇以及人才发展等方面的不合理限制,建立高端人才柔性引进的绿色通道,充分利用人才自身的价值和作用,深挖人才连带的关系和人脉,进行技术推广,开展项目建设,指导产业生产等,推动我省技术创新、效率提升、产业升级、经济高质量发展。

(四)在“用”上谱新篇,从人才“为我所有”向“为我所用”转变

随着企业经营管理从以岗位为中心向以工作项目为中心转变,灵活用工方式逐渐得到发展。政府层面应适应新趋势,制定配套政策。一方面,鼓励大企业、科研院所专家人才到中小企业兼职指导,定期派驻,支持企业从人才“为我所有”向“为我所用”转变,降低成本,提高生产效率;另一方面,完善灵活用工制度,充分尊重人才的意愿,充分保障人才在共享用工期间的合法权益。

课题组成员:王永冲　孙斌　马春晓　田焱

山东现代金融业数字化劳动力应用研究

在数字化加速发展的时代，数字技术的迭代和演进已经成为金融企业数字化和智能化发展的重要驱动力，正在重塑整个金融业新一轮的竞争格局。中国人民银行发布的《金融科技发展规划(2022～2025年)》提出运用“数据＋技术”打造数字化劳动力，实现全价值链、全要素优化配置，培育技术先进、研发敏捷、渠道融合、决策精准、运营高效的创新发展动能，构建以用户、场景为中心的金融服务体系，全面提升数字时代企业核心竞争力。扩大数字化劳动力应用范围是打造轻型银行、低碳银行的必然要求，也是金融业现代化水平的一个重要标识。当前我省金融业数字化劳动力应用处于起步阶段，在广度、深度方面与南方沿海省份有一定差距。

一、现代金融业应用数字化劳动力的重点领域

数字化劳动力在各行业正以一种革命的形态席卷而来。不少学者与机构将数字化劳动力等同于RPA(Robotic Process Automation)，即机器人流程自动化。也有学者和机构将数字化劳动力称为数字员工，即以“AI＋RPA＋数据＋机器人”等多重技术深入融合应用创造的高度拟人化的新型工作人员。

当前，数字化劳动力在金融机构的应用主要包括客户服务类、运营管理类、市场营销类、内控合规类、风险管理类、投资交易类六大基础类别，各大类的助力岗位、劳动力类型和助力方式如下。

(一)客户服务类

岗位类型：时效智能外呼及客服数字人大堂经理等。作用：代替或辅助人工完成客户请求，缩短客户等待时间，降低人力成本，增强答复准确性，提升客户体验，全天候、全渠道在线。

(二)运营管理类

岗位类型：数字化投行尽调员、智能财务机器人、Al培训师。作用：实现

对业务中文档、数据等的自动化及智能化识别、提取、比对及录入等,降低失误率;自动化识别、录入操作可以承担大量的简单重复性工作,降低运营成本。

(三)市场营销类

岗位类型:理财经理助手、个人智能理财助理等。作用:完善客户触达策略,整合客户数据资源,动态把握客户需求,主动营销提升获客量,提供个性化产品服务,提升销售转化率。

(四)内控合规类

岗位类型:数字化内容审核员、数字化行为审核员等。作用:批量处理外发信息,降低审核差错率;实现 24 小时监控、自动化审核,及时发现敏感信息并追溯违法违规行为。

(五)风险管理类

岗位类型:信贷风险防控、反欺诈智能防控。通过实时自动采集多维数据,优化风控指标和分析模型,在风险识别、计量、监测等环节实现流程优化,帮助金融机构全方位、多维度、低成本高效管控风险。

(六)投资交易类

岗位类型:智能交易员、策略机器人、AI 研报等。作用:在交易执行层,利用 NLP(Natural Language Processing,自然语言处理)、RPA 等技术实现交互客服化、流程自动化,实现执行提效;在市场研究层,运用大数据建模对市场情绪和债券等大类资产价格走势进行预测;在投资策略层,利用量化策略辅助开展交易模拟与预测。

二、现代金融业数字化劳动力应用潜力分析

据不完全统计,我国银行数量约为 4000 家,2019 年银行业金融机构从业人员数量为 390 万人。随着银行业数字化劳动力应用的扩大,各银行营业网点数和员工人数将持续下降。2021 年,以员工人数最多的 6 家国有大型银行为例,除建设银行员工人数有所增加外,其余 5 家银行员工人数较 2020 年均有所下降。截至 2021 年末,6 家国有大型银行中,除了交通银行尚未披露网点数据之外,其余 5 家银行披露的网点数量比 2020 年末合计减少 566 个。

数字化员工上岗后,具备一岗多能、多岗多能,其“年薪”水平仅相当于自

然人员工的月薪水平，同时可以实现全天候、全年度工作，处理重复规则的工作效率是自然人员工的5～20倍。数字化劳动力可以释放金融机构的大量优秀人才从事业务创新工作，在规范操作上更契合管理需求，降本增效效果显著。

在业务创新方面，随着金融机构数字化战略自上而下推进，管理层已经开始意识到人才的重要性，数字化员工擅长处理单调、重复、耗时的工作，能够让自然人员工从低附加值的工作中解放出来，将更多的工作时间和精力放在更加有价值的业务创新工作中。在合规管理方面，自然人员工在处理单调重复的工作时，往往会有3‰的主观差错率，诸如录入错误、计算错误、操作错误等。这种人员主观操作上的差错易引发合规操作风险，甚至会带来风险损失或监管处罚。而数字员工依托科学的流程设计和实施规范，能够极大程度地避免自然人员工在处理单调重复工作中因注意力不集中所造成的主观性操作风险。理论上讲，数字化员工在处理工作过程中的操作差错率为零。在降本增效方面，随着金融业竞争日益激烈，金融机构盈利能力的持续性受到一定程度影响，需要在管理上进行降本增效。而金融业属劳动密集型行业，业务分工精细，人员岗位配备充足，使用数字化劳动力可以取代部分岗位人工，有效节约劳动成本。

三、影响数字化劳动力扩大应用的主要因素

数字化劳动力的部署实施不是单个技术的应用，也不是单个业务的需求，而是站在行业和机构的高度通盘考虑，在质量、效率和成本之间求得一个合理的平衡。数字化劳动力发展的路线图也要围绕这三个方面来设计。质量是数字化劳动力实施的前提，结果的准确性、过程的可靠性等是劳动质量的重要衡量指标；效率是实施结果的直接体现，数字化劳动力应优先部署在劳动力密集、规则明确、重复性高的岗位；成本是数字化劳动力部署的决定性因素之一。

四、山东省现代金融业数字化劳动力应用面临的瓶颈

数字化劳动力应用水平已成为金融业现代化发展的最新动态之一，也是金融科技的重要发展方向。2020年以来，国内大型商业银行，尤其是股份制商业银行都在积极推进数字化劳动力应用。目前，我省地方性金融机构数字化劳动力应用仍然处于少、散、粗的状态，根源在于以下三个方面。

一是地方政府支持政策较少。当前地方政府和企业对金融业最关注的仍

是资金保障和服务实体经济的功能，对于金融业的产业属性不够重视，给予的支持措施多集中于环境优化、市场培育、产金融合等方面。地方金融机构的转型发展和技术进步也需要政策和要素支持，如杭州、深圳等地已出台对金融机构数据平台建设、数字化系统建设的支持措施。

二是地方性金融机构自身投入不足。我省地方性金融机构规模小、实力弱、业务类型分散、优势不突出。发展数字化劳动力面临数字创新能力弱、成本投入能力弱、批量化标准化业务少等问题，若不提前布局数字化劳动力，未来必然面临业务成本和管理成本的竞争劣势。

三是金融风险防控压力大。数字化劳动力应用在提升工作效率、工作准确度的同时也增加了数据安全要求。金融机构除面临传统业务风险外，还需要对数据管理的安全性、合规性做出相应安排。我省地方性金融机构在相应的制度建设、技术进步等方面需要做好更加充分的准备。

五、扩大现代金融业数字化劳动力应用范围的路径

目前我国的银行业包括全国性银行、区域性商业银行(如城市商业银行、农村商业银行)，以及把业务集中于线上的互联网银行。因自身禀赋的差异，它们在在岗人员构成、技术水平和资金投入规模等方面存在较大差别。因此，不同类型银行在部署实施数字化劳动力时，采取的策略不同。

全国性银行有强大的资金、技术、人才和数据优势，可以利用系统平台及经验，积极探索从客户服务类到内控合规类、风险管理类的全面数字化劳动力应用。对于村镇银行、农村商业银行和城市商业银行等区域性银行，其客户数量、资金实力和技术研发能力都比较弱，应先从性价比高的客户服务类和运营管理类数字化劳动力开始实施，如果实现成本降低和业务效率提升，再逐渐扩大应用范围。互联网银行具有强大的互联网和科技基因，开展线上业务的人员成本负担较小，能够高起点布局数字化劳动力，全流程代替或辅助自然人劳动。

课题组成员:迟泓　史喆

第三篇　深化新旧动能转换

山东打造世界级先进制造业集群路径研究

制造业集群化发展是产业发展的基本规律之一,集群发展水平在一定程度上代表了一个区域的产业竞争力。打造先进制造业集群是加快发展现代产业体系、实现高质量发展的重要举措,对促进山东制造业高质量发展、提升产业链现代化水平、推动制造业向全球价值链中高端迈进、实现由制造大省向制造强省转变具有重要意义。

一、先进制造业集群内涵及特征

(一)先进制造业集群内涵

当前,产业集群作为一种高效率的空间集聚的经济现象,已经被广泛认可与熟知。但关于何为先进制造业集群和世界级先进制造业集群,还没有统一的定义。根据工业和信息化部赛迪研究院的观点,先进制造业集群是在一定区域内,基于先进技术、工艺和产业领域,由若干地理相邻的企业、机构集聚,通过紧密协作、互动共生形成的产业组织网络,是园区经济、集聚经济的高级阶段。

(二)先进制造业集群特征

先进制造业集群在具备地理邻近下的高度集聚、基于专业化分工的产业联系、行为主体的互动合作等产业集群一般特征的基础上,更具有技术先进、组织形态先进、质量品牌先进、生产制造模式先进等鲜明特征,能实现规模效应和集聚效应,助推创新经济,打造竞争新优势。主要体现在以下几个方面:一是较强的产业综合实力。集群围绕主导产业形成了较大的产业规模和市场份额,拥有一大批一流的行业龙头企业和知名品牌,在技术水平、行业标准、品牌建设和企业管理等方面都处于前列。二是较高的协同创新能力。集群建有由核心企业、科研院所组成的完善的科技创新生态,掌握了某一领域具有先进水平的关键核心技术,引领着该行业的技术变革、产业、标准的发展方向。三是紧密高效的网络协作。集群构建起了由企业和各类机构在地理上集中、通过相互合作与交流共生形成的产业组织网络,围绕产业链、创新链和价值链形成了紧密高效的分工协作机制,有效带动大中小企业共同行动,实现产业链上下游和产供销协同发展。四是较高的开放合作水平。集群是一个根植于地方但具有强大包容性的产业体系,呈现出超越集群所在地理边界和行政边界的特征,注重深入嵌入区域产业链、价值链分工,真正实现跨区域的互动、共生和融合发展。

二、山东打造先进制造业集群实践成效

一直以来,山东始终围绕先进制造业强省建设,推动新兴优势产业链向先进制造业集群跃升,努力保持制造业规模实力的领先优势,取得了显著成效,为打造世界级先进制造业集群奠定了坚实基础。

(一)呈现集聚发展态势的产业集群竞争力显著增强

深入实施标志性产业链突破工程和“5+5”十强现代优势产业集群培育工程,制定9大产业、42条产业链优化提升方案。截至2021年底,我省共入库管理“十强”产业“雁阵形”集群105个。青岛智能家电产业集群、青岛轨道交通装备产业集群、潍坊动力装备产业集群3个集群入围国家先进制造业集群。培育认定首批12个省级战略性新兴产业集群,其中济南信息技术、青岛轨道交通装备、烟台先进结构材料和生物医药、淄博新型功能材料、临沂生物医药等7个优势产业集群入选全国首批战略性新兴产业集群,数量居全国首位。实施创新型产业集群试点,威海高新区高端医疗器械、枣庄锂电、莱芜高新区智能制造装备、淄博高新区生物医药与生物医药工程等15个集群被纳入国家创新型产业集群试点,数量居全国第2位。

(二)作为集群链接节点的大中小企业生态逐渐形成

突出实施“领航型”企业培育计划,甄选154家“十强”现代优势产业集群领军企业,将更多资金和项目向领军企业倾斜,154家领军企业总产值已突破2.1万亿元,平均每家企业产值约为136亿元。2021年,全省营业收入超过千亿元的企业达到11家,营业收入超500亿元的企业达到21家。通过领军企业带动,全力助推潜在企业发展,鼓励企业通过兼并重组等多种方式做强做大、快速成长。截至2022年11月底,我省国家级制造业单项冠军企业达到186家,居全国第2位,其中单项冠军示范企业达到135家,继续保持全国第

一;截至2021年底,我省国家级专精特新"小巨人"企业达到362家,居全国第3位。

(三)支撑集群竞争力提升的技术创新体系不断健全

集群内国家级技术创新载体数量位居全国前列,拥有青岛海洋科学与技术试点国家实验室、国家高速列车技术创新中心、国家先进印染技术创新中心、国家高端智能化家用电器创新中心、国家燃料电池技术创新中心等一批高层次创新平台,"1313"实验室体系初步形成,2项大科学装置被纳入国家重大科技基础设施布局。国家企业技术中心达到196家,总数居全国首位。山东先进聚合物、海洋物探及勘探开发装备等9个国家工程研究中心被纳入国家新序列管理,数量居全国第2位。国家新型工业化产业示范基地达到30家,数量位居全国第一。在智慧交通、精细化工、燃料电池等20个领域的科技创新和产业化方面均走在全国前列。先进制造业创新主体不断壮大,高新技术企业达到20180家,科技型中小企业入库2.89万家,居全国第3位。

(四)促进集群高效顺畅的网络化协作机制初步建立

开展"个十百"工业互联网平台培育行动,截至2022年11月底,我省累计培育国家级"双跨"工业互联网平台4个、特色专业型平台18个,打造省级重点平台155个,形成1300多个系统解决方案,服务全省50多万家中小企业上云上平台,逐步打通企业交流互动数字化通道,形成"资源共享、流量集聚"的一体化发展新模式。省会经济圈科技创新联盟、胶东经济圈工业互联网一体化国家级示范区、鲁南经济圈协同创新中心等产业集群一体化发展联结机制逐步建立,产业集群跨区域协同发展加快推进。

三、山东先进制造业集群发展面临的问题

对照打造世界级先进制造业集群的要求,相比发达地区,山东先进制造业集群建设还面临一些突出的问题和难点。

(一)形成集群整体性基础的产业集聚度不高

山东有比较完备的产业体系,产业基础良好,但"有高原,缺高峰"的问题比较明显,产业集中度仍然不高。根据《山东省开发区总体发展规划(2021~2025年)》,到2025年,全省开发区重点产业集聚度明显提升,开发区前三位主导产业集聚度提升到70%以上。这说明当前山东集群功能区、园区的主导

产业集中度仍然偏低。另外,集群内核心企业发展弱,引领作用不突出。截至2021年底,山东制造业拥有规模以上企业30853家,数量居全国第4位,仅是广东、江苏、浙江的52.2%、59.7%、62.3%。

(二)引领集群高质量发展的领军企业不够多

当前,山东制造业产业集群大型企业和龙头企业仍然相对偏少。目前,山东制造业产业集群只有海尔、海信、魏桥、山钢、潍柴、重汽等为数不多的大型龙头企业,缺少像华为、小米等拥有自主知识产权、特色优势明显、核心竞争力强的行业生态型龙头企业。在2021《财富》世界500强榜单中,山东仅山东能源集团、魏桥集团、山东钢铁、海尔智家、潍柴动力等5家企业上榜,而广东有16家。另外,集群品牌影响力也不够强。根据《2021胡润中国500强》,山东仅有17家企业入围,数量仅居全国第8位。

(三)支撑集群竞争力的科技创新体系不健全

与先进地区相比,山东在制造业创新主体数量、创新平台质量、创新成果转化等方面还存在诸多影响产业集群构建的薄弱点。比如,在高新技术企业数量方面,截至2021年底,山东仅有20180家高新技术企业,比广东、江苏、浙江分别少39820家、16820家、8401家。在科技企业孵化器方面,截至2021年底,山东纳入统计的各类科技企业孵化器共计363家,仅占全国的6.3%,比广东、江苏分别少654家、602家。在科技市场培育方面,2021年,山东完成技术合同成交额2564.92亿元,居全国第5位,仅是第2位广东和第3位江苏的57.6%和85.1%。这些短板导致山东创新成果起不到大规模的溢出效果,且存在集群核心竞争力总体不强、关键核心技术仍然受制的问题。

(四)推进集群深层次分工的协作网络未建立

一直以来,由于区域经济发展不平衡和产业结构差异,各地在产业发展中的深层次协作相对不足,产业集群之间的关联和区域经济之间的联系不够紧密,集群内企业没有形成相互关联、相互依存的专业化分工协作体系,企业之间业务和技术关联性不强,缺乏明确的产业分工和产业特色,不能形成良性循环。比如,青岛智能家电产业集群拥有海尔、海信两个世界级名牌和2000余家上下游企业,家电主导产业工业产值占全国的近30.0%,但青岛本地家电产业的配套率仅为40.5%。相比之下,合肥全力打造“智能家电—智能家居—智慧家庭”产品生态,白色家电本地平均配套率约为70.0%,核心配套率约为75.0%。

四、山东打造世界级先进制造业集群路径选择

围绕全面塑造集群发展竞争新优势，山东要以创新驱动、数字赋能、品质引领为导向，以大中小企业培育和产业园区高质量建设为抓手，加快构建先进制造业集群网络，努力把产业航母建设得更具韧性和竞争力。

（一）实施先进制造业集群提质行动

围绕把山东制造业的优势做得更加突出，积极开展集群培育，推动先进制造业集群提质升级。一是打造世界级先进制造业集群。以省级及以上高新区和技术先进、高新技术产业较为密集的经济技术开发区为依托，强化高端创新平台建设，构建全球化聚智创新网络，加快攻克一批关键核心技术，全面提升重点产业在全球产业链中的竞争力，推动一批集群向世界级先进制造业集群挺进。二是创建国家级先进制造业集群。依托重点园区和重点企业，通过“增创新—育企业—强链条—创集群”等方式，加快培育特色先进产业集群，争创形成特征鲜明、链条齐全、对全国产业支撑作用明显的先进制造业集群。三是培育省级先进制造业集群。依托“5＋5”十强现代优势产业集群培育工程，持续开展“雁阵形”集群认定工作，健全集群治理组织架构和规章制度，提升人才、技术、资金等要素集聚程度，突出项目带动，强化本地配套，支持做大一批集群产业规模，打造一批省级先进制造业集群。

（二）实施集群创新能力增强行动

先进制造业集群必然是高技术产业集群，构建产业集群科技支撑体系是增强产业集群创新能力、提升产业核心竞争力的本质要求，更是先进制造业产业集群发展壮大的基础。要瞄准集群产业发展瓶颈，着力构建企业主导先进制造业创新体系，加快突破关键核心技术，形成一批自主创新成果，大力提升集群整体核心竞争力。一是建设高水平新型企业创新载体。梳理集群产业链的关键环节、薄弱环节，依托重点骨干企业，建设一批高水平的企业技术中心、工程（技术）研究中心、重点实验室、工程实验室等创新平台，推进以企业为主导的制造业创新中心、技术创新中心、产业创新中心、协同创新中心建设，推进集群创新能力整体跃升。二是突破重大关键核心技术。对标国内国际先进水平，围绕集群急需突破的关键核心技术、共性技术推进一批重大关键技术突破项目，依托重点企业开展联合攻关和产业化，加快突破一批具有自主知识产权的技术和产品，不断提升集群产业基础能力。三是构建创新服务体系。围绕

集群创新需求,聚焦集群共性技术应用,依托行业骨干企业、科研院所、行业协会等,建设一批领先的开源开放、研发设计、计量测试、标准认证、中试验证、检验检测、知识产权、创新转化等创新服务平台,加快构建多形式、多层次的自主创新服务体系。

(三)实施集群技术改造升级行动

当前,依托数字技术、绿色技术发展更高水平、更有竞争力的先进制造业已然成为各国的战略共识。要以信息化、智能化、网络化、绿色化为主要方向,加快先进制造业集群数字化、绿色化转型,引导集群企业广泛应用新技术加快改造提升,促进新技术与集群发展深度融合,推动集群转型升级。一是加快集群数字化赋能。实施集群骨干企业数字化改造行动,深入开展智能示范车间、智能工厂创建,鼓励企业应用先进数控技术改造基础制造装备,建设智能化生产线,建设一批智能工厂(数字化车间),培育制造业数字化转型标杆企业。二是推进集群网络化改造。开展“产业大脑”建设应用试点,以“未来工厂”为引领,拓展“5G+工业互联网”应用,挖掘产线级、车间级5G典型应用场景,打造行业级工业互联网平台和若干在国内有一定影响力的综合性工业互联网平台,建设一批“领航工厂”“头雁工厂”“链主工厂”“平台工厂”,培育工业互联网标杆工厂。三是实施集群绿色化改造。组织开展集群节能和循环经济改造工程,引导集群企业积极推广应用先进节能、节水、节材技术和工艺,加快源头减量、减毒、减排以及过程控制等绿色智能装备的改造升级,更新淘汰低端落后装备和生产线,建设绿色园区和绿色工厂。四是促进“制造+服务”融合发展。顺应制造业与服务业深度融合发展趋势,以集群为重点,开展服务型制造试点示范,推动制造业服务化转型,推广服务型制造模式,强化现代物流、工业设计、金融服务等生产性服务业支撑,促进集群向价值链高端攀升,实现制造业价值增值。

(四)实施集群企业培育壮大行动

打造先进制造业集群,大中小企业协同发展是基础。要聚焦集群骨干企业培育,实施大中小企业梯次培育计划,分类制定培育政策措施,支持企业成长壮大,加快形成一批引领集群发展的具有国际影响力的名企、名品、名牌。一是实施一流企业引领计划。择优选择一批规模优势明显、具备产业链整合能力的龙头企业,加大扶持力度,支持企业发展壮大,加快形成一批根植山东,自主创新能力、品牌知名度、企业家影响力达到或接近世界级水平的领军型企业,鼓励企业通过兼并重组,强化全球产业链关键资源整合,带动提升集群产业发展层次。二是推进中小企业升级计划。实施“微成长、小升高、高壮大、大变强”的数字企业梯次培育机制，推动企业规模和综合竞争力快速提升，培育集群科技型中小企业、隐形冠军企业、“小巨人”企业，支持企业做精主业、做大市场，加速成长为在行业细分领域具有一定国际影响力的单项冠军、瞪羚企业、独角兽企业。三是推进集群企业生态建设。围绕推动大中小企业融通发展，鼓励集群龙头企业带动产业链上下游企业精准对接、深度互联，增强产业链整合度和互补性，实现由企业集聚向产业集聚转变。四是着力打造国际知名品牌。实施先进制造业集群品牌培育计划，以战略性新兴产业集聚区、高新区等为重点，加快培育一批集群区域品牌；鼓励和支持重点企业加强品牌建设，着力打造具有国际影响力的企业自主知名品牌。

（五）实施集群集聚区提升行动

园区是集群发展的重要载体，要高水平布局建设专业园区，以园区为平台创新产业集群发展模式，将专业园区打造成为集群优质资源集聚地，依托园区推动先进制造业集群发展壮大。一是建设特色集群产业集聚区。依托省级及以上开发区、济南新旧动能转换起步区、青岛西海岸新区、省级四大新区、济青烟国际招商产业园等产业平台，加快建设以产业新城、新产业发展平台等为主要特征的现代产业集群功能区，打造一批特色优势产业集群功能区、示范区。二是实施集群聚集提升行动。发挥国家级和省级基地、产业集群示范带动作用，引导各功能区立足自身特点，精准确定主导产业和优势产业，加大重大项目引进力度，大力集聚企业、项目、人才等优势资源，持续增强集群在产业规模、技术水平、创新要素等方面的集聚效应和领先优势。三是全力打造标志性产业链条。坚持在更大范围内布局和培育标志性产业链，围绕先进制造业标志性产业链，明确各产业链的引领功能区，有效发挥其他功能区的支撑作用，加强产业分工协作，着力打造一批先进制造集群产业链，不断提升标志性产业链的市场领导力。

课题组成员：鹿晔　汤薇　许秀静

山东省高端装备制造业研究报告

我省在全国制造业版图中占有重要位置，拥有全部 41 个工业大类、197 个工业中类、526 个工业小类，是工业门类最齐全的省份，100 多种重点产品产量居全国前三位，“海尔”冰箱、“海信”电视、“临工”挖掘机、“浪潮”服务器等一大批大众耳熟能详的品牌凝聚了我省作为制造业大省的智慧与坚守。装备制造业是我省制造业的根基，其中高端装备制造业是我省新旧动能转换“十强”产业之一。高端装备制造业又称“先进装备制造业”，是生产制造高技术、高附加值的先进工业设施设备的行业。近年来，我省牢牢把握“走在前、开新局”的目标定位，纵深推进新旧动能转换，制造业转型升级步伐进一步加快，先进制造业强省建设不断取得新成效。根据国民经济行业分类，本文中的高端装备制造业主要包括通用设备制造业，专用设备制造业，汽车制造业，铁路船舶航空航天和其他运输设备制造业，电气机械和器材制造业，计算机、通信和其他电子设备制造业，仪器仪表制造业等七大细分领域。

一、发展基础

(一)规模实力较为雄厚

一直以来，我省高度重视制造业发展。尤其是近年来，立足新旧动能转换主战场，推进先进制造业强省建设不断迈出坚实步伐。截至 2021 年底，我省拥有规模以上装备制造业企业 9688 家。2021 年，装备制造业实现营业收入 2.4 万亿元，居全国第 4 位。其中，高端装备制造业营业收入达到 1 万亿元，增加值占装备工业的比重达 46.4%，位居全国前列。多个子行业产业规模居全国前列，其中农业机械、机械基础件、铸造 3 个行业居全国首位，工程机械、内燃机、医疗设备 3 个行业居全国第 2 位，汽车行业居全国第 3 位。

(二)部分行业发展快速

近年来，我省深入落实“链长制”，涉及的 42 条重点产业链中，高端装备就占了7条，分别是汽车、工程机械、农机装备、数控机床、氢燃料电池、海工装备和轨道交通装备。2021年，装备制造业、高技术制造业等体现工业高质量发展方向的行业实现快速增长，增加值分别增长了10.5%和18.5%，大型拖拉机、工业机器人、新能源汽车、集成电路、传感器、光电子器件等高端装备产品的增速分别达到24.8%、38.7%、97.7%、65.2%、22.7%和73.1%。2022年上半年，新材料产业发展最为突出。

（三）集群态势初步显现

截至2021年底，我省已累计培育省级“雁阵形”产业集群11个，其中，青岛轨道交通装备、智能家电2个产业集群入选国家先进制造业集群。济南数控机床、电力设备、新能源汽车，青岛轨道交通、机器人与增材制造、智能家电装备，烟台海工装备、核电装备，潍坊动力装备，济宁工程机械装备，威海先进制造与智能制造装备，枣庄中小机床，聊城轴承部件等特色产业集群蓬勃发展，初步形成济南、青岛、烟台“三核引领”，以胶济和京沪铁路沿线“一带支撑”为主的高端装备制造业发展带。

（四）大中小企业协同发展

当前，我省制造业企业总体已形成大中小企业协同并进、良性发展的态势。截至2021年底，我省拥有规模以上制造业企业3.16万家。山东能源、魏桥集团、山东钢铁、海尔智家、潍柴动力等5家制造业企业入围2022《财富》世界500强，18家企业入围2022年中国企业500强，76家企业入围2022中国制造业企业500强，61家企业入围2022中国制造业民营企业500强。截至2021年底，在工业和信息化部已公布的六批共455家国家级单项冠军示范企业中，我省以145家的总数居全国第2位；获评国家级专精特新“小巨人”企业362家，数量居全国第3位。

（五）创新能力不断提高

截至2021年底，我省已累计创建省级及以上高端装备制造业创新中心8家、工业设计中心141家；培育国家技术创新示范企业63家，数量居全国首位。国家小型微型企业创业创新示范基地21个，数量居全国第2位。高端装备屡创“世界第一”，高热效率柴油机、大型冲压机床、已二腈制备等重大技术突破国外垄断；一批国之重器相继交付使用，“深蓝1号”、“蓝鲸1号”、时速600公里高速磁浮列车等一批重大装备填补国内空白，“墨子号”量子科学实验卫星、C919国产大飞机等国之重器都有山东制造的贡献。

(六)智慧赋能纵深推进

截至2022年9月底,全省工业企业关键业务环节全面数字化率达到67.8%,居全国第2位。在"2022年跨行业跨领域工业互联网平台名单"中,卡奥斯COSMOPlat连续4年蝉联榜首,浪潮云洲稳居第6位,新培育橙色云、蓝海2个国家级"双跨"平台,总数达到4个,居全国第3位。赛轮集团橡链云等18个平台入选国家级特色专业型平台,数量居全国第一。截至2022年8月底,全省共有23家企业获得国家级智能制造试点示范,电子设备制造、装备制造、采矿、电力等4个行业入围工业和信息化部"5G+工业互联网"典型应用场景,济南二机床等23家企业的工业互联网平台创新应用入选工业和信息化部平台创新领航应用案例,数量均居全国首位。根据国家工业信息安全发展研究中心《中国两化融合发展数据地图(2021)》,我省两化融合发展水平居全国第2位。

二、面临的主要问题

对照实现绿色高质量发展的要求,相比发达地区,我省高端装备制造业发展面临一些突出问题,主要表现在以下四个方面。

(一)总量规模占比下降

近年来,我省高端装备制造业占全国的比重有所下降,2016~2020年,企业数量占比从9.86%下降到6.10%,资产总额占比从8.24%下降到5.40%,利润总额占比从9.66%降到5.10%。对比同时期先进省份,2016~2020年,广东高端装备制造业企业数量、资产总额、利润总额在全国占比全线上升;江苏高端装备制造业企业数量有所增加,资产总额变化不大,利润总额占比有所下降;浙江规模以上高端装备制造业企业虽然数量有所下降,但资产总额、利润总额占比明显上升(见图1)。

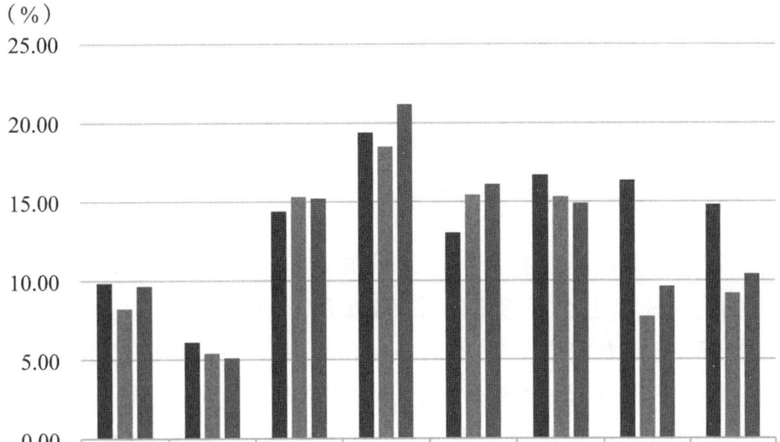

	山东		广东		江苏		浙江	
	2016年	2020年	2016年	2020年	2016年	2020年	2016年	2020年
■ 企业数量占比	9.86	6.10	14.40	19.40	13.05	16.70	16.36	14.80
■ 资产数量占比	8.24	5.40	15.30	18.50	15.42	15.30	7.73	9.20
■ 利润总额占比	9.66	5.10	15.20	21.20	16.09	14.90	9.64	10.40

图 1　2016 与 2020 年鲁、粤、苏、浙高端装备制造业主要经济指标对比

数据来源:各省统计年鉴。

(二)高端产业发展不足

从产业结构看,我省在代表世界科技先进水平的航空航天、卫星与应用领域基本处于空白状态;在铁路、船舶、航空航天和其他运输设备制造业等方面工业增加值增长缓慢;在装备制造业中比重仍然较低,2016～2020 年一直维持在 1.3%～1.6%,2020 年甚至呈现负增长。从产品结构看,我省高端装备制造业产品附加值仍然不高,2021 年以机电产品为代表的高附加值产品出口占出口总值的比重为 43.1%,比全国和广东、江苏、浙江分别低 15.9 个和 26.0 个、23.3 个、2.7 百分点。

(三)创新效应待深度激发

当前,我省创新投入仍然不足,2021 年全省研发经费投入强度为 2.34,比广东、江苏、浙江分别低 0.88、0.61、0.60。高新技术企业数量较少,截至 2021 年底全省高新技术企业总数 20180 家,比广东、江苏、浙江分别少 39820 家、16820 家、8401 家。优质企业技术中心数量少,根据国家发展改革委国家企业技术中心 2021 年度评价结果,我省仅 6 家被评为“优秀”,而广东、江苏则分别有 8 家和 7 家。高水平的创新少，2021 年全省获得专利授权量 329838 件。其中，发明专利授权量为 36345 件，占比为 11.0%，而广东、浙江占比分别为 11.8%和 12.2%，我省仅比江苏高 0.2 个百分点。根据《中国区域创新能力评价报告 2021》，我省区域创新能力仅居全国第 6 位。

(四)大企业引领作用不突出

当前，我省规模以上企业和骨干龙头企业仍然相对偏少。截至 2021 年底，全省拥有规模以上企业 30853 家，数量居全国第 4 位，仅是广东、江苏、浙江的 52.2%、59.7%、62.3%。在 2021《财富》世界 500 强榜单中，我省仅山东能源、魏桥集团、山东钢铁、海尔智家、潍柴动力等 5 家企业上榜，而广东有 16 家。另外，根据中国制造企业协会发布的 2021 中国装备制造业 100 强榜单，我省仅有 11 家企业上榜，比广东、江苏、浙江分别少 3 家、2 家、6 家，且以重工业、传统工业装备企业为主，智能化、电子设备等领域的企业较少(见表 1)。

表 1　2021 中国装备制造 100 强山东上榜企业

企业名称	排名
海尔集团	12
魏桥集团	14
潍柴控股	15
中国重汽	39
南山集团	41
日照钢铁	43
如意控股	57
威高集团	63
石横特钢	68
玲珑集团	88
赛轮集团	92

三、高端装备制造业发展趋势

（一）国家战略助推高端装备制造业持续发展

世界各国都将高端装备制造业提升为国家发展战略的核心，先后出台各类政策措施，激励本国制造业换代升级，以谋求在新一轮产业革命角逐中占据有利地位，确保在全球价值链分工中占有一席之地。比如，美国力促高端制造业回归、德国倾力打造工业4.0[①]、巴西实施工业强国计划、印度颁布国家制造业政策等，各国通过新兴技术与装备制造业融合发展，推动工业制造技术的高端化与智能化，重构本国制造业产业链条，不断提高本国制造业竞争力。

（二）高端装备制造业集群化是重要发展趋势

高端装备制造产业链同时涉及材料、研发、生产、销售、行业应用与服务等诸多环节，产业链条长且复杂，生产制造过程要求具有高精密度、高安全性和高稳定度。因此，高端装备制造业是集群化产业，单一地发展某一家或几家企业是不可能成功的。美国的硅谷和128公路电子产业集群、明尼阿波利斯医学设备集群，德国的索林根刀具产业集群、斯图加特机床产业集群、韦热拉光学仪器产业集群，都是世界上较为典型的高端装备制造业产业集群。产业集聚为行业的规范发展和企业的生存竞争提供了良好环境，以园区和龙头企业为依托，推动高端装备制造业集聚发展是一项重要特征。

（三）技术创新驱动高端装备制造业高速发展

一方面，信息技术助推高端装备制造业快速升级变革。以信息技术和制造业深度融合为重要特征的新科技革命和产业变革正在孕育兴起，多领域技术交叉融合推动制造业生产方式深刻变革。以数字化、网络化、智能化为核心的智能制造已成为未来技术变革的重要趋势，将极大改变产品研发设计、生产、管理、流通、使用的方式。另一方面，随着国内制造成本的不断上升，我国高端装备制造业过去依赖人力、资源和能源的要素驱动式的发展方式已经到达瓶颈期，亟须向创新驱动的发展方式转变。重视产品、技术和管理等方面的

---

① 工业4.0指以智能制造为主导的第四次工业革命。

创新是实现高端装备制造业升级,逐步实现由对标跟随向自主创新转变的关键环节。

(四)专业化发展成为塑造竞争优势的重要方式

近年来,高端装备制造业应用领域已经从汽车、电子、工程机械、纺织机械等传统领域,逐渐向新能源、环保设备、智能制造、3D打印、航空航天、轨道交通、海洋工程、仓储物流等新兴领域加快延伸。由此,在新兴领域也涌现出一批业务水平较高、贴合行业实际、应用方案成熟的专精特新企业,它们凭借专业化和精品化产品服务在市场竞争中脱颖而出,成为该领域内的“小巨人”。随着应用领域的进一步伸展放大和细化下沉,高端装备领域“小巨人”企业的形成速度将进一步加快,数量将进一步增多。

(五)服务型制造与价值链延伸成为新动能和转型方向

智能制造、工业互联网等技术逐步成熟和广泛应用,高端装备制造业的未来增长点将是集成式解决方案新模式。推动制造与服务一体化发展,即应用工业大数据和物联网技术,采集智能装备产品的海量运行数据,对产品全生命周期的健康状态进行管控,提升产品性能,不断满足客户日益个性化的需求,形成服务型制造。高端装备制造业与服务业日趋融合,服务在价值链中的比重上升,服务价值链延伸的发展模式正在成为高端装备制造业发展的新动能,也是高端装备制造业转型升级的重要方向。

四、推动我省高端装备制造业发展的对策建议

高端装备制造业是工业的核心部分,承担着为国民经济各部门提供工作母机、支撑相关产业的重任。为推动我省高端装备制造业向高端化、智能化、服务化方向发展,结合高端装备制造业发展趋势,提出以下对策建议。

(一)强化创新驱动,夯实转型升级基础

一是加强企业创新平台建设。以新一代信息技术、轨道交通、动力装备、海工装备、氢能装备等为重点,强化企业技术创新主体地位,支持企业与高等院校、科研机构合作,建设重点实验室、技术创新中心、工程研究中心等研发机构,支持相关企业围绕成果转化应用建设中试车间,培育省级装备类技术创新中心、企业技术中心,争创高端装备领域的国家级平台。

二是增强企业技术创新能力。围绕解决“卡脖子”技术和国产化替代难

题，面向新一代信息技术、轨道交通、动力装备、海工装备、氢能装备等领域，组织实施重点研发计划项目，支持企业对标行业高端和龙头企业，加快推进关键核心技术攻关，加快研发一批具有牵引性、支柱性的重大产品和装备。

三是加大高端装备产品推广力度。加大首台（套）重大技术装备应用力度，通过发布首台（套）产品应用推广指导目录等方式，引导企业开展产品攻关，培育一批首台（套）技术装备和关键核心零部件，提高企业自主创新的积极性。

（二）优化产业布局，补齐产业链条短板

一是建设高端装备制造业集聚区。以提高产业集中度为导向，着力培育济南、青岛、烟台三大核心区，打造集聚胶济和京沪铁路的产业带，辐射带动潍坊、淄博等周边市做强优势产业，培育壮大特色产业园区，打造优势突出、特色鲜明、集聚发展的产业基地。

二是培育特色优势产业集群。围绕汽车、工程机械、轨道交通、海工装备等优势领域，培育一批产业集群领军企业、高端装备“雁阵形”产业集群，争创高端装备国家先进制造业集群。

三是打造标志性产业链。以汽车、工程机械、农机装备、数控机床、海工装备、轨道交通、氢燃料电池等为重点，深入实行“链长制”，支持省内重点企业与产业供应链上下游企业联合开展深度合作，打通“设备—原材料—零部件—整机”产业链条，做强、做精产业链优势产品，不断提升市场占有率。

四是构建优良产业生态。常态化开展重点产业链“专精特新”企业融链固链行动等活动，分行业建立关键零部件、关键原材料清单，推动企业卡位入链，建立龙头企业和上下游企业产需衔接长效机制，促进产业链上下游大中小企业融通发展，推动高端装备制造业向共谋产业链布局转变。

（三）加快融合发展，推动智能服务转型

一是实施数字赋能智能化工程。纵深推进“万项技改、万企转型”，在高端装备制造重点行业和领域建设智能制造示范应用项目，打造智能生产线、智能工厂、无人工厂，创建一批智能制造示范企业、示范车间，培育制造业“灯塔工厂”，打造具有较高技术水平和推广应用价值的智能制造优秀场景。推动工业互联网、大数据、5G等新一代信息技术与制造业深度融合，建设生产过程数据集成和跨行业、跨领域智能制造平台，培育企业级、行业级、区域级综合性工业互联网平台，打造装备制造用数赋智良好生态。

二是促进服务型制造发展。实施服务型制造行动，推广基于互联网的个

性化定制、供应链管理、共享制造、全生命周期管理、总集成总承包、众包设计等服务型制造方式,引导装备制造企业由提供设备向提供设计、工程承接、运维服务等一体化服务转变,培育一批优秀智能制造系统集成供应商。

(四)加强品牌建设,提升企业核心竞争力

一是做强"领航型"企业。围绕高端装备重点产业链,加快培育一批具有全球竞争力的世界一流企业、具有生态主导力的产业链"领航型"企业,加快纵向延伸、横向联合,构建"领航+核心"协作融合的供应链联盟,贯通产业链和创新链,构建新型产业生态圈。

二是培育"专精特新"企业。实施中小企业"专精特新"梯度培育计划,加大对中小微企业、初创企业的支持力度,引导企业做强细分领域,提高专业化生产、服务和协作配套能力,提升价值链控制能力,打造核心竞争力,加快培育一批创新能力突出、成长潜力高的优质中小企业,打造一批专精特新"小巨人"企业和单项冠军企业。

三是打响"山东装备"品牌。坚持"国内一流、国际先进"定位,挖掘一批有竞争力的企业品牌,打造一批"山东制造精品",建设一批高端装备制造业产业集群品牌,形成"名企+名品+名产业"的区域品牌体系,加大品牌拓市场、提价值力度,不断提升行业地位。

课题组成员:许秀静

以"高效智治"提升山东工业能效的路径研究

研究表明，提升能效是实现二氧化碳减排直接、快速、经济、有效的路径。国际能源署预测，到2050年，能效提升可贡献约37%的碳减排；中国宏观经济研究院测算，节能提效对于我国实现2030年碳达峰目标的贡献率在70%以上。山东是工业大省，工业总体规模较大，工业能耗量、碳排放量较高，但能效、碳效偏低，充分发挥数字技术赋能作用，可以实现精准管理、智慧调节、科学监测，以"高效智治"提升工业能效，有效推进工业提质升级，降低工业领域碳排放，助力实现"双碳"目标，为深化新旧动能转换、建设绿色低碳高质量发展先行区提供有力支撑。对此，山东省宏观经济研究院开展了专题研究。

一、我省工业能效、碳效基本情况

2020年，山东工业能源消费量为31805.2万吨标准煤，占全省能耗总量的76.0%，占全国工业能耗总量的9.9%。工业领域化石能源消耗产生的二氧化碳排放量约为8.4亿吨，约占全省化石能源消耗产生二氧化碳排放量的90.0%，占全国工业碳排放量的8.1%。从效率看，我省单位能耗贡献工业增加值为7266元/吨标准煤，分别比全国和江苏、浙江、广东低2431元/吨标准煤、8823元/吨标准煤、8290元/吨标准煤、12398元/吨标准煤；单位碳排放贡献工业增加值为2741元/吨，分别比全国和江苏、浙江、广东低279元/吨、2703元/吨、1823元/吨、7872元/吨；单位能耗贡献工业营业利润为1323元/吨标准煤，分别比全国和江苏、浙江、广东低737元/吨标准煤、1823元/吨标准煤、2467元/吨标准煤、3376元/吨标准煤；单位碳排放贡献工业营业利润为499元/吨，分别比全国和江苏、浙江、广东低142元/吨、565元/吨、613元/吨、2037元/吨。总的来看，我省工业领域能耗和碳排放总量较大，但与全国及先进省份相比，能效、碳效明显偏低，加快工业领域绿色低碳转型，促进工业节能增效任务艰巨、责任重大。

二、以“高效智治”提升我省工业能效的必要性

(一)保障工业领域持续稳定用能的内在要求

工业作为国民经济的主导力量和深化新旧动能转换的主战场,需要保持长期稳定发展,对能源增长的刚性需求将是长期的、持续的,但面对国际能源价格高位运行、能源安全供应不稳定不确定性增加等形势,面对总量大、效率低的现实问题,在能耗(碳排放)“双控”约束下,推进节能降碳,提升能效、碳效刻不容缓。如果能够达到国家平均能效水平,在同等能耗投入下,我省2020年工业增加值可增加33.5%;如果按照广东能效水平测算,我省工业增加值可增加170.6%。相关经验表明,信息技术在能源革命中发挥着重要作用,通过数字赋能可以有效提升企业管理和生产效率,降低能源消耗水平和碳排放强度,为保障企业合理用能需求、实现高质量可持续发展提供支撑。世界经济论坛数据显示,到2030年,各行业受益于信息技术而减少的碳排放量将达到121亿吨,其中能源领域超18亿吨。工业和信息化部数据显示,运用信息技术在钢铁、水泥等行业建立能耗监控管控系统,可实现节能3%左右。根据调研结果,淄博某公司开发的工业软件可促进热力行业比现行国家标准节能20%左右。

(二)有效应对碳关税约束的必要手段

2022年6月,欧洲议会通过了新的碳关税草案,将外购电力产生的间接排放纳入核算体系,这将导致计算出的产品隐含碳排放量更高,进一步抬升相关出口产品价格,降低竞争力。波士顿咨询分析,碳关税对重点行业的利润侵蚀将达到40%左右。2020年,我省煤电发电量4753.9亿千瓦时,占全省发电总量的82.2%,占全社会用电量的68.5%,煤电占比偏高。这将导致相关企业产品的电力碳排放因子过高,在碳税方面面临较大征收压力。这一方面要求相关企业积极优化用能结构,提高绿电比例,降低产品碳排放量;另一方面也将促进企业加快转型升级,提高用能效率,降低生产成本,提升综合竞争力。另外,碳关税的实施还将对相关企业用能管理提出新的要求,迫使企业具备测算产品全口径能源消费、碳排放总量及用能效率等能力,增强数字化、智能化管理效能。

(三)实现科学精细高效用能管理的有效途径

智慧能源建设是实现“双碳”目标的内在要求和数字化改革的重要内容。但目前,我省在智慧能源建设方面与先进省份仍有一定差距,特别是缺乏综合

性、集成性的智慧服务平台，不能为企业和管理部门提供有效支撑。近年来，浙江以创建全国能效创新引领示范区为引领，大力推进能源消费数字化改革，积极打造智慧能源平台，深化重点用能企业智慧化管理、产业能效技术标准化建设，着力构建“数智能源生态”。比如，湖州市依托工业“碳平台”，创新推出能源“碳效码”，汇集电力、统计等部门信息，集成企业生产经营用电、用气、用煤、用油等数据，设计合理的碳效评价体系，为全市3700余家规模以上工业企业精准画像、赋分，可直接监测381个细分行业和区域整体碳效情况，还可为绿电交易、绿色金融、绿色技改、绿色工厂评价等提供依据，帮助企业精准提升用能效率，助力工业能效、碳效监测及决策更为即时、科学、高效。目前，“碳效码”已在“浙里办”“浙政钉”上线，正式升格为省级数字化应用，同步接入全省及其余10个地市4万多家企业信息数据。

三、对策建议

一是建设工业能效、碳效管理服务“新平台”。抓住数字化改革机遇，打造综合服务平台，建立涵盖工业重点领域和重点企业的能效、碳效管理体系，打通发改、统计、电力、工信、生态环境等部门数据，强化数据核算、算法支持、信息共享、动态监测、评价审查、资本对接、政策申报、项目认定等功能，实现企业能耗、碳排放等数据在线核算、实时更新、动态监测，根据行业基准值对企业能效、碳效进行标识和分类，为企业精准画像，助力企业加快低碳转型、实现提质增效。

二是打造数字赋能工业节能提效“新样板”。推动5G、云计算、边缘计算、物联网、大数据、人工智能等数字技术在节能提效领域的研发应用，积极构建面向能效管理的数字孪生系统。鼓励支持企业加强数字化能效、碳效管控系统应用，协同推进用能数据、碳排放数据、财务数据的采集监控、智能分析和精细管理，实现企业对自身用能策略的即时感知、动态调整，全面提升能效、碳效水平。深入挖掘数字赋能工业领域节能提效的典型案例和场景，并加以推广。

三是增强新时代两化融合“新支撑”。围绕推进信息化、工业化深度融合，增强数字智治能力，提升工业能效、碳效水平，针对行业、企业能效提升实际需求，在平台建设、技术创新、标准制定、产品推广、场景应用等方面，加大财税、金融、基金、审批等政策支持力度；围绕数字技术、能源管理交叉领域，鼓励省内高校优化相关专业设置，打造工业互联网领域“新工科”，推动建立人才实训基地，培育新时代高水平两化融合工程师。

课题组成员：张磊　谢尚青　匡敏

山东省独角兽企业发展现状特征、存在的问题及对策建议

独角兽企业是经济先锋，是科技创新的典型代表，创新性、高潜力性及高成长性是独角兽企业三大核心特征。独角兽企业意味着对既往商业模式的创新乃至颠覆，已成为经济发展的生力军。近年来，我省扎实推进独角兽企业培育工作。2018 年，实现了独角兽企业数量零的突破，数量达到 2 家。2019～2020 年，我省陆续公布了第二批、第三批独角兽企业名单，先后有 11 家企业入选。2021 年 11 月，我省公布了最新一批独角兽企业名单，新增了 7 家独角兽企业。截至 2021 年底，我省官方认定的独角兽企业总数达到 20 家。

一、我省独角兽企业发展的现状特征

综合来看，我省独角兽企业呈现出分布相对集中、涉猎领域广、发展潜力大的显著特征。

（一）济南、青岛、烟台成为独角兽企业高地

整体而言，我省独角兽企业地域分布较为集中，主要聚集在济南、青岛和烟台三地（见图 1）。其中，青岛的独角兽企业数量最多，有 7 家；济南和烟台分别有 6 家；潍坊有 1 家。济南、青岛、烟台三地基本独揽独角兽企业名额，这主要是受资本、人才、技术等要素的综合影响，济南、青岛和烟台因具有经济较为发达、高等院校较为集聚的优势，更容易培育出独角兽企业。

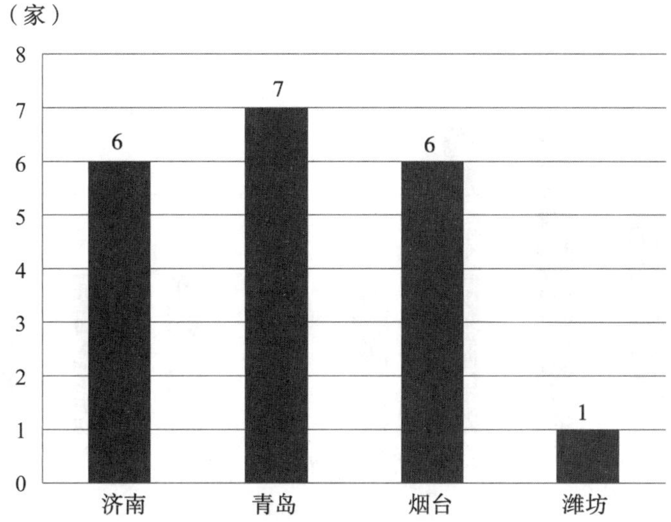

图 1　我省独角兽企业地域分布情况

（二）独角兽企业分布领域较为广泛

通过梳理目前我省官方认定的 20 家独角兽企业发现，我省独角兽企业多分布在交通运输、商业零售、文化娱乐、教育、节能环保、智能制造、生物医药、新材料等领域。其中，卡奥斯、中商惠民、日日顺物流、山东高速信联科技等都是以信息化培育新动能、以新动能推动新发展的典型企业。另外，根据长城战略咨询发布的《中国独角兽企业研究报告（2021）》，我省独角兽企业主要集中在汽车服务、产业互联网/物联网、智能制造、新零售、智慧物流、云服务、互联网教育、文化娱乐等领域（见图 2）。其中，以消费升级和各类生活场景为业务切入点的 To-C 类企业①有 4 家，分别是每日优鲜、伟东云教育、聚好看、特来电；以数据赋能和加速企业数字化转型为宗旨的 To-B 类企业②有 6 家，分别是中商惠民、能链集团、浪潮云、日日顺物流、卡奥斯、创新奇智。从数量来看，近年来我省兴起更多的是 To-B 类独角兽企业。

---

① To Customer，面向个人客户的企业，直接为消费者提供产品或服务。

② To Business，面向企业客户的企业，为企业提供产品或服务。

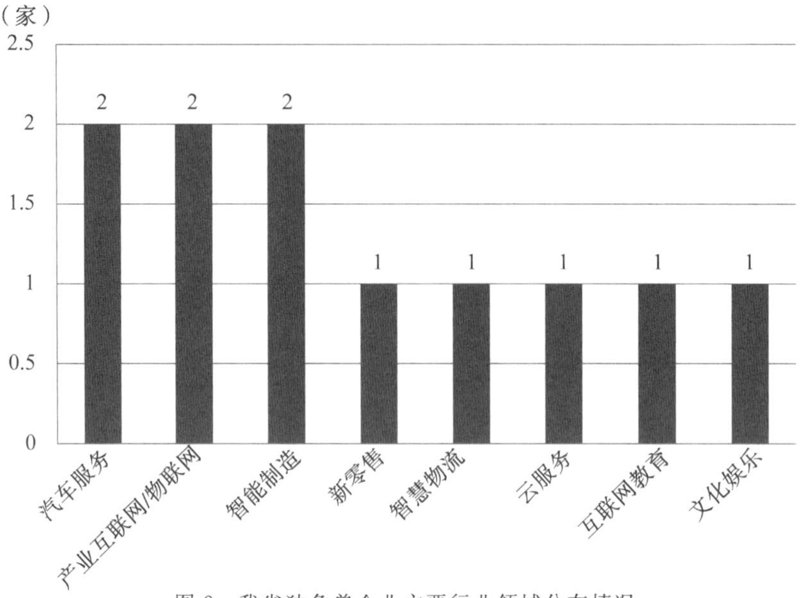

图 2　我省独角兽企业主要行业领域分布情况

(三)少数独角兽企业估值占比近一半

从企业估值来看,我省独角兽企业总估值为 198.9 亿美元。其中,估值 50 亿美元及以上的独角兽企业有 1 家(每日优鲜),估值 20 亿~50 亿美元的有 2 家(分别是中商惠民和能链集团),这三家独角兽企业分列独角兽企业估值的前三名,估值总计 93.2 亿美元,占全省独角兽企业总估值的 46.9%。其余 8 家独角兽企业估值基本都在 10 亿~20 亿美元,估值总计 105.7 亿元,占全省的 53.1%(见图 3)。

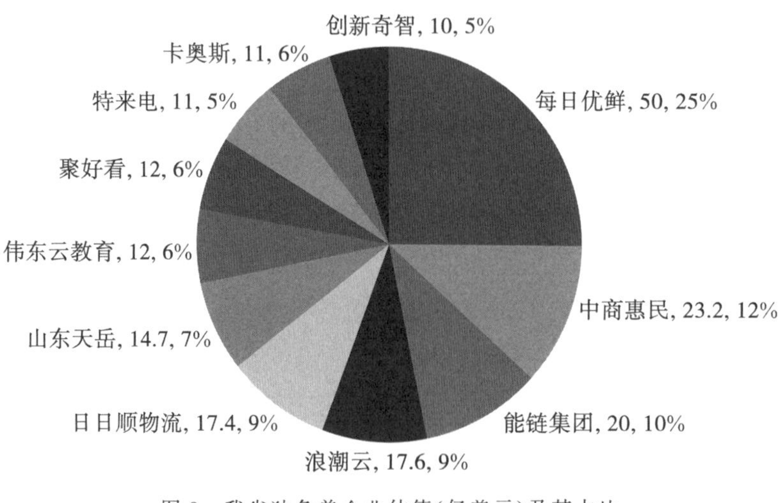

图 3　我省独角兽企业估值(亿美元)及其占比

(四)近八成估值集中在服务业领域

长城战略咨询发布的《中国独角兽企业研究报告(2021)》统计显示,我省高估值独角兽企业主要出现在新零售、产业互联网/物联网、汽车服务,分别各有1家。如图4所示,从行业估值来看,零售、物流、教育以及由能源、汽车、家电等传统行业衍生而来的汽车服务、数字文娱、物联网平台类服务业企业总估值156.6亿美元,占全省独角兽总估值的78.7%。其中,零售、物流、教育等传统服务行业估值占比超过五成,达到51.6%;由能源、汽车、家电等传统制造业衍生而来的汽车服务、数字文娱、物联网平台类服务业企业估值占比27.7%。相对而言,属于新一代信息技术制造业(比如,集成电路、人工智能)的独角兽因产品属性、商业化能力等因素,估值相对不高,占比也较低,仅为21.3%。

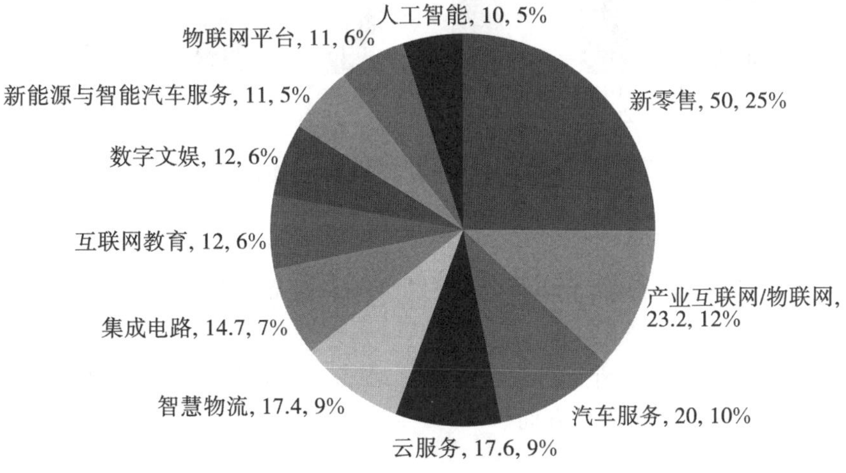

图4　我省独角兽企业各行业领域估值(亿美元)及其占比

(五)部分领域企业表现出爆发式增长特质

从成立时间来看,我省独角兽企业中成立于2010年之前的有6家,2010～2013年成立的有8家,2014～2016年成立的有3家,2017年、2018年和2019年成立的分别有1家(见图5)。整体来看,成立时间达到10年及以上的独角兽企业有12家。近年来,优质的独角兽企业在互联网、人工智能、智能硬件等新兴领域集中涌现,聚焦互联网、人工智能与制造业的深度融合。比如,山东高速信联科技成立仅2年即成为独角兽企业,反映了其具备创新能力强、成长周期短、成长跨度大的爆发式增长特质。

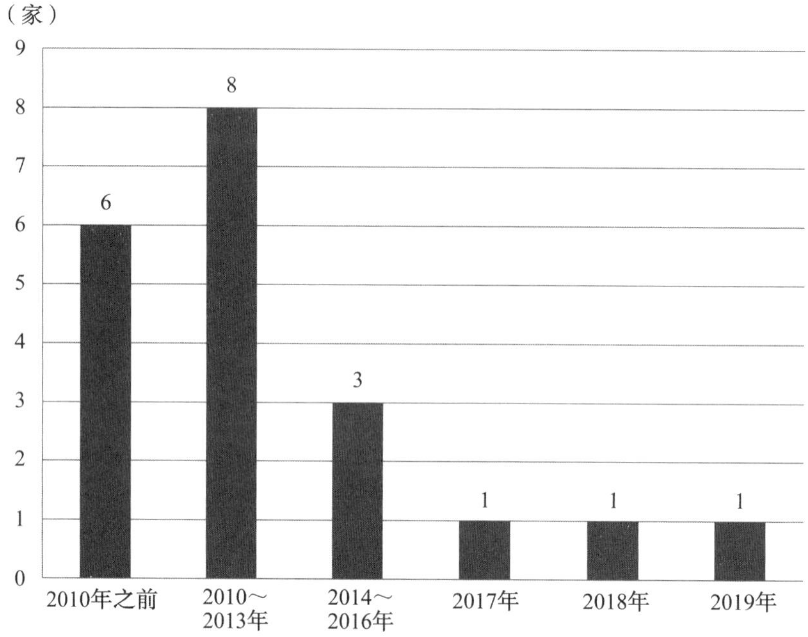

图 5 我省独角兽企业创立时间分布情况

二、我省独角兽企业发展存在的突出问题

我省发展独角兽企业起步晚，与广东、江苏、浙江等省份相比，存在较大的差距，突出表现在以下几个方面。

(一)总体数量少、估值较小

与广东(34 家)、江苏(19 家)、浙江(25 家)等发达地区相比，我省独角兽企业数量偏少，且估值大多在 50 亿美元以下，缺少像蚂蚁集团(1500 亿美元)、菜鸟网络(300 亿美元)、微众银行(216 亿美元)、希音(150 亿美元)等估值在 100 亿美元及以上的超级独角兽企业(见图 6)。从平均估值来看，我省独角兽企业平均估值仅为 18.1 亿美元，而广东、江苏、浙江独角兽企业的平均估值分别达到了 39.1 亿美元、21.8 亿美元和 81.2 亿美元，我省仅是广东、江苏、浙江的 46.3%、83.0%、22.3%。

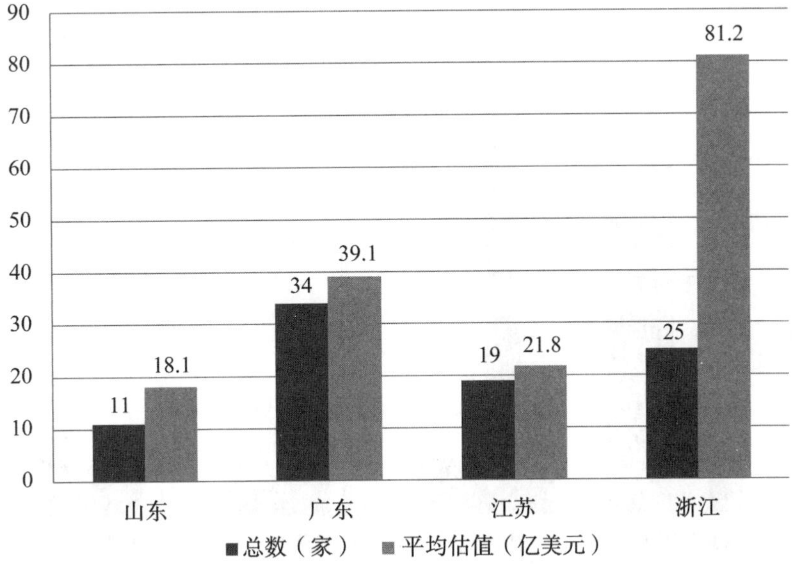

图 6　我省独角兽企业数量、平均估值及与粤、苏、浙对比

(二)新兴领域独角兽企业较少

当前，我省培育出的独角兽企业仍主要来自传统制造业或传统服务业领域，比如泉源食品、宏远氧业、中加特电气、恒辉节能技术、宏济堂制药、中宇科技、嘉信染料化工、力创电子科技及中商惠民、日日顺物流、伟东云教育、山东高速信联科技等。另外，根据长城战略咨询发布的《中国独角兽企业研究报告(2021)》，我省来自新能源与智能汽车、智能制造、创新药与器械、金融科技等新兴领域的独角兽企业较少。比如，分布于新能源与智能汽车领域的只有2家，比广东、江苏、浙江分别少1家、5家和4家；智能制造领域的有2家，比广东少5家；创新药与器械、金融科技领域的没有(见图7)。在产业互联网、云服务、物联网、智能制造等领域也仅产生了为数不多的几家独角兽企业，难以对全省的战略性新兴产业发展起到引领带动作用。

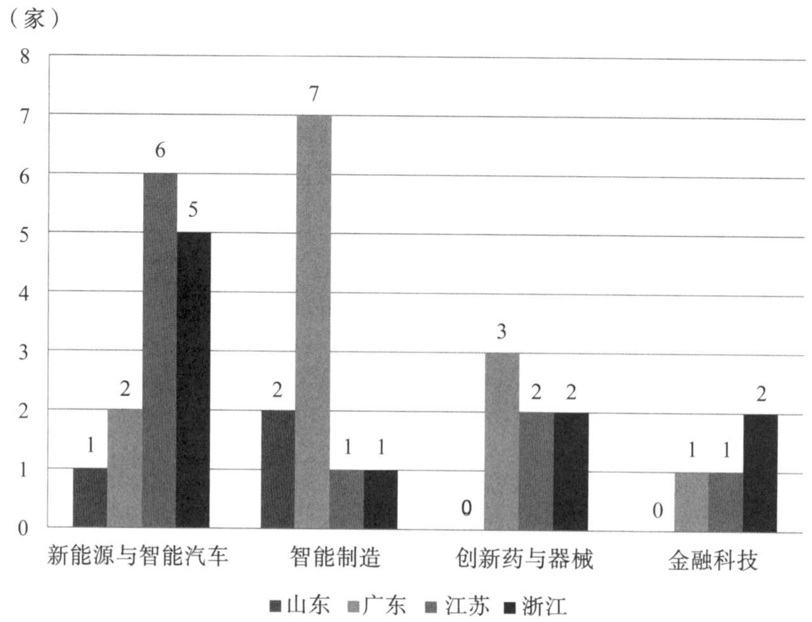

图 7　我省新兴领域独角兽企业及与粤、苏、浙对比

(三)缺少大型平台型企业

当前,大企业投资孵化是独角兽企业的重要来源。长城战略咨询发布的《中国独角兽企业研究报告(2021)》显示,腾讯、阿里巴巴、百度、京东、小米、美团和 58 同城是投资独角兽企业最多的平台型企业,合计投资独角兽企业(剔除重复)136 家,占独角兽企业总数的 54%。其中,腾讯、阿里巴巴、百度、京东等均孵化出 2 家以上的独角兽企业。而我省仅有 3 家大型制造业企业(海尔、海信、浪潮)成为平台型企业(见表 1),缺少像百度、阿里巴巴、腾讯等大型互联网平台企业,且 3 家大型制造业企业分别仅孵化出了 1 家独角兽企业(分别是卡奥斯、聚好看、浪潮云)。

表 1　我省主要平台型企业拆分的独角兽企业

平台型企业	孵化企业数(家)	拆分企业估值(亿美元)
海尔	1	17.6
海信	1	12
浪潮	1	11

三、加快培育独角兽企业的几点建议

(一)打造独角兽特色产业园

探索设立独角兽企业孵化加速器，完善独角兽企业孵化链，打造独角兽特色产业园，为潜在独角兽企业提供创业空间和创业服务。建设独角兽企业创新中心，支持独角兽培育企业开展颠覆式创新。成立独角兽企业专家咨询委员会，为独角兽企业创新发展提供智力支持。

(二)加强大型平台企业培育

依托我省制造业优势，发挥大型平台企业“孵育功能”，支持大型平台企业通过拆分业务等自孵化方式，衍生孵化更多具有自身特色的新型企业。鼓励和支持潜在独角兽企业与BAT(百度、阿里巴巴、腾讯)、京东、小米等大型平台型企业开展合作，催生更多不同商业模式的独角兽企业。

(三)完善独角兽企业创新生态圈

探索设立独角兽企业发展专项基金，鼓励金融机构针对独角兽企业提供个性化的金融创新产品服务，支持独角兽企业对接资本市场，鼓励社会资本积极参与面向独角兽企业的投资基金，加快形成政府资金与社会资金、产业资本与金融资本、直接融资与间接融资有机结合的科技金融体系。

课题组成员：许月恒　刘德军　王淑娟　鹿晔　王永彬　姜胜　许秀静　汤薇　刘燕

山东现代高效农业发展路径研究

现代高效农业作为我省“十强”产业之一，是实现我省乡村振兴和农业农村现代化的重要支撑。近年来，我省坚决贯彻落实“五年取得突破”、“三个坚决”行动方案、“十强”产业高质量发展突破行动计划有关要求，先后制定出台《山东省新旧动能转换现代高效农业专项规划(2018～2022年)》《“现代高效农业”2022年行动计划》等一系列规划与计划。聚焦现代高效农业供给侧结构性改革，不断挖掘产业发展潜能，培育壮大产业规模，产业质量效益和竞争力加快提升。但应当看到，我省发展中的一些短板、难点依然存在，与现代高效农业高质量发展的要求还有一定差距。需要科学认识现代高效农业发展规律，发挥好全省农业资源优势，找准发展切入点，多举措协同发力，为山东省现代高效农业高质、高效发展提供强有力的支撑。

一、我省现代高效农业发展取得重要阶段性成效

“十强”产业提出5年以来，山东省现代高效农业发展坚持规划统领，以重大工程和重点项目为抓手，持续优化产业布局，释放产业潜在活力，取得了显著成效。

(一)顶层规划更加清晰，运行机制畅通高效

2018年9月，山东省制定出台全国首个现代高效农业发展规划《山东省新旧动能转换现代高效农业专项规划(2018～2022年)》，从发展目标、功能定位、重点任务等方面明确了现代高效农业发展的战略重点，最终形成了布局合理、定位清晰、层次多样、联动发展的现代高效农业发展路线。各地市创新构建“协调＋落实＋保障”工作机制，打造现代高效农业产业集群，促进现代高效农业产业链、资金链、人才链和技术链“四链”合一。青岛、临沂等地立足当地资源禀赋，创新工作落实机制，分别构建“三园示范、四区引领”“一核三廊一带四区多园”的现代高效农业产业布局，积极引导各类市场主体参与现代高效农业建设，汇聚政策支撑合力，示范引领和带动作用显著。

(二)综合产能持续优化,特色产业加速培优

近年来,山东省农林牧渔业总产值逐年递增,由2018年的9397.53亿元增加至2022年的1.2万亿元,连续多年居全国首位。实现规模增长的同时,全省优势特色产业集中集聚效应进一步凸显,形成了6个国家级农业优势特色产业集群,寿光蔬菜、烟台苹果、沿黄小麦等稳步迈入千亿级特色产业集群行列;国家级海洋牧场示范区59个,数量占全国的近40%。打造了18个现代高效农业"雁阵形"产业集群、22家领军企业,集群协作配套能力和综合竞争优势全面凸显,现代高效农业产业发展质量稳步提升。

(三)区域布局基本形成,产业集群联动发展

一是园区成片。2022年底,山东省累计创建了13个国家级农业产业融合发展示范园、13个国家现代农业产业园、122个省级现代农业产业园,构建起"四区引领、三园示范、三区同建"的现代高效农业载体布局,形成"村—乡—镇"产业联动发展格局。二是产业成链。出台《山东省推进农业全产业链高质量发展五年行动方案》,实施农业全产业链培养壮大行动,建成分管省领导任链长的农业全产业链"链长制",形成山东省小麦全产业链重点链及乐陵市玉米、栖霞市苹果、诸城市生猪全产业链典型县。智慧农业、农村电商等新产业、新业态蓬勃发展。三是主体成群。新型农业经营主体紧密衔接现代农业与小农户发展,成为推进现代高效农业的重要力量。截至2022年底,累计培育家庭农场11.6万家,农民专业合作社24.3万家,农业产业化省级及以上重点龙头企业1128家。农业社会化服务性组织有12.2万个,年销售收入500万元以上的农业龙头企业有1.02万家,两项数量均居全国前列。

(四)产业发展后劲不断释放,农民收入持续增加

截至2021年底,全省流转土地4128.9万亩,流转率近50%,28个省级农村改革试验区建设深入推进,农业农村改革成效显著。截至2022年底,山东省村党组织领办合作社4.2万家,覆盖4万余个行政村,吸纳480万名成员入社,有力地促进了村集体和农民群众"双增收"。山东省深入推进实施城乡公益性岗位扩容提质行动,2022年全省共开发城乡公益性岗位64.31万个,人员及岗位规模均居全国第一,为我省农村剩余劳动力就业增收提供了有力保障。2022年,山东省农村居民人均可支配收入达22110元,增长6.3%,增速高出城镇居民人均可支配收入2.1个百分点。

二、山东省现代高效农业发展存在四个短板

当前,山东省现代高效农业整体发展良好,但与先进省份及高质量发展要求相比仍存在差距。

(一)运用现代科技手段赋能现代高效农业的广度和深度不够

作为未来农业发展方向的智慧农业,其数学技术、生物技术等关键技术与山东省农业产业链的融合度依然较低。2021年,全省农业劳动生产率为4.6万元/人,仅为广东的68.7%、浙江的42.9%、江苏的39.3%。2022年底,全省农业科技进步贡献率为65.8%,比广东、江苏、黑龙江分别低5.5个、6.0个和3.6个百分点。全省农业机械化率、农业资源综合利用率偏低。全省农作物耕种收综合机械化率为88.95%,比黑龙江低9.05个百分点。畜禽粪污综合利用率为90.1%,分别比浙江和江苏低1.9个、4.9个百分点;农作物秸秆综合利用率为95.0%,比浙江低2.0个百分点;农膜回收率为89.4%,比浙江低0.6个百分点。

(二)市场化配置能力和农产品商品化率不够

目前,全省农村市场发育滞后,跨区域嵌入供应链、融入销售网深度不够。产地直销、农超对接以及电商平台等模式运用不足三成,农村市场建设标准体系和现代物流体系仍需完善。农产品运输、通信、仓储、装卸等环节的基础设施相对落后,农产品冷藏保鲜和商品化处理设施不足。全省市场交易主体参差不齐,规模普遍较小,产业化与组织化水平不高,中介组织数量少,功能不全。

(三)产业资源要素尚未得到充分开发利用

农村闲置资源开发不足,农村土地权能拓展尚浅,土地流转和利益分配机制不健全,土地出让收益用于农业农村的比例低。农村金融服务与农村实际需求不匹配,借贷门槛高,农业产业项目很难得到农村金融机构的有效支持。农村高素质劳动者占比低,《2022年全国高素质农民发展报告》中,山东省高素质农民发展指数排名逐年下降,落后于安徽、江苏、上海、陕西、浙江等省市。新型生产要素培育相对滞后,涉农技术、知识和数据的开发应用链条较短,农业生产信息化发展水平落后于江苏、浙江、上海等省市,2020年仅居第11位,难以满足产业链从源头获取信息和数据的要求。

(四)产业链协同提升农产品附加值的空间有待拓展

农业全产业链前后延伸不足，特别是产业链下游的精细化综合加工率不高。2022年，山东省农林牧渔专业及辅助性活动产值占农林牧渔总产值的比重低，仅为7.9%，增速放缓；农业全产业链龙头企业“山多峰小”，全国农业产业化龙头企业100强中，山东企业无缘前十，居首的山东鲁花集团有限公司仅排名第16位。2021年，全国县域农村居民人均可支配收入前100名县市中，山东省仅有龙口、荣成、招远入围，分别位列第86、89、99名。

三、我省现代高效农业发展建议

推动现代高效农业高质、高效发展是山东塑强农业大省优势、率先实现乡村振兴的关键路径，应深入落实“藏粮于地、藏粮于技”国家战略和山东省建设农业强省战略的引领作用，聚力补短板、强弱项，全面提升现代高效农业发展水平。

(一)加快突破农业科技创新瓶颈

紧扣智慧农业主题主线，对接国家粮食安全、生态安全、乡村振兴等重大战略，聚焦山东省农业系统价值链、农业产业生态链、农业产品健康链，强化科技创新顶层设计，推进数字技术与农业全产业链深度融合。深化“给农业插上科技的翅膀”腾飞行动，深入实施农业良种工程，在绿色优质品种选育上取得新突破。发挥歌尔等信息技术领军企业作用，全面提升现代信息技术在农机装备上的应用水平，增强农业科技装备支撑能力。推进生物技术在农业资源综合利用领域的应用，加快推进农业绿色低碳发展。

(二)分类提升农村要素市场化配置效率

健全涉农流通网络和市场信息交互渠道，积极服务和融入全国统一大市场。持续完善农产品物流降本增效政策措施，搭建线上和线下融合、有形和无形结合、产地和销地匹配、统一开放和高效畅通并存的农产品市场体系。挖掘“一带一路”和RCEP战略红利，提升“走出去”“引进来”配套服务能力，扩大国内外市场规模。

(三)充分释放存量和增量资源潜能

深入实施服务进乡村、人才进乡村、资本进乡村“三大工程”，深挖土地、资金、人才资源价值,加强高标准农田建设,强化高素质农民培训,探索新型农业经营主体白名单制,提升农村金融有效需求和有效供给水平,实现传统要素提质增效;探索创新土地流转多层次定价机制和利益分配机制,适度降低涉农贷款门槛,拓宽农业农村抵押物范围。积极推进农业智能化,鼓励在物联网、大数据和云计算领域有技术积累和应用经验的互联网企业进军涉农产业和市场,在消费分析、需求预判、效期管理、冷链调配、仓储运营、节能降费等环节发挥好数据赋能效力,激活新型要素潜能。

(四)完善提升农业全产业链及整体效益

按照基础深厚、业态丰富、产能强大、技术密集、全链融合的要求,突出需求导向、功能导向、消费导向,打通从田间地头到餐厅酒楼、从生鲜到佳肴、从养生到健体的产业链延伸和价值链传递机制。强化绿色生态发展理念,统筹推进经济、社会和生态效益。完善以家庭经营为基础、社会化服务为支撑、合作与联合为纽带的新型农业经营体系,带动农民持续稳定增收,实现共同富裕。

课题组成员:姜晶　吴军　马彪

以农业“链主”企业推动我省农业全产业链发展的对策研究

农业全产业链是农业研发、生产、加工、储运、销售、品牌、体验、消费、服务等环节和主体紧密关联、有效衔接、耦合配套、协同发展的有机整体。构建农业全产业链是保障粮食及农产品安全，打造乡村振兴齐鲁样板，加快农业农村现代化的有效途径。目前，我省农业全产业链尚未被完全打通，农业产业链发展还存在总体竞争力不强、产业链组织化和一体化程度较低、政策支持和要素支撑体系不健全等问题。我省应坚持问题导向，借鉴先进模式，创新推进机制，加快培育农业产业“链主”企业，推动农业全产业链水平全面提升。

一、加快建设农业全产业链的重要意义

建设农业全产业链有利于构建现代农业产业体系，完善体制机制，推动农业向价值链中高端跃升，为新发展格局提供坚实的内需战略支点；有利于打通要素配置堵点，推动资源要素融合渗透、优化配置，融入国内统一大市场；有利于激发乡村产业发展活力，实现农业增效、农民增收、农村发展，促进共同富裕；有利于农业多重价值持续释放，重塑农业竞争力，创新生产方式、经营方式和资源利用方式，推动智慧农业发展。

二、我省农业全产业链发展现状

（一）以“一链三县”推动农业全产业链发展

2021 年，农业农村部发布《关于开展全国农业全产业链重点链和典型县建设工作的通知》，山东省小麦全产业链重点链、乐陵市玉米全产业链典型县、栖霞市苹果全产业链典型县、诸城市生猪全产业链典型县“一链三县”成为重点培育的行业和领域。

1.山东省小麦全产业链重点链

沿黄小麦产区围绕小麦的育种、种植、生产服务、收储、加工、营销等环节，加大政策、资金、科技、金融、保险等要素投入，着力建设产业化龙头企业带动的小麦全产业链(见图 1)。依托沿黄地区小麦种植优势，打造国家级沿黄小麦产业集群。在培育小麦全产业链"链主"企业方面，依托省级及以上农业产业化龙头企业，培育了像中裕食品有限公司这样的农业产业化国家级重点龙头企业和"链主"企业。

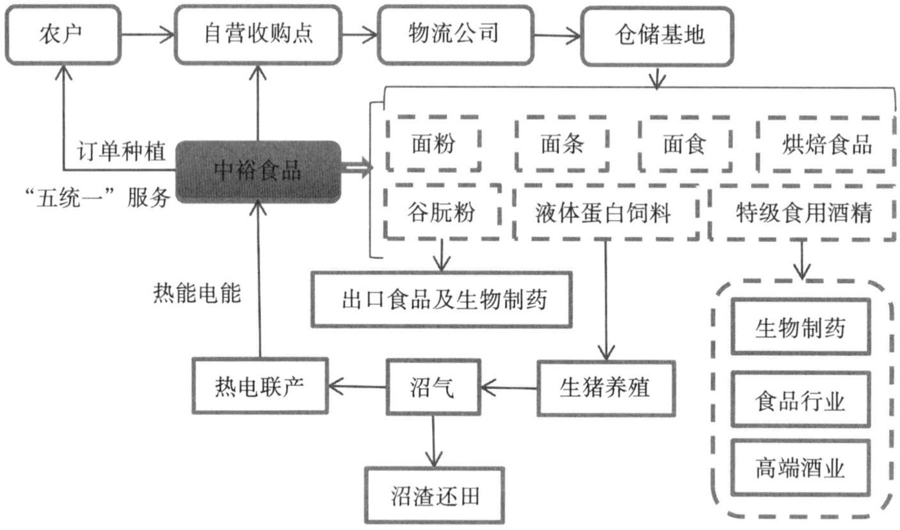

图 1　中裕食品小麦全产业链示意图

2.乐陵市玉米全产业链典型县

近年来，乐陵市围绕推动和发展玉米全产业链，集成推广了一系列绿色高质高效标准化玉米生产技术，以山东星光糖业、山东中谷淀粉糖等为代表的玉米初加工与精深加工农业产业化"链主"企业的带动效应明显提升，农业产业化联合体不断发展，形成了"产业化联合体—龙头企业—合作社—农户"的良性联结。

3.诸城市生猪全产业链典型县

近年来，诸城市积极探索"全链条协同、标准化引领、绿色化发展"新路径，持续加快农业结构调整，全面推动畜牧业高质量发展，畜牧业产值占农业总产值的 60%以上(见图 2)。培育起得利斯、华宝、惠发、佳士博等众多知名品牌，涵盖熟食类、调理类等9大类300多个品种的食品加工产业链。先后与中国农业科学院兰州兽医研究所、浙江大学等多家科研院所合作，建成得利斯国家认可实验室、信得博士后工作站等高端研发平台，构建起科技创新核心产业群。

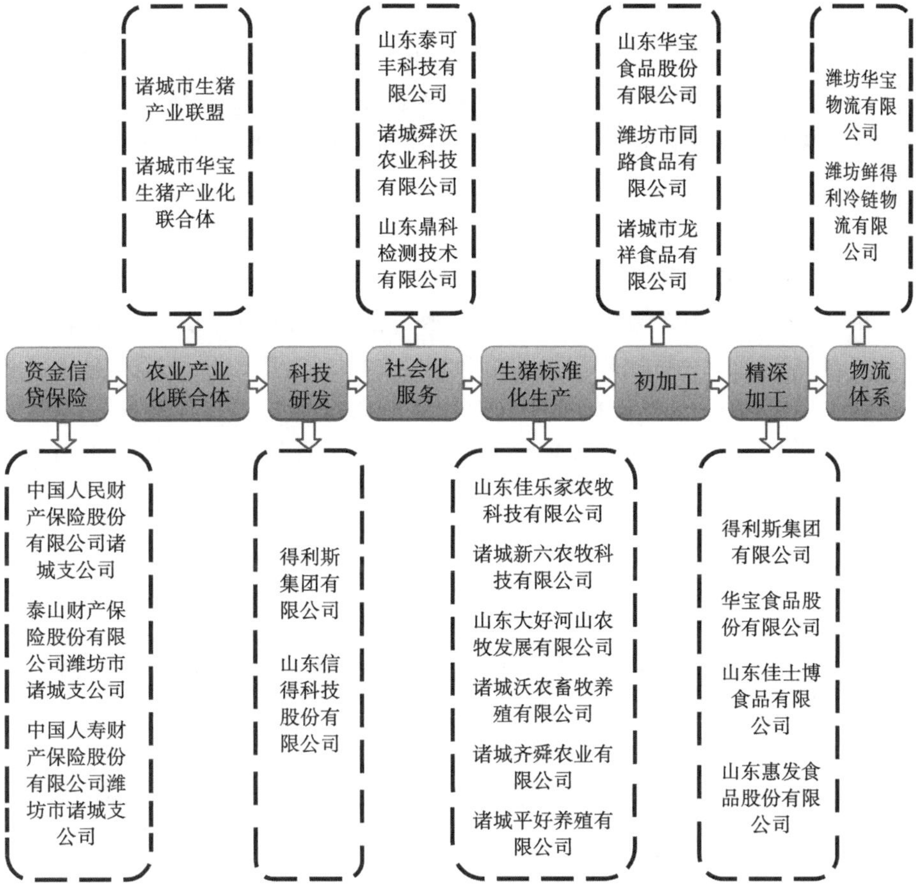

图2 诸城市生猪产业链主体情况示意图

4.栖霞市苹果全产业链典型县

栖霞市大力发展“苹果＋”新业态，逐渐构建起以苹果产业为核心、二三产业交叉融合的多元化、复合型现代农业体系。栖霞市以市场需求为出发点，从供给侧主动出击，延伸产业链、提升价值链，致力于提高苹果全产业链的发展效益，形成一批特色鲜明、规模集中、链条完整的优势产业，推动苹果产业全环节升级、全链条增值。

(二)以农业产业集群推动农业全产业链发展

2022年,农业农村部发布《关于公布2022年农业产业融合发展项目创建名单的通知》,其中山东2个现代农业产业园入选国家现代农业产业园创建名单,2个产业集群入选优势特色产业集群建设名单。

1.山东省泰安市岱岳区现代农业产业园

山东省泰安市岱岳区现代农业产业园以黄精、樱桃为主导产业,园内相关生产、加工、销售、物流等行业蓬勃兴起,产业链条不断延伸,带动了仓储、包装、物流、休闲旅游等配套发展。截至2021年1月,产业园引进培育了30家黄精、樱桃种植、加工及上下游企业,发展农副产品产地初加工和休闲农业,提高了农业综合效益。

2.山东省泗水县现代农业产业园

泗水县入选了山东省农业"新六产"示范县、全国农村一二三产业融合发展先导区等名单。全县甘薯常年种植面积达15万亩,辐射带动周边县市区种植面积达60万亩。泗水县在现代农业产业园建设中坚持发挥龙头示范带动作用,延伸全产业链条,提高甘薯附加值,拓展产业集群功能,先后培植出一大批农业产业化(甘薯)龙头企业。

3.山东省大花生产业集群

山东省莒南县十字路街道依托金胜花生科技产业园,立足本土资源,强化技术创新,着力培育花生领军产业集群,持续打响莒南花生"金字招牌",带动了花生产业的蝶变升级,成为莒南县花生加工企业转型升级的示范企业。

4.山东省沿黄大豆产业集群

德州市陵城区、禹城市参与申报的山东沿黄大豆产业集群入选2022年国家优势特色产业集群建设名单。德州市立足区位资源优势,统筹玉米、大豆兼容发展,稳步提升大豆产能,推动大豆全产业链发展。

三、当前农业全产业链存在的主要问题

(一)产业链上游:农业种质资源流失严重,良种稀缺

一是农作物高品质稳定性良种稀缺。2020年,全球种业市场业务规模前5名的公司所占市场份额高达52%,我国前5名的公司仅占12%,我省无一家企业进入前5名。二是我省种子研发与推广体系相对落后。具体表现为大部分种子企业进入市场时间短,育、繁、推一体化的龙头企业少;企业的研发资金

投入少，育种模式落后。三是部分畜禽种源依赖进口，我省主要畜禽核心种源自给率超过75%，但一些特定种类进口依赖度仍旧较高。

（二）产业链中游：加工制造环节知名品牌少，市场占有率低

随着一批关键共性技术难关的突破和装备水平的提高，我省小麦加工产品呈现多样化趋势，市场占有率逐年上升，全国小麦粉加工50强企业我省拥有7家，但我省小麦加工产业存在产业链条短、企业规模小、食品产业化发展不足等问题。现阶段，我省多数农业全产业链存在品牌建设滞后、知名度不高的问题，没有形成品牌带动消费的核心竞争力，著名产业链品牌少之又少。

（三）产业链下游：精深加工环节发展不足，高附加值产品少

我省农产品总量基本平衡，但是农产品粗加工多、精加工少，初级产品多、深加工产品少，中低档产品多、高档产品少，而且农产品的深加工技术和装备普遍落后于发达国家。从统计数据看，我省农产品总量达2亿多吨，但加工率仅有40%左右，加工增值率在70%左右，与发达国家加工率80%以上、加工增值率300%以上相比，差距显著。

（四）产业链数字化：存在四大挑战和不足

一是供应链不开放，农产品上网难，农产品上行的通道存在区域不平衡。二是供应链不稳定，未形成电商平台需要的标准化、常态化和规模化的供应链。三是产业链不强不长，制约了农业全产业链数字化的耦合配套。四是产业链各方的合力不强，产业链环节的融合不足。

四、相关省份建设农业全产业链的主要做法

河南省以“延津模式”推动小麦全产业链龙头企业发展，主要做法是成立麦业龙头企业，带动小麦全产业链发展。延津县提出创新机制，整合资源，组建小麦集群，吸引了克明面业、鲁花集团、豫粮集团、京粮集团、中原粮食集团等收储、加工的重磅龙头企业相继落户，采取财政补贴和金融政策支持小麦产业发展，为小麦一二三产业融合发展提供载体。

黑龙江省以“玉米黄金链”打造全产业链重点链，主要做法是靠“谱”招商，培育百亿级玉米产业“链主”企业。一是围绕招商“图谱”和供应链“家谱”靠“谱”招商。精准锁定目标项目、目标企业，按图索骥，靠“谱”招商。二是围绕“延链＋补链＋强链”，玉米产业链多“链”上项目，培育百亿级“链主”企业。三

是采取“产业链长＋首席服务员”，从引进落地为企业提供终身服务。

四川省把住生猪调控“总开关”，培育生猪产业链。2022年，四川省印发《四川省生猪产能调控实施方案（暂行）》，把“调控生猪规模养殖产能”作为重要手段，把产销大市、养殖大县、养殖大场作为抓手，确保规模猪场数量底线。

陕西省建设大数据平台促进以数据为关键要素的苹果新经济。2018年初，农业农村部将国家级苹果产业大数据中心落户陕西，出台《陕西国家级苹果产业大数据中心建设方案》，以“大平台、大数据、大系统”的建设原则，按照“政府引导、企业主体、市场运营”的机制，建立科学完备、系统高效、数字资源齐全的苹果产业大数据体系，2022年建成了国家级苹果产业大数据中心，智慧果业建设取得显著成效。

五、以农业“链主”企业推动我省农业全产业链发展的对策建议

（一）培育“链主”企业，推动农业全产业链加速发展

贯彻落实中央文件精神，推动农业全产业链高质量发展，加快融入新发展格局和全国统一大市场，进一步完善“链长”通过“链主”企业抓农业产业链的长效机制，推动农业产业集群发展。培优品、抓品牌，积极开展农业标准化建设，遴选发布10个省知名农产品区域公用品牌，认定10个省特色农产品优势区。强化合作抓开放，逐步形成“集聚区＋企业＋基地”三位一体的农产品出口新引擎。力争到2025年，建设一批产值超百亿元的农业“链主”企业和农业全产业链价值超百亿元的典型县，发展形成千亿级全产业链重点链。

（二）实施分类指导，促进农业全产业链有序推进

对于暂时无“链主”企业的产业链，要搭建农业全产业链发展平台，加强资源整合、政策集成，争创农业现代化示范区。依托产业集群、产业园和产业强镇，在带动项目区乡村产业发展水平提升的同时，辐射带动整个省域主导产业大发展。对于已有“链主”企业的产业链，要发挥“链主”企业优势，构建以大带小、以小促大、以优助强的融通发展格局。会同行业协会开展产业链对接活动，促进大中小企业在信息联通、产能对接、品牌共建、知识产权和销售渠道共享等方面开展协作。注重全链式发展，贯穿产加销、融合农文旅，挖掘全链条高附加值产业。

（三）加强规划政策引领，完善联动协调推进机制

在培育农业全产业链“链主制”上，重点培育省级及以上农业龙头企业。在农业全产业链体制机制上，坚持“链长制”，针对农业全产业链跨区域、跨环节、跨业态等特点，建立“链长”通过“链主”企业抓全产业链进而推动产业集群发展的传导机制，通过政策扶持、要素保障和精准服务，充分发挥“链主”企业在稳定产业链、优化供应链、推动大中小企业融通发展、培育集群等方面的引领带动作用，切实增强重点产业链供应链韧性，推进产业基础高级化和产业链现代化。

（四）打造全产业链高地，促进农业链条在县域内动态循环

以“一链三县”为示范引领，名县围绕优势产业，加快创建省级现代农业产业园；乡镇围绕区域特色种养业、特色加工业、特色文旅业，加快创建省级农业产业强镇；各村围绕传统手工业、传统食品业、传统小商品加工业等，加快创建省级乡土产业名品村。实现产加销、农文旅在县域内无缝对接，使农业现代化不仅体现在装备设施上，更体现在产业间的体系性和完整性上，促进农业链条在县域的动态循环。

（五）强化农业科技创新，鼓励“链主”企业建设农业创新基地

提高资源聚集能力，鼓励“链主”企业建立多向交流平台，促进平台为全产业链提供产品生产情况、行情资讯、物流配送、资金融通、供需平衡等市场服务，将各环节主体串联在一起。鼓励“链主”企业建设农业创新基地，全链条推进生产标准化、经营集约化、产品高端化，辐射带动周边特色产业提档升级。强化政策扶持，引导各类项目和要素向创新基地倾斜，打造集科研、孵化、中试、应用、推广于一体的现代农业科技创新高地。

（六）夯实品牌培育基础，壮大区域品牌主体

加快实施农业生产“三品一标”提升行动，以高质量供给筑牢品牌根基。结合粮食生产功能区、重要农产品生产保护区、特色农产品优势区和现代农业产业园等建设，打造精品区域公用品牌。采取政策引导、项目带动、环境优化等措施，支持“链主”企业和新型农业经营主体创建产品和服务品牌，强化品牌意识，加强质量管理，推动技术创新应用，促进技术迭代和质量升级。指导品牌主体提升品牌规划、运营服务、营销推广、监管保护等能力，打造具有自主知识产权和品牌效应的品牌。

(七)加快农业数字化向全产业链渗透,激活产业新动能

加快推动县域农业全产业链数字化发展,以提升县域农业全产业链数字化水平为抓手,积极发挥数字平台企业的作用,从入链、稳链、补链、强链、延链入手全面塑造县域农业全产业链。入链,加大基础设施投入力度,建立农产品上网的渠道。稳链,克服农产品波动性,建立稳定的、标准化的、常态化的供应链。补链,补齐城乡、区域、人群的产业链短板,形成产业链均衡发展模式。强链,突破农产品上网的关键障碍,构建县域产业发展新格局。延链,整合资源,延长产业链,提升价值链,形成县域一二三产业融合发展新格局。

课题组成员:兰晓青　吴军　冀晓群　姜晶　孔峻岩　王志勇

第四篇　践行国家“双碳”战略

山东制造业绿色低碳转型升级对策研究

党的二十大报告提出，推进新型工业化，推动制造业高端化、智能化、绿色化发展。《国务院关于支持山东深化新旧动能转换推动绿色低碳高质量发展的意见》提出，山东要以深化新旧动能转换为中心任务，努力建设绿色低碳高质量发展先行区。制造业是绿色低碳高质量发展的主战场，我省是全国唯一拥有联合国公布的全部 41 个工业大类的省份，是名副其实的工业大省和制造业大省。但与先进地区相比，我省制造业发展还面临诸多问题，对加快实现绿色低碳高质量发展形成了较大制约。为此，山东省宏观经济研究院战略规划所许月恒博士课题组，深入分析我省制造业面临的突出问题，借鉴德国的经验做法，提出推动我省制造业绿色低碳高质量发展的对策建议，形成以下研究报告。

一、我省制造业绿色低碳转型发展成效

(一)深化制造方式转型，传统产业持续改造提升

一是绿色制造体系逐步完善。在全国率先制定实施绿色制造体系评价地方标准，制定工业节能与绿色标准 19 项、绿色工厂地方标准 3 项、绿色产品地方标准 8 项、绿色产品评价规范 4 项，累计列入工业和信息化部绿色制造名单的项目共 567 个，其中绿色工厂 223 家、绿色设计产品 313 种、绿色园区 13 个、绿色供应链 18 家。拥有国家绿色数据中心 4 家，占全国数量的 10%；国家能效领跑者19 家，“能效之星”装备产品 94 种。开展省级绿色工厂建设，累计创建省级绿色工厂 202 家。

二是加快实施技术改造工程。实施传统产业智能化技改三年行动计划，在全国率先完成企业技术改造地方性立法，创新推出“技改专项贷”、技术改造设备奖补等支持政策。率先实施“云技改”模式，建立“一库四平台”。滚动实施“万项技改”，推动“万企转型”，2018 年以来，累计实施投资 500 万元以上工业技改项目突破 5 万个。

三是智能制造深入推进。制定印发《山东省智能制造发展规划(2016～2020)》《山东省智能制造“1＋N”带动提升行动实施方案(2018～2020年)》,以数字化、网络化、智能化为主攻方向,深入实施智能制造“1＋N”带动提升行动,创建山东省联合智能制造研究院,组建系统解决方案供应商联盟,培育143家省级智能工厂和数字化车间、61家标杆企业,组织推荐33个项目入围首批国家智能制造示范工厂和优秀场景,排名全国第一。累计培育认定省级试点示范企业171家,加快带动重点行业智能化升级。

(二)深化重点产业培育,新兴产业持续壮大

一是重点新兴产业发展壮大。启动实施标志性产业链突破工程,细化标志性产业链“链长制”运行机制30条具体措施,建立“4个1”推进模式,11位省领导挂帅担任标志性产业链“链长”,聚焦关键技术产品供应、创新联合体组建、重大补链延链项目落地等方面,协调解决产业链发展中遇到的问题。省市县一体策划产业链项目451个,已完工投产1/3以上。

二是产业链群生态化发展。扎实开展“链主”企业行、标杆企业行、产业集群行、高校院所行、融资机构行“五行”专项活动,先后组织开展了7场融链固链专场对接活动,高标准承办全国首场“百场万企”融通创新对接大会,在研发攻关、产品配套等方面达成合作292项,融链固链“山东模式”走向全国。青岛智能家电产业集群和轨道交通装备产业集群入选国家先进制造业集群。培育省级特色产业集群65个,集聚企业7.92万家。拥有30个国家级新型工业化产业示范基地,数量居全国首位。

三是前沿领域加快布局。编制出台《推动虚拟现实产业高质量发展若干政策措施》《山东省推动虚拟现实产业高质量发展三年行动计划(2022～2024年)》,发布28项虚拟现实领域优秀解决方案。引入中国航天科工集团建设山东省北斗综合应用示范项目,深化北斗在深海养殖、供应链管理等领域的应用。联合发布《关于加快推动区块链技术应用和产业发展的指导意见》,引导建设数字证照可信公共服务平台等“链＋”平台,56个产品进入国家区块链信息服务备案清单。

(三)深化企业技术创新,内生发展动力显著增强

一是关键技术实现新的突破。推动实施工业强基战略和产业基础再造工程,实施的省级技术创新项目年均4000项以上,解决一批制约我省重点产业发展的“卡脖子”问题,产业发展的质量和效益不断提升。比如,高热效率柴油机、大型冲压机床、己二腈制备、高速磁浮交通系统、北京冬奥会“雪蜡车”等一

批拥有自主知识产权、打破国外垄断、填补国内空白的重大关键技术实现突破，康平纳的筒子纱数字化自动染色成套技术与装备、浪潮集团的高端容错计算机、盛瑞传动的前置前驱8档自动变速器(8AT)、威高集团的微创手术辅助机器人、潍柴动力的重型商用车动力总成关键技术及应用等获得国家科技进步一等奖。"墨子号""C919""蛟龙号"等国之重器都有山东的贡献。加快新产品研发与推广应用，创新实施装备"首台套"、软件"首版次"、新材料"首批次"，新认定"三首"产品数量居全国首位。

二是创新载体建设步伐加快。成功创建先进印染和高端智能化家电2家国家制造业创新中心。累计培育63家国家技术创新示范企业，培育认定421家省技术创新示范企业，居全国首位。400家企业被纳入"一企一技术"研发中心培育库，累计认定1696家"一企一技术"研发中心。

(四)深化融合应用赋能，数字化转型开辟新路径

一是工业互联网服务效能彰显。山东半岛工业互联网示范区成为全国获批建设的第2个工业互联网示范区，建成全国首个工业大数据中心体系建设示范区。培育出卡奥斯COSMOPlat、浪潮云洲、橙色云、蓝海4个国家级"双跨"工业互联网平台，18个国家级特色专业型平台，数量均居全国前列。23家企业入围工业和信息化部工业互联网平台创新应用领航案例，数量居全国首位。建设运营标识解析节点21个，接入国家顶级节点12个，累计标识注册量达到78.7亿个，标识解析超过111.6亿次。

二是纵深推进数字化转型。围绕钢铁、石化等12个行业，精准制定数字化转型方案，加快制造业数字化转型，全面提升企业数字化水平，首创"云服务券"补贴，打造"云行齐鲁"升级版，带动全省上云用云企业超35万家，上云设备达4212万台(套)，2021年推动全省工业企业关键业务环节全面数字化率升至67.8%，居全国第二。开展"万名数字专员进企业"行动，523个省级数字经济重点项目开工率超过88%。2021年，全省数字经济总量突破3.5万亿元，规模居全国第三，较2017年增长40%，占GDP的比重超过43%，数字经济核心产业占GDP的比重超过6%，成为驱动经济高质量发展的重要引擎。据国家工业信息安全发展研究中心发布的最新数据，我省产业数字化指数达80.3，居全国首位。

二、我省制造业绿色低碳高质量发展面临的问题

当前，对我省制造业绿色低碳高质量发展形成制约的因素是多方面的，既有全球经济增速减缓等外部因素，也有制造业自身发展不足等内部因素。内

部因素突出表现在以下几方面。

(一)产业结构性失衡对制造业内涵式绿色低碳高质量发展形成制约

制造业的内涵式绿色低碳高质量发展是以绿色工厂、绿色设计产品、绿色供应链为主体的绿色制造体系,需要各类市场主体发挥合力。当前,我省制造业存在明显的结构性问题:一是产业层次总体上偏低。从制造业三大门类看,2020年,我省消费制造、加工冶炼、设备制造三大门类增加值占规模以上工业增加值的比重分别为16.7%、43.2%、23.5%。其中,设备制造类占比偏低,远低于广东的50.8%。2021年,我省高新技术产业产值占规模以上工业产值的比重为46.8%,比广东、江苏分别低4.4个、0.7个百分点。二是产业组织结构不合理。我省规模以上企业和骨干龙头企业仍然相对较少,截至2021年底,拥有规模以上企业30853家,数量居全国第4位,仅是广东、江苏、浙江的52.2%、59.7%、62.3%;在2021《财富》世界500强榜单中,我省仅5家企业上榜,而广东有16家。三是产品结构高端化不足。我省制造业产品档次总体偏低,在高附加值产品供应能力方面还有待提高。2021年,我省机电产品出口占出口总值的比重为43.1%,比全国和广东、江苏、浙江分别低15.9个和26.0个、23.3个、2.7百分点。

(二)企业创新能力不强对提升制造业绿色低碳高质量发展效益形成制约

绿色转型就是技术转型,用低碳或零碳的绿色技术替代原有的高碳技术是制造业绿色转型的根本之路。当前,创新对我省制造业绿色低碳高质量发展的支撑力仍然不足。主要表现在:一是用于创新的费用少。2021年,全省研发经费投入1944.7亿元,仅是广东、江苏、浙江的48.6%、56.6%和90.1%。研发经费投入强度为2.34,比广东、江苏、浙江分别低0.88、0.61、0.60。二是高新技术企业数量少。截至2021年底,全省拥有高新技术企业20180家,比广东、江苏、浙江分别少39820家、16820家、8401家。三是优质企业技术中心数量少。根据国家发展改革委国家企业技术中心2021年度评价结果,我省仅6家被评为“优秀”,而广东、江苏则分别有8家和7家。四是高水平的创新较少。2021年,全省获得专利授权量329838件。其中,发明专利授权量为36345件,占比为11.0%,而广东、浙江分别为11.8%和12.2%,我省仅比江苏高0.2个百分点。另外,根据科技部发布的《中国区域创新能力评价报告(2021)》,我省区域创新能力仅居全国第6位。

（三）数字经济发展不充分对智慧化赋能制造业绿色低碳高质量发展形成制约

数字化是改造传统制造业并使制造业实现绿色低碳转型的重要手段。数字赋能制造业低碳转型的路径主要有赋能产品生命周期管理与碳足迹追踪分析评价，赋能生产过程控制降低能耗物耗，赋能能源管理与碳排放监测管理，赋能供应链资源回收利用。然而，与先进地区相比，我省数字经济整体发展水平仍然相对滞后。2021 年，我省数字经济规模为 3.5 万亿元，仅是广东、江苏、浙江的 59.3％、68.6％和 98.0％；占生产总值的比重为 42.1％，比广东、江苏、浙江分别低 5.3 个、1.7 个和 6.5 个百分点。其中，数字经济核心产业增加值占生产总值的 6％，比广东、江苏、浙江分别低 7.2 个、4.6 个和 5.4 个百分点。在国家工业信息安全发展研究中心发布的《全国数字经济发展指数（2021）》中，我省数字经济发展指数仅居全国第 7 位，排名低于重庆（第 6 位）。另外，根据中创时代发布的《中国区域数字化发展指数报告（2021）》，我省在数字制造业营业收入、营业利润及“两化”融合、工业互联网试点示范等方面与广东、江苏、浙江均有较大的差距。

（四）绿色金融发展不足对打造制造业绿色低碳高质量发展“绿动力”形成制约

产业发展离不开金融支持，而绿色金融是撬动制造业绿色低碳转型的有力杠杆。实现制造业绿色低碳高质量发展需要运用金融手段优化资源配置，引导资源由高耗能、高污染行业向低耗能、环境友好产业流动。与先进地区相比，我省绿色金融相关政策还不够健全，未建立起较为成熟的绿色金融生态体系。截至 2021 年底，我省绿色贷款余额为 0.8 万亿元，仅是广东（1.43 万亿元）、江苏（1.57 万亿元）、浙江（1.48 万亿元）的 55.9％、51.0％、54.1％。根据 Wind 资讯和新世纪评级机构联合统计结果，2022 年上半年，我省发行绿色债券的主体有 10 家，而广东、江苏、浙江分别有 19 家、17 家和 11 家；发行总金额为 60.45 亿元，仅是广东（269.21 亿元）、江苏（82.05 亿元）、浙江（155 亿元）的 22.5％、73.7％、39.0％。另外，根据全球气候债券倡议组织发布的《中国绿色金融政策 2021 分析报告》，江苏、广东和浙江绿色金融政策刺激力度得分均超过 55 分（最高不超过 65 分），均名列前茅，且自 2016 年以来累计发行绿色金融债券分别超过 120 只、100 只和 90 只，而我省绿色金融政策得分不仅处于中等水平（刚超过 40 分），且发行绿色金融债券甚至不超过 60 只。

三、德国推进制造业绿色低碳高质量发展的经验做法

德国是全球制造业最具竞争力的国家之一,"德国制造"代表可靠的质量、信誉及相对较高的技术含量。我省作为制造业大省,与德国有许多相似之处。综观德国制造业的发展历程,其通过构建系统完备的制造业支撑体系,保持德国制造业国际领先地位的实践,对我省具有借鉴意义。

(一)集群带动:打造本土产业群和产业网络

各类产业集群是德国制造业的一大特点。德国大多数的产业集群包含了密集而复杂的产业合作网络,具有高度专业化的特征。在产业集群中,企业与供应商、各类研究中心、大学、职业学校甚至竞争对手一起建立行业标准和开展基础研究。另外,德国深知产业转型升级需要产业链上中下游企业的紧密合作,所以德国大力推动构建大中小企业互融共生的产业组织体系。在该体系中,大型骨干企业是产业链的引领者,而数量众多、品质优异的中小企业则是德国制造的"另一半天",且这些中小企业中,不乏一些在国际市场上处于领先地位的"隐形冠军"。

(二)核心基石:追求卓越的创新精神,奠定制造业持续发展的技术基础

德国制造的产品非常精致且德国十分重视创新,在每一道工序中都加入了大量的高科技元素和创新内容。除了常见的高校和基础研究的支持外,德国还有一项独特的服务于创新的基础设施,即致力于与产业紧密协作的各科技中心网点。它使得企业、顾客、供应商和公共教育研究机构之间能够紧密互动,并带来稳定而密集的创新成果,从而帮助德国制造业不断提升生产效率和竞争力。由此,德国制造业在全球产业价值链中的地位也不断攀升。

(三)强力引擎:以工业 4.0 战略引领制造业升级

随着新一轮技术浪潮的到来,德国率先提出"工业 4.0"概念并将其上升为国家战略。工业 4.0 战略的核心是通过信息物理系统(CPS)实现人与机器、机器与机器的实时连通、相互识别和有效交流,即基于产品全生命周期和全制造流程的数字化以及信息通信技术的模块集成,构建起高度灵活、个性化、数字化的智能制造模式。目前,工业 4.0 战略已经成为德国塑造创新体系、提高创新能力以及革新产业结构、促进新兴产业和尖端产业发展的强大引擎。

（四）零碳促动：推行着眼于零成本的“零碳工业革命”

德国正在所有部门大规模、快速地推广先进的脱碳技术，并进一步地在技术、工艺和材料方面发展和扩大创新，从而实现复杂的技术和经济转型的价值链重组。比如，在脱碳成本最高的领域，德国正通过推广绿色氢、使用二氧化碳捕获技术、合成燃料等方式，大力推动钢铁或化工等基础材料工业脱碳。著名的巴斯夫化工、克虏伯钢铁、宝马等企业已经开始实施零碳计划，并且这些企业所在的行业还在继续寻求更环保的投入材料、更循环的废物管理和利用技术，以及抵消残余排放的方法。

四、推动我省制造业绿色低碳高质量发展的对策建议

针对我省制造业领域存在的突出问题，借鉴德国的做法，提出以下对策建议。

（一）推进产业结构优化，构建绿色低碳现代产业体系

实施绿色制造标杆引领工程，加大绿色产品、绿色工厂、绿色园区和绿色供应链管理企业的创建力度，推进低碳企业园区建设试点示范，全面降低高耗能产业的能耗和物耗。加快发展科技含量高、资源能源利用效率高、污染和碳排放强度低的高精尖产业，打造先进制造业集群，培育绿色发展新动能。支持企业全面提升产品的绿色设计能力，开发推广一批高性能、高质量、轻量化、低碳环保的产品，不断扩大绿色低碳产品供给。

（二）推动科技赋能产业，提升绿色制造创新能力

加强产业创新平台建设，推进以制造业创新中心为核心，以企业技术中心等研发机构和创新联合体为支撑的多层次产业技术创新体系。加强“减碳去碳”基础零部件、基础工艺、关键基础材料、低碳颠覆性技术布局研究，推动低碳关键技术突破，增强绿色技术产业化能力。实施零碳工业流程再造项目，加大工业碳捕集、利用与封存等工业低碳技术的推广应用，开展生产工艺深度脱碳、二氧化碳资源化利用等绿色低碳技术示范，建设一批低碳应用场景。

（三）加快发展数字经济，释放数字赋能低碳转型潜力

加快发展数字产业，以培育绿色数字产业生态为导向，建设一批省级数字经济园区。加快产业数字赋能，深入开展智能制造试点，深化产品设计、生产

制造、产品使用、回收利用等环节的数字化应用,构建“市级—省级—国家级”智能工厂梯次培育体系,培育新一代信息技术与制造业融合应用创新示范企业。实施“工业互联网+绿色制造”,以卡奥斯、浪潮云等为牵引,推动主要用能设备、工序等数字化改造和上云用云,建设智能制造标杆企业、标杆车间和示范园区。推进数字基础设施低碳升级,加快绿色数据中心建设,逐步对电能利用效率较高的数据中心进行节能降碳改造。

(四)大力发展绿色金融,助力制造业企业绿色升级

有效对接国家绿色金融标准,借鉴绿色金融改革创新试验区绿色企业、绿色项目、绿色投融资等标准,探索制定符合我省实际的地方绿色金融行业规范与标准,更好服务绿色低碳园区、绿色工厂、绿色供应链建设等。加强制造业绿色低碳项目储备,开发推广碳金融产品、碳交易产品等绿色信贷产品,加大对制造业领域的绿色信贷投放。支持绿色制造业企业直接融资,鼓励发行绿色债券或项目支持票据。依托高新区、产业园、创业孵化中心等平台,积极开展“绿色+创新”“绿色+高端制造”等绿色金融创新试点,探索绿色金融助推制造业转型升级的新路径、新模式。

课题组成员:许月恒　鹿晔　史倩倩

山东化工产业绿色低碳转型发展路径研究

习近平总书记强调:“实现碳达峰碳中和,是贯彻新发展理念、构建新发展格局、推动高质量发展的内在要求,是党中央统筹国内国际两个大局作出的重大战略决策。”①作为一场广泛而深刻的经济社会系统性变革行动,实现碳达峰碳中和目标对化工产业提出了更高的标准及更严的要求,同时也带来了更广阔的发展机遇。我省作为连续28年全国排名第一的化工大省,化工产业的高质量发展对稳定经济运行,保障产业链供应链安全,促进山东由化工大省转为化工强省,实现“走在前、开新局”战略目标具有十分重要的意义。

一、碳达峰碳中和对化工产业的影响分析

(一)“双碳”战略对化工产业的影响

1.“双碳”背景下,化工产业会面临一定挑战

一是传统高耗能化工子行业发展受到限制。在碳中和大趋势下,传统化工行业加快淘汰落后产能,产能规模得到合理控制。内蒙古自治区“十四五”规划明确提出,2021年起不再审批高耗能高排碳产品的新增产能项目。高耗能化工子行业产能增速放缓,部分行业开工不足。2021年,磷酸一铵、磷酸二铵产能有所收缩,乙烯、甲醇、合成氨、电石、烧碱、纯碱产能增速较慢,仅对二甲苯和乙二醇行业产能增速较快。在碳中和背景下,2021年除乙烯、烧碱和纯碱行业之外,其余高耗能化工子行业开工率均低于70%。

二是传统发展模式难以为继,亟须寻找新的发展模式。受益于国内经济的快速发展和化工产业主导地位的逐步提升,化工产业过去的发展主要依靠传统业务的产能扩张和通过向产业链上游发展降低成本两种模式。伴随着“双碳”战略逐渐走深走实,我国化工产业的审批逐渐严格,产能扩张进程或将

① 《习近平谈治国理政》第4卷,外文出版社2022年版,第371页。

受阻。这将导致依赖产能扩张和通过向产业链上游发展降低成本的两种发展模式受到阻碍,需要在新的时代背景下寻求新的发展模式。

三是化工产业对创新能力的需求加剧。技术创新作为推动化工产业发展的关键因素之一,其重要性在“双碳”战略中提升到了新的高度。例如,《高耗能行业重点领域节能降碳改造升级实施指南(2022年版)》对炼油、乙烯等高耗能化工子行业的能效水平提出了明确要求,对能效在基准水平以下且难以在规定时限内通过改造升级达到基准水平以上的产能,要通过市场化方式、法治化手段推动其加快退出,这将进一步倒逼产业提升技术水平。

专栏1

差别化电价、碳排放权交易市场、欧盟碳关税

差别化电价。2018年7月,国家发展改革委发文要求落实电石、烧碱、黄磷等7个行业差别化电价政策。之后,各地纷纷制定差别化电价政策,征收对象主要是排放不达标以及明确规定的淘汰类设备使用企业。2021年10月,国家发展改革委印发《关于进一步深化燃煤发电上网电价市场化改革的通知》(发改价格〔2021〕1439号),提出高耗能企业市场交易电价不受上浮20%限制,这给行业落后产能又增加一项成本支出,行业内成本差距进一步加大。

碳排放权交易市场。2021年7月,国内碳排放权交易市场正式上线,石化化工等行业后期将逐步纳入交易范围。以35元/吨的碳排放权价格做假设时,碳排放给相关化工子行业带来的成本大致在127.75～233.45元/吨,占价格的比重高达5.07%～7.05%,这将对盈利水平造成较大影响。

欧盟碳关税。2022年6月22日,欧洲议会通过了新的碳关税草案,将有机化学品、塑料、氢和氨四个行业纳入征收范围。从现有数据来看,国内有机化学品行业受碳关税的影响最大。海关总署数据显示,2022年1～5月,中国有机化学品出口至欧盟的金额为586.2亿元,约占出口总额的两成。据测算,碳关税将导致我省化工行业出口欧盟的成本增加6.9%。碳关税将增加国内化工企业的经营成本,削弱企业的国际竞争力。

2.“双碳”目标给化工产业带来挑战，同时蕴含大量发展机遇

一是短期供需不匹配给化工产业带来了巨大的利润。2021年，化工行业出现了较大幅度的供需格局失衡，导致多种化工原料价格节节攀升，全行业营业收入、利润总额、化工板块利润总额、化工板块收入利润率均创历史新高，未来化工产品价格中枢或将上移。数据显示，2021年，46种主要无机化学原料中，全年市场均价上涨的有39种，占比84.8%；87种主要有机化学原料中，全年市场均价上涨的有80种，占比92.0%；43种主要合成材料中，全年市场均价上涨的有41种，占比95.3%；尿素、液氨等氮肥价格创历史新高，磷肥、钾肥、复合肥等价格达到近10年来最高水平。2022年2月，国家统计局发布的最新数据显示，化工原料工业生产者的购进价格同比上涨16.8%。

二是能源消费结构逐步发生变化。化学原料及化学品制造业能源消费以煤炭、油品、电力、热力、天然气为主，2019年油品消费量首次超过煤炭，在终端能源消费中居于首位。2018～2020年，煤炭消费量分别为10585.58万吨、9166.60万吨、9309.45万吨标准煤，占比21.1%、17.8%、16.9%；油品消费量分别为9670.83万吨、10825.95万吨、11992.61万吨标准煤，占比19.3%、21.1%、21.8%。近年来，乙烷、丙烷和丁烷在原料中的占比逐渐上升；纤维素等非粮生物质原料得到广泛应用；以废塑料为主的废弃高分子材料实现低成本回收利用；甲烷、二氧化碳等碳一原料的使用有望实现突破，原料消费结构呈现多元化发展趋势，低碳能源取代化石燃料的趋势逐渐明朗。

三是“双碳”战略有利于化工产业联动新能源发展。新能源对煤炭、石油等传统能源的替代是实现“双碳”目标所不可或缺的。“双碳”战略下，新能源相关化工产品需求激增，给传统化工产品提供了丰富的应用场景，极大地带动了上游材料需求的增长。例如，作为锂电池产业链中不可或缺的关键材料之一，锂电池用粘结剂(PVDF，聚偏二氟乙烯)受锂电池、光伏背板需求拉动，市场需求大幅度增加，2021年12月其价格达43.82万元/吨，年内涨幅高达298.4%，价格达到历史最高点。其他材料如光伏组件的关键材料EVA(聚乙烯-聚醋酸乙烯酯共聚物)胶膜、锂电池中重要的正极材料之一磷酸铁锂等，同样出现需求激增、价格大幅度上涨的现象。此外，新能源相关化工原料需求持续增长，市场规模不断扩大，吸引传统化工企业进军新能源领域。相较于其他企业，化工企业转向新能源产业发展，在低成本制造、大规模生产、合成技术等方面具有先发优势，能够在技术含量较高的新能源行业快速形成竞争力。

(二)“双碳”战略下化工产业发展趋势

1.集聚化发展

一是装置大型化。近年，我国炼厂大型化装置数量增长趋势明显，截至

2021年底,千万吨级以上炼厂达到32家,炼油总能力占全国的45%以上,预计2025年将增至38家,合计原油一次加工能力超过6亿吨/年,有望占行业总规模的60%以上。

二是园区化。化工园区正成为化工行业发展的重要载体。2008年以来,我国要求新的化工建设项目必须进入产业集中区或化工园区。近期,《化工园区"十四五"规划指南及2035中长期发展展望》(征求意见稿)等一系列文件再次强调持续开展化工园区建设工作。未来,随着搬迁入园工作的持续进行,我国大型化工园区的数量有望持续增加。

三是炼化一体化。炼化一体化正从简单一体化向纵深集成一体化发展。自2015年起,我国要求新建炼油项目必须按照炼化一体化布局建设,严格控制新增炼油能力、推进落后和低效炼油产能退出,鼓励发展化工新材料、专用化学品。截至2021年底,中国已经建成投产30余个千万吨级炼油基地,合计产能约占中国炼油总产能的40%以上。

专栏2

集聚化发展典型案例

巴斯夫坚持一体化发展。一体化理念是巴斯夫最大竞争优势之一。巴斯夫位于德国路德维希港的一体化基地是全球最大的、由单一公司运营的综合性化工生产基地。通过一体化体系,智能连接和管理各个生产装置,创造从基础化学品到高附加值产品的高效价值链,形成规模效益。通过一体化生产体系,节约资源,降低二氧化碳排放量和物流成本,实现低能耗高产能,充分发挥协同效应。2020年,巴斯夫通过热电联产来持续性地提升能源一体化能力,总共避免了620万吨的碳排放。巴斯夫坚持推动一体化建设。7月19日,巴斯夫欧洲公司做出最终投资决策,全面推进其位于广东省湛江市的一体化基地项目,并致力于将湛江一体化基地打造成可持续生产的典范。巴斯夫与国家电力投资集团、博枫分别签署了为期25年的可再生能源合作协议,计划到2025年为整个湛江一体化基地提供100%的可再生能源电力。到2030年,全面投入运营的湛江一体化基地预计将比以天然气为能量来源的石化基地减少60%的二氧化碳排放量。

裕廊岛集群化产业发展战略。新加坡政府强调"化学群"战略,采用产业链招商而非单一企业招商，注重对产业的集聚和规模经济的培育。企业之间形成上下游关系，共享基础设施和公用工程，通过管道输送的方式流转化学品原料。“化学群”内的企业群具有极高的整合度，原料、成品不储存、无库存，最大限度地降低了企业的投资成本和物流费用，提高了产品的竞争力，实现了快速发展。

美国休斯敦石化产业集群。美国休斯敦大力推动石化产业与城市协同融合发展，加速产城融合。一方面，借助石化产业集群优势，大力发展相关高科技产业；另一方面，以石化制造业、高科技产业为基础，重点发展与其相配套的服务业，形成“制造业＋服务业”双轮驱动格局，由此带动为其配套和服务的第三产业的迅速发展，发挥石化产业外向作用，完善城市基础设施。

2.数智化转型

“双碳”背景下，化工产业主要国家及化工企业纷纷加码数字化建设。德国工业 4.0 战略和《德国数字化战略》详细规划了将新一代信息技术运用到化工园区的安全生产和管理环节以促进园区智能化进程。我国计划在 2025 年建成约 30 家智能制造示范工厂、约 50 个智慧化工示范园区，石化、煤化工等重点领域企业主要生产装置自控率超过 95%。陶氏化学与阿里巴巴签订“企业采购合作协议”，在销售、采购两端实现企业的数字化转型；巴斯夫将 5G、大数据、人工智能和工业互联网等新一代信息技术应用到生产装置中，提升化工生产的安全性。

专栏 3

数字化发展典型案例

巴斯夫数字化发展战略。数字化是巴斯夫企业战略的关键要素。一是生产数字化。利用数字技术和数据，提高工厂的有效性和生产效率。利用 AR(增强现实)技术革新传统工作方式，提高工厂巡检、生产、建设等效率。利用无人机突破距离和空间限制，协助工人进行日常巡检与风险排查。利用大数据的预测性，提升工厂运营效率。利用深度学习及神经元网络，根据关键工艺预测排放数据变化，确保达标。利用安全地图技术，精准保障人员安全。二是供应链数字化。利用数字平台与客户和供应商建立联系、展开协作,提高整个供应链的可靠性并降低成本。利用数字技术,实现物流的可视性。三是研发数字化。建设数字化实验室,利用超级计算机,科学建模,从数千种可能性中计算出最有前途的聚合物结构,提供符合客户要求的产品和解决方案。利用数据库集合分析所有问题及解决方案,助力解决研发难题。四是商业模式数字化。在数字技术和数据的帮助下,开发新的解决方案和商业模式。

3.绿色循环发展

绿色化工正逐渐发展为全球化工行业实现工业革命和竞争的重要新兴领域。2020 年以来,欧洲国际石油公司加大了对光伏发电、风电、氢能、生物质以及 CCS(碳捕集与封存)/CCUS(碳捕集、利用与封存)等新能源和低碳业务领域的资产并购。巴斯夫在可持续发展方面设立了雄伟的目标,计划到 2025 年“超越型”产品的销售额达到 220 亿欧元。在国内,诸多利好政策为化工产业的绿色化转型提供了更为宽松的整体环境,各大银行也纷纷引导金融资源向低碳项目倾斜。随着绿色金融等多方资金的涌入,化工产业的绿色化转型具有极大的增长空间,这也将吸引诸多化工企业投资这一领域。

专栏 4

绿色化发展典型案例

“花园工业镇”与“可持续裕廊岛”。2010 年,新加坡启动了裕廊岛 2.0 版计划,通过探索综合创新解决方案优化整合稀缺资源,驱动石化产业向高附加值产业发展。更重要的是,规划一开始就有计划地保留了 10% 的土地作为公园和风景区,现在已建成 10 多个公园,包括世界著名的飞禽公园、中国式公园、森林公园等。裕廊岛因此成为风光别致的工业区兼旅游区,被称为“花园工业镇”。2021 年,新加坡在“2030 年新加坡绿色发展蓝图”中,首次提出将裕廊岛转型为一个可持续发展的能源和化工园区,岛上的能源与化工企业将增加可持续产品的产出,并推动应用可持续的生产方式,降低碳排放与污染。此外,新加坡经发局还于 2021 年 11 月发布了“可持续裕廊岛”报告,详细介绍了将裕廊岛改造成一个可持续能源和化工园区的计划。计划主要包含:发展高附加值的特种化学品和材料,减少对裕廊岛综合原料的依赖;积极发展低碳技术,发展生物基燃料和化学品、裂解塑料回收油技术、碳捕集技术等;增加裕廊岛的可再生能源的部署;提升工业能源利用效率减少碳排放;强调化学品和公共事业设备的循环利用。

巴斯夫追求绿色可持续发展。自1994年起,可持续发展便一直是巴斯夫的发展主题。首先,巴斯夫将可持续发展理念贯穿全产业链,从原料采购到自身安全高效地生产、开发可持续的产品,再到注重可持续的商业模式,全方位为经济、环境和社会做出贡献。其次,巴斯夫将可持续发展理念融入管理体系。在组织架构方面,建立一支独立的企业可持续发展团队,包含由董事会成员担任主席的企业可持续发展委员会、由学术界及社会各界的独立专家组成的利益相关者咨询委员会,统领和指导公司的可持续发展工作。在发展战略方面,制定可持续发展战略目标和具体的KPI,特别是制定雄心勃勃的“非财务指标”。再次,巴斯夫加大可再生能源的使用力度,加速研发、推进全新的化学品。化工生产转型的先决条件是通过有竞争力的价格,可靠地获取大量可再生电力。一方面,巴斯夫参与投资可再生能源生产设施,以满足自身的能源需求;另一方面,巴斯夫签署相关合同,购买可再生能源。最后,巴斯夫启动一项新的循环经济计划,聚焦原料循环、新材料循环和新业务模式三大领域,力争到2025年每年加工25万吨再生、废弃物原料,以取代化石原料,到2030年实现循环经济解决方案相关销售额翻倍。

4.精细化、高端化发展

“双碳”目标带来了对低碳化学品的巨大需求,加速了高端化、精细化化工产业的发展。2021年,全球特种化学品市场销售额达到了6069.6亿美元,预计2028年将达到7696亿美元,2022～2028年复合年均增长率(CAGR)为3.0%。2016～2020年,我国化工新材料消费量逐年上升,从2627万吨增长到3683万吨。2019年,世界化工巨头巴斯夫提高了表面处理技术和材料业务的发展战略地位。2021年,表面处理技术和材料业务的销售额分别占巴斯夫全年销售额的29%和19%。

专栏5

高端化发展典型案例

美国休斯敦石化产业纵向延伸发展石油上下游产业链。一是通过技术改造带动石化产业上游环节整体效率的提升,提高产品附加值。二是向下延伸价值链,大力发展基本化工原料、有机化工原料以及精细化工、化工新材料等石化产业中下游环节。据统计,休斯敦及周边地区的炼油能力占全美炼油能力的30%,乙烯占70%,人造橡胶占50%以上,基本石油化学品占60%。

5.创新需求上升

科技创新是实现"双碳"目标的关键引擎。各大化工企业纷纷提高研发投入,以应对日趋严峻的气候挑战。2021年,德国化学工业共投入137亿欧元研发资金,是2010年的1.45倍。欧盟研发支出自2018年开始增加,从6.9%上升至7.4%,增加0.5个百分点。此外,低碳化学品、生物基材料等新兴低碳材料市场的扩大,也将进一步带动化工行业科技创新能力的提高。

专栏6

创新发展典型案例

巴斯夫强化创新驱动。创新是巴斯夫取得成功的基石,也是实现盈利增长的关键驱动力。一方面,巴斯夫的研发投入进一步增加,2021年达到22亿欧元,占销售额的2.8%,研发人员超过1万人;另一方面,巴斯夫重视开放式创新,不断强化与学术和行业伙伴的合作。巴斯夫拥有强大的全球研发网络,形成了巴斯夫全球专业一体化布局的关键支柱。2021年,巴斯夫与中国科学院成立了可持续材料联合实验室,探索下一代可持续技术。此外,巴斯夫还全力开发最重要的气候友好型工艺,计划到2025年投入10亿欧元,到2030年追加投资20亿~30亿欧元,开发和部署零碳化学品生产工艺。目前,巴斯夫主要专注电加热蒸汽裂解炉、零碳制氢、碳封存技术、零碳甲醇等零碳技术。

休斯敦通过产学研合作开放式创新，为产业发展提供技术源头及人才供给。一是在发展过程中采取了大量的财政金融支持手段，大力支持科研机构技术研发、战略产品市场开拓和集群组织机构发展，引导金融资本流向集群内的初创企业，支持集群创新创业。二是构建产学研协同创新机制。休斯敦拥有莱斯大学、休斯敦大学等众多以理工科为优势的研发机构，为石化产业发展提供了扎实的基础研究、应用研发等科技成果。同时，通过与企业聚焦人才培养，建立了长期常态化的校企合作，为产业输送了研发人才、高技术工人。

二、化工产业发展现状分析

(一)我国化工产业情况分析

我国是全球最大的化工产品生产国和消费国，也是化工产品需求增量最大的国家。2019 年，我国化工产品产值 10.4 万亿元，占全球的 40.6%；化工产品需求消费额 10.7 万亿元，占全球的 41.6%。2021 年，化工行业营业收入 14.45 万亿元，利润总额 1.16 万亿元，占全国制造业的比重分别为 12.8%和 15.8%，占全国工业的比重分别为 11.3%和 13.3%。化工行业是关系到国家经济命脉和战略安全的重要行业，涉及领域相当广泛，在众多制造行业都扮演重要角色。

化工产业是我国工业部门中高耗能、高碳排放行业之一。从产品的全生命周期看，所有化工产品都是排碳的。2021 年，石化化工产业碳排放量约为 11 亿吨，约占全国碳排放总量的 9.2%，居工业部门第 4 位，面临巨大的减排压力，是我国实现碳中和的关键行业之一。

专栏 7

我国化工产业重点行业情况

石油化工行业。石化产业在国民经济和社会发展中具有极其重要的地位和作用，其发展关系国家的经济命脉和能源安全。石化产业碳排放量高，炼油和乙烯产业是突出代表。2020 年，我国炼油产业碳排放量约为 2 亿吨，作为石化主要产品之一的乙烯产业碳排放量约为0.5亿吨。近年来,受到需求侧拉动,炼油规模扩大和乙烯产能增长是我国石化产业发展的主要方向。2021年,全球新建炼厂和升级的投资增加了30.0%,中国乙烯表观需求量为3013.3万吨,同比增长28.3%,持续扩张的产能也将导致碳排放量的增加。石油利用过程面临能效提升、大幅减碳和产品结构深度调整压力。

煤化工行业。面对错综复杂的国际环境,煤炭是我国能源自给的主力,煤化工的重要地位难以被替代。相比其他的原料,煤炭有更高的碳元素含量,生产碳含量相对较少的产品时,比其他原料的碳排放量更大。2020年,我国煤化工(含焦化)用煤量约为7.97亿吨,占全国煤炭消费量的28%左右。2019年、2020年,我国煤化工碳排放量分别为5.40亿吨、6.77亿吨,分别占当年全国碳排放总量的4.80%、5.75%。从煤化工碳排放子行业构成看,80%以上的碳排放集中在煤制合成氨、煤焦化、煤制甲醇和煤制烯烃4个子行业,其碳排放量占行业总排放量的比重分别为26%、21%、19%和18%。2020年,我国煤化工投资超过5000亿元。随着产业规模的扩大,新型煤化工产业已经成为中国煤化工产业碳排放增量的主要贡献者。

盐化工行业。盐化工以氯化钠(固体盐或卤水)为原料,主要产品包含“三酸两碱”中的烧碱、纯碱、盐酸,及液氯、PVC(聚氯乙烯)、甲烷氯化物、环氧丙烷、TDI(甲苯二异氰酸酯)/MDI(二苯基甲烷二异氰酸酯)等多种重要的基础化工原料,在国民经济发展中占据重要的地位。由于盐化工核心产品烧碱、纯碱及PVC均属于高碳排放产品,因此盐化工产业在“双碳”背景下面临巨大减排压力。

轮胎行业。轮胎生产原材料中,合成橡胶占半壁江山,但其依赖化石资源,碳排放量高,每生产1吨合成橡胶要排放3.3吨二氧化碳。同时,市场对“低碳”甚至“零碳”产品的追求,将倒逼中国轮胎行业低碳转型。相关数据显示,2020年汽车绿色低碳轮胎市场规模为774亿美元,2021～2027年的复合年均增长率预计超过10%,“绿色”将成为轮胎企业的核心竞争力。

(二)我省化工产业情况分析

1.我省化工产业总体情况

世界化工看中国,中国化工看山东。山东化工产业的体量庞大,对国民经济来说举足轻重。一是产业规模长期领先,产值规模已连续30年居全国首位。2021年,我省化工产业营业收入2.55万亿元,利润1524亿元,分别占全省工业营业收入、利润的24.6%、30.8%,占全国石化行业营业收入、利润的17.6%、13.1%。二是山东地区化工产业品类齐全,产品丰富,多种化工品产量位居全国前列。其中,轮胎、烧碱、盐酸、合成氨、化学试剂等产品产能均位于全国第一,具有高技术壁垒的MDI材料产品产能达到265万吨,占全球总产能的27%,位居世界第一。三是产业结构优化升级。落后产能有序退出,“十三五”期间,全省整合转移和淘汰炼油产能4447万吨,压减合成氨产能147万吨,退出轮胎产能折标胎2200万余条。化工园区由199个压减到84个,关闭不达标化工生产企业2069家、危化品仓储经营企业168家。高端化工发展迅速。将高端化工确定为“十强”产业之一,详细规划发展路线图,建立煤基精细化工品、氟材料、硅材料、高端功能化学品等10条高端化工产业链,确定25家企业为“链主”企业,吸收配套企业40家、高校12家、科研院所9家、协会23家加入合作机制。2021年,高端化工产业营业收入占全部化工产业营业收入的比重达到45%;2022年上半年,山东高端化工产业实现营业收入1.33万亿元,实现利润713亿元,分别占全省工业营业收入、利润的25.6%和27.8%,持续发挥稳定工业增长的支撑作用。四是化工龙头企业凸显,数量、质量领先全国。2021年,我省化工行业上市公司已达到52家,占全国化工行业上市公司的16%。33家企业入选中国石油和化工企业100强,数量居全国第一。全省6家化工企业营业收入超过500亿元,其中万华化学营业收入1455.38亿元,同比增长98.19%,净利润高达246.4875亿元,净利润率达16.90%,连续4年入选全球化工企业50强,是全国化工行业当之无愧的领军企业。五是化工园区建设位于全国前列。2021年,全省共认定74个化工园区、10个专业化工园区,全省园区承载了30%的规模以上化工企业,贡献了80%以上的行业产值,承接了90%以上的新建项目。5个化工园区进入2021全国化工园区竞争力30强,其中淄博齐鲁化学工业区居第6位,经济总量(产量)居第4位,烟台化学工业园在石化利润率方面居于首位。

2.我省化工产业重点行业情况

(1)我省石油化工行业情况。独特的地理和历史背景造就了山东全国最重要的石油化工生产聚集区和全国最大的炼化产业基地的地位。2021年,山东原油一次加工能力约为2亿吨/年，占全国原油总加工能力的20%左右。汽油、柴油、燃料油产量分别为2631.3万吨、3117.6万吨、1165.5万吨，均位于全国首位。

山东石油化工产业规模庞大，但大而不强。整体来看，我省石油化工存在深加工能力不足的问题。山东石油化工产业大多停留在炼油端，产业链流程较短，成品油比重大，化工品占比小，山东汽柴油、石脑油等初加工产品占比80%以上；产品结构单一，精细化程度不高，乙烯合计产能228万吨，仅占国内乙烯产能的6.2%；PX(对二甲苯)合计产能285.5万，国内占比仅为11.0%；乙烯50%、芳烃57%依赖进口。在炼化方面，山东省炼化企业规模普遍偏小，抗风险能力差。炼化企业平均产能仅350万吨左右。山东也是我国地方炼厂最多的省份，拥有全国70%左右的地方炼厂，省内除齐鲁石化和青岛炼化为中国石化旗下炼厂，其余产能均为地方炼厂。企业分布较散，山东炼化企业几乎分布全省，16个地级市中只有济宁、泰安、枣庄、聊城和威海没有炼化企业。作为我省实施新旧动能转换的重点工程，裕龙岛炼化一体化项目有望成为推动行业结构调整和转型升级的标杆。

(2)我省煤化工行业情况。山东省并非我国煤炭资源大省，2020年山东原煤产量占全国原煤产量的2.8%，然而依托农业和制造业大省的优势，山东省煤化工行业快速发展。从产业类别看，由于资源禀赋及需求拉动，我省煤化工以传统煤化工为主，围绕“焦、肥、醇、炔、苯、油”6条主线，形成了煤焦化和煤气化2条产业链。相关资料显示，2020年山东省尿素产能位居全国第一，焦炭产量居全国第五，硝酸、醋酐、合成氨、醋酸产能也位居前列。从产业分布看，目前我省煤化工产业形成了鲁西、鲁北、鲁中、鲁南等煤化工产业集聚区，主要集中在泰安、德州、聊城、菏泽、济宁、枣庄、临沂等市。从企业情况看，经过多年发展，我省涌现了华鲁恒升、鲁西化工等煤化工行业龙头企业，其主要产品产能、产量及市场占有率在国内处于较高水平，技术装备达到国际先进水平，研发能力居全国同行业前列。从未来发展看，“十四五”期间，我省煤化工产业以建设鲁南现代化煤化工产业集聚区为主要目标，压缩传统煤化工产能，加快推进下游煤基精细化工产品的研发和生产。

(3)我省盐化工行业情况。山东盐化工产业资源丰富。山东是中国产盐大省，盐业历史悠久。2020年，我省原盐产量达到898.31万吨，占全国产量的16.7%，海盐年产量超过全国海盐年产量的70%。我省是全国重要的盐化工产品基地，烧碱、盐酸产量均位居全国第一。经过多年发展，目前我省盐化工产业主要集中在聊城、滨州、潍坊、淄博、东营等市，涌现出滨化股份、鲁北化工、山东海化等盐化工代表性企业。

与石油化工行业类似，在“双碳”背景下，盐化工行业还存在许多不足。一是产业体系不完整，产品精细化程度低。目前，我省盐化工组织结构、产业结构、产品结构均不完整，存在产业集中度低、规模优势不明显、生产链条短、资源综合利用率低、产品种类少、产品附加值不高的问题。二是产业发展投入不足，创新能力弱。受国家政策调整和环保要求越来越严等因素影响，盐化工企业面临融资难问题，资金短缺导致产业发展投入不足、高新技术人才匮乏，叠加自身发展基础薄弱和新产品研发周期长、成本高等问题，我省盐化工产业的创新能力存在多重短板。三是融合化发展进程较慢，与煤化工、石油化工等耦合发展潜力未能得到充分释放。盐化工是典型的高耗能、高排放产业，其生产过程产生大量工业副产品，如电解法生产烧碱过程中产生工业副产品氢，其与煤化工、石油化工存在多处横向耦合点，融合发展潜力极大。

(4)我省轮胎行业情况。轮胎是山东省传统优势产业，轮胎产能全国占比达55%，连续多年产量、出口量保持全国第一。目前，山东已形成以青岛、烟台、威海为主的半岛轮胎产业集群和以广饶、寿光为主的鲁北轮胎产业集群，据山东省橡胶行业协会统计，两大产业集群轮胎产量占全省轮胎总产量的80%。2021年全球轮胎75强中，山东有20家企业上榜，同时在9家A股轮胎上市公司中，有5家来自山东，分别为玲珑轮胎、赛轮轮胎、三角轮胎、森麒麟轮胎和双星轮胎。

目前，我省轮胎产业在应对“双碳”挑战方面存在不足，主要体现在以下两方面。一是研发起步晚，创新能力有待提高。我省轮胎企业在专利申请数量、专利布局、研发支出、产学研协同创新方面存在明显不足，与世界一流企业还有较大差距。2019年，我省营业收入排名前十的企业研发支出不及固特异一家公司的研发支出。二是数字化融合度低，智能化水平有待提升。前期较大的资金投入制约了轮胎企业数字化、智能化改造。另外，对数据安全性的担忧也增加了轮胎产业智能化转型的难度。

(三)“双碳”背景下，我省化工产业高质量发展存在的问题

随着新旧动能转换重大工程及安全生产转型升级专项行动的不断推进，我省化工产业整治成效初步显现。在碳达峰碳中和背景下，我省化工产业整体仍与世界先进水平存在一定差距。主要集中在以下四点。

1.科技创新能力弱

一是研发投入不足。2020年，全省规模以上化工企业研发经费支出占营业收入的比重为1.2%，虽已超过全国平均水平，但与发达国家，如德国(7.2%)、日本(3.7%)、法国(2.9%)等相比还有较大差距。2021年，我省研

发投入占比为2.4%,低于全国2.44%的平均水平,科技创新能力和成果转化率总体不高。二是高端化工人才不足。我省高端化工人才培育能力不足。根据软科中国大学专业排名,我省无一所大学进入化学工程与工艺专业前10,排名最高的为中国石油大学(华东),居第17位,低于南京工业大学(全国第11位)、浙江大学(全国第4位)与华南理工大学(全国第8位)。三是产学研用协同创新能力不足。由于评价机制、利益导向不同,高校与科研院所产出的科技成果难以匹配市场需求,高校、科研院所与化工企业之间难以建立真正有效的合作,不利于技术的创新发展。

2.产业集聚度低

一是企业入园率有待提高。截至2022年6月,我省化工企业入园率39.8%,不足40%,产值过百亿元的园区27个,仅占全省化工园区总数的32%。作为资金和技术密集型行业,化工企业搬迁所需资金压力大、新项目建设周期长,给企业带来极大挑战。此外,管理规范、配套完善及安全环保措施到位的园区数量较少,进一步压低了"入园率"。二是一体化程度不高。我省炼厂数量多,产能分布较分散,43家炼厂分布在11个地级市中,并且平均规模较小,我省炼厂平均规模350万吨/年,远低于全球炼厂平均规模(644万吨/年),一次加工能力在500万吨/年以上的仅15家,基本不具备拓展基础化工原料及精细化工的能力。

3.产业层次低

一是产业链流程短。受化工技术发展的阻碍,我省多数化工企业仅有一段或者两段化工产品流程,而国际大型化工企业,如巴斯夫,产业链流程较长,产品的精细化率明显偏高。二是产品结构不合理。我省化工产品以氯碱、化肥、塑料为主,基础化学品占比高,同质化严重,以煤为原料的相关化工产品存在不同程度的产能过剩现象。高技术含量、高附加值产品种类少,高端化学品发展不足,严重依赖国外进口,炼化深加工产品占比仅20%左右。

4.安全管理不到位

化工生产和使用的危化品在生产、运输、储存、输送、使用的全过程安全管控方面仍有不少薄弱环节,不少企业特别是中小企业设计水平低、安全投入不足。安全管理水平有待提升,生产过程中违规操作现象依然存在。部分从业人员安全意识不足,专业素质有待进一步提升。

三、"双碳"背景下我省化工产业发展路径

"双碳"背景下,化工产业的高质量发展是一项复杂的系统性工程。进一步顺应行业发展趋势,加速推动我省化工产业以集群化发展为主体,以高端

化、数智化发展为两翼，以绿色、安全、创新三大发展理念为支撑的“一体两翼三大理念”协同发展新格局。

（一）以集群化为主体改变产业发展模式

集群化发展是化工产业重要的发展趋势之一，是产业集聚和区域一体化发展的高级形态，具有规模领先、创新引领、生态完善、开放融合、成长自发等特点。通过产业集群，不仅能够降本增效、抵御风险，还能通过规模效应和知识溢出效应提升区域产业竞争力，加快资本、人才、信息等要素的流动，提升政策实施效果，促进企业创新。产业集群是区域经济迅速增长的重要引擎。打造世界级先进制造业集群，大力推动我省化工产业集群发展，应以政府统筹引导和市场化运作相结合，以园区化为方向，优化全行业布局结构，加速推进化工企业搬迁入园；以炼化一体化为抓手，推进减油增化、“油头化身高化尾”建设，提升石化产业竞争力；以差异化发展为思路，充分发挥自身的资源优势、市场优势，依托重点园区，加快建设六大特色化工基地，增强区域特色及竞争力，优化产业结构，化解产能过剩风险。

（二）以数智化为契机促进产业转型

一方面，化工产业由于自身的行业特点，在自动化、信息化方面具有较大优势，具备数智化转型的良好基础；另一方面，从世界来看，一些先进企业和发达国家都是通过数智化转型来实现产业升级的。而在“双碳”背景下，化工行业要实现高质量发展，仅依靠传统发展模式难度很大，利用数智化升级在发展质量上做加法，整合更多的优势资源，赋予有限的化工产业无限的可能性，是化工行业高质量发展的重要方向。推动我省化工产业数智化转型，要鼓励企业制定符合自身发展情况的数智化转型策略，加快剥离低效无效资产，淘汰落后设备，提升自动化能力。要充分发挥工业互联网、云计算和5G在行业中的应用，通过“机器换人”“智能化替人”“智能化提升效益”等进行示范引领。要加大对数字化、智能化转型的投入力度，降低转型金融、绿色金融对企业数智化转型的投融资难度。要探索教育和人才培养机制，加大化工产业数智化人才的培育力度。

（三）以高端化为抓手提高产业层次

“双碳”战略扩大了能源、交通、建筑、医药、信息等下游产业对高技术含量、高附加值的化工新产品的需求。而中低端化工产品产能的迅速投放和能源价格的高涨也带来了供应冲击、需求萎缩、预期转弱等挑战，我省化工产品结构亟须转向高端。要加快推动产业链纵向延伸,探索同一技术、多产业链协同发展的综合性平台式发展方案,生产高端、差异化、高附加值产品。要进一步优化产业结构,提升化工原料产业规模和加工深度,提高高端化学品自给度,补齐产业链短板,保障产业链、供应链安全。要锚定下游需求,借力新能源市场发展,做足上游供给;主攻定制化产品,开发高端功能化学品,提供多品类解决方案。还要鼓励企业以整合行业资源、获取先进技术资源为目的进行并购重组,通过纵向并购和跨界并购推动产业链向上下游延伸、跨行业协同发展、产业转型升级,实现产业链、价值链由低层次向高层次转变。

(四)以绿色循环为理念实现可持续发展

促进经济社会发展全面绿色转型是"双碳"战略的重要目标。化工是工业基础行业,产业关联度高,产业的绿色化发展对于人类社会可持续发展至关重要。当前,化工行业正处于绿色发展的转折点,"双碳"战略将推动全新业务模式和价值链的涌现,为蓄势待发的企业创造新机遇。推动我省化工产业绿色循环发展,要积极探索生物质能、氢能等资源取代化石资源,提升化工企业绿电消费占比,降低能源消耗和碳排放,加速原料绿色化。要改进生产工艺,革新生产技术,实现产业能量高效利用,降低能耗,减少工艺过程碳排放。要强化推广,通过开展全民教育、推进主体宣传、倡导绿色生活、打造绿色品牌等方式,引导绿色消费。大力发展循环经济,坚持"减量化(Reducing)、再利用(Reusing)、再循环(Recycling)"的"3R"原则,推进化工园区的循环化改造,强化统一管理,优化园区内的企业、产业和基础设施的空间布局。

(五)以创新为根本动力驱动产业技术突破升级

"双碳"战略倒逼化工产业提升系统性创新能力。表面上看,"双碳"战略是对碳排放的限制,但实质上则是希望利用有约束的条件来优化产业的发展,提高产业的技术水平。推动我省化工产业提升创新能力,要优化创新资源配置,建设化工产业创新平台,营造良好的人才发展环境,打造人才集聚高地,引导企业增加研发投入,推动创新要素集聚。要充分发挥政府引导作用,以企业为主体、以技术为导向,遵循市场规律,完善成果评估、人员激励、信息共享、科技中介体系机制,推动产学研用深度融合,加速科研成果转化落地。要发挥我省上游基础产业优势及下游广阔应用前景,强化技术攻关,大力发展新能源材料、CCUS 等低碳技术。

（六）以“双碳”目标引领化工产业安全发展

化工产业安全发展意义重大。化工产业是工业之母，几乎涉及所有生产行业，其发展对保障产业链供应链、重要战略性资源安全稳定至关重要。此外，提升化工产业本质安全水平将有效防范重大风险，切实保障人民群众生命财产安全。我省应完善化工产业管理措施，构建安全生产标准化及双重预防体系，优化化工产业安全、环保工作的法律法规框架体系，加强生产、储存、运输、使用、经营、废弃处置全环节管控，提高精细化运行管理水平，以“双碳”目标引领化工产业安全发展。

课题组成员：谢尚青　匡敏　迟泓　张磊　史喆　郑艳娜　牛娟　李贺旋

山东省氢能产业发展研究报告

氢位于元素周期表之首，在所有元素中重量最轻，在常温常压下为气态，在超低温高压下为液态，在极端高压状态下为固体金属态。作为二次能源，氢需要通过一定方法利用各种一次能源制取。氢主要划分为灰氢、蓝氢和绿氢三类，兼具化学、能源和储能三重属性。一是重要工业原料，用于生产合成氨、甲醇或提炼石油、煤炭深加工等，全球91%的氢气用作工业原料。二是清洁可再生能源，有利于促进电力、工业、建筑、交通领域深度脱碳，构建"电氢体系"有助于保障国家能源安全稳健。三是耦合新能源发挥储能功效，助力可再生能源消纳，充当能源缓冲载体，提供能源韧性。相较其他能源，氢能优势显著。氢储量丰富，是宇宙中最丰富的元素，构成宇宙质量的75%，以化合物形式储存于水和化石燃料等物质中。清洁环保，属于可再生的含能体能源，终端利用洁净无污染，可循环利用。能效明显，导热性强、燃烧热值高，燃烧热值位居除核能外的各种燃料之首。氢能产业链包括"制、储、运、加、用"等五个环节。制氢是基础，"储""运"为下游"加""用"提供保障，决定氢能大规模发展的核心是实现低廉、高效的原料来源和储运。氢能产业是具有战略性和先导性的新兴产业，代表未来技术变革和能源发展的重要方向。2022年3月23日，国家发展改革委、国家能源局联合印发《氢能产业发展中长期规划（2021～2035年）》，明确了氢能战略定位：氢能是未来国家能源体系的重要组成部分，是用能终端实现绿色低碳转型的重要载体，是战略性新兴产业和未来产业重点发展方向。彭博新能源财经的氢市场预测报告认为，美国、欧洲和中国的氢市场将成为氢能发展的主要驱动力。

一、氢能产业发展趋势

（一）全球氢能产业发展趋势

从全球来看，随着一系列政策为氢气的大规模推出铺平道路，围绕产业脱碳集群和大规模出口国的全球氢气市场轮廓正在显现。2025年，全球制氢电解槽产能将达到440万吨，2030年将达到1670万吨。未来，欧洲、日本和韩国等主要氢气需求中心消耗的大部分氢气将依赖进口，全球天然气和电力成本之间的较大差距可能给氢气贸易带来重大的套利机会。10年内，全球氢气最初的贸易和市场价格可能首先围绕氢气生产和需求中心展开，然后转向全球定价。

1.中国将成为电解槽最大的销量市场

2021年，全球用于制氢的电解槽交付量达到458兆瓦；2022年，全球电解槽交付量估计至少提高至4倍，在1.8～2.5吉瓦之间。亚太地区（主要是中国）的电解槽交货量为1.3～1.8吉瓦，其中最重要的驱动力来自中国的国有企业，为了实现脱碳目标，中国企业急需提高氢气产量，对电解槽的需求将占到该地区总需求的62%～66%。

2.欧美主要发达国家将继续执行配套政策以促进氢能项目发展

美国将成为仅次于中国的第二大电解槽市场。美国能源部计划投资2800万美元用于清洁氢能的研发，将聚焦以下几个主题：降低氢弹项目成本、废物和生物质中氢的提取、与废物共气化的传感器和控制研究等。美国旨在将清洁氢能应用于电力生产、工业活动和交通运输。欧盟过去出台了一系列补贴政策和监管政策，近期欧盟资金得到释放，启动各成员国补贴计划，大规模氢能项目在2022年开始建设，未来项目实施将有力地推动欧洲氢能市场的繁荣。

3.“净零”目标成推升氢能需求的主要动力，重工业将主导清洁氢能需求

从长远来看，碳税的低廉和免费配额都在一定程度上削弱了其影响力，未来各国和各企业确定的净零排放目标将成为氢能需求的主要动力。2022年，钢铁、制氨、制甲醇、化工和炼油这5个行业的清洁氢用量将超过全球5.1万辆氢动力汽车的用量。清洁氢能需求将转向重工业。

在实现氢气管道运输前，运输氢气的最佳途径仍需要借助氨。其相关供应链已基本建成，未来很多氢能公司将利用这一相对成熟的技术实现氢的跨境输送。随着电解槽价格的快速下降，到2030年，全球绿氢将比蓝氢更便宜。未来蓝氢项目相关公司将需要依靠政策补贴来维持生存。

4.碱性电解槽将占大量市场份额

当前，最成熟的两种制绿氢技术分别是碱性电解和质子交换膜电解。因为碱性电解装置更廉价，也更适合大型项目，所以2022年碱性电解类产品占全球电解槽市场的份额或超过2020年和2021年总和，占发货量的75%～78%。

(二)我国氢能产业发展现状

进入21世纪,我国氢能产业逐渐加快发展步伐,初步形成诸多产业集群。京津冀、长三角、珠三角等经济发达地区已成为氢能产业的领跑者。我国众多企业积极参与氢能产业布局,在诸多领域逐渐缩小与国外技术的差距。

2020年,我国氢气年产量约为2500万吨。我国煤炭资源丰富,氢气生产主要来源于石化和煤化工企业,化石燃料制氢和工业副产气提纯制氢量约占全国制氢总量的99%。中国煤炭工业协会数据显示,2020年我国的煤制氢量占比约62%,天然气制氢量占比约19%,工业副产气提纯制氢量占比约18%,电解水制氢量占比约1%,生物质制氢技术尚未完全成熟,其制氢量占比可忽略不计。煤制氢是最成熟的制氢技术,具有成本低、工艺简单以及可大规模量产等特点,但是生产过程中会排放大量的二氧化碳。目前,我国的二氧化碳捕集、利用和封存技术(CCUS)尚未完全成熟,碳捕集的投资成本较高。近年来,可再生能源电解水制氢技术的发展热度越来越高。索比光伏网公布的数据显示,2021年全球范围内电解水制氢量高达50吉瓦,全球相关项目计划总量高达80吉瓦。我国已开展的部分可再生能源电解水制氢项目有:2009年,国家电网开展了风光联合制氢技术的研究,提出了多种模式下制氢的应用方案,并对系统综合效益进行分析;2014年,中国节能环保集团开展了风能直接制氢技术的研究,并利用氢燃料电池将氢能与风能耦合并网发电,其制氢功率为100千瓦;2015年,河北建设投资集团投资建设了国内首个风电制氢示范项目,风电制氢功率为10兆瓦,并于2019年投产;2019年,阳光电源在山西省开展了大规模光伏制氢项目,并对氢气输运及存储技术进行了研究;2020年,宝丰能源集团投资14亿元用于开展光伏制氢储能示范项目,该项目是国内最大的光伏制氢储能项目,涉及电解水制氢、储运、加氢站以及交通运输等多个领域;京能电力在内蒙古投资230亿元用于建设容量为5吉瓦的风、光、氢、储一体化项目,其规划电解水制氢规模为2万立方米/小时,对推广绿氢具有重要意义。2020年以来,国家电力投资集团、国家能源集团、京能电力等诸多企业总计规划开展9个氢能产业项目,项目建设地点涉及全国多个省份,预计投资约466亿元。这些项目将开展风光联合制氢系统研究和示范工程,探索可再生能源高效制氢技术,旨在推动我国氢能产业发展。预计2025年和2050年,我国氢能产值将分别达到1万亿元和12万亿元。

二、我省氢能产业发展现状与存在的问题

我省重点建设“鲁氢经济带”(青岛—潍坊—淄博—济南—聊城—济宁),其中“中国氢谷”济南是我省氢能产业创新研发、装备制造、商务会展、商业应用基地,“东方氢岛”青岛是我省氢能轨道车辆及船舶研发制造、氢能港口机械及物流应用、氢能热电联供及固定式、分布式电源研发应用基地。“两大氢能产业集群”分别是以潍坊、淄博为龙头的燃料电池及关键材料产业集群和以聊城、济宁为龙头的燃料电池整车及氢能制储装备产业集群。我省氢能产业发展有以下特点。

(一)发展氢能产业具有得天独厚的资源优势

山东氢气来源广泛,氯碱、焦化等行业副产氢资源丰富,化石燃料制氢规模较大。全省年产氢气 260 万吨左右,居全国首位,大部分为工业副产氢,品质较好、价格低,具备大规模利用的成本优势。同时,山东省光伏发电装机规模全国第一,风电装机规模全国第四,在运在建核电装机 570 万千瓦,山东具备新能源制氢的良好条件。

(二)发展氢能产业具有较强的技术创新优势

山东省氢能产业骨干企业充分发挥创新主体作用,联合重点高校和科研院所,在燃料电池关键材料与核心部件制备、系统集成及智能化控制、新一代高能效制储运氢与新型质子交换膜燃料电池体系等关键技术方面取得重要进展。潍柴动力牵头开展“燃料电池发动机及商用车产业化技术与应用”国家重点研发计划项目,积极创建国家燃料电池技术创新中心;东岳集团建成含氟功能膜材料国家重点实验室;山东省能源研究院成立氢能燃料电池功能实验室,全面开展氢能与燃料电池关键技术攻关和示范应用。

(三)发展氢能产业具有坚实的产业基础

山东省氢能产业基本覆盖氢气制取、储运、燃料电池关键材料、燃料电池汽车及配套产业领域,拥有重点企业(研究机构)50 余家。潍柴动力初步具备了“基础部件—电堆—发动机—整车”的全套研发和测评能力,形成了覆盖 30～120 千瓦的系列化燃料电池发动机产品,建成了生产 2 万台氢燃料电池发动机的工厂;东岳集团的燃料电池质子交换膜质量接近世界先进水平。重点企业的龙头带动作用为全省氢能产业加快发展创造了有利条件。

前瞻产业研究院选取我国氢能源产业链上游氢气制取环节中注册资本在1000万元以上的企业进行了研究。从区域分布情况来看,我国氢能源生产企业主要分布在山东省、浙江省和广东省。其中,山东省作为化工大省,凭借化工基础生产工业副产氢等氢能源,涉及氢气制取的企业较多。

目前,我省氢能产业发展基础良好,但也存在制氢效率低、从清洁能源中提取氢气在制氢产业中所占比重较低、氢气的供应链体系不健全、制氢储氢运氢没有形成完备高效的供应链体系、氢基础设施缺口较大、氢燃料电池成本较高、氢能专利壁垒很高等问题,氢能全链条产业亟待进一步优化。

一是氢源结构性矛盾突出,灰氢占比过高。因灰氢成本优势明显,近99%的氢源来自灰氢。绿氢制备面临经济性欠缺问题,其高成本来自“消耗的电费”和“电解槽购置费”。电费占总成本比重约85%。我国电解水制氢电价参照大工业电价标准执行,当电价为0.4～0.6元/千瓦时,电制氢成本为30～40元/千克;如果电价降低到0.1元/千瓦时,电解氢成本可下降至10元/千克,与化石能源制氢价格相当。随着政策推动和技术迭代,绿氢成本有望在2030年前实现平价。电解槽进口成本较高。

二是用氢途径单一,主要在工业领域。约95%的氢气用作工业原料,如炼油、炼钢、氨生产和甲醇生产等,其中炼油和氨生产的氢气使用量较大,分别占比约33%和27%,少量液氢用于航天领域,在交通、建筑、发电领域用氢占比小。其原因在于氢能大规模储运难,氢能储运技术、能效和安全问题尚未完全解决。目前,主要采用气态高压储运方式,储氢密度低,关键零部件依赖进口。而低温液氢储运、金属固态储氢技术尚未实现商用。储运环节的技术瓶颈不仅制约下游产业的应用,而且抬高下游使用成本。

三是加氢站建设成本高,单体经营困难。建设一座35兆帕,500千克/天固定式加氢站的投资成本为1500万～2000万元,是传统加油站的3倍。政府补贴在300万～500万元不等,按照当前氢气的价格(60～70元/千克),每天约加注400辆氢燃料汽车才可以实现收支平衡。但燃料电池车尚未普及,市场狭小,现阶段多数加氢站处于亏损状态。未来加氢站的加注压力将由35兆帕逐步提升到70兆帕,由单一建站向氢油、氢电综合建站发展。

四是燃料电池车综合成本高,限制其商业化进程。燃料电池车的高成本除上游燃料消耗成本外,还包括车辆购置成本。燃料电池是整个氢能产业利润创造和技术创新的核心。我国燃料电池产业链配套体系不完善,关键材料依赖进口,导致成本难以控制。虽然膜电极、双极板、质子交换膜等关键零件已实现国产化,但生产规模较小,以铂催化剂为代表的关键材料价格昂贵,导致氢燃料电池车的成本是燃油车的2～3倍。

五是氢能安全标准制定落后于发展需要。氢能产业是自下而上发展起来的，由民营企业率先进入，大型央企纷纷跟进，在地方政府大力扶持下形成一定产业基础并显现较好发展前景。目前，氢能产业链各环节技术迭代速度快，各企业研发的投产设备和应用产品在制式规格方面存在差异，很难制定统一的安全标准来控制和约束，这导致安全技术标准制定明显滞后，影响商业化应用。

三、我省进一步优化发展氢能产业的对策建议

充分发挥山东氢能资源特色优势，助力实体经济迅速发展。聚力建设国家燃料电池技术创新中心，打造氢能及燃料电池技术研发、高端人才培养、科研创新试验、战略新兴产业培育和重大成果输出等“五大基地”，提高自主创新和技术供给能力，引领产业迈向价值链中高端。组织实施“氢进万家”科技示范工程，统筹推进济南、青岛、淄博、潍坊4市“氢进万家”科技示范工程，打造全国首个万台套氢能综合供能应用示范基地，攻关突破并验证一批关键技术与核心装备，建成1条氢能高速、2个氢能港口、3个科普基地、4个氢能园区、5个氢能社区，为氢能进家入户提供山东示范样本。

用好绿色金融工具，促进氢能产业发展。优先支持可再生能源电解水制氢，提升绿氢制备市场份额，重点支持电解水制氢项目的技术研发、设备制造和建设运营，优先支持碱性水电解槽技术，试点支持质子交换膜水电解槽技术，探索为固体氧化物水电解槽技术提供研发贷款的可行性。合理支持工业副产气制氢，保障燃料电池车氢源供应稳定。适当支持天然气重整制氢，促进CCUS技术发展。积极支持储运项目建设，打通产业链梗阻。创新经营模式，以城际带状及网状加氢基础设施建设为重点，打通全省制、储、运、用各个环节。

鼓励开展商业模式创新和示范项目。在碳中和背景下，通过示范项目挖掘氢能在其他领域的应用潜力，总结经验，出台针对性的支持政策，促进氢能协调发展。兼顾重点城市市内加氢基础设施建设，提升燃料电池车应用积极性。用好“链长制”“领航型”企业优化提升政策，重点支持质子交换膜、空气压缩机、氢气循环泵、燃料电池发动机及整车等生产制造企业，增强研发能力，深化战略合作，打造一批具有核心竞争力的全球知名品牌。

加快建立品牌优势。挖掘一批专精特新“小巨人”企业进行重点扶持，培育“单项冠军”“瞪羚”“独角兽”企业，形成“山东氢能”品牌多层次发展梯队。特色打造“山东氢能”区域引领品牌，优化全省氢能产业布局，支持济南打造

“中国氢谷”,建设科技创新、商务会展、应用示范基地;支持青岛打造“东方氢岛”,建设氢能技术创新核心区、氢能创新发展试验区、燃料电池汽车产业聚集区;支持淄博打造“氢能生产应用标杆城市”,建设规模化制氢、燃料电池关键材料及部件产业基地;支持潍坊打造“鲁氢动力城”,建设燃料电池发动机制造基地和燃料电池汽车应用示范区;支持滨州打造“渤海氢城”,建设“京津冀鲁一体化氢走廊”氢能生产、高端装备制造和应用示范城市。

完善配套支持政策。快速实现碳交易、碳税等杠杆政策,加快研究氢能利用的减碳作用,让氢能发展聚焦减碳目标。发挥山东氢能与燃料电池产业联盟的作用,建立专家智库,汇聚各类资源,强化交流合作,推动产业链协同发展和行业自律。加强国际合作,定期举办山东省氢能产业发展国际合作推介会,积极承办具有国际影响力的氢能产业峰会、论坛、展会等活动,搭建山东氢能产业与国际知名科研院所、高等院校和跨国公司的交流平台,强化与国际氢能协会、国际氢能委员会等国际机构的交流合作。倡树氢能理念,在济南、青岛、潍坊等市建设氢能产业科普基地,加强氢能装备产业、生产应用、氢安全等知识的宣传普及,倡树绿色低碳氢能理念。

课题组成员:郭芸箫　史喆

山东绿色金融创新发展研究

党的二十大报告指出，要加快发展方式绿色转型，实施全面节约战略，发展绿色低碳产业，倡导绿色消费，推动形成绿色低碳的生产方式和生活方式。推动实现绿色低碳发展是贯彻新发展理念、构建新发展格局、实现高质量发展的必然要求。《国务院关于支持山东深化新旧动能转换推动绿色低碳高质量发展的意见》明确提出要引导金融机构按照市场化法治化原则开发绿色金融产品、扩大绿色信贷规模，支持符合条件企业发行绿色债券，对山东大力发展绿色金融提供了重要政策依据，提出了具体部署要求。山东将坚定不移地贯彻落实党中央、国务院决策部署，深入践行绿色发展理念，持续大力发展绿色金融产业，推动山东新旧动能转化战略的成功实施，助力我国碳达峰碳中和目标加速实现。

一、绿色金融的背景、内涵及发展现状

(一)绿色金融的背景

1.全球对气候变化问题提出明确具体行动目标

2005 年 2 月，149 个国家和地区通过了《京都议定书》。2015 年 12 月，第 21 届联合国气候变化大会通过了《巴黎协定》，对 2020 年后全球应对气候变化的行动做出了统一安排。2022 年，已有欧盟、日本和韩国等 110 多个国家和地区承诺到 2050 年实现碳中和。

2.我国明确提出“双碳”目标

2020 年 9 月 22 日，习近平主席在第 75 届联合国大会一般性辩论上宣布，中国二氧化碳排放力争于 2030 年前达到峰值，努力争取 2060 年前实现碳中和。在此后的多个场合，习近平主席重申了中国的“双碳”目标，并强调要坚决落实。2021 年 3 月，“双碳”目标被纳入“十四五”规划和 2035 年远景目标。

(二)绿色金融的内涵

1.国际社会对绿色金融的概念界定

早期对绿色金融的理解几乎与环境金融等价,凡是促进环境保护和资源节约的金融活动均被视为绿色金融。20 世纪末,国际社会加大了对气候变化问题的关注,此时绿色金融与气候金融、碳金融相互替代,绿色金融被理解为减少碳排放和气候变化的金融活动。21 世纪初,随着“赤道原则”的发布和在全球的普及,联合国环境署下辖的金融行动机构认为绿色金融不仅仅是指向环境保护部门进行的投资,还包含其他融资项目,如融资项目准备、项目的土地收购等。2016 年 9 月,G20 绿色金融研究小组将“绿色金融”定义为能够产生环境效益以支持可持续发展的投融资活动。

2.我国对绿色金融的概念界定

2016 年 8 月,中国人民银行等七部委共同印发《关于构建绿色金融体系的指导意见》,将绿色金融界定为支持环境改善、应对气候变化和资源节约高效利用的经济活动,即对环保、节能、清洁能源、绿色交通、绿色建筑等领域的项目投融资、项目运营、风险管理所提供的金融服务。

(三)我国绿色金融发展现状

第一,绿色信贷是主力军。2017～2021 年,我国绿色信贷规模持续扩大。以中国工商银行为代表的 72 家银行机构,累计绿色信贷余额由 2017 年的 54112.78 亿元上升到 2020 年的 90451.97 亿元,增幅达 67.15%,年均增速 18.68%。2021 年累计绿色信贷余额高达 15.9 万亿元,绿色信贷实现线性增长。第二,绿色债券是我国绿色金融的第二大载体,2020 年发行额 5508 亿元,累计发行额 11589 亿元,规模仅次于绿色信贷。随着绿色债券的不断发展,绿色债券种类逐渐丰富,发行人所属行业愈加广泛。第三,绿色保险作用凸显。近年来,我国绿色保险产品不断创新,服务体系初步建立,在绿色金融中发挥越来越重要的作用。

二、山东省绿色金融发展取得积极成效

(一)绿色金融发展的政策制度体系更加健全完善

一是强化对金融机构的政策激励和监管引导。2020 年 8 月,中国人民银行济南分行联合 9 部门发布《关于发展绿色金融服务生态文明建设和高质量

绿色发展的实施意见》，从11个方面提出31条具体措施。2021年7月，山东省地方金融监督管理局发布《山东省“十四五”金融业发展规划》，提出从完善绿色金融政策支持体系、创新绿色金融产品服务模式、发展绿色金融组织等3个维度发力，助力金融业高质量发展和服务山东新时代现代化强省建设。2021年9月，中国人民银行济南分行制定《山东省银行业法人金融机构绿色金融评价实施细则》，明确对绿色金融业务的定量、定性评价标准。

二是强化各部门间政策协同。2021年8月，山东省科学技术厅发布《科技引领产业绿色低碳高质量发展的实施意见》，提出搭建绿色技术信息、绿色技术转化、绿色技术金融三大平台，为科技成果转化提供金融资金支持。2021年12月31日，山东省生态环境厅出台《关于全力服务2022年第一季度“开门稳”“开门红”的20条措施》，其中在绿色金融政策方面，再次提出建立省级环保金融项目库，引导和促进更多资金投向应对气候变化的领域。

三是积极支持金融机构产品创新。2021年9月初，中国人民银行济南分行会同山东省生态环境厅、山东省地方金融监督管理局、山东银保监局联合印发《关于支持开展碳排放权抵质押贷款的意见》，在全国率先推动碳排放权抵质押贷款规范化、标准化、规模化发展。各银行围绕环境权益、生态产品价值实现，积极开发特色化信贷产品，已有多地多家银行开展碳排放权抵质押贷款业务，部分银行创设湿地碳汇、林业碳汇、海洋碳汇等贷款产品。

（二）绿色金融发展的基础和资源更加雄厚

一是山东高碳产业比例偏高，减碳降碳融资需求大，为山东发展绿色金融提供广阔空间。山东产业结构偏重，能源结构偏煤，碳排放总量占全国的近10%，减碳降碳任务重、责任大。绿色金融作为应对气候变化、实现“双碳”目标的重要力量，对深化新旧动能转换、实现绿色低碳高质量发展具有十分重要的作用。有关机构测算显示，全国实现“双碳”目标的资金需求总量在百万亿元以上，其中山东省每年需新增投资约2000亿元，节能环保、清洁能源、碳减排等方面蕴含着巨大的融资需求，为绿色金融的长远发展提供了广阔空间。

二是山东金融资源加速向绿色产业聚集，山东发展绿色金融具备良好基础。统计显示，截至2022年6月，山东省绿色贷款余额达10225亿元，同比增长62.1%，高于全部企业贷款增速49.8个百分点；全省“十强”产业的绿色贷款余额5301亿元，同比增长31.9%；高技术企业绿色贷款余额981亿元，同比增长72.9%；全省“两高行业”绿色贷款余额609亿元，同比增长122.3%；高碳行业绿色贷款余额790亿元，同比增长77.9%。上述数据显示，山东金融资本加速向绿色产业聚集态势明显，发展绿色金融具备良好基础。

(三)绿色金融发展的工具产品更加丰富多元

一是绿色信贷产品创新体系更加健全。截至2021年12月,按中国人民银行口径,山东省绿色贷款余额7979.18亿元,同比增长48.69%,高于全省各项贷款增速18.3个百分点;同期全国绿色贷款余额15.90万亿元,同比增长33.00%,高于各项贷款增速21.70个百分点。分产业看,山东省绿色贷款主要集中于基础设施绿色升级、生态环境产业、清洁能源产业等领域。2021年12月末,三大领域绿色贷款合计6842.32亿元,占比85.75%。节能环保、清洁生产、绿色服务三个领域绿色贷款合计1136.87亿元,占比14.25%,同比提高1.44个百分点。从风险情况来看,绿色贷款不良率保持低位。2021年末,山东省绿色贷款不良余额为29.54亿元,不良率为0.37%,与2019年末相比均有所下降。从承贷主体情况看,2021年末单位和个人绿色不良贷款余额分别为29.18亿元和0.35亿元,不良率分别为0.37%和0.58%。

二是绿色债券处于全国较高水平。2018～2021年,全国绿色债券发行总金额为12294.12亿元,山东省绿色债券发行总金额为5011.00亿元,占全国发行总额的40.76%。从发债利率看,大部分处于3%～6%的合理区间。2018～2021年,山东省非金融企业绿色债券的平均发行利率为5.26%,60%的债券发行利率在3%～6%,融资成本处于较为合理的区间。从债券评级看,绿色债券等级优良。2018～2021年,山东省发行的绿色债券中,具备债券评级的共31只。其中,AAA级15只,AA+级9只,AA级7只,可见绝大多数债券信用等级优良。

三是绿色基金发展形成一定规模。山东省在绿色产业基金发展方面处于国内前列,相关发展基金对山东省绿色发展起到了重要作用。新旧动能转换基金方面,山东省新旧动能转换引导基金已实缴出资超过1200亿元,累计投资项目960个,带动社会资本投融资3029亿元,无论是集聚资本的密度还是链接产业的深度,都稳居我国政府引导基金市场前列,已成为区域金融资源配置的重要平台。绿色发展基金方面,主要投资山东清洁能源、绿色交通、绿色建筑等节能环保绿色产业和新技术、新材料等低碳领域新兴产业,支持山东新旧动能转换重大工程实施和绿色产业发展。这一基金75%的资金将用于气候变化减缓项目,其余25%用于气候变化适应项目。到2027年,该基金下的项目预计每年将减少250万吨的碳排放量,并直接帮助山东省至少200万人提高气候适应性。山东省新动能中化绿色基金方面,重点投资于工业环境治理相关领域,包括危废处置、废物资源化、土壤修复等。此外,省级层面成立的绿色基金还包括山东省国合开研绿色新动能产业发展基金、山东山发绿色产业投资母基金、三峡绿色产业(山东)股权投资基金。地市级层面成立的基金有济南绿叶生科股权投资管理基金、青岛中鑫绿色私募股权投资基金、青岛山发绿科私募股权投资基金、青岛光晟绿色初创私募股权投资基金、淄博鲁渝绿色股权投资基金、枣庄众创绿色一号股权投资基金。

四是绿色融资工具持续创新。对于碳排放权交易市场,2021 年全国首批纳入的发电企业共 2162 家,山东有 330 家,占比约 15.3%,是全国唯一超过 300 家的省份。山东正同步启动碳市场服务中心,建立省内二氧化碳排放权交易服务平台,2022 年已完成 330 家中的 322 家重点碳排放企业交易账户的开立。山东金融机构积极拓展环境权益市场,不断创新绿色金融融资工具,扩大了企业绿色低碳融资渠道。已经实现新能源补贴质押、海洋碳汇质押等环境权益融资工具落地,有效盘活了企业沉睡的“绿色资产”,解决了因固定资产抵押物不足带来的融资困难的问题。此外,金融机构不断丰富基础资产类型,拓宽抵押品范围,推进污水处理收费权、清洁能源发电收费权、绿色交通客票权、节能减排收益权等绿色权益证券化。

三、“双碳”目标下山东绿色金融发展存在的问题分析

(一)市场发育不够充分

一是总体规模较小。2021 年末,全省绿色贷款余额 7979.2 亿元,仅为广东、江苏、浙江的一半左右。二是产品创新较少。碳债券、碳期货、碳托管、碳保险等金融产品尚未破题。三是支持领域偏窄。我省绿色金融产品以支持绿色交通运输项目、生态环境治理及可再生能源项目为主,且多为大型国有企业,对高碳企业转型、中小企业支持力度不够。

(二)政策体系不够完善

一是政策集成不足。我省绿色金融工作缺乏顶层设计,组织领导体系不够完善,政策多散落在相关规划和文件中,政策集成不明显。二是政策配套不全。金融行政部门和各业务部门之间工作协同不够有力高效,一定程度上影响了政策的传导效率。三是政策激励不够。山东省现有绿色金融政策以指导性政策为主,有含金量的激励性政策和风险补偿措施相对不足,激励绿色金融发展的良好制度环境尚未形成。

(三)科技支撑能力不强

一是高素质专业人才较为短缺。普遍缺乏碳排放管理和碳资产运营等方面的专业人员;涉及绿色金融的人才培养相对滞后,特别是缺乏气候金融、碳计量等新兴学科人才。二是绿色金融产品技术存在短板。在海洋、湿地等生态固碳和CCUS人工固碳的方法学、计量学等方面还没有形成统一标准,因而无法将碳汇等打包成标准化的证券产品。三是第三方服务发展不够。在国际碳核查碳交易方面,由于国内缺乏国际普遍认可的权威绿色金融服务机构,因此绝大多数都依赖于国外中间商。

(四)监管机制不够严密

一是缺乏权威统一的绿色金融标准。目前,各地在发展绿色金融时参照银保监会绿色信贷标准、中国人民银行绿色贷款统计标准、国家发展改革委绿色债券等几大标准体系,各标准在支持项目范围和分类方法上存在差异,增加了参与主体操作的难度。电力、建材、有色金属等高排放行业在转型技术认定和融资方式等方面存在较大的行业差异。二是缺乏统一明确的绿色低碳企业项目标识。尚没有绿色低碳项目和绿色企业的统一评价标准,金融机构缺乏权威的依据和参照,不仅存在精准识别难、业务开展难问题,还面临信息不对称导致个别高耗能行业企业可能被“洗绿”“漂绿”的风险。三是缺乏智能普惠的绿色金融平台。目前,碳信息归不同部门管理,由于各部门掌握的数据权限、范围、运用边界等缺乏统一制度规范,因此信息无法互联互通,无法充分挖掘信息并综合分析利用。

四、“双碳”目标下推动山东绿色金融发展的对策建议

(一)进一步扩大山东绿色金融市场规模

一是创新开发新型金融产品,鼓励更多主体参与。探索碳效贷、绿色资产证券化等产品,发展碳排放权、用能权等碳排放抵质押业务,创新碳基金、碳保险、碳信托等服务,制定碳中和债券、可持续发展挂钩债等奖补措施,开辟碳债券发行绿色通道,构建多场景的绿色信贷保险体系。将绿色金融产品创新纳入省新旧动能转换金融产品创新,丰富扩大场景应用。二是研究制定省内统一的绿色金融产品服务体系标准,引进、培育权威的第三方绿色认证机构,吸引更多投资者进入市场。制定低碳转型技术指引,编制转型金融支持目录、操

作规范，推动构建转型金融标准体系，规范转型活动和路径的披露机制。整合现有碳核查、碳评价力量，做大做强一家国有权威的碳核查、碳复核机构，为企业参与碳排放权交易、国家核证自愿减排量以及碳关税信息披露等提供权威的碳核查及碳信用背书。三是搭建符合山东实际的绿色金融服务平台，支持项目审批、资金审计等全过程服务，提高绿色金融产品的安全性、便利性、有效性。依托省发展改革委“信易贷”平台，引入碳排放核查机构、环境咨询评价机构、金融机构、投资机构等，利用碳账户大数据赋能，以信用信息监管为支撑，打造一体化“大数据＋信用”绿色金融数字服务平台，推动我省碳征信、碳普惠建设。

(二)进一步健全绿色金融发展政策体系

一是结合山东实际探索制定地方或部门法规条例。由省发展改革委牵头，制定出台《碳金融发展三年行动方案(2023～2025 年)》，在标准制定、政策措施、激励机制、产品创新等方面明确要求，加快形成制度体系和工作机制，积极构建促进绿色金融发展的“四梁八柱”。二是制定出台鼓励绿色金融发展的财政、金融政策。设立山东省碳达峰碳中和基金，分类分级构建规模化、体系化的绿色低碳基金群。充分发挥省投融资担保集团作用，为企业碳融资的开展提供增信服务；探索建立政府性融资担保机构风险代偿补偿机制。引导国有资本支持绿色金融发展。三是将绿色金融纳入重点区域金融发展整体规划。依托济南区域金融中心、青岛财富管理中心、烟台基金管理服务中心建设，推动出台绿色金融发展的优惠政策。四是积极争取国家层面有关绿色金融发展政策在我省落地。争取威海成为国家级绿色金融改革试验区，并在海洋碳汇交易等领域率先实现突破。发挥青岛西海岸新区气候投融资试点的示范引领作用，积极争取全国性金融保险机构绿色金融创新试点工作落地山东，打造绿色金融服务创新的“齐鲁样板”。

(三)进一步加大绿色金融科技创新投入力度

一是积极利用我省在大数据、云计算、量子等领域的技术优势，推动实现绿色金融领域的技术创新。依托山东绿色技术银行，推动相关清洁生产的技术研发和成果转化。加大人才引育力度，通过课题研究、技术创新、学科建设等多种方式，开展人才队伍培养和技术产品开发。二是通过政策优惠鼓励技术创新。通过税收优惠、专项资助等政策措施，鼓励科技企业积极参与绿色金融技术创新。三是建立山东绿色低碳技术转让公共服务平台。吸引更多绿色低碳投融资，提高创新技术的转让和利用水平。

(四)进一步强化金融风险监管防范

一是加强绿色金融风险管理,将绿色金融风险纳入全省金融安全风险防范工作体系。积极建立完善绿色金融风险监控体系、预警体系、应对处置体系,定期开展绿色金融安全风险评估,制定并完善重大突发风险事件应对处置方案。加大对内幕交易、市场操纵、信息造假等违法违规行为的执法打击力度。二是强化ESG(环境、社会和公司治理)监管,压实信息披露责任,统一信息披露标准,建立透明可靠的绿色信贷风评体系。依托碳账户对发放贷款及债券的项目进行碳效分析,对比贷前贷后的碳减排量、单位贷款碳排放强度等,形成科学、便捷、经济的信贷碳效益评估体系,同时可为企业ESG、信息评估披露提供权威统一的标准数据。依托工业碳账户能效评级及其他条件标准,开展绿色低碳企业及项目评价认定,帮助各类金融机构建立批量、精准对接机制。

课题组成员:李贺旋

欧美碳关税的影响效应及应对路径研究

欧洲议会通过的最新碳边界调整机制(CBAM)草案修正案将覆盖行业扩大为电力、钢铁、水泥、铝、化工、有机化学品、塑料、氢和氨产品,并纳入制造商使用的外购电力产生的间接排放,还在欧盟层面设立了碳关税主管机构,美国、加拿大等国也加快了推进碳关税实施步伐,欧美碳关税的实施时间、征收范围、计算方法等大框架基本明确。

党的二十大明确提出,反对"筑墙设垒"。碳关税本质上是新型的绿色贸易壁垒,为了深入分析欧美碳关税的影响,省发展改革委、省宏观经济研究院开展了专题调研,组织召开了专家座谈会,对 20 多家可能受影响的大型企业进行了调研。从各项情况分析,欧盟碳关税虽然 2027 年正式实施,但 2023 年进入过渡期,将在国内外贸易、环境、产业、金融等领域引发深刻变革。我省"十强"产业中部分产业面临出口成本上升、市场被挤压的挑战,新能源产业和碳金融发展面临新的机遇,我省应密切关注最新要求并提早布局应对。

一、欧盟碳关税实施对我省的影响

(一)大部分行业出口成本上升,市场份额重新洗牌,个别行业面临被"挤出"风险

欧盟碳关税旨在通过提升进口产品"碳成本",维护境内企业的国际竞争力,同时避免产业转移。波士顿咨询(BCG)最新研报分析,碳关税对行业利润的侵蚀影响可高达 40%,而且整个产业链上的企业都将受到成本增加带来的影响,这些企业如果无法适应,则可能失去市场份额,被其他欧盟企业或其他国家碳效率更高的企业取代。中国钢铁工业协会测算,2027 年开始,中国出口至欧盟的钢材价格将小幅推涨 10%左右。省发展改革委、省宏观经济研究院根据 2021 年我省出口欧盟的化工产品数据测算,碳关税将导致我省化工产品出口欧盟的成本增加 6.9%。

从对全省钢铁、铝、电力、化工等主要出口欧盟的大型企业调研情况分析,

化工及铝制品企业更加关注未来成本上升的问题。万华集团反馈,若按欧盟碳市场碳价 90 欧元/吨进行测算,未来涉及的碳关税金额(2032 年 100%缴纳)约为 900 万欧元/年。因企业产品出口量大,若其他各国采取相似关税政策,将大大提高公司的出口贸易成本。南山铝业反映,对欧出口产品主要有罐料、铝箔,若开征碳关税,则出口成本将大幅高于欧洲本土供应商,罐料、铝箔极有可能无法进入欧盟市场。

(二)碳关税针对碳成本差价征税,将促进全国碳市场发展,为我省发展碳金融带来机遇

欧盟碳关税规定,为避免重复征税,在进口商应税碳排放量中应扣除进口产品在其生产国已经支付的碳排放额度,相当于税额抵扣。美国《清洁竞争法案》中也有类似表述。因此,如果我国纳入碳交易的行业能够对应欧盟碳关税征收范围,且碳价与欧洲差距不大,那么出口商品的碳关税也不会高。但中国碳市场处于发展的初级阶段,只有发电行业参与交易,近期价格只相当于欧盟碳价的百分之十几,碳关税将倒逼我国碳市场加价扩容提质,碳金融未来将加速与国际接轨。

党的二十大明确提出,完善支持绿色发展的金融体系。山东是能源消费和碳排放第一大省,我省电力、石化、化工、建材、钢铁、有色金属、造纸、民航等重点行业纳入全国碳市场后,碳配额将达到 10 亿吨左右,价值超 600 亿元,为创新交易工具、金融产品提供了丰富场景,发展碳金融潜力巨大,前景广阔。

(三)碳间接排放被纳入征收范围,利好新能源产业发展,同时应防止产业无序转移

欧盟碳关税把电力间接排放纳入碳排放核算范围,而且仅承认显性碳价,尚不承认我国国家核证自愿减排量(CCER),相当于将碳减排行为纳入产业链供应链。这将引导相关企业在生产过程中加大绿电使用比重以抵消配额缺口,促进绿电开发、消纳与溢价。

我省火电占比 89.8%,绿电比重偏低。预计到 2027 年,煤电比重将进一步降低到 55%左右,清洁能源发电比重提高到 25%左右。我省传统能源企业因碳排放因子过高,将面临更高的成本和更强的征收压力。随着一些重要的工业产品特别是高能耗、高排放产品进入间接纳税范围,企业为降低成本可能会选择将产能转移至清洁能源富集的国家或者地区。由于能耗碳排放指标约束等,我省魏桥集团等已经开始在云南等绿色能源富集地区布局产能,因此应采取措施解决多重压力下的高排放企业产业链转移问题。

（四）碳关税申报对碳披露提出要求，在碳足迹认证上需与国际接轨，并促进碳核查等相关服务业发展

欧盟已建立生命周期评价（LCA）标准与认证体系——产品环境足迹指南，预计2024年电动车电池、工业电池甚至光伏等出口欧盟时必须提供符合PEF（欧盟产品环境足迹）的碳足迹认证，并进行碳足迹性能等级划分，不满足相关要求的产品将被限制进入欧盟市场。欧盟、美国、加拿大等14个国家和地区建立了19种产品的碳排放认证制度，跨国公司已率先行动，通过各种方式降低自己的碳排放。例如，沃尔玛公司要求与其合作的10万家供应商必须完成商品碳足迹验证，并贴上碳标签。

目前，我国并没有国家统一的碳足迹管理认证，若采用欧盟数据库等其他来源因子，则产品碳足迹远高于实际排放，会大幅削弱产品原本的竞争优势。我国的碳排放核算管理体系、认证认可市场尚处于初级阶段，全国具备资质的第三方核查机构只有300余家，核查力量明显不足，并且缺乏统一的核查标准，碳排放核查和认证质量参差不齐。碳关税政策的实施将刺激碳足迹核算以及碳评价方面的需求，专业性服务机构的市场需求将大幅增长。

二、应对建议

政府层面，一是加快推进绿色低碳高质量发展，加大新能源开发力度，加大风、光、源网荷储等新能源技术的推广应用，在电网技术、交易机制、科学储能、基础设施等多方面协同发力，提升绿电消纳能力和使用比重。二是积极发展碳金融，推动企业参与碳交易市场，在政策引导、标准制定、试点示范、工具创新、平台搭建等方面协同发力，提高碳市场活跃度。三是建立企业碳账户特别是重点能耗企业工业碳账户，探索建立碳排放因子数据库，健全统一规范的碳排放数据监测、计量、核算、报告、核查等技术规范体系，实现碳排放及相关数据的信息化存证溯源、防篡改和加密，为碳核算提供权威统一的数据。四是积极培育碳核查、碳数据服务业，加强行业监管，为企业参与碳排放权交易及碳关税核查等提供权威的碳信用背书。

产业层面，一是由行业协会牵头，加强研判，密切跟踪欧美碳关税政策进展，准确评估CBAM的影响，做好碳关税对本行业成本影响的分析评估。二是积极利用国内国际各种协调对话机制，争取对产业有利的政策，利用过渡期等阶段性特点来延缓或降低碳关税付费，提前建立碳关税风险应对机制。三是加强行业相关企业培训，围绕相关企业的碳关税影响及应对方法进行专项

指导,帮助企业用好三年过渡期,提早布局,做好合规管控。

企业层面,大部分企业虽已注意到碳关税,但分析不足,觉得无须应对。其实对企业而言,一是提高碳管理能力,深入研究 CBAM 中产品碳排放核算、基准线计算等问题,特别是对产品全生命周期碳足迹进行科学核算。建立健全公司内部的碳排放管理机制,摸清家底,提高技术水平,尽量减少排放。二是加快用能结构低碳化转型,提高绿电比重。通过“购买绿电绿证+提高可再生能源利用”的组合策略,提高绿电消费比重,减少企业间接排放。三是提前筹谋,做好贸易合规管理和数据安全管理。欧盟碳关税在 2023 年进入过渡期,启动碳排放申报,过渡期申报数据是否准确将影响未来实际缴纳,因此出口企业应深入研究碳关税有关规则,做好相关信息和数据管理,防范碳关税风险。

课题组成员:迟泓　张磊　郑艳娜　李贺旋　谢尚青　牛娟

全球能源市场大变局背景下的山东省能源安全研究

“能源安全是关系国家经济社会发展的全局性、战略性问题，对国家繁荣发展、人民生活改善、社会长治久安至关重要。”①当前世界正经历百年未有之大变局，以能源革命、能源转型、能源格局重组为特征的全球能源市场大变局给能源安全带来诸多风险与挑战。准确把握能源市场大变局新形势，深刻理解能源安全的新内涵，从山东实际出发采取措施积极应对能源安全问题，对保障我省能源和经济安全，推动绿色低碳高质量发展有重要意义。

一、全球能源市场大变局背景

近年来，受能源低碳化转型、能源技术革命、全球危机和地缘冲突等多重因素影响，全球能源市场呈现出大变局，在能源发展趋势、能源供需结构、能源权力格局等方面呈现出一系列新特征、新形势。

（一）全球能源低碳化转型重构能源体系

能源低碳化转型是具有长期性和稳定性的确定性因素，决定了全球能源体系的总体趋势。实现碳达峰和碳中和逐渐成为国际社会共识，以清洁低碳转型为主要特征的全球能源转型日趋加速。截至 2021 年底，全球 147 个国家和地区已承诺碳中和，其中含 2 个已实现碳中和的国家。“双碳”工作也已被正式写入我国政府工作报告。

根据国际能源署发布的《全球能源行业转型路线图》，预计到 2060 年，可再生能源在一次能源供应中的占比将超过 50%，逐步成为第一大能源（见图 1）。能源低碳化转型将深刻改变现有能源体系：煤、石油等传统化石能源将失去主体地位；天然气由于在传统化石能源中的相对低的碳排放，将拥有巨

① 《习近平主持召开中央财经领导小组会议强调　积极推动我国能源生产和消费革命　加快实施能源领域重点任务重大举措》，《人民日报》2014 年 6 月 14 日。

大市场潜力;风能、太阳能等可再生能源成为增长最快的新能源品类;分布式能源作为传统集中式能源网的重要补充,将重构现有能源供应结构。[①]

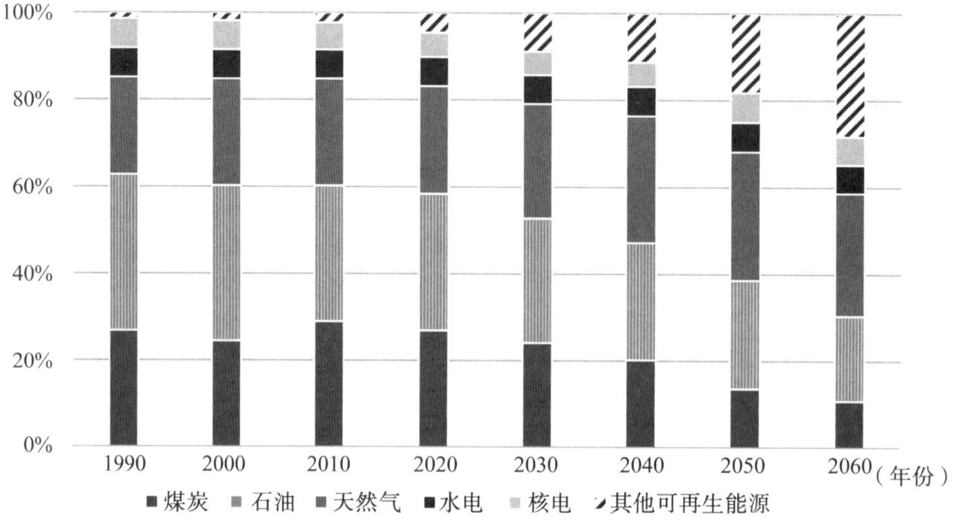

图1　全球一次能源供应结构演进图

数据来源:《BP世界能源统计年鉴(2021)》。

(二)能源技术革命重组全球能源权力格局

以能源技术进步为标志的能源革命是生产力提升和经济社会发展的重要推动力,生产力变革将重组原有能源权力格局。近代以来的两次世界能源革命实现了由木材到煤炭再到油气的能源转变,带动了全球产能飞跃和经济大繁荣。当下的第三次能源革命将使人类的能源生产从化石能源转向可再生能源,既在传统化石能源领域取得了技术新突破,如"页岩革命",也在新能源领域有了重大进展,如光伏、风电、氢能的技术应用。

从能效提升角度,新一代勘探开发智能化技术和节能技术的成熟和应用,推动能源效能提高;在技术升级方面,"页岩革命"等一系列新技术应用,推动美国能源战略和能源结构调整,实现了能源独立。[②] 从能源市场角度,页岩油气在生产周期和生产成本上的优势缓解了全球油气市场的价格波动。从能源权力角度,新技术革命的深入和可再生能源应用范围的扩大,使传统油气供应

① 参见李俊峰:《以能源转型助力"双碳"目标实现》,《中国社会科学报》2021年12月9日。

② 参见邹才能等:《页岩油气革命及影响》,《石油学报》2020年第1期。

格局变得相对宽松，甚至出现“卖方市场”向“买方市场”转变。

（三）全球危机和地缘冲突加大能源市场风险

2020年以来，新冠疫情和俄乌冲突引发的一系列连锁反应是影响全球能源市场的临时性和阶段性因素，加大了全球能源价格的波动幅度和频次，干扰了能源市场的稳定性。新冠疫情的全球蔓延以及疫情好转后经济复苏导致的能源供需急剧变化，使国际油气市场出现了波峰浪谷式的跳跃起伏。俄乌冲突加速了全球能源产业链重构，打破了世界原有油气能源供需平衡格局，增加了能源安全的不确定性。

二、树立能源安全新理念

面对全球能源体系深刻变革的现实，亟须准确把握世界能源格局和变化趋势，在能源安全领域解放思想，破除陈旧观念的认知束缚，着眼我国能源安全实际需求和发展趋势，用更加全面、系统、发展的视角审视能源安全的内涵，树立能源安全新理念。

（一）树立高质量发展的能源供需安全理念

传统能源供应安全强调能源供应的稳定性和价格的可负担性，主要以防止能源供应中断为重心，注重能源的自给能力、能源供给来源的多元化。我国对国际能源市场的依赖和油气战略资源的定位，让油气供给及供应链的安全一直备受关注，现有能源供应体系的行政管控度较高，而市场自主调节和社会参与力量相对缺位。

树立高质量发展的能源供需安全理念，化解能源供需矛盾。能源供给侧，要更加注重从推进能源供给革命发力，建立健全高质量现代化能源供给体系，一方面提升能源自主供应能力，另一方面提高能源供给质量，促进能源供应体系更加安全、高效、多元互补和清洁低碳。能源需求侧，要在控制能源消费总量的基础上，更加注重优化能源消费结构。

（二）树立能源科技安全理念

树立能源科技安全理念，以技术进步保障能源安全。“把能源饭碗端在自己手里”，最本质的内涵就是要掌握能源核心科技。科技的发展进步能够突破传统资源禀赋的限制,应对生态环境保护、气候变化等重大问题和挑战①;科技创新将深刻地影响国家或地区发展和全球能源格局。以往资源禀赋较差、能源安全风险较大的国家,可以将提升能源科技水平作为突破口,突破化石能源与新能源关键核心"卡脖子"技术、颠覆性技术,保障能源科技安全,彻底改变本国的能源安全状况,赢得能源革命胜利,实现能源独立。②

(三)树立系统性的能源安全理念

能源安全是一个系统性问题,要以全面、协调、开放的观念统筹协调和正确处理化石能源与清洁能源、国内与国外、长期与阶段的关系,不断动态调整能源安全体系。

在能源资源安全方面的战略规划,要以我国的能源资源禀赋为分析基础。在能源安全内外关系上,要看到我国作为全球最大能源消费国和重要能源生产国,注定离不开国内和国际两个市场,要在开放条件下加强全方位国际合作。中国的"能源独立"不是指能源供应只靠自己、不靠别人,形成封闭的自我循环,而是要充分利用国内国外两个市场,通过增加本土油气供应、鼓励节能增效、大力发展新能源和清洁能源等措施,建设一个有利于本国的能源安全保障体系。③

三、山东能源安全影响因素分析

山东是人口大省、经济大省、能源大省,山东能源安全是全国能源安全版图的重要组成部分。近年来,山东不断推进新旧动能转换和能源绿色低碳转型,这是推动我国能源安全和高质量发展的重要力量。

(一)影响山东能源安全的优势因素分析

1.能源储备和经济体量大,能源供应安全基础扎实

山东是全国重要的能源生产基地,各类能源储量丰富,煤炭储量位列全国

① 参见任平:《能源的饭碗必须端在自己手里——论推动新时代中国能源高质量发展》,《人民日报》2022年1月7日。

② 参见侯梅芳、潘松圻、刘翰林:《世界能源转型大势与中国油气可持续发展战略》,《天然气工业》2021年第12期。

③ 参见林益楷、王亚莘:《中国能源安全的观念审视与框架分析》,《国际石油经济》2015年第10期。

前10，累计探明煤炭地质储量超400亿吨，约占全国的2%，剩余可采量约为50亿吨。据国家统计局2020年数据，山东是我国能源消费第一大省、国内发电量第一大省。辖区内胜利油田是中国第二大石油生产基地和中原油田的重要采区。近年来，油气勘探范围深入渤海海域，有我国第三个页岩油国家级示范区、沿海千万吨级液化天然气接卸基地，中俄东线山东段天然气管网已实现一网双环、互联互通。

2.能源结构优化，能源安全质量提升

近年来，山东在新旧动能转换能源结构转变上成效显著。从能源供应结构看，2021年新能源和可再生能源实现发电1108.5亿千瓦时，同比增长35.0%，比上年提高24.8个百分点，占全部发电量的比重为17.9%。从发电装机容量看，新能源和可再生能源装机容量为6130.5万千瓦，占全省发电装机容量的比重为35.4%，比上年提高5.3个百分点。其中，太阳能、风能发电装机容量分别为3343.4万千瓦、1942.4万千瓦，创历史新高，稳居全国首位。能源利用保持较高效率，8种主要能源效率呈现"5升2降1平"。其中，炼焦、火力发电、供热、天然气液化、制气转换效率分别为90.6%、42.5%、84.9%、92.8%和80.7%，较上年均有所提高，能源回收利用率继续加强。

3.能源安全市场化调控手段丰富

截至2020年底，我国共有133.76万家电力相关企业，山东以12.94万家企业排名第一，广东、江苏分列第二、第三。山东在能源相关行业拥有众多实力雄厚的企业，如在世界500强中排名第70位的山东能源集团、国内首家能源供应链企业——瑞茂通等。山东大宗商品交易中心在开展品种油气交易的基础上，构建起覆盖山东，延伸至江苏、河南的"大码头、大罐区、大管线"格局，揭牌的中国北方国际油气中心将打造千亿级交易平台。

（二）影响山东能源安全的劣势因素分析

1.能源供需状况制约能源安全

山东省是重要的能源生产基地，能源生产量位居全国前列。同时，山东作为人口、工业和经济大省，能源消费量巨大，自2000年开始就成为我国最大的能源消费省份，能源保供紧张，能源供需矛盾突出。

近年来，山东能源供需缺口呈现扩大态势，一方面能源生产总量相对稳定并逐年下降，另一方面能源消费总量持续增长（见图2、图3）。2021年，全省煤炭、石油、天然气自给率分别为28%、16%、3%，能源净调入量为3.24亿吨标准煤，约占能源消费总量的70%，形成"三分"靠省内、"七分"靠省外的供应格局。2017～2021年，全省能源消费总量与能源生产总量差额由25960.1万吨标准煤扩大到 31580.2 万吨标准煤，涨幅 21.6%。其中，能源进口量由 13910.6 万吨标准煤涨至 14572.4 万吨标准煤，而 2020 年能源进口量高达 16554.2 万吨标准煤，较 2017 年增长 19%(见图 4)。

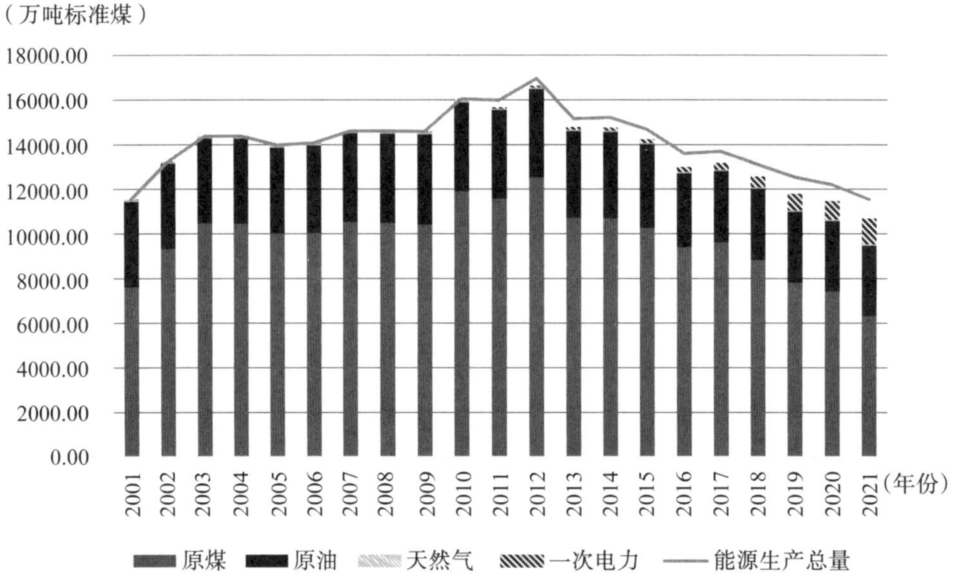

图 2 山东能源生产总量

数据来源:《山东统计年鉴(2022)》。

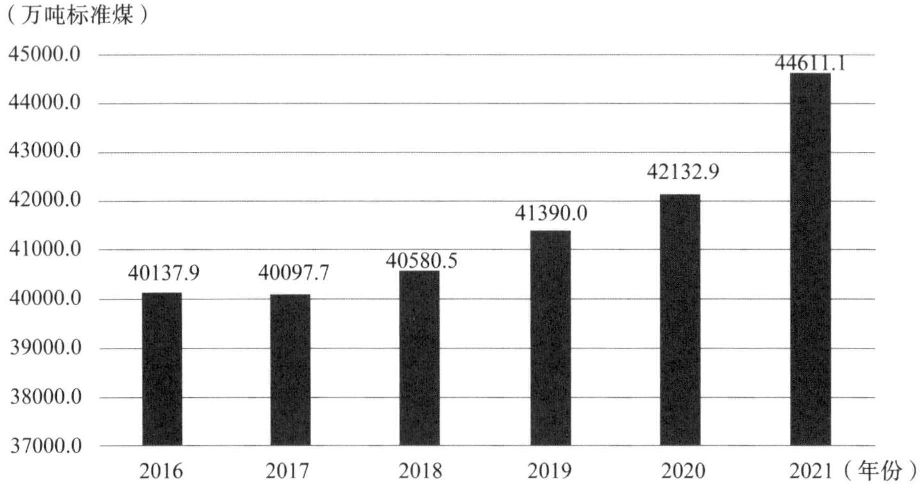

图 3 山东能源消费总量

数据来源:《山东统计年鉴(2022)》。

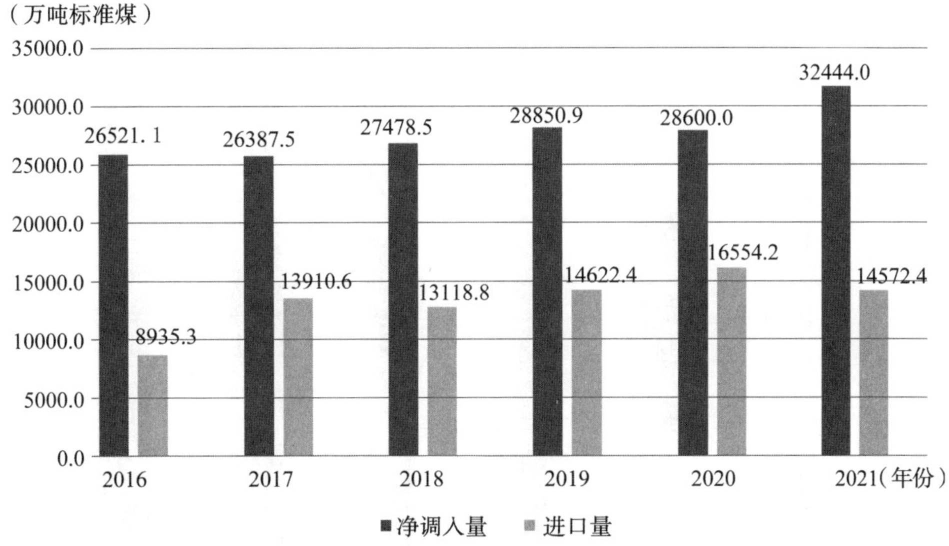

图 4　山东省能源净调入量和进口量

数据来源：《山东统计年鉴(2022)》。

2.能源消费结构制约能源安全

山东省能源消费结构比较单一，严重依赖煤炭，各能源品种消费的均衡性较差，煤炭消费量占一次能源消费总量的比重在 70%左右，石油消费量和天然气消费量在一次能源消费总量中的比重约为 20%，其他能源消费量虽然有所增加，但占比较低(见图 5)。“富煤、贫油、少气”的能源禀赋特点使山东省能源生产和消费结构的高碳模式扭转困难，极大地增加了山东省能源低碳化转型的难度。2017～2021 年，山东工业能源消费量在能源消费总量中的比重都在 75%以上，比重最高达 79%。工业能源消费在能源消费总量中占据主导地位，是能源的最大消费部门。工业内部，能源消费的行业集中度很高。2021 年，黑色金属冶炼及压延加工业、化学原料和化学制品制造业、非金属矿物制品业、石油加工业等四大高耗能行业的能源消费占我省全部能源消费的 44%。我省能耗强度为 0.60 吨标准煤，约为江苏、广东的 18 倍，是全国平均水平的 12 倍左右，是世界平均水平的 1.6 倍。

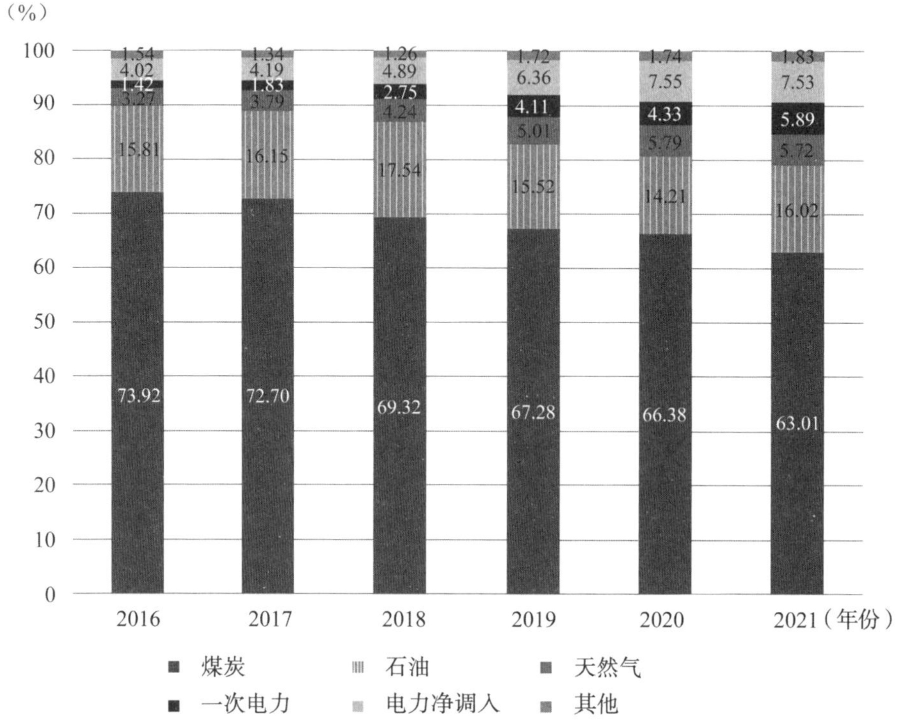

图 5　山东省能源消费结构变化

数据来源:《山东统计年鉴(2022)》。

3.能源减碳困境制约能源安全

能源结构对山东省的能源安全和生态环境有明显的制约影响,能源减碳压力巨大。自 2003 年以来,山东一直是我国最大的二氧化碳排放省。2020 年,山东碳排放量为 9.36 亿吨,约占全国碳排放量的 9%。作为仅次于广东和江苏的经济第三大省,山东碳排放强度远远高于广东、江苏。2020 年,山东电力行业碳排放总量为 4.13 亿吨,占全省碳排放量的比重约为 44%。而山东的碳排放权分配额只有 2.819 亿吨,占全国的 2.09%,居全国第 18 位。山东的碳排放权空间余额为－11.646 亿吨,达到重度欠缺程度,欠缺量位居全国第一。据统计,全国碳排放权交易市场第一个履约周期,山东省应履约总量为 11.54 亿吨,截至 2021 年 12 月 31 日,山东省实际履约量 11.52 亿吨,履约率为 99.83%。全国碳排放配额累计成交额为 79.08 亿元,山东省累计成交额为 45.98 亿元,占比 58.14%。

4.能源技术瓶颈制约能源安全

山东虽然能源装备体系较为完善,但产业核心竞争力仍不强。尽管全省煤炭和油气开采装备、中小型火力发电装备、风光核等新能源装备以及储能氢能等新产装备业均有布局，已形成泰安、济宁、淄博等煤机装备制造产业聚集区，东营、烟台、德州等石油化工装备制造基地，济南、泰安等电力装备制造产业聚集区，海阳、莱山等省级核电产业园，济南、德州、枣庄等太阳能光热产业聚集区，潍坊、淄博、聊城等氢能产业聚集区，但是全省能源装备产业，尤其是新能源等产业，缺少像隆基股份、金风科技这样的装备制造龙头企业，产业核心竞争力仍需提高。

四、保障能源安全的对策建议

（一）锚定“双碳”战略目标，以能源转型引领能源安全

围绕“发展绿色能源，助力动能转换”核心任务，合理调控新增煤电项目、重点行业减煤限煤，推动新型电力系统建设、氢能、储能等重大项目工程落地，实现能源稳健转型。全面贯彻能源绿色低碳高质量发展战略，紧紧围绕“走在前、开新局”织密能源供应安全保障网。

（二）坚持创新引领，以推进能源科技革命促进能源安全

聚焦新能源装备制造强省建设，着力打造核心竞争力强、产业层级高、产业链条全、产业特色优的新能源产业集聚区。推动以风电、核电、氢能等为重点的能源产业链建设，带动能源产业发展规模、质量、效益提升。激发市场活力，创新企业合作模式，带动产业链上中下游企业联动发展。加快高层次能源研究平台、创新中心建设，依托高等院校等科研平台，形成全省新能源产业“雁阵形”集群。

（三）提升综合治理水平，以改进能源治理促进能源安全

推广综合能源服务与智慧能源管理。推动消费理念向“能源、信息、服务”综合消费理念转型，提升可再生能源在消费端的结构占比；通过云计算、移动互联网、大数据、物联网等信息技术改造能源实体经济，以技术进步强化电、热、水、气互补利用和能效提升；加强能源监测预警、用能监测、分析与管理等方面的融合应用和综合治理。

课题组成员：田焱　匡敏　孙斌　马春晓　王永冲

第五篇　全面深化改革开放

山东省市场主导的投资内生增长机制研究

国家“十四五”规划纲要提出：“深化投融资体制改革，发挥政府投资撬动作用，激发民间投资活力，形成市场主导的投资内生增长机制。”[①]为加快实现绿色低碳高质量发展，我省推动形成市场主导的投资内生增长机制，对激发新一轮的投资活力、助推我省经济高质量发展具有重要作用。

一、市场主导的投资内生增长机制的提出背景

改革开放以来，投资是经济稳定增长的关键动力。2008 年国际金融危机之后，受国际经济形势变化及国内宏观经济格局变动的影响，投资增长出现了许多新现象、新情况，我国经济进入新发展阶段，构建新发展格局对投资机制改革提出了新目标、新要求。市场主导的投资内生增长机制的提出既是对近年来我国投资领域存在的突出问题的解决路径的探索，也是对我国经济由高速增长阶段转向高质量发展阶段之后新目标任务在投资领域的实践要求。

（一）投资领域出现的新情况、新问题

一是固定资产投资增速呈下降趋势。我国全社会固定资产投资增速在 2009 年达到 25.7%的高峰后就开始逐渐回落，但在 2010～2014 年仍然保持两位数的高增长，且高于社会消费品零售总额增速。2015 年开始，全社会固定资产投资增速下降至 10%以下，到 2020 年，全社会固定资产投资增速仅为 2.7%。2015～2020 年，除 2020 年受新冠疫情影响，其余年份全社会固定资产投资增速均低于社会消费品零售总额增速。

二是民间投资占比显著下降。2015 年，我国民间投资增速首次下降至整体投资增速以下。“十三五”时期，除 2018 年外民间投资增速都低于整体投资

① 《中华人民共和国国民经济和社会发展第十四个五年规划和 2035 年远景目标纲要》，人民出版社 2021 年版，第 44 页。

增速，最高时相差 4.5 个百分点。民间投资占整体投资的比重从 2015 年的 58.8%下降至 2020 年的 55.7%。从资本形成构成来看，2014～2018 年，政府部门资本形成在全部资本形成中的占比逐渐上升，2018 年，政府部门资本形成占比从 2012～2013 年的 10.3%上升至 17.5%，上升了 7.2 个百分点。

三是政府投资增长面临地方政府债务风险和财政收支平衡双重压力。财政增收压力与债务风险交织，对积极财政政策力度形成制约，导致新增显性地方债务发行减缓，隐性债务化解的急迫性提升。受新冠疫情暴发影响，近两年经济增速放缓与减税降费政策并行，我国公共财政收入增速从“十二五”时期年均 12.9%的增速下降至“十三五”时期的 3.7%。与此同时，用于保工资、保运转、保基本民生的刚性支出责任难以压缩，特别是在社会民生领域的刚性支出还要继续增加，能用于基建支出的资金占比越来越低，财政收支矛盾问题加剧。2020 年，全国公共财政赤字为 6.3 万亿元，较 2015 年上升了 166%。

(二)投资机制面临的新要求

经济高质量发展要求投资增长保持合理增速，投资行为效率更高，投资结构更加优化，投资机制能够为公共部门和私人部门投资创造稳定多元的融资渠道。

二、投资内生增长机制的内涵及相关理论

(一)关于内生增长理论

内生增长理论是保罗·罗默(Paul Romer)和小罗伯特·卢卡斯(Robert Lucas)等经济学家在 20 世纪 80 年代末提出的一种经济理论，其认为经济增长是一个内生的过程，产生于经济体系内部，而投资是推动经济增长的一个关键因素。内生增长理论强调技术进步、创新和知识积累对推动经济增长的重要性。根据这一理论，对研究和开发、人力资本和基础设施的投资是实现经济长期增长的关键因素。

(二)投资内生增长机制的内涵

投资内生增长是指投资不主要依赖外部因素和外部动力，内部因素和内部动力成为实现投资持续稳定增长的决定性力量的投资增长，本质是基于市场机制作用，由需求引导，各主体自发而非诱发的投资增长。从其主要特征看，投资内生增长是市场主导、需求导向、创新驱动的投资增长。

(三)投资内生增长的影响因素及衡量指标

投资内生增长的影响因素与主要评价指标如表1所示。

表1　投资内生增长的主要影响因素及影响作用、主要评价指标

主要影响因素	影响作用	主要评价指标
宏观经济因素	决定投资内生增长的总水平	经济增长率、储蓄率等影响投资总水平的指标，居民人均可支配收入/人均GDP等影响居民部门消费倾向的指标
制度政策因素	决定由什么力量来主导投资增长	社会融资规模增速/GDP增速、民间投资增速/固定资产投资增速、地方政府债务增速/地方财政收入增速
融资体制因素	决定投资内生增长实现过程中储蓄向投资转化的效率	社会融资增速/投资增速、整体贷款利率、宏观杠杆率的边际变动/投资的边际变动、居民部门杠杆率的边际变动/消费的边际变动等
技术进步因素	决定投资内生增长的新增长点和增长质量	研发投入占GDP比重、技术市场交易量、新技术产业产出占比、单位GDP能耗等

三、我省投资内生增长机制的综合评价

(一)基于主要影响因素的投资内生增长评价

本部分依据影响投资内生增长的主要因素及评价指标，构建评价指标体系，采用综合评价法，通过省域数据①比较，对我省投资内生增长情况进行衡量和分析。

综合评价法一般应用于对多个对象的评价中，可以对研究对象做出全面的、系统的、综合的评判。在综合评价过程中，需要根据指标在评价体系中的

① 数据来源于全国及各省统计年鉴。

重要程度,对各个指标赋予一定权重,并将各指标加权计算,以指数或分值的形式,反映评价对象的情况或水平。此种方法可以系统、有机地将各指标结合起来,以综合评价和判断对象的发展情况,因此运用较为广泛。综合评价法的基本步骤是:

(1)构建评价指标体系。

(2)对指标体系各指标进行标准化处理,使其去量纲化。本文利用阙值法进行标准化处理,其计算公式为:

$$y_i=(x_i-\min x_i)/(\max x_i-\min x_i)$$【正向指标】

$$y_i=(\max x_i-x_i)/(\max x_i-\min x_i)$$【负向指标】

(3)计算指标体系各个指标的权重。

(4)根据权重计算综合评价分值。

(5)根据综合评价分值对研究对象进行分析,得出相关结论。

1.确定指标权重

合理确定指标权重对评价结果科学准确至关重要。当前,确定指标权重的方法有主观赋权和客观赋权两种。主观赋权法是人为确定指标权重的方法,一般以请同领域专家打分的方式获得;客观赋权法主要是根据指标的特点计算权重,常用的方法有主成分分析法、熵值法等。为保持客观性,本文采用熵值法对投资内生增长评价体系进行赋权。

熵值法的主要原理是,设有 m 个样本,n 项评价指标,形成原始指标数据矩阵 $\boldsymbol{X}=(x_{ij})m\cdot n$,对于某项指标 x_j,指标值的差距越大,则该指标在综合评价中所起的作用越大,如果某项指标的指标值全部相等,则该指标在综合评价中不起作用,而在熵值法中,熵值的大小就是指标差距的大小。其具体计算步骤为:

(1)计算指标熵值和效用值。第 j 项指标的熵值为:

$$e_j=-k\sum_{i=1}^{m}x_{ij}\ln x_{ij}$$

其中,k 为常数,对于一个信息完全无序的系统,其熵值最大,x_{ij} 对于给定的 j 全部相同,则 $y_{ij}=1/m$,此时,e 取极大值。令 $k=1/\ln m$,则有$0\leqslant e_j\leqslant 1$。某项指标的信息效用值即为 $d_j=1-e_j$。

(2)计算指标权重。某项指标的信息效用值越高,则对于评价的重要性就越大,则第 j 项指标的权重 $w_j=d_j/\sum_{j=1}^{n}d_j$ 。

采用熵值法计算的指标体系权重结果如表 2 所示。

表 2　投资内生增长评价指标体系指标权重　　单位：%

一级指标	二级指标	权重
宏观经济因素(20)	GDP 增速	5
	储蓄率	9
	居民人均可支配收入/人均 GDP	6
制度政策因素(30)	社会融资规模增速/GDP 增速	10
	民间投资增速/固定资产投资增速	10
	地方政府债务增速/地方财政收入增速	10
融资体制因素(20)	社会融资增速/投资增速	6
	整体贷款利率	4
	宏观杠杆率的边际变动/投资的边际变动	5
	居民部门杠杆率的边际变动/消费的边际变动	5
技术进步因素(30)	研发投入占 GDP 比重	8
	技术市场交易量	7
	新技术产业产出占比	7
	单位 GDP 能耗	8

2.评价结果

根据投资内生增长评价指标体系，运用综合评价法，对山东投资内生增长水平进行分析，结果如表 3、图 1 所示。

表 3　全国及各省区市投资内生增长评价结果

	宏观经济	制度政策	融资体制	技术进步	综合
全国	7.4	21.2	6.8	18.2	53.6
北京	9.2	26.6	6.6	23.5	65.9
天津	4.4	20.3	9.8	14.5	49.0
河北	9.2	22.6	7.0	9.5	48.3
山西	9.5	20.5	7.7	5.7	43.4
内蒙古	4.6	20.1	9.6	4.5	38.8
辽宁	6.2	16.4	4.7	8.6	35.9
吉林	7.7	22.5	8.0	8.3	46.5
黑龙江	9.4	20.1	10.4	6.6	46.5
上海	13.6	23.2	8.8	17.0	62.6

续表

	宏观经济	制度政策	融资体制	技术进步	综合
江苏	4.8	25.9	8.7	13.1	52.5
浙江	11.0	28.4	9.1	13.7	62.2
安徽	6.6	23.5	7.0	11.1	48.2
福建	3.4	22.1	7.3	9.4	42.2
江西	7.9	25.7	10.1	11.2	54.9
山东	6.9	24.8	8.8	10.7	51.2
河南	4.3	21.8	5.9	8.9	40.9
湖北	7.2	21.4	8.0	12.0	48.6
湖南	6.0	23.9	9.7	11.0	50.6
广东	8.2	25.4	9.2	15.7	58.5
广西	7.7	24.5	8.0	8.3	48.5
海南	10.5	20.4	10.4	7.1	48.4
重庆	4.5	15.4	8.0	11.0	38.9
四川	7.0	23.1	9.1	10.1	49.3
贵州	6.0	22.8	13.8	6.5	49.1
云南	3.6	22.7	5.4	7.5	39.2
陕西	4.7	20.6	14.9	10.8	51.0
甘肃	9.0	24.7	9.2	6.3	49.2
青海	5.1	11.2	15.9	3.8	36.0
宁夏	4.7	19.2	0.7	2.1	26.7

注：受制于数据可得性，不包含新疆和西藏地区。

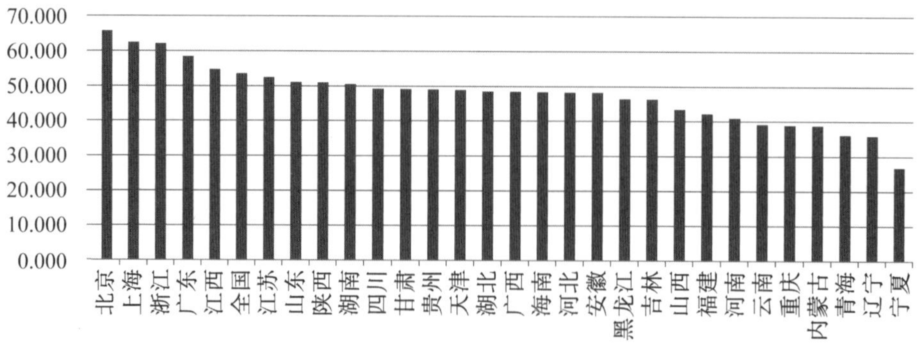

图1　全国及各省区市投资内生增长评价结果排序

根据评价结果，得出以下主要结论：(1)山东投资内生增长水平相对较低。2021年，山东投资内生增长的综合评价得分为51.2，虽然在全国各省区市中排名第七，但低于北京、上海、浙江、广东、江苏等发达省份，也低于全国平均水平，说明我省投资内生增长水平仍有待提高。从分项指标来看，除制度政策得分较高外，宏观经济、融资体制、技术进步等得分均相对偏低。(2)山东民间投资在促进投资内生增长方面发挥了重要作用。山东民间投资约占全社会固定资产投资的70.0%，2012年以来年均增长10.5%，显著高于固定资产投资增速(7.5%)，为拉动投资增长贡献了重要力量。这说明近年来山东在促进投资内生增长的制度政策方面成效突出。(3)山东储蓄向投资转化的效率相对不高。储蓄率是影响投资增长的重要因素，2021年，山东新增贷款1.2万亿元，而广东、江苏、浙江分别是我省的2.1倍、1.5倍和1.5倍；山东储蓄率仅为14.6%，比全国平均水平低3个百分点，分别比广东、江苏、浙江低5.9个、0.9个和10.7个百分点，储蓄转化为投资的效率不高。(4)山东融资规模难以支撑投资内生增长。2021年，山东社会融资规模达到2.1万亿元，自2017年以来年均增长25.1%，虽高于江苏(22.6%)、广东(14.4%)，但规模上江苏、浙江、广东三省分别是我省的1.7倍、1.8倍和1.6倍。这说明我省在融资体制上与先进省份有差距，难以为投资内生增长提供有力支撑。(5)山东投资增长质量有待提高。技术创新是促进投资内生增长的关键因素，但2021年山东研发投入占GDP比重仅为2.3%，不仅比全国平均水平低0.1个百分点，还显著低于北京(6.5%)、上海(4.2%)、江苏(3.0%)、浙江(2.9%)和广东(3.2%)。新技术产业是衡量投资是否形成新增长点的关键因素，但山东新技术产业产出占比仅为4.4%，居全国各省区市第11位，显著低于北京(12.6%)、上海(5.9%)、江苏(5.3%)、浙江(6.7%)和广东(8.4%)，新的投资增长点仍有待培育。

(二)基于投资效率的投资内生增长分析

投资内生增长与投资效率紧密相关，投资效率高意味着投资内生增长动力足。研究领域对投资效率(效益)的评价主要有以下几种方法。

1.增量资本产出率

根据现有研究，固定资产投资效率一般用增量资本产出率(Incremental Capital-Output Ratio，ICOR)来衡量，即边际资本与经济产出之比。具体来讲，该指标为某地区每年固定资产投资额与经济产出增量的比值，公式如下：

$$ICOR=\frac{I}{\Delta Y}$$

其中,I 表示固定资产投资完成额,ΔY 表示总产出(GDP)增量。一般而言,增加单位产出所需的投资越低越好。当 *ICOR* 提高时,说明增加单位总产出所需要的投资增大,也就意味着投资效率的下降,即某地区的 *ICOR* 越高则投资效率越低,反之,*ICOR* 越小表示投资效率越高。

2021 年,山东增量资本产出率为 5.52,分别比江苏、浙江、广东高 0.95、0.71、1.67,投资效率与先进省份仍有差距(见图 2)。

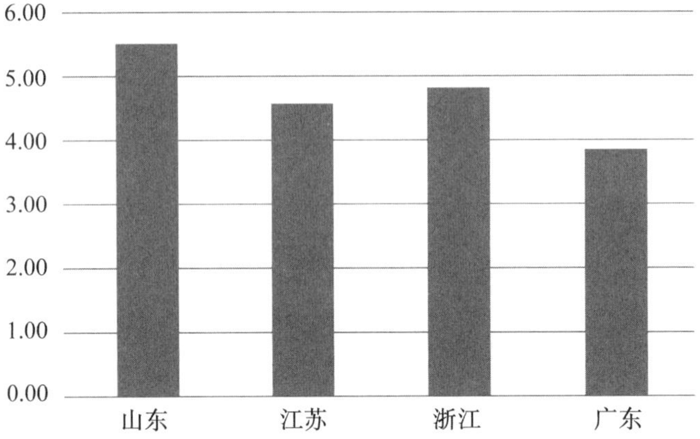

图 2　2021 年鲁、苏、浙、粤增量资本产出率比较

2.边际资本产出比率

该指标是以价值形式表示投资增加额与投资活动的总成果增加额,即国民收入增加额的比率,是反映一定时期内固定资产投资增加额所引起的 GDP 增加额的指标。用公式表示为:

边际资本产出比率=当年投资增量(ΔI)/生产总值增加量(ΔY)

一般而言,一个经济体的边际资本产出比率越高,其投资效率和生产效率越低。

2021 年,山东边际资本产出比率为 0.31,分别比江苏、广东高 0.06、0.08,比浙江低 0.16(见图 3)。

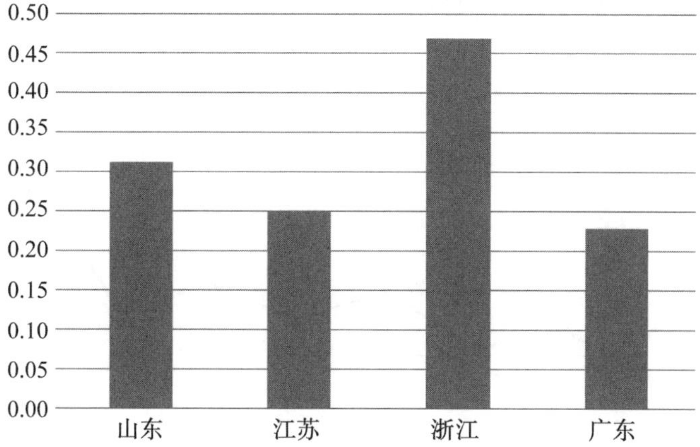

图 3　2021 年鲁、苏、浙、粤边际资本产出比率比较

3.投资弹性系数

该指标是以价值形式表示国民收入增长率与投资增长率的比率，是反映投资增长速度对 GDP 增长速度影响程度的指标。用公式表示为：

投资弹性系数＝GDP 增长率/投资增长率

投资弹性系数反映了投资对经济增长的作用大小，其值越大，投资对经济增长的拉动作用就越大，投资效率也就越高，即较小的投入就能带来较大的收益。

2021 年，山东投资弹性系数为 1.38，分别比浙江、广东高 0.59、0.11，比江苏低 0.1（见图 4）。

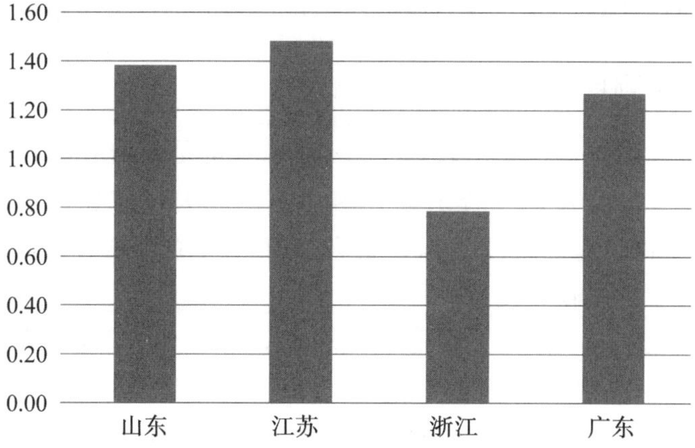

图 4　2021 年鲁、苏、浙、粤投资弹性系数比较

纵向来看，近年来山东以着力扩大有效投资为抓手，统筹推进投资实现量

的合理增长和质的显著提升,强化投资内生增长动力。2021 年,增量资本产出率和边际资本产出比率均比往年有所回落,投资弹性系数高于以往年份,投资效率呈现出由低向高发展态势(见图 5)。

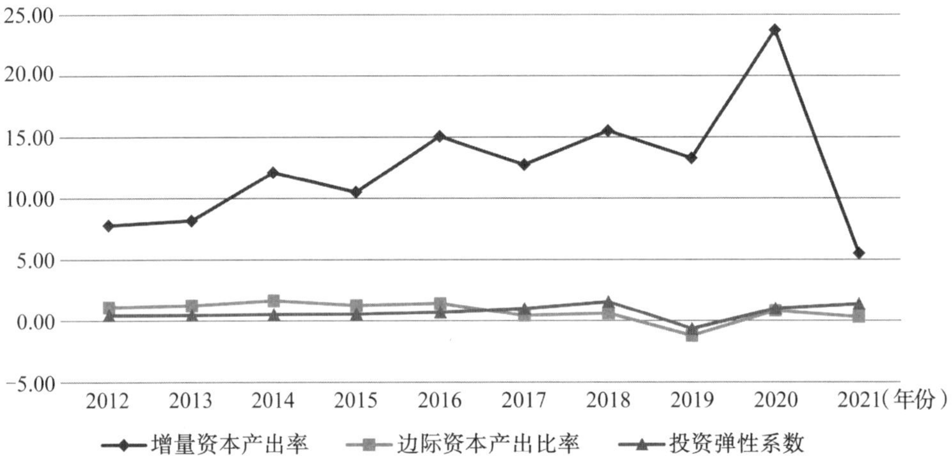

图 5 2012～2021 年山东投资效率变动情况

四、我省形成市场主导的投资内生增长机制的潜在重点领域

我省围绕重大战略部署和“十四五”规划重大项目,加快投资布局具有较大投资潜力的重点领域,扩大有效投资,推进经济的高质量发展。

(一)交通基础设施

基础设施建设投资主要由政府主导,其本身也是政府托底经济的主要手段之一。以基础设施建设投资来弥补内需不足成为政府提振经济的主要抓手,其中交通基础设施建设投资以投资大、辐射广、拉动强的特点在整个基础设施建设投资中占据较大比重。

我省将交通基础设施建设放在突出位置,在“十四五”规划中提出建设交通强省发展目标。2022 年 6 月,我省又启动了基础设施“七网”行动计划,其中提出建设综合立体交通网,其投资目标为 2022 年要达到 2700 亿元以上,投资需求较大。随着生产生活秩序的全面恢复,交通运输增速将重新与经济增速基本匹配。受国家及省内交通运输领域投资规模持续扩张的带动,预测“十四五”期间我省的交通运输投资会保持较大规模。

在投资的具体领域上，“十四五”期间，我省铁路、公路、高速公路等的未来建设改造需求约为1.7万公里，道路施工仍是交通领域的投资重点。另外，港口、机场、综合客货运枢纽等重大项目建设也在积极进行，投资规模也在不断扩大。随着我省道路设施不断完善，智能交通系统的建设也将成为今后投资重点。

(二)新型基础设施

“十四五”期间，我省提出建设先进制造业强省和数字强省的战略目标，新型基础设施是实现强省目标以及促进产业数字化转型的重要支撑，是拓展投资空间、扩大有效投资的重点领域，不仅可以连接消费和投资，还能创造新型消费，具有较大的乘数效应。从其属性来看，除个别行业领域具有较强的公共服务属性外，总体上新型基础设施建设行业的产业属性更强，投资主体主要为企业。

重点投资领域包括5G网络、工业互联网、物联网、人工智能、大数据中心等，其上游关联产业的技术和设备、下游需求或应用场景的开发也都具有较大投资潜力。在5G基础设施建设方面，“十四五”期间5G基站数将达到25万个，较2022年需求增加约15万个，预计今后两年5G基础设施建设投资需求仍会持续上升，连带5G专网终端、5G基础元器件及设备市场等都将有较大投资增长空间；在工业互联网层面，工业互联网平台建设、标识解析二级节点建设以及智能制造的软硬件设施都将有较大投资需求。“十四五”时期将是中国技术和产业升级的关键期，新型基础设施建设投资前景持续向好。

(三)先进制造业

我省在“十四五”规划中提出建设先进制造业强省的战略目标，将先进制造业发展摆到更加突出的位置，而其中的关键在于大力发展以新一代信息技术产业、高端装备、新材料等为代表的先进制造业，加快提升产业基础高级化和产业链现代化水平。

一是制造业数字化投资。2022年12月，《中共中央国务院关于构建数据基础制度更好发挥数据要素作用的意见》对外发布，提出统筹构建规范高效的数据交易场所，在智能制造、节能降碳、绿色建造、新能源、智慧城市等重点领域大力培育行业性、产业化数据商，为上述领域的产业数字化进程提出定调。《国务院关于支持山东深化新旧动能转换推动绿色低碳高质量发展的意见》提出，我省的工业化数字化深度融合要以制造业数字化、网络化、智能化为牵引。预计未来一段时间，制造业的数字化进程有望提速。

二是高技术制造业投资。其中新一代信息技术产业的投资重点领域包括5G、人工智能、大数据、物联网、区块链、网络安全等;高端装备重点发展智能制造、增材制造、绿色制造等,发展高端整机及核心零部件;新能源新材料的投资重点领域包括新能源、可再生能源及装备、高分子材料、纳米新材料、高性能纤维及复合材料等。

三是产业基础再造投资。为提升产业基础高级化和产业链现代化水平,产业基础再造投资力度也将不断加大,投资需求体现在基础零部件/元器件、基础工业软件、关键基础材料、先进基础工艺、产业技术基础等"五基"领域。另外,围绕我省优势基础领域,在产业链"补链固链强链"关键环节扩大有效投资,推动我省产业链向价值链高端环节延伸发展,提高高端产品供给能力。

(四)绿色低碳领域

随着"双碳"目标的提出,国家及省级层面陆续出台相关政策文件,促进绿色低碳转型。当前,我省不仅在"十四五"规划中着重提出加快推动绿色低碳发展,而且在最新出台的《国务院关于支持山东深化新旧动能转换推动绿色低碳高质量发展的意见》中对绿色低碳高质量发展提出了更明确的发展目标。根据有关测算,碳中和将为我国带来数百万亿元规模的投资需求,绿色低碳领域的投资将为我省经济增长提供可观的投资推动力。从碳中和的投资需求来看,大部分集中在能源、建筑、交通、核工业四大行业。

其中能源方面,我省2025年目标中的非化石能源消费比重将从7.4%提高到13.0%,这也意味着将来风电、光伏发电、水电、核电等可再生能源的需求不断提高,我省将要布局的大功率海上风电、高效光伏发电、先进核电等清洁能源装备与关键零部件制造等有较大的投资空间。为进一步推进清洁低碳发展,我省致力于严格合理控制煤炭消费增长,清洁能源将成为主力电源,煤电机组改造以及抽水蓄能的物理储能,铅酸、镍氢等化学储能以及超导储能等前沿科技都会有新的发展。作为能源转型的先锋队,新能源汽车产业将是未来重点投资行业,推进汽车电动化、网联化、智能化,加强停车场、充电桩、换电站、加氢站等配套设施建设。另外,电网也将加快升级,未来这些领域将产生一定投资空间。

(五)城市更新

2019年中央经济工作会议首次提出"城市更新",2021年"城市更新"被写入政府工作报告和"十四五"规划,上升为国家层面战略。现阶段我省的城市更新行动也已全面启动,储备了200余个城市更新项目,预计"十四五"城市更新投资超8000亿元。2022年,《国务院关于支持山东深化新旧动能转换推动绿色低碳高质量发展的意见》着重提出实施城市更新行动。

随着我省城镇化进入相对成熟的中后期,城市建设逐渐开始转向以内涵提升为主的城市更新阶段,预计“十四五”时期以及未来一段时间,城市更新类储备项目将会继续增长,社会资本可参与的投资需求将有较大潜力。

城市更新的实施方式包括综合整治、有机更新和拆除重建,其中综合整治类项目因较强的公益性主要由政府主导实施,往往是财政资金直接投资建设,而有机更新和拆除重建类项目因其较为明显的经营及收益性,主要以政府和社会资本合作模式或纯市场化方式运作,社会资本参与投资的可能性较大。以老旧社区和城中村为主体的城市更新行动在地下管网、停车场建设、托幼、养老、家政、教育、医疗服务等方面都有巨大需求,预计有较大投资空间。

(六)生产性服务业

随着社会经济发展的转型和制造业水平的提升,当前对生产性服务业的需求迎来快速增长期。生产性服务业涵盖金融保险、咨询与调查、租赁、会计、法律、研发、教育培训、物流、广告、信息通信等众多领域,若能实现快速发展,则在对我省的先进制造业高质量发展以及对经济增长的贡献率方面有相当大的提升空间。在我省的“十四五”规划中提出了“加快生产性服务业与先进制造业深度融合”,因此加快发展生产性服务业愈加重要。

从当前来看,我省的生产性服务业支撑作用明显。2022年前三季度,全省规模以上生产性服务业营业收入同比增长12.1%,对全部规模以上服务业增长的贡献率达到96.5%。随着省内营商环境的优化,生产性服务业有望继续实现快速增长,投资需求主要包括发展工业设计、商务咨询、检验检测认证等服务,现代物流、采购分销、生产控制、运营管理、售后服务等方面,以及当前生产性服务业出现的一些新业态,如供应链金融、信息数据、人力资源等服务创新,都值得关注,都具有一定的投资潜力。

五、我省加快形成市场主导的投资内生增长机制的对策建议

立足我省产业发展和投资特点,加快投融资机制创新,拓宽民间投资渠道,强化资本要素配置能力,健全风险防范机制,营造良好投资环境,进一步激发市场主体活力。

(一)健全投资主体激励机制,激发市场主体活力

激发市场主体活力是构建新发展格局的重要基础和支撑,而体制机制障碍往往会加剧市场的不公平,限制社会资本扩大投资。当前,国有企业占据行业大多数资源,基础设施和公共服务领域中的政府干预和主导又较多,这会对行业内具有竞争关系的民营企业造成一定阻碍,影响其投资的积极性。要想最大限度地激发市场主体动力,应健全投资主体的激励机制,更大程度地吸引社会资本参与投资。健全投资主体激励机制的关键是鼓励地方政府、企业进一步深化改革,特别是在土地管理体制、金融体系创新等方面做出更加积极的尝试,以改革破除体制机制的弊端。深入推进土地制度改革,探索建设用地指标地区流转规则,提高建设用地流转交易和配置效率;完善利益分享与补偿机制,对于可能产生较大收益的区域性重大投资项目探索实行联合投资、按投资比例分配收益等机制,鼓励国有资本及民营资本通过合资合作方式参与重大项目的投资。

(二)创新投融资机制,拓宽民间资本投资领域

民间投资是扩大有效投资、扎实稳住经济不可或缺的重要环节,但常会因行政垄断、行业准入限制、“特殊条款”等门槛而被拒之门外。进一步深化市场化改革,激发民间投资潜力和创新活力,更大程度地拓宽民间资本的投资领域。一是逐步规范和完善面向社会招标投资主体制度,对列入国家和省、市各类专项规划的重大项目实行竞争性配置,通过公开透明的方式鼓励和引导民间资本进入。二是提高民间资本参与基础设施项目的便利程度,鼓励和引导民间资本以 PPP 等多种方式参与铁路、公路、新型基础设施等项目的投资建设、运营和管理,引导民间资本投向重点产业。三是支持民营企业的产品和服务进入政府采购目录,在政府性资金安排上对包括民间投资在内的各类投资主体同等对待。四是规范设置投资准入门槛,创造各类投资主体公平竞争、平等准入的市场环境。

(三)完善现代金融体系,强化资本要素配置能力

从发展经济学来看,当资本要素实现最佳配置时,其他各类生产要素也达到最佳配置。为进一步完善资本要素的配置能力,建立较为完善的现代金融体系是关键。一是完善金融结构,建立与新发展阶段实体经济更加匹配的金融模式,构建直接融资和间接融资协调发展的金融市场体系,提高资本市场直接融资比重。二是创新金融产品和金融服务,鼓励金融机构进一步完善中长

期融资制度以满足基础设施投资等中长期项目融资需求，创新开发适应科创型产业和中小微企业特点的金融产品，引导资本要素向重点领域倾斜。三是深化普惠金融改革，完善支持小额贷款、商业保理、融资租赁等地方金融组织规范发展的扶持政策和监管制度，完善全省融资担保体系，为中小企业融资需求提供有力支撑。

（四）健全风险防范机制，持续化解财政和金融风险

为促进投资活动的健康持续发展，要把防范和化解系统性风险摆在突出位置，把安全贯穿投资内生增长的各领域和全过程。同时，为进一步提高投资的有效性和精准性，推动形成市场化、可持续的投入机制和运营机制，完善适应市场经济要求的新型投融资体制机制也很关键。一是探索建立投资决策责任制，明确相关决策主体的责任，涉及政府投资的相关项目方均需承担相应责任。二是完善政府投资体制，发挥好政府投资的引导和带动作用，与此同时要改善企业投资管理，创新融资机制，畅通融资渠道，充分激发社会投资动力和活力。三是不断健全金融风险监测、评估、预警体系，对金融结构的资产管理、流动性风险、市场风险等进行评估、监测预警，以进一步防范化解金融风险。

（五）深化法治保障体系建设，营造公平竞争环境

良好的投资环境需要法治保障，为促进市场投资活动健康发展，一是要加强市场监管体系建设，建立健全市场监管体制机制，强化市场竞争秩序监管，规范中介机构的服务行为，持续加大对商业贿赂、欺行霸市、制假售假等行为的处罚和信息披露力度；二是完善市场准入制度，及时清理或修订对民间资本单独设置的附加条件和特殊条款，设置严格的技术、环保、能耗、安全等方面的市场准入门槛，对不符合经济社会发展要求的项目进行限制，鼓励各地区结合实际依法制定更加严格的地方标准，提高产业准入的能耗、生态环保标准以及投资强度、土地产出率等指标要求；三是营造公平竞争环境，适时开展执法检查，推动涉及市场公平竞争的法律法规的贯彻落实，在市场准入、审批许可、招标投标等方面为各类企业营造公平、透明、法治的发展环境。

课题组成员：迟泓　牛娟　匡敏　张磊　郑艳娜　李贺旋　谢尚青
史喆

山东营商环境创新提升路径研究

党的十八大以来，党中央、国务院高度重视营商环境工作，将其作为国家治理体系和治理能力现代化的重点任务持续加力推进。习近平总书记指出“营商环境是企业生存发展的土壤”①，“营商环境只有更好，没有最好”②，并做出“营造稳定公平透明、可预期的营商环境”③重要指示。2022年《中共中央国务院关于加快建设全国统一大市场的意见》指出，要加快营造稳定公平透明可预期的营商环境。这在提升资源要素配置效率、破除地方保护和区域壁垒、激活市场活力和创造力等方面对营商环境建设提出了更高要求。

一、营商环境优化的趋势特征

（一）国际营商环境评价的演变特征

自1979年开始，世界经济论坛每年发布一份《全球竞争力报告》，这是最早构建的面向全球经济体的营商环境评价体系。2003年，世界银行专门成立营商环境(Doing Business)小组来负责营商环境指标体系构建工作。2003～2019年，世界银行对世界上190个经济体的营商环境进行评价并发布年度《全球营商环境报告》，测算本土小企业在开办企业、办理建筑许可、获得电力、登记财产、获得信贷、保护中小投资者、纳税、跨境贸易等10项指标45个二级指标上与最高分值的差距，对全球190个经济体的营商环境进行评分和排名。2022年2月4日，世界银行发布宜商环境评估体系(Business Enabling

---

① 习近平：《开放合作　命运与共——在第二届中国国际进口博览会开幕式上的主旨演讲》，《人民日报》2019年11月6日。

② 习近平：《共建创新包容的开放型世界经济——在首届中国国际进口博览会开幕式上的主旨演讲》，《人民日报》2018年11月6日。

③ 《习近平主持召开中央财经领导小组第十六次会议强调　营造稳定公平透明的营商环境　加快建设开放型经济新体制》，《人民日报》2017年7月18日。

Environment,BEE)。根据企业“开业—运营—关闭”的全生命周期,世界银行宜商环境评估体系设置了10项一级指标,分别是企业准入、经营地点、公用事业连接、劳动力、金融服务、国际贸易、纳税、争端解决、促进市场竞争和企业破产。

(二)我国优化营商环境的政策演进特征

党的十八大以来,党中央和国务院高度重视营商环境建设,坚持市场化、法治化、国际化原则,以市场主体需求为导向,密集出台了《关于推广随机抽查规范事中事后监管的通知》《进一步深化“互联网+政务服务”推进政务服务“一网、一门、一次”改革实施方案》《市场准入负面清单(2018年版)》《优化营商环境条例》《中华人民共和国外商投资法》等一系列政策和法律文件,创新体制机制,强化协同联动,完善法治保障,持续深化“放管服”改革,有效降低制度性交易成本,市场活力和社会创造力迸发,我国营商环境得到大幅改善。世界银行发布的《全球营商环境报告2022》显示,中国营商环境全球排名继2021年从此前第78位跃至第46位,2022年再度升至第31位,跻身全球前四十,连续两年入选全球优化营商环境改善幅度最大的十大经济体。

二、我省营商环境建设取得的积极进展

营商环境只有更好,没有最好。近年来,山东以“一次办好”改革为主线,以营商环境创新突破行动、政务服务“双全双百”工程为抓手,积极寻标对标国内最优水平,在打造市场化、法治化、国际化营商环境方面取得了显著成效。营商环境建设整体水平位列全国第一方阵——据全国工商联“万家民营企业评营商环境”调查结果显示,山东连续两年入选营商环境最好十大省份(含直辖市),2021年位列全国第5名,比2020年前进1个位次。

(一)营商环境制度法规体系健全完善

山东省委、省政府历来高度重视优化营商环境工作,2018年以来,出台了《关于深化“一次办好”改革深入推进审批服务便民化实施方案》《关于聚焦企业和群众关切深化“一窗受理·一次办好”改革的措施》《关于持续深入优化营商环境的实施意见》等一系列政策措施,推动营商环境建设加速前行。2021年,我省发布《山东省优化营商环境创新突破行动实施方案》,对照世界银行营商环境评价标准,对标国内先进水平,逐项梳理分析差距,研究设计改革举措。2022年初,在山东省工作动员大会上制定了《营商环境创新2022年行动计

划》,提出通过健全推进机制、完善政策体系、开展创新突破行动等方式,深化重点领域改革,推动全省营商环境持续改善提升。

(二)政务服务效能持续提升

近年来,山东以政务服务效能提升为突破口,持续深化“放管服”改革,推业务办理链条集成化改革,不断在创新服务方式、缩减审批流程上狠下功夫,政务服务效能持续提升。全省大力深化商事制度改革,“一业一证”改革范围扩展至50个行业,升级“一窗通”系统,全省企业开办1个工作日内办结,网办率超过95%。在全国首批推行简易注销改革试点,公告时间由45天压缩为20天。进一步优化项目审批流程,实行统一受理、统一补正、发放一个证书,全流程审批已缩短至20天,全省工程建设项目审批事项进一步压减30%以上,由73项压减至40余项,实现全国最少。探索出办税缴费“无纸化”“非接触式”“一户式”等一揽子税收解决方案,“非接触式”办税比例达97.53%。山东自贸试验区烟台片区首创“跨国办”审批模式,视频连线审批材料,实现“主体资格跨境核实、登记文书线上流转、营业执照离岸审批”。

(三)要素配置效率加快提高

我省出台《贯彻落实〈中共中央国务院关于构建更加完善的要素市场化配置体制机制的意见〉的实施意见》,不断完善要素市场化配置政策体系,推动土地、劳动力、资本等要素配置效率显著提升。打造“银企互信服务平台”,探索推广“信易贷”“金融超市”等新型金融模式,金融支撑力度不断加强。2020年以来,山东在省级以上经济开发区、高新区等重点区域,全面推行标准地改革,累计出让“标准地”18.49万亩,有力保障了一大批大项目、好项目成功落地。打造“就好办”公共就业服务品牌,就业事项网办率提升至90%,人力资源服务效能不断提高。上线“跨省通办”专区,开设省会经济圈、胶东五市、鲁冀津等多个区域特色通办专区,一体化集成涉企资源,全方位服务企业。

(四)营商环境法治化水平创新提升

近年来,我省在强化知识产权保护、优化执法监管模式、完善公平竞争体系等方面推出一系列创新性改革举措,法治化水平显著提升。开展知识产权“春笋行动”,通过构建一个政策指引、“五位一体”知识产权纠纷人民调解模式,实现知识产权纠纷一站式化解,全省专利纠纷行政裁决案件的办案时间平均压减至2个月,比法定时限压缩1/3。获批建设了国内首个以新旧动能转换为主题的山东知识产权运营中心。在国内首创专利权“知银保”质押融资模式，被国家知识产权局作为典型予以推广。“十三五”时期，全省专利权质押项目数2980件，金额364.8亿元，均位居全国前列。大力推进“互联网＋监管”，实现省直40个部门“互联网＋监管”检查实施清单与“双随机、一公开”抽查事项清单联动调整及衔接。创新包容审慎监管举措，推行“首次不罚”“首次轻罚”柔性监管机制，在48个行业领域实施信用分级分类监管。

(五)产业发展生态日益优化

近年来，山东在产业生态创新上不断深耕，全力打造优良的企业发展生态路径，稳步提升我省产业链的稳定性和竞争力，为我省传统产业提档升级、新兴产业加速崛起提供强力引擎。2021年以来，山东聚焦42条关键产业链深入实施“链长制”，配套建立“链主”企业牵头主导、产业链联盟合作等4项工作机制，绘制出“1个图谱＋N张清单”。开展省市一体补链、延链、强链行动，策划产业链重点项目460个，建立公共服务平台100个，服务企业4万多家，举办产业链重大活动90场，产业链供应链“朋友圈”持续扩大。发挥济青烟国际招商产业园引领作用，落地世界500强企业项目、全球行业领军企业及产业链引擎项目93个。2021年，山东省级及以上科技企业孵化载体588家，其中国家级科技企业孵化器101家、国家级众创空间219家，创新创业活跃度进一步提高。

三、当前我省营商环境发展存在的主要问题

近年来，我省在营商环境优化提升方面成效显著。2021年，山东省的市场主体数量突破1300万家，新增市场主体数量突破200万家，但与广东和江苏相比，数量规模等指标还有一定差距，这反映出我省在法治环境优化、服务效能提升、营商氛围构建等领域对标先进省份还存在提升空间。

(一)部分行业市场准入“隐形”壁垒仍然存在

一是准入准营前置要件多、门槛过高。在一些关键行业、领域存在前置审批的门槛及相关履职约束条件过高的问题，如增加注册资本金及场所面积等方面的苛刻要求。省工商联相关企业问卷调查结果显示，企业遇到的外部问题多集中在市场准入准营门槛较高等领域。二是一些地方和领域仍存在地方保护问题。叠加新冠疫情及外部不确定性因素影响，政府在实际执行中或偏向于本地企业和产品。例如，省内一些重点工程项目及重点企业新购、更新设备招标时，在同质同价的情况下，优先安排不少于一定比例的本地产品。三是

存在不同程度上的行政垄断行为,公平竞争环境有待加强。近年来,我省垄断行为多涉及新行业新领域,且垄断行为中滥用市场支配地位从事排除、限制竞争行为居多。例如,省内某公共汽车有限公司申请公交运营补贴时被拒,而当地国有资产监督管理委员会下属的公交公司却享受财政补贴。

(二)产权保护体系仍需提升完善

一是知识产权保护、运用等能力还有提升空间。2021年测算的2020年全国各省(自治区、直辖市)商标品牌发展综合指数显示,广东(89.31)居全国第一,浙江(88.87)第二,江苏(86.41)第四,山东综合指数81.84,位列第六,与粤、苏、浙三省在商标运用及保护、品牌发展等方面存在较大差距。二是企业知识产权自主保护意识薄弱。以2021年万人有效发明专利拥有量为例,江苏省万人有效发明专利拥有量达41.2件,约为全国平均水平的2倍,我省万人有效发明专利拥有量14.8件,与江苏省在有效发明专利方面实力悬殊较大。三是知识产权保护监管能力需要进一步提升。从专利行政执法案件数量来看,山东"十三五"时期共办理专利行政执法案件1.60万件,浙江省"十三五"期间累计办理知识产权行政案件7.25万件,知识产权执法强度、力度远超我省。

(三)政务服务系统集成改革仍需聚力攻坚

一是"数字政府"建设相对滞后。在省级数据汇聚平台搭建时,不同类型信息整合模块尚存在信息化程度不一、标准不统一等情况,大数据在省市间、部门间共享应用效率较低。二是"一网通办"需进一步整合优化。以电子证照为例,我省"爱山东"App上可亮证的电子证照数量达334类,相比之下,浙江仅杭州一市在用的"浙里办"各类电子证照数量就高达412类。三是政务服务效能有待提升。在2020年度省级政府一体化政务服务能力总体指数排名中,广东、浙江以95.38并列第一,江苏以93.06位居第二,山东以83.59排名第17位,这表明我省政务服务在普惠性、便捷性、满意度等方面与先进省市之间还有较大差距。

(四)资源要素共享仍存在多种瓶颈

一是融资服务仍需完善提升。从制造业中长期贷款增长水平来看,2021年我省制造业中长期贷款余额同比增长20.0%,远低于浙江(47.1%)和全国平均水平(31.8%)。从省工商联的相关企业问卷调查数据来看,超七成企业存在融资问题。二是土地要素约束趋紧。当前,我省正处于新旧动能转换的关键阶段，资源环境约束趋紧，存在存量土地盘活力度不大、低效建设用地等问题，高效率土地资源配置制度还不完善。三是企业用工难、引才留才难凸显。企业问卷调查显示，近四成企业存在用工难。目前，山东人才引进政策同质化严重、创新性不足，没有形成人才引育闭环，引进后支持配套不足，呈现出“重引进轻使用”“重引进轻培育”等问题。

四、进一步优化营商环境的对策建议

营商环境就是生产力、竞争力，优化营商环境就是解放生产力。因此，我省应对标世界银行营商环境评价标准，对表国内先进理念和最佳实践，学习借鉴先进地区模式经验，持续推动我省营商环境改善。

(一)打造高效便捷的政务环境

1.强化体制机制创新，推进政务服务流程再造

推进营商环境体制机制创新，完善领导小组工作机制，保障省、市、县三级政府统一常设办公机构及推进落实机构。深入实施权责清单制度，将清单贯穿于政务服务、监督检查、行政处罚等市场监管重点领域、各个环节，实现权责清单信息公开化、流程标准化、运行数字化、办理网络化、监督实时化。构建差异化定权赋权模式，深入推进按需赋权、精准赋权，变“单一事项碎片化赋权”为“一整件事完整链条赋权”。

2.统筹推进数字化改革，加快“无证明之省”建设

搭建全周期、全链条的大数据资源共享平台，推进全生命周期数据治理，实现更大范围、更高效率的数据资源互通共享和深化应用。在全省范围内大力推行“免证办事”“一码通行”，借力大数据共享、推广应用电子证照，全面压减企业和群众办事需提交的材料，推动实现电子证照证明跨层级、跨区域互通互认。推进政务服务事项向基层延伸，全面实施政务服务事项同源管理，积极探索构建个人、法人数字空间。

3.汇聚多方合力，提升营商环境评价效能

加强营商环境创新试点的组织领导和统筹协调，强化协同高效的工作机制。加强省市联动、部门协同，合力推进常态化营商环境评价工作走深、走实。明确责任分工，将责任逐项分解落实到具体人员，形成各区、各部门具体细化的任务清单。以市场主体期待和诉求为导向，科学构建包含多样化市场主体评价视角、企业调查和专家咨询相互佐证、政务服务平台建设及电子化应用程度、更大范围覆盖面的评价指标体系，合理设定评价指标和评价方式，科学准

确评价营商环境便利度。

(二)优化公平竞争的市场环境

1.立足先行先试,着力强化公平竞争政策基础地位

清理废除歧视、妨碍各类市场主体参与市场经济活动的政策措施,着力破除在政府采购、招投标等领域针对外地企业设置的隐性门槛和壁垒。建立省、市、县统一的公共资源交易服务机构,深入推进公共资源交易电子化、智能化、数字化,探索跨区域数据共享和业务协同,打造透明高效的公共资源交易环境。加大对企业违法实施垄断协议、滥用市场支配地位、未按规定实施经营者集中行为的处罚力度。

2.强化全链条保护,打造知识产权保护标杆省份

健全产权保护协调工作机制,完善各部门产权保护职责,强化政府保护产权责任。健全知识产权、不动产等重点领域法规制度和标准体系,强化知识产权保护法治保障。完善数字产品专利、版权、商业秘密等知识产权保护制度,制定修订具有国际领先水平的知识产权保护标准,完善知识产权保护制度。建立多方协同的知识产权保护机制,强化知识产权全链条保护。统筹推进人民调解、行政调解、司法调解的发展,构建主体多元的知识产权保护模式。

3.清除准入准营隐性壁垒,畅通市场主体进出通道

构建"负面清单+正面激励"市场准入模式,完善市场主体对隐性壁垒的意见反馈渠道和处理回应机制,进一步降低准入准营门槛,畅通准入准营通道。完善以信用承诺为基础的商事登记制度,推动准入准营同步提速,赋予市场主体更多主动权。进一步深化"一照多址""一证多址"等改革,推动企业生产经营高频办理的许可证件、资质资格等跨区域互认通用,便利企业扩大经营规模。健全以公平竞争审查制度和反垄断执法为核心的市场运行维护机制,深化政府采购和招标投标改革,保障各类市场主体平等使用生产要素、公平参与市场竞争。

(三)保障有力的要素供给环境

1."腾退"与"盘活"并举,创新土地要素配置方式

统筹推进我省城市更新和品质提升三年行动,盘活老旧土地资源,提高存量空间利用效率。腾退低效产业空间,制定高精尖产业项目与空间资源精准匹配的招商地图,促进我省产业优化升级。推行长期租赁、先租后让、租让结合、弹性年期供应等重大产业项目供地方式,缓解企业资金压力。推广"用地

清单制”改革，持续深化“多测合一”，加速项目落地和投产。

2.创新人才招引渠道，汇聚人才引育“洼地”

依托省、市、县三级人才服务中心，提供人才引进、落户、交流、评价、咨询等便利化专业服务。实施更加开放的海外人才引进政策，优化医疗、汽车、金融、新材料等重点产业领域人才支持政策，放宽外籍人才年龄、学历和工作经历限制，延长在华工作签证有效期。拓宽灵活就业渠道，制定支持和规范发展新就业形态的政策措施。优化人才评价服务体系，加快建立以创新价值、能力、贡献为导向的人才评价体系。

3.强化资金供给服务，推动资本要素服务实体经济

完善政府性融资担保、再担保机构的绩效评价机制，健全对担保、再担保机构的奖补机制。健全私募股权投资退出机制，完善私募股权转让交易平台功能，提高资本循环效率，为更多企业提供融资机会。强化企业直接融资，为民营、科创、中小微企业提供更多融资机会，打通企业升级发展通道。

（四）维护和谐稳定的人文环境

1.完善企业关爱政策举措，营造尊商重商浓厚氛围

健全规范化、常态化政企沟通交流机制，探索为重点企业量身打造“服务包”制度，打造“亲”“清”新型政商关系齐鲁样板。建立健全促进各类市场主体发展的社会化专业服务机制及产业生态服务机制。进一步放宽民营企业市场准入条件，健全常态化民营企业项目推介机制，定期发布支持民营企业参与基础设施、公共服务、城市更新等项目的信息。健全保障企业安心发展的机制，建立企业维权服务平台，提供高效、便捷的维权服务。

2.健全各类配套措施，打造宜居宜业城市环境

以城市更新行动为抓手，推进城市道路、停车设施、综合管廊、燃气供热等市政基础设施扩容升级。着力打造更具创新创业活力的硬件环境。加快促进“政产学研金服用”融合创新，进一步启动省级创新创业共同体。全面启动“青年发展友好型城市”建设工作，不断提升城市软实力。建成一批有类海外环境、有创新事业、有宜居生活、有服务保障的智慧社区，吸引全球顶尖人才来鲁创业。

3.深入挖掘文化内涵，建设和谐友好人文环境

依托曲阜优秀传统文化、沂蒙红色文化、泰山文化传承发展示范区、齐文化传承创新示范区，挖掘地域文化，提炼地域精神，打造地域品牌，营造和谐友好人文环境。打造15分钟社区便民商圈，建设智慧便捷、业态齐全、服务优质、运营高效、管理有序的社区便民商业服务体系。通过定向供给公共租赁住

房、加大住房租赁补贴力度等方式多渠道筹集房源，完善多层次住房保障体系。发展普及普惠、优质均衡、特色多样的基础教育和定位明确、优势突出、活力彰显的高等教育，形成全球顶尖人才培育高地。

(五)建设公开透明的法治环境

1.聚焦重点行业领域，加快完善营商制度法规体系

研究推进公平竞争立法和事中事后监管立法，维护市场竞争秩序，提高经济运行效率。推动出台山东省接诉即办条例，对接诉即办治理体系、工作机制予以固化提升，完善我省企业诉求“接诉即办”平台，健全“1＋1＋2＋17”的渠道体系。适时推动出台山东省数字经济促进条例，规范数据资源全生命周期管理，促进平台经济规范健康发展。修订我省知识产权保护条例，规范知识产权的创造、运用、管理、服务、保护机制，激励和保障科技创新。探索推进商事登记地方立法配套，全面提升投资兴业的法治环境。

2.完善统一监管标准，构建全链条闭环式信用监管

充分运用互联网、大数据等现代信息技术，大力推进信用分级分类监管、智慧监管、精准高效监管。创新事前环节信用监管，加强事中环节信用监管，完善事后环节信用监管，健全信用联合奖惩机制，构建起科学高效、公平公正、权责明确的监管体系。发挥山东省“双随机、一公开”监管工作联席会议的统筹协调作用，不断完善监管制度顶层设计，打造政府主导、企业自治、行业自律、社会监督互为支撑的协同监管格局。

3.强化内外协同监管，推动监管方式集成改革

全面推广省级数字市场一体化监管平台，集聚原质监、工商、食药、知识产权、物价等多部门系统数据信息，打造数据资源共享中心，不断提升数字化市场监管治理能力。借鉴浙江在无感监测领域的生动实践，以市场主体和基层“无感”方式重塑营商环境评价制度，探索形成从实时监测预警到地方响应整改和创新案例推广的完整闭环执行链。将“双随机、一公开”抽查与差异化监管直接挂钩，对信用风险低的企业“无事不扰”，让企业享受政策红利；对信用风险高的企业实施重点抽查，让监管“无处不在”。完善新业态、新模式包容审慎监管，充分给予市场主体成长“容错”“试错”空间。

(六)营造优质温馨的服务环境

1.加大简政放权力度，持续提升政务服务便利化水平

持续精简行政审批事项，全面推进证明事项告知承诺制。制定发布省市统一的行政许可事项清单，简化审批流程，精简审批事项，清理非必要审批。

依托一体化政务服务平台，加快全省公共数据共享交换进程，打造“无证明”服务新模式。优化“爱山东”服务平台功能，广泛推行“只跑一次”或“不用跑”。推行一般事项“不见面”办理，实现一次不用跑。推行复杂事项“一次办”，需要现场踏勘、技术审查、听证论证的联合办理，实现符合法定受理条件、申报材料齐全的只跑一次。

2.深化流程再造，营造全生命周期企业发展生态

深化以区块链等新一代信息技术为基础的数据共享和业务协同制度，以数字化转型全面驱动政府服务流程再造。围绕公众关心的就业、社保、教育等问题，丰富全周期数字化应用场景，构建从出生到死亡的全生命周期数字化惠民服务体系。制定公共数据资源开放清单，加大民生保障、公共服务、宏观经济等重点领域的数据资源开放力度，鼓励企业利用公共数据资源发挥政府数据对生产生活的放大、叠加、倍增作用。聚焦出生、入学、住房、退休等领域，嵌入“数字档案”和“多维画像”，探索实现需求自动匹配和服务精准对接。加快建成全省统一的“居民码”“企业码”，在“爱山东”App 实现统一亮码、多码融合、涉企许可电子证照联动应用。

3.聚焦堵点精准发力，保障涉企惠民服务供给

推广“免申即享”“一键即享”新服务，持续拓宽补贴、税收等领域“免申即享”的政策范围，实现政策找人、精准兑现、直达快享。完善常态化财政资金直达机制，推动各项利企政策精准匹配，持续降低企业经营成本。夯实完善省、市、区、街乡、村居五级纵横贯通的政务服务体系，推动全部政务服务事项进驻政务服务大厅，为企业、群众提供全方位一站式服务。进一步提升精准服务能力，足额支付账款，加快减免房租，大力实施降费提质，有力支持资金融通，多措并举助力企业纾难解困。

课题组成员：史倩倩　任栋　彭炜轩　郑娜娜　曲扬　王涛　刘燕　卢华　李天然　张朝炼

山东与日韩构筑互利共赢的产业链供应链合作机制研究

当前,全球化受到严峻挑战,多国政策更加内倾,全球产业链融合重构迫在眉睫。2022 年是中日邦交正常化 50 周年、中韩建交 30 周年,也是《区域全面经济伙伴关系协定》(RCEP)生效首战之年。RCEP 首次将中日韩纳入同一个自贸安排中,三国既有大市场,也有大供给,有条件强化共识、加深经贸合作。RCEP 构建的制度保障和营商环境,让中日韩三国共同迎来了更加有利的开放机遇,对东亚地区甚至世界的经济恢复和增长将产生重要的积极影响。山东毗邻日韩,在中日韩经济贸易和文化交流中占据重要地位,是中日韩自由贸易区桥头堡。在 RCEP 框架下,山东与日韩三方以合作共赢为基础,主动构筑具有"链主"地位且安全、稳定、高效的区域产业链供应链,增强其韧性和抗风险能力,这对于维护区域稳定、拉动疫后经济复苏意义重大。

一、山东与日韩合作的优势条件与制约因素

山东与日本、韩国地缘相近、文化相通、经济相融,经贸往来密切。近年来,山东全面深化与日韩的交流合作,促进友好关系行稳致远,形成了全方位、多层次的合作发展格局。

(一)中日韩合作概况

中日韩地域相邻,同属世界主要经济体、G20 成员国、东北亚贸易大国,互为重要的贸易伙伴。中国是日韩最大的贸易伙伴,日韩分别是中国第二和第三大贸易伙伴国、第一和第二大投资来源国。2021 年,中日韩 GDP 总量已达到 23.78 万亿美元,超过了美国(22.94 万亿美元)和欧盟(15.75 万亿美元)。中日韩三国全部进入世界前十大经济体之列,分别居全球第二、第三和第十。2021 年,中日货物贸易总额达到 3714 亿美元,创历史新高,同比增长 17%;中韩两国双边贸易额突破 3600 亿美元,双向投资额累计超过 1000 亿美元。

(二)山东与日韩合作的优势条件

1.优越的地理区位优势

毗邻日韩是山东对外开放最大的门户优势。从地理位置看,山东地处我国东部沿海地区,与日本一衣带水,与韩国隔海相望。优越的地理位置是形成地缘经济的基础,山东是我国距离日本、韩国最近的地区,与日韩合作有天然的地理便利。山东半岛的俚岛镇距离韩国仁川最近处仅为 93 海里,距离日本最近处为 174 海里,山东威海拥有到韩国仁川最近的海运航线。

2.良好的经贸合作基础

日本是山东第三大外资来源地、第五大贸易伙伴,鲁日贸易额占中日贸易总额的 7%以上;韩国是山东第二大外资来源地、第四大贸易伙伴,鲁韩贸易额占中韩贸易总额的近 10%。鲁日韩地区产业发展具有梯度性和互补性,早在 2004 年,山东就提出了"积极承接日韩产业转移,打造半岛制造业基地"的思路。目前,由山东半岛、韩国西南海岸地区、日本九州地区组成的"环黄海经济圈"快速发展,以山东半岛城市群、韩国仁川—首尔—釜山城市群、日本下关—北九州—福冈城市群为主线的跨国城市走廊基本形成,山东半岛制造业基地成为承接日韩国际产业转移的有效平台。

3.独特的人文资源优势

山东是儒家文化的发源地,日本、韩国都属于东亚文明圈,其国民思想、思维方式、生活方式深受儒家文化影响。山东与日韩文化交流交往源远流长,频繁举办友城、美术、音乐、经贸等系列活动,友好合作成果丰硕。近年来,山东注重以文为媒、深化交流,举办了"韩国·中国山东文化年""中日韩儒学对话会""山东与世界 500 强连线"韩国专场等系列文化交流活动,持续推动发展国际友城合作,与日韩建立了 151 对友城或友好合作关系。2022 年,在韩国、日本工作生活的山东人分别超过 44.5 万人、10.0 万人,韩国、日本在中国的留学生人数分别为 50600 人、14230 人。

4.完备的交通设施体系

山东是全国重要的物流运输枢纽,立体化交通网络发达,公路、铁路、航空等运输条件便利。中欧班列(齐鲁号)国际运营线路达 52 条,可直达"一带一路"沿线 23 个国家 54 个城市,构筑起东连日韩、西接欧亚的国际物流大通道。以济南、青岛国际机场为枢纽的空中运输通道日趋完善,已开辟国内外航线 300 多条,其中国际航线 16 条。山东拥有中国 1/6 的海岸线和众多国际贸易港口,远洋航线可抵达日本、韩国等 100 多个国家和地区的 360 多个港口。山东港口已开通至东京、大阪、横滨、九州、关东等日本主要港口的集装箱班轮航线10余条,每周航班量13～16班。山东威海拥有到韩国仁川最近的海运航线,青岛、烟台、威海、日照、荣成等港口仅与韩国平泽、仁川、群山等港口开通的客箱班轮航线就有10条,每周航班量32班。

5.显著的产业互补优势

日本是亚洲发达国家的代表,优势产业多集中在高新技术、高端制造、服务业等,第三产业极其发达。韩国早在20世纪80年代就开始调整产业结构,第一产业占比不断下降,第二产业保持平稳,第三产业占比不断上升并建立起现代化工业体系,涌现出三星、LG等一批企业。经过多年发展,山东已经建立起完整的工业体系,与日韩的产业结构有明显的差异性和互补性,三方在构筑互利共赢的区域性产业链供应链方面有极大的合作空间。

(三)山东与日韩合作现状

1.经贸合作现状

多年来,鲁日韩贸易规模总体呈现出上升趋势。山东依托庞大的市场、充足的劳动力及优惠的税收政策优势,与日韩的资金、技术等产业技术优势相结合,三方贸易往来实现快速稳定发展。2010～2019年,山东与日韩贸易规模相对稳定,与日韩贸易额均值分别是224.8万美元、314.4万美元,均呈现小幅度波动下降;山东与韩国贸易额高于日本,占对外贸易总额的比重均值为10.7%,与日本的贸易额占对外贸易总额的比重均值为7.6%。2021年,山东与日韩经贸合作逆势增长,韩国成为山东第四大贸易伙伴,仅次于东盟、美国、欧盟,鲁韩进出口额达2695.5亿元,同比增长29.7%;日本成为山东第五大贸易伙伴,鲁日进出口额达1821.5亿元,同比增长16.5%。

2.日韩投资布局

山东对日韩资本有着巨大的吸引力,韩国、日本分别是山东第二大、第三大外资来源地。截至2020年底,韩国、日本对山东投资分别增长136.4%、115.7%,合计占比较上年提高3.3个百分点,增长率远远超过美国和欧盟。据统计,山东日资、韩资企业共5860家,累计投资达334.4亿美元。其中,青岛、烟台、威海三市注册登记的日资、韩资企业共5021家,占全省日资、韩资企业总数的85.7%;日本三菱、韩国现代汽车等20家世界500强企业入驻三市。从投资领域看,青岛、烟台、威海三市韩资、日资企业第二产业分别占其实际利用外资的79.6%和81.2%,第三产业占19.5%和17.2%,第一产业占0.88%和1.56%。从投资规模看,青岛在营日资、韩资企业平均投资规模为166.0万美元,烟台为201.5万美元、威海为159.2万美元,其中超90%为中小企业。

(四)山东与日韩合作的制约因素

1.地缘关系对山东与日韩合作产生根本影响

中日韩三国有着特殊的地缘关系,既在一个共生的经贸区域,也有着诸多未解的历史问题,加上国际局势变动,三方在深度合作方面顾虑重重,有些贸易政策甚至具有强烈的政治性和战略性。前期,日韩双边经贸关系趋于紧张,波及中日韩经贸谈判进程,山东与日韩之间的经贸合作也深受影响。2019 年 4 月起,日本不再给予我国原产货物普惠制关税优惠,致使山东劳动密集型产业、在鲁日资企业以及机电、化工产品短期内受到巨大冲击。

2.基于政治因素的外贸政策选择影响三方合作

当今世界百年未有之大变局正在加速演进,大国竞合关系更趋复杂,原有的全球贸易可持续发展生态正在被打破,这将不可避免地影响中日韩外贸政策的选择和应对,从而给山东与日韩的深入合作带来巨大影响。日韩与美国已有的自由贸易协定,如《美韩自由贸易协定》《美日贸易协定》《美日数字贸易协定》等对日韩的外贸政策形成影响与制约。由日本牵头组建的《全面与进步的跨太平洋伙伴关系协定》也与当前的 RCEP 存在很大的竞争关系。此外,区域政治风险也会推高贸易成本,阻碍三方合作。

二、RCEP 生效实施带来的战略机遇与风险挑战

当前,全球产业链供应链面临严峻挑战,区域布局正从关注成本效率转向更加关注安全稳定,区域化、周边化、本地化等特征日益凸显,同时 RCEP 的生效实施为区域内产业链转移、升级和重构带来了便利,主导权竞争将变得更加激烈。因此,山东与日韩构建区域产业链供应链既面临重大历史机遇,又存在一定风险挑战。

(一)战略机遇

1.产业链区域化、本土化发展机遇

全球产业链供应链将更加关注稳定和安全,向抗风险、多元化、强韧性的方向发展,总体上呈现出区域化、本土化的趋势特征。山东与日韩在东亚地区构筑互利共赢的产业链供应链迎来了难得的发展契机。

2.稳步扩大制度型开放机遇

RCEP 突出对服务贸易、电子商务、数字孪生等产业的培育与引领,是我国目前签订的最高水平的国际经贸协议。利用 RCEP 规则,融入日本主导的

《全面与进步跨太平洋伙伴关系协定》(CPTPP),接轨国际最高经贸规则,对山东推动经贸合作从商品型开放到制度型开放转变意义重大。

3.优化区域产业链供应链布局机遇

按照RCEP规则,中国与日韩等RCEP成员方可互相给予原产地零关税优惠待遇的商品数超90%,几乎涵盖了中日韩全部市场。高标准落实RCEP贸易便利化安排,有利于山东企业培养国际贸易竞争新优势,优化区域产业链供应链布局。

4.加快建设贸易强省机遇

RCEP的关税减让措施将大幅度降低要素流动成本,助力企业扩大生产规模,拉动区域贸易增长。日韩是山东特色农产品、轻工成品、化纤针织服装、原材料和零部件的重要进出口市场,RCEP规则促使三方贸易进入稳步上升通道,助力山东建设贸易强省。

(二)风险挑战

1.山东与日韩在特定产品与市场领域面临相互竞争的局面

随着中国产业发展和技术进步,国际竞争力显著提升,与日韩在计算机、电子和电气设备等领域,由原来的上下游互补关系转变为竞争关系,而基于国家利益层面的市场竞争和贸易摩擦会影响三方合作交流。

2.日韩对高技术产品的进出口限制影响了区域产业链供应链的安全稳定

日韩要保持其产业链优势地位,往往限制高技术产品出口,对一些敏感技术出口也存在顾虑。同时,设限通信电信网络等高技术产品进口,对山东与日韩产业深化合作造成不利影响。

3.山东正面临日韩产业转移和投资转移的双重挑战

在RCEP规则下,山东与日韩毗邻的区位优势逐渐弱化,部分劳动密集型或以国内市场为主的日韩企业把产业和投资从山东加速转至我国中西部地区或东盟国家,寻求新的比较优势,影响了山东对日韩的进出口贸易。

三、深化与日韩合作的经验借鉴

(一)加速日韩高端要素集聚,打造完整的产业链条

1.苏州着力打造生物医药和健康产业链

依托苏州工业园区,苏州打造“中日韩商品和服务消费专区”等高层次对外交流合作平台,持续招引一批中日韩生物医药和健康产业合作项目,总投资

48 亿美元，涵盖化学药、生物药、现代中药、医疗器械等各方面，不少细分领域形成竞争优势。

2.无锡着力打造新一代信息技术产业链

无锡抢抓 RCEP 战略合作机遇，依托韩资板块、日资高地的开放优势，引进韩国 Asin 半导体核心零部件、高美可无锡工厂技术升级项目、日本科索电子产业合作项目等，从原材料、装备制造、研发设计等方面进一步深化与产业链上下游的合作。

3.常州着力打造高端装备和新能源产业链

日本、韩国在高端装备和新能源产业领域处于国际领先地位。常州加大机器人、汽车零部件、智电汽车、电池认证服务等领域重点项目引进力度，加强在上下游、软硬件、前后端方面与日韩的产业链供应链合作。

（二）坚持“链式思维”，建设中日（韩）产业合作园

1.中日（平湖）产业合作园

园区以光机电和生物医药为主导产业，引进日资企业 76 家，其中日商独资 68 家，包括日本电产集团旗下 15 家企业，电产集团成为园区内首个产值超百亿元项目，两大新兴产业企业占规模以上工业企业总数的 41%。在园区产值和纳税 30 强企业中，日资企业均占半数以上席位。

2.中韩（衢州）产业合作园

园区紧盯韩国元素，积极开拓与韩国的合作渠道，以新材料、大健康为主导产业，引进晓星氨纶、晓星新材料、华金新能源等高端产业类项目，布局上下游产业链。园区已成为韩商聚集、产业高端、功能现代、生态宜居的中韩产业重要合作平台，韩国也成为衢州实际使用外资第一大来源地。

3.中韩（吴兴）产业合作园

园区以美妆产业为主导，紧紧围绕“美妆产业集聚、美妆文化体验、美妆时尚博览、美妆人才技术”等目标定位，依托珀莱雅等上市企业，创新“政府＋企业＋行业”联动的市场化运作模式，重点引进化妆品及相关配套产业，构建以化妆品生产为主导的全产业链，高标准、高质量构筑美妆产业发展新高地。

（三）发挥互补优势，打造特色产业集群

1.发挥友好城市优势，打造未来产业集群

北京中日国际合作产业园发挥北京、东京友好城市优势，借助庞大的国内市场、完整的工业体系和良好的营商环境，瞄准未来产业，对接日本高端产业和制造优势，发展以“生命健康”“前沿智造”“未来出行”为先导，以生化工程、

材料科学、现代工艺、人工智能、能源应用为拓展,以现代服务业为支撑的产业体系,打造国际科技协同创新与产业合作发展示范区。

2.发挥氢能产业优势,打造新能源产业集群

中日(上海)地方发展合作示范区立足国内外能源消费低碳化、清洁化发展趋势,利用临港新片区前沿开放制度、产业配套、空间承载、政策环境和体制机制综合优势,吸引国内有实力的氢能企业与日资企业加强技术合作,发展以氢能产业为重点的新能源产业,形成符合临港产业基础条件的产业路线图,推动国内氢能产业标准体系的建立和完善。

3.发挥创新资源优势,打造健康产业集群

中日(天津)健康产业发展合作示范区围绕做大做强健康产业集群,发挥天津中医药大学和中国医学科学院创新资源优势,加快推进"神农谷""创新科技园"建设,大力发展医疗、教育、体育、康养等相关产业,创新"互联网+医疗"模式,积极培育健康产业新业态,着力打造国际健康服务一站式栖息地。

四、山东与日韩构筑区域产业链供应链的对策建议

山东作为全国唯一拥有全部41个工业大类的省份,要发挥与日韩合作的基础优势,在合作共赢的基础上,主动构建具有"链主"地位且安全稳定的区域产业链供应链体系。

(一)拓展重点领域对接合作,优化区域产业链供应链布局

1.拓展新一代信息技术领域对接合作

在5G领域,与韩国三星等企业在天线射频、通信设备及解决方案等方面对接;在集成电路领域,在半导体(晶圆)、芯片制造、光刻胶及设备、模组等方面与日企对接,补足上游材料和制造环节短板;在软件领域,优先选择基于互联网平台发展工业软件、工业PaaS平台和社交软件等与日韩对接,向基础软件领域拓展。

2.拓展医养健康领域对接合作

推进与韩国在医美文化、消费趋势、消费医疗等方面的合作交流,在健康干预、医药创新研发、医疗金融投资、医学美容、前沿科技等领域深入合作;借助日方先进的养老介护经验,在健康养老、人工智能应用、产业投资和人才培训等重点领域开展广泛合作,加快引进日方健康领域高端企业,与日方共同培育大型企业集团和产业紧缺人才,补齐山东医养健康产业链条和专业人才短板。

3.拓展高端装备制造领域对接合作

在汽车芯片及工业自动化、物联网、基础设施、通信设备和汽车电子等方面加强与日企瑞萨对接;在液压件领域,与日本川崎、韩国东部液压件合作;强化与日本大限、马扎克公司及韩国优技因特、研一机械、AM 技术等合作,加快突破数控系统、主轴单位、数控回转工作台、数控刀架等机床部件薄弱环节;在船用发动机领域,积极开展与现代重工集团、大宇造船海洋、三星重工等韩企及今治造船、日立造船等日企的合作,引进液化天然气(LNG)运输船及 LNG 动力船技术。

4.拓展文化创意领域对接合作

围绕我省文化创意产业重点发展领域,实施建链、延链、补链、强链工程,积极对接日本动漫、影视、游戏、音乐等文化创意产业,重点借鉴其相对成熟的管理模式;与三星和 LG 等韩企对接,加快服装、汽车、消费电子产品等产品设计/工业设计以及视觉设计、空间设计、影像设计等创意设计领域突破,同时加强与日韩在文化领域共性关键技术的研发合作,推动 5G 高新视频、新媒体、数字出版、4K/8K 电视、VR/AR 等新业态、新模式发展。

5.拓展绿色低碳领域对接合作

在新能源和可再生能源方面,与日本合作推进海上风电发展,研发新型浮动式海上风电技术;利用山东拥有的氢能制、储、运、加全产业链环节优势,深化与日本氢能关键技术、韩国工业副产氢和高效电解水制氢等领域的研发合作,开拓三方氢能贸易合作空间。在能源技术创新方面,协同推进储能、氢能、小型堆、CCS、CCUS、负排放或脱碳等关键共性技术、前沿革命性技术方面的创新合作,推进绿色船舶领域的技术创新合作。在节能环保方面,与日韩加强能效领域合作,引进先进的技术、管理经验和人才队伍,降低山东单位 GDP 能源消耗率。

(二)强化与日韩全方位合作,促进产业链供应链一体化发展

1.运用 RCEP 规则,强化与日韩的贸易往来和投资合作

关税减让带来的贸易成本降低有利于企业扩大贸易规模,不断延伸产业链。尤其高端制造产业,RCEP 生效后,山东与日韩在机械制造业方面都将享受较高的降税红利,要充分利用产业合作优势,纵向延伸产业链,向上游技术研发环节转移。同时,企业叠加使用多个贸易规则,如使用“中国—东盟”+“越南—欧盟”和“中国—东盟”+“菲律宾—日本”,将推动企业优化 RCEP 区域产业链供应链布局。利用 RCEP 规则,以贸易拉动日韩投资。提前布局新的降税享惠产品的贸易投资,如中韩关税承诺表显示,RCEP 生效第 6 年、第 15 年都将会有新的降税税目产生,对于此类产品应先行研究,提前布局增产

并寻找与韩国的贸易合作机会,从长远角度充分挖掘山东与日韩合作的市场机遇。

2.承接日韩高端产业转移,打造山东优势产业集群

当前,一部分劳动密集型、附加值含量相对较低的产业正从我国陆续转出,一部分技术含量高、附加值高的产业被持续引入,山东要以此为契机,承接日韩先进制造业、仓储物流业和高端服务业产业链西移,推动山东新一代信息技术、医美康养、食品工业、装备制造、创新研发等优势产业集群发展。同时,加快建设 RCEP 产业技术标准推广应用平台,提高产业创新自主性和实用性,提升产业链高端衔接能力、自主可控水平和区域综合竞争力。

3.发展新业态新模式,做强跨境电商供应链服务

发挥跨境电商综合试验区的示范引领作用,建设中日韩跨境电子商务交易平台。推进跨境电商海外仓建设,支持有条件的企业自建跨境电商独立站,在日韩布局一批配套功能完善的公共海外仓,完善海外仓网络。提高海外仓数字化、智能化管理水平,构建生产加工、仓储物流、销售流通等全产业链数字孪生服务体系。推广跨境电子商务零售进口退货中心仓模式,加快建设面向日韩的物流中心仓、边境仓。以日韩跨境电商为切入点,积极打造“中日韩消费专区”,打造中日韩商品消费、服务消费合作新平台。

(三)链接日韩创新资源,深化区域产业链创新合作

1.探索与日韩产业链创新合作机制

借力各类国际创新平台,将山东科创要素链接日韩创新资源,丰富国际创新生态。充分发挥先进的国际化协同创新服务优势,推动山东优势产业链与国际创新链接轨,服务全省科技创新和大企业开放创新,建设中日韩协同创新合作示范高地。突出市场导向性、企业主体性,培育一批全球技术领先的创新型领军企业,构建技术链和产业链融合机制。深化与日韩在信息技术、智能制造、高端装备制造、大数据和公共安全产业等重点领域的合作,推动建立跨国技术转移中心。依托“两国双园”模式,深化与韩国科学技术交流,激活创新发展的合作动能,共建经贸创新发展示范园区。

2.健全人才引育与交流机制

深化山东与日韩企业院校、科研人才、科创平台在科技创新、经济创新、文化创新等方面的交流与合作。以集聚高层次人才和激活创新活力为中心,推进科研人才管理体制改革,创新国际科研人才引进和流动机制。依托国内统一大市场,围绕技术应用转化和创新价值实现,与日韩开展产学研合作,通过技术共享、项目合作、联合攻关等方式,实现高水平人才引进、创新成果输入和

产业技术转移。优化省内高等教育布局，调整专业学科设置，加强面向日韩的高层次专业人才培养。推广校企合作定制培养人才机制，按照在鲁日韩重点企业标准，设计紧贴实际岗位需求的课程，推进产教深度融合、校企协同育才。完善过境免签政策，增开直飞日韩的国际航班航线，推动商务、人才交流便利化。

3.完善多元化、国际化区域创新体系

发挥现有的创新合作平台优势，推动“政用产学研”一体化发展，建设山东国际创新示范区。依托中日韩国际创新中心，借力国际加速器大公坊全球领先的硬科技供应链共享平台，着力拓展与日韩合作领域，加速国际创新资源“引进来”、本土优秀企业“走出去”，搭建协同孵化桥梁，打造国际化智能制造产业项目孵化基地。依托山东手造中日韩交流基地，发挥在时装高定领域的资源优势，以“手造文化”的交流创新为着力点，推动中日韩在手造产品展销、手造研学交流等方面的合作，打造集手造展示、体验、销售和研学为一体的项目平台。依托中日韩青年创新创业论坛，对接中日韩政府、企业、社会资源，组织三国青年企业家、科创青年开展创新对话，做好合作项目的对接洽谈，加速赛事成果转化与产学研深度融合。

(四)构建贸易物流陆海大通道，打造专业化跨境物流产业链

1.畅通中日韩“海上高速公路”

借助RCEP贸易便利化政策优势，聚焦中日韩高端设备、精密仪器等领域贸易增长，简化通关程序，缩短货物滞港时间，实现物流快速响应，打造中日韩陆海联运通关“零待时”品牌。发挥青岛港国际基本港优势，整合省内港航资源，打造区域性国际航运中心和综合交通枢纽。落实青岛港中资“方便旗”船舶沿海捎带政策，探索“沿海喂给、国际中转”模式，促进国际中转集拼、集装箱船边直提、抵港直装等捷运业务发展。加快建设威海(石岛)—群山—釜山—大阪陆海联运40小时快线，畅通中日韩“海上高速公路”。

2.打造区域航运物流枢纽

优化区域航线布局，开辟国际中转通道，提高航线覆盖率，形成优势突出、特色鲜明、准时高效、全面覆盖的多维航线网络体系。利用RCEP政策优势，以港口为核心，积极开展海铁联运、长距离物流运输和现代物流服务，优化欧亚班列、东亚陆海铁快线、上合快线运营组织，强化以日韩为离港岸途经山东港口转运至中亚地区的全程物流建设。加大国际陆海联运通道开拓力度，畅通日韩航线连接中亚、中欧班列国际陆海新通道。

3.提升跨境物流综合服务水平

畅通中日韩海上快捷物流通道，优化在东盟地区的物流资源分配和基础

投资布局,探索建立智能物流平台,共享物流信息、技术、基础设施商品和服务,提升“端到端”全程服务能力。聚焦区域运输需求,强化“集装箱穿梭巴士”物流模式,扩大冷链、快航等新型跨境物流业务规模,布局冷链班列和库场设施,完善冷链冷箱增值服务功能,打造全程冷链贸易体系。借助顺丰、德邦等国内头部物流企业的国际配送网络,优化物流节点空间布局,提升物流通道能效。围绕中国北方进口生活消费品分拨中心,加强与国际贸易商、物流平台的商业合作,做好高端进口产品综合配套服务。探索建设外贸综合服务平台,为企业提供专业化全流程的配套服务。

(五)强化载体平台支撑,打造中日韩地方经贸合作示范区

1.发挥山东自贸试验区的引领作用

国家赋予山东自贸试验区“深化中日韩区域经济合作”的重要试点任务,依托济南、青岛、烟台三个片区,聚焦机电、软件信息、人工智能等高新技术领域,设立日韩专属贸易区,推动与日韩已签协议项目落地,引领全省与日韩的经贸合作。积极探索中日韩三国地方经济合作,加强自贸试验区与海港、空港联动,推进海陆空邮协同发展;建立以“一单制”为核心的多式联运服务体系,完善山东中欧班列运营平台;借鉴日韩经验,完善服务贸易、跨境电商等标准和统计体系,实现自贸试验区高水平开放、高质量发展。

2.发挥跨境电商综试区的试点优势

2022年11月,山东跨境电商综试区已达16个,实现了6种跨境电商海关监管模式全覆盖,海陆空铁跨境电商物流通道畅通,跨境电商业务稳健发展,为山东外贸保稳提质提供了新动能。综试区要抓住新一轮增长机遇,复制推广成熟的经验做法,持续创新制度、管理和服务模式,让企业在物流、支付、法律、税务、人才等方面享受便利、红利。充分结合山东资源禀赋和发展特色,利用先行先试政策优势,开展国内国际交流合作,持续优化海外仓布局,不断提升国际影响力。落实跨境电商零售出口税收、零售进口监管、增值税免税等优惠政策及一系列便利化措施,持续推进标准化建设,推动外贸新业态在规范中更高质量地发展。

3.做大做强全省各地中日韩产业园

依托中韩(烟台)产业园、中日(青岛)地方发展合作示范区、中韩(威海)经济合作示范区、中日韩(潍坊)产业园、中日韩高端预制菜食品产业园、中日韩(济宁)国际合作项目试验区等全省各地产业合作园区,吸引日韩企业集中布局,延长产业链,提升竞争力。

课题组成员:高福一　冀晓群　岳儒焱　倪艳亭　张辉　姜晶　孔峻岩　王昊宇　兰晓青

RCEP 框架下我省扩大双向开放合作的对策建议

2022 年 1 月 1 日，《区域全面经济伙伴关系协定》(RCEP)对文莱、柬埔寨、老挝、新加坡、泰国、越南等 6 个东盟成员国和中国、日本、新西兰、澳大利亚等 4 个非东盟成员国开始生效。RCEP 的生效实施为我省深度参与国际经贸合作带来更多机遇，有利于促进我省在更高水平上扩大与 RCEP 成员国之间的双向开放合作。

一、RCEP 贸易投资双向合作新机遇

RCEP 整合并拓展了 15 国间多个自由贸易协定，削减了关税和非关税壁垒，统一了区域内规则，推动了亚太一体化发展，是逆全球化时代区域化典范。

(一)货物贸易高度自由化:90%的货物贸易零关税

一旦实现零关税，一方面我国小家电、智能家居、新能源汽车、消费电子、小食品、美妆、服装鞋帽等行业在亚洲未来会有更多的新机会，另一方面澳洲的护肤品、新西兰的蜂蜜、马来西亚的榴梿等消费品以及日韩高端工业品将会大幅降价。

(二)RCEP 核心原产地规则

原产地规则可以理解为商品的“经济国籍”，对企业而言，意味着商品能否适用 RCEP 税率。其判定规则包括:税则归类改变标准、区域价值成分标准、区域成分累积规则。税则归类改变标准主要根据税号是否发生变更进行判定。区域价值成分标准根据区域增值是否超过一定比例进行判定。区域成分累积规则是指在一定区域内，一缔约方生产商品时所使用的其他缔约方的原产货物或者生产活动可以计入该商品的原产成分。

(三)广泛使用负面清单

在服务贸易方面,采用"正面引导+负面清单"模式,RCEP成员国在金融、电信和专业服务领域做出更高水平的开放承诺;在投资方面,15个缔约方均通过负面清单方式提高农、林、渔、采矿和制造业5个非服务业的投资开放水平,中国首次在自贸协定项下以负面清单形式对投资领域进行承诺。

二、山东与RCEP成员国重点合作领域

我省地处东北亚区域经济圈的中心位置,与RCEP成员国经贸往来密切,东盟、韩国、日本、澳大利亚分别是我省第一、第四、第五、第七大贸易伙伴,RCEP的实施为我省搭建"日韩—中国—东盟"的黄金通道、深化与各成员国的经贸合作提供了重要契机。

(一)强化农产品领域优势互补

RCEP成员国农产品总产量占世界的比重约为20%,是世界重要的农产品贸易市场。中国、澳大利亚、新西兰、日本等都是传统的农产品贸易大国,大多数东盟国家都是农业资源丰富的国家,是世界重要的大米、棕榈油、咖啡、水产品等农产品产地。我省农产品出口占全国的1/4,规模连续21年居全国首位,未来拓展农产品贸易和投资领域合作潜力巨大。

(二)深挖机械工业领域合作潜力

一方面,推动汽车及零部件行业整合区域价值。RCEP带来的汽车零部件关税降低将极大整合东亚地区汽车产业链供应链,有效帮助汽车整车生产企业降低生产成本,进一步释放我省汽车企业在产业链层面优势。另一方面,促进我省高端装备"走出去"。RCEP削减关税和非关税壁垒,降低了我省从日韩进口镀层板、无缝钢管等中高端中间品的成本。东盟基础设施建设需求旺盛,有利于我省高端装备等优势领域全产业链"走出去"。

(三)提升服务贸易领域开放水平

一方面,顺应全球服务贸易治理重心从资金向数据转移的大趋势,大力发展数字技术下跨境交付、境外消费、商业存在、自然人移动等业务,推进跨境交付、个人隐私保护、跨境数据流动等数字领域国际规则构建。另一方面,顺应现代市场需求多样化、个性化、变化频繁等发展趋势,加快发展与供应链贸易

相关的专业服务。此外，促进旅游和运输等传统服务业数字化发展，拓展与数字经济相关的基础设施、数字服务等新领域。

(四)开拓其他行业领域双向合作

一是深耕东南亚光伏产业市场。RCEP 将逐渐降低缔约国之间的关税，这为我省光伏产业深入东南亚市场提供有利契机。二是降低精细化工产品原料采购成本。RCEP 将降低国产化工品出口壁垒，有助于我省化工行业健康有序发展。三是扩大天然橡胶采购区域。四是缓释芯片供应链风险。五是优化电子信息产业结构。RCEP 将通过原产地规则，深化电子信息产业链在区域内的贸易合作和投资发展，同时促进我省与东盟在电子信息行业加工组装环节的投资互动。

三、我省全面对接 RCEP 扩大双向开放合作的对策建议

加快对接 RCEP 战略机遇，落实 RCEP 行动计划，完善 RCEP 政策体系，不断改善营商环境，巩固与 RCEP 成员国的产业链供应链合作，共创山东与 RCEP 区域互利合作新局面。

(一)加快推进 RCEP 山东经贸合作先行区建设

站在全省的高度，抢抓 RCEP 生效的战略机遇，以建设 RCEP 创新试验基地为抓手，加快推进 RCEP 山东经贸合作先行区建设。

1.打造 RCEP 区域合作平台

加快青岛西海岸国家进口贸易创新示范区建设。推进中日韩消费专区建设，打造具有日韩特色的商品消费、服务消费示范区。高标准建设 RCEP 国际交流中心和中国(青岛)RCEP 国际博览中心，持续办好日韩(青岛)进口商品展等经贸活动，培育 RCEP 成员国商品采购、产业技术、投资促进高端合作平台。

2.打造 RCEP 青岛企业服务中心

加快建设 RCEP 青岛经贸合作先行创新试验基地，优先导入 RCEP 国家重点项目。围绕提高企业市场竞争力，高标准建设 RCEP 青岛企业服务中心，实现企业全链条全流程服务，打造青岛面向 RCEP 的示范窗口。搭建全国首个基于 RCEP 的贸易数字化大数据智能应用平台，积极开展 RCEP 关税查询对比、线上交易撮合、商务服务共享等创新实践。

3.建设国际航运金融中心

重点发展供应链金融、创新保险、金融科技、创投风投，推动 QDLP(合格

境内有限合伙人)、QFLP(合格境外有限合伙人)试点落地,争取FT账户(自由贸易账户)体系政策,探索在跨境人民币贷款和发债、资本项目收入结汇支付便利化等方面先行先试。探索开展中国、日本、韩国、澳大利亚、新西兰等15国的银行家、企业家线上和线下系列活动,搭建开展境内外金融合作交流的对接平台,提升金融合作开放水平。

(二)扩大与RCEP成员国贸易投资双向合作

聚焦RCEP对我省外贸、投资和产业布局的影响,抢抓战略机遇,积极应对挑战,拓展外贸合作领域,深化贸易投资双向合作,塑造对外开放新优势。

1.扩大与RCEP成员国的货物贸易规模

积极利用RCEP关税优惠和相关国家的比较优势,扩大进出口规模。推动跨境电商跨越式发展,支持跨境电商平台做大做强,鼓励中小微企业上线日韩跨境电商平台"开店"。探索开拓日韩"市场采购+跨境电商"新渠道,打造面向日韩的小商品综合批发(零售)市场采购贸易集散平台。建设东北亚寄递物流中心,加快推进RCEP国家跨境电商优进优出。

2.提升我省服务贸易发展水平

扩大与RCEP成员国之间的金融服务贸易范围,建立面向日韩的高水平金融开放与合作机制,探索开展跨境人民币业务,推动建设区域性韩元、日元结算中心。扩大与成员国之间的电信计算机信息服务合作,加快打造5G网络先行区、产业集聚区,推动制定数据服务采集、脱敏、应用、交易、监管等规则和标准,吸引日本、韩国半导体人才、技术、设备等产业要素集聚。扩大专业服务贸易规模,加强在人才培养、资格互认、标准制定等方面的合作。

3.进一步促进高端跨国消费

发挥毗邻日韩、连接东盟优势,增加高品质消费品进口,吸引高端消费回流。积极引进日本、韩国、澳大利亚、新西兰高端消费品牌,重点发展区域首店、行业首牌、品牌首秀、新品首发等"四首经济"。用好RCEP带来的游客红利,促进游客附带消费,拓宽国际中高端消费品购买渠道,促进过境游客增加高端消费。推动特色餐饮发展,加强国际美食交流。

(三)全面推动RCEP框架下供应链价值链重构

顺应产品生命周期从梯度转移模式向全球同步制造和销售模式转变趋势,结合RCEP区域价值确定、区域成分累积、背对背原产地证明等规定,推动区域产业链灵活布局,谋划供应链价值链优化调整。

1.开展产业链供应链精准招商

聚焦世界500强企业、行业领军企业和技术先进型中小企业，开展面向日本、韩国、东盟及澳大利业、新西兰方向的精准招商。在制造业招商方面，吸引全球行业龙头、跨国公司地区总部等项目落地，开展新一代信息技术、高端装备、高端化工、新能源新材料等产业靶向招商。在服务业招商方面，加大对协定服务承诺放宽领域的招商力度，重点引进日本、韩国、东盟等国家和地区的医疗器械生产和研发企业。

2.深化产业投资双向合作

积极搭建产业开放、创新合作平台和政府、商协会、企业投资合作策源平台，通过举办RCEP高峰论坛、经贸合作高层论坛、展览会等高层次国际经贸交流活动，推动装备制造、电子信息、生物医药、现代化工等产业行业开展对接。利用RCEP国际经济合作条款，加强与成员国在跨境电商、医疗美容、生物医药、人工智能、汽车制造和融资租赁、食品加工等方面的合作，促进产业链、供应链、价值链和分销网络的融合。

3.以区域供应链为纽带吸引外资

利用RCEP原产地区域累积规则优化供应链，加大配套零部件项目引进力度，吸引以RCEP成员国为出口目的地的欧美光学仪器、药品、有机化合物等高科技产品企业投资。充分利用RCEP关税和贸易便利化措施，根据产业特点完善吸引外资的便利化政策，建立国内市场和国际市场的无缝对接机制，新增投资聚焦人工智能、机器人和生物制药等产业，增量投资聚焦电子、汽车和化学等供应链企业，打造高端产品的集聚地。

（四）探索共建RCEP“两国双园”国际合作示范区

“两国双园”是我国近年来深化国际合作的一种新模式，两个主权国家在对方互设产业园区、联袂发展。借鉴中国—马来西亚钦州产业园区、马来西亚—中国关丹产业园区成功经验，以中韩(烟台)产业园为引领，积极复制推广上海等自贸试验区政策，吸收借鉴最先进的管理经验、管理模式、管理理念，围绕实现投资便利化、贸易自由化、金融国际化、管理法治化，加强双方在知识分享、信息交换和投资促进方面的深入合作，在园区中试行较高标准的经贸规则，在政府职能、投资管理、金融体制、财税制度等方面进行先行先试和压力测试，不断完善互动发展机制，深化国际产能合作，打造一批RCEP成员国企业投资中国的最佳目的地和优势产业国际转移的最优承接地。

(五)着力打造市场化、法治化、国际化的营商环境

把握RCEP重大机遇,强化服务保障力度,打造一流营商环境,持续提升贸易投资自由化、便利化水平,吸引RCEP区域企业来鲁投资兴业。

1.强化知识产权保护

RCEP成员国经济发展水平和能力不同,各国法律制度有差异,保护知识产权持有人的权利和知识产权使用者的合法利益对减少贸易和投资障碍、深化区域经济一体化意义重大。对我省来说,要加快修订《山东省专利条例》,建设国家级知识产权保护中心;充分利用我国与日韩等建立的专利审查高速路(PPH)项目,助力企业进行全球专利布局;建立知识产权维权援助工作站,加强海外知识产权纠纷和维权援助机制建设。

2.提供优质涉外商事法律服务

围绕开展国际经贸业务,提供高质量的法律咨询及服务,宣传推广国际投资和贸易知识,提供专业涉外商事法律咨询意见,开展国际商事法律培训。针对企业关心的RCEP法律法规等热点、焦点和难点问题,实时在线为企业解答出口贸易方面的问题。及时提供应对贸易摩擦、风险预警、法律咨询与调解、外商投诉、贸易仲裁、商标专利管理、知识产权保护等方面的专业服务,为涉外企业"走出去"提供法律支持。

3.优化金融信保服务

推动金融服务便利化,在溢价增资、服贸结算、供应链金融、报关单贷款、无形资产抵押贷款等方面鼓励创新融资方式;发挥企业信用等级作用,对信用等级高的企业实施贷款容缺受理;支持中信保降低保费费率,或在现有费率不变的情况下提高政府补贴比例;鼓励中信保推出进口保险产品,降低进口风险;对信誉良好的企业提前发放保金,加大骗保处罚力度。推进RCEP区域国际司法合作、监管合作,共同维护国际金融秩序。

4.引导企业用好RCEP规则

组织RCEP专题培训,筛选立即适用规则的企业,分门别类开展点对点政策推送。将RCEP国家作为贸易摩擦预警重点地区,强化信息收集、预测和预警,支持企业应对RCEP贸易救济调查案件,维护自身合法权益。关注劳动密集型产业面临的竞争压力和冲击,引导企业用好RCEP成员国与其他国家自贸协定的叠加中转效应。引导更多企业借力RCEP,优化全球投资和产业布局,深度融入国际产业链供应链,提高产品附加值,提升国际竞争力。

课题组成员:冀晓群　姜晶　孔峻岩

山东省 PPI 和 CPI 背离走势对经济运行影响研究

生产者价格指数(PPI)是反映工业生产领域产品价格水平变动的重要指标,居民消费价格指数(CPI)是衡量价格总水平和通货膨胀的主要指标。两者之间存在紧密联系,一般认为,PPI 是 CPI 的先导指标,二者存在前后时间差的波动一致性,两者的传导关系可分为成本推动型传导、需求拉动型传导和劳动力价格传导。自 2008 年以来,我省 PPI 与 CPI 存在多次背离走势,不仅增加了宏观调控难度,也给资源有效配置和维护市场秩序带来了挑战。因此,深入探究 PPI 与 CPI 背离走势与经济运行之间的关系,对于把握价格规律和调控物价水平、促进经济平稳可持续发展具有重要现实意义。

一、山东省 PPI 与 CPI 背离走势的原因分析

2008 年之前,PPI 与 CPI 呈现同向走势特征,自 2008 年国际金融危机爆发后,山东省 PPI 和 CPI 月度同比涨幅先后转头向下,并开始出现背离走势(见图 1)。通过构建 VAR 模型发现,山东省 PPI 与 CPI 的传导关系主要为需求拉动型传导[①],即最终消费品价格上涨带动投入品价格上涨。由于 PPI 向 CPI 传导机制出现阻滞,CPI 向 PPI 的单向传导进一步影响投入品价格波动,两者背离走势加剧,呈现出与以往不同的新特征。本研究将背离的判断标准设定为:PPI、CPI 中有且只有一方的同比值低于 100,且持续时间不少于一年;由于两者之间差值过大也会对经济运行产生影响,将指数出现极端波动的情况也包含在背离走势中,判断标准设定为指数至少连续 3 个月创历史新高。据此,2008 年以来我省 PPI 与 CPI 出现 4 次背离走势(见图 1 Ⅰ、Ⅱ、Ⅲ、Ⅳ区

① 本文数据来源于山东省统计局官网和 Wind 数据库,模型处理借助于 Stata 14。格兰杰因果检验:CPI 变动是 PPI 变动的格兰杰原因,PPI 向 CPI 的传导无格兰杰因果。脉冲响应结果:1 个季度后,CPI 对 PPI 的影响值最大。方差分解结果:CPI 对 PPI 波动的贡献度为 10.65%,可持续 10 期。

域),具体分为两类:一是 PPI 下行、CPI 上行背离,二是 PPI 上行、CPI 下行背离。

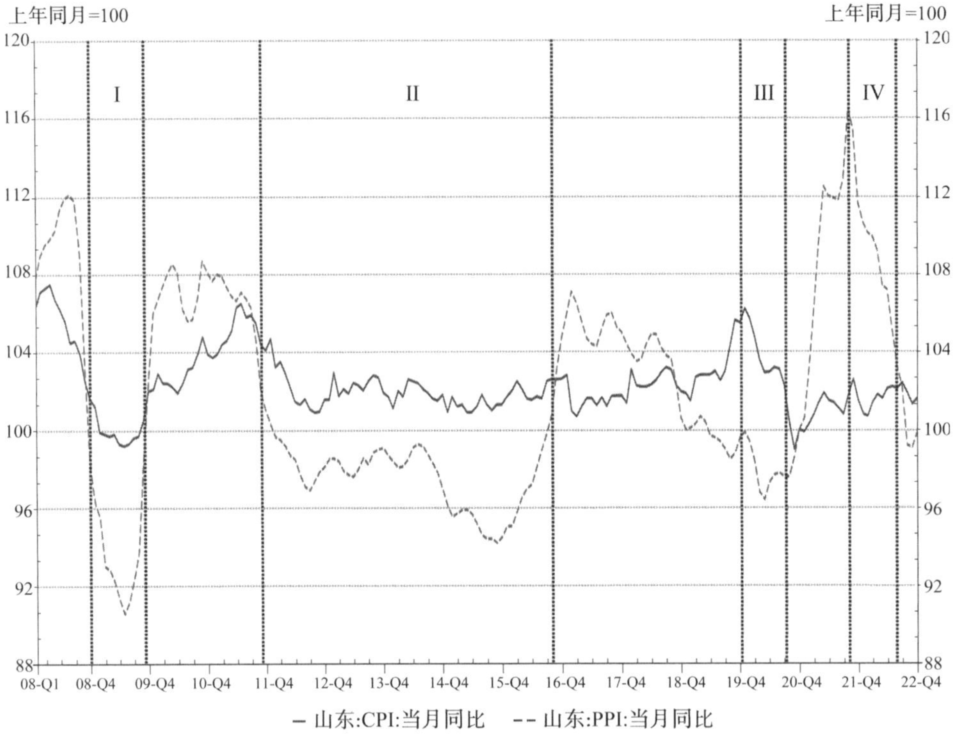

图 1　2008～2022 年山东省 PPI 与 CPI 月度指数走势图

(一)PPI 下行、CPI 上行背离

此类背离发生三次。第一次是 2009 年 1 月到 12 月。在此阶段,PPI 深度调整,同比涨幅持续加速下滑;CPI 触底后重回上涨通道,总体呈现先降后升的走势。背离原因:PPI 受全球金融危机冲击及国际原油价格走低拖累,CPI 受宽松货币政策调控及 2008 年我国大规模经济刺激计划持续影响。第二次是 2011 年 10 月到 2016 年 12 月。这一阶段 PPI 持续低位运行,同比上涨率一直为负值。CPI 震荡收窄,整体处于温和区间。背离原因:2008 年大规模投资造成行业供需失衡、产能过剩的长周期调整,叠加国际经济危机冲击、大宗商品价格震荡的影响。第三次是 2019 年 6 月到 2020 年 6 月。CPI 出现结构性上涨,最高达到 6.2%,PPI 低位运行,此次背离中生产与消费价格结构分化

特征明显。背离原因:非洲猪瘟疫情及周期性因素叠加影响,猪肉价格暴涨拉动食品价格整体上涨,新冠疫情冲击、投资增速下降叠加国际大宗商品价格持续降低使得 PPI 走低。

(二)PPI 上行、CPI 下行背离

此类背离发生一次,时间为 2021 年 1 月到 2022 年 10 月。背离原因:CPI 受到猪肉价格大幅下降和其他主要食品价格涨幅下降的影响呈现下行态势,而受煤炭大宗商品价格上涨和部分高耗能行业产品价格上涨等因素影响,工业品价格涨幅继续扩大,PPI 持续走高。由于终端消费持续偏弱、下游竞争激烈和产能过剩等因素,PPI 与 CPI 呈现反向背离走势并持续扩大至 14.7 个百分点,创历史新高。

综上分析,食品、能源等大宗商品价格波动直接冲击 PPI、CPI 走势,而导致两者持续背离的深层次原因:一是产业结构与需求结构的供需矛盾进一步加剧 PPI 与 CPI 的分化;二是长期的投资驱动型增长模式造成传统制造业产能相对过剩,使得价格无法有效传导;三是产业链的细化与延长会通过多种渠道对 PPI 与 CPI 的传导产生重要影响,导致或者放大二者的背离。上述四次背离均出现在经济下行周期中,其中当 PPI 上行、CPI 下行背离与 GDP 增速下行并存时,会引发滞胀风险,因此此种背离更值得我们关注。

二、PPI 与 CPI 背离对经济运行的影响分析

PPI 上涨有利于提升经济增速,但 PPI 高企导致背离走势扩大无异于饮鸩止渴,会对未来经济运行产生更大下行压力。本研究对背离值[①]与 GDP 增速进行相关性分析,结果显示背离值与 GDP 增速显著正相关,与预期不符。经深入研究发现,PPI 与背离值存在超过 90%的强相关性,因而此结果应正确解释为 PPI 与 GDP 的增速显著正相关,VAR 模型的计量检验结果再次佐证了 PPI 对 GDP 起到了更有力的拉动作用[②]。我省价格传导具有时滞性,PPI 持续走高、PPI 与 CPI 差值进一步扩大会给未来季度 GDP 增速带来更大下行压力,该影响持续 3～4 个季度(见图 2)。

---

① 实证所选背离值为 PPI 减去 CPI 的值。

② PPI 变动是 GDP 增长的格兰杰原因;工业品价格上涨当即会影响 GDP 增长率上涨;PPI 对 GDP 增长波动的贡献度为 13.22%,相对于 CPI 对 PPI 的影响,PPI 对 GDP 增长的贡献度更高、传导速度更快且持续时间更短。

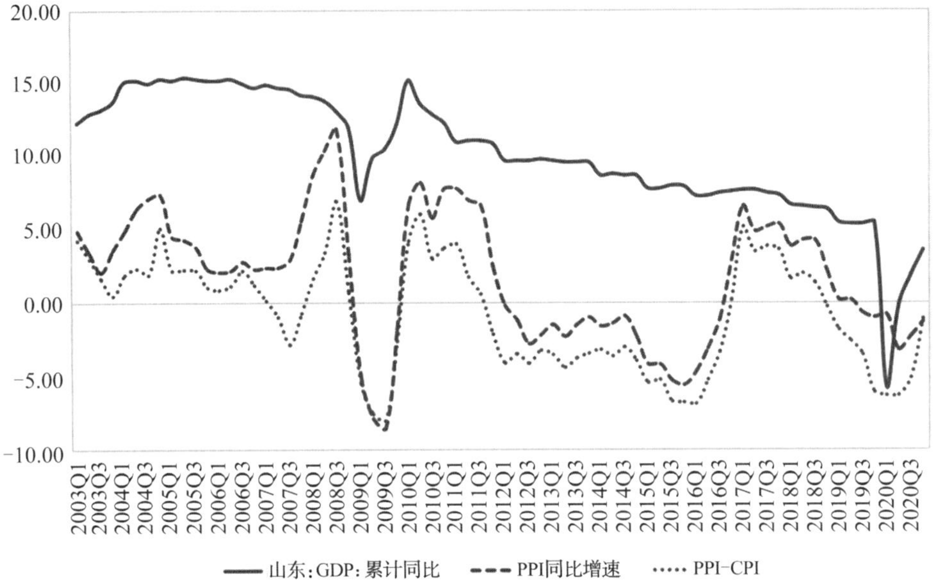

图 2　山东省 PPI 增速、PPI 和 CPI 差值与 GDP 增速

由于总体样本数据中 PPI 对背离值的强相关性掩盖了背离本身对经济健康运行的不利影响,因此仅凭 GDP 增速无法完全反映经济运行状况,粗放式的增速并不适用于高质量发展需求。需根据两类不同背离走势分别研究其对经济运行的影响。

(一)PPI 下行、CPI 上行背离阶段对经济影响分析

伴随着高速增长阶段的结束,山东省进入增长速度换挡期、结构调整阵痛期和前期刺激政策消化期的新时期,此时背离走势对经济运行存在积极作用。一是中间投入品需求扩大。2009 年的显著背离中,政府主导的投资总需求大幅扩张,主要侧重于上游和中游产业,PPI 与 CPI 走势分化有利于扩大对中间投入品的需求,进一步延长或细化产业链,达到降低失业率和促进 GDP 增长的目的。二是扩大生产者盈利空间。生产成本相对减少、需求端逐步修复有利于我省工业企业利润增长。三是助力去产能行动。2012 年以后,我省 GDP 增速告别两位数,经济进入新常态,前期投资的潮涌现象导致纺织业、煤炭、钢铁、水泥、造纸、电解铝等传统行业产能过剩,CPI 高于 PPI 的走势加快产业的逆周期复苏,有助于消化产能过剩影响,进行产业结构调整。

（二）PPI 上行、CPI 下行背离阶段对经济影响分析

在外部冲击加剧、GDP 增速下行大背景下，PPI 上行、CPI 下行的背离走势更容易引发滞胀风险，不利于我省宏观经济调控。

1.生产者盈利挤压明显，经营风险加剧

原材料等生产成本上涨、终端需求低迷导致 PPI 难以向 CPI 有效传导，企业利润受到明显挤压。2022 年 1～9 月，我省规模以上工业企业利润总额一直保持负增长速度，亏损企业亏损额增速持续增大，工业企业亏损单位数量平均每月增长 13.86%。对处于制造业中下游的小微、民营企业的影响更大，由于行业竞争激烈以及企业自身抗风险能力弱，难以消化上游成本上涨压力，同时为保留市场份额，下游企业不敢轻易涨价，小微企业经营风险将进一步加剧。2022 年 1 月，国家统计局济南调查队对我省 49 家小微企业调查显示，在经营困难的企业中，42.4%的企业面临各类运营成本上涨压力；所有制造业企业表示，原材料价格持续上涨增加了企业的运营成本，租金和运输等其他成本上涨也给企业带来了明显压力。

2.终端消费者买单，居民生活成本增加

受上中下游市场结构和市场化程度不同的影响，价格传导具有时滞性，随着市场逐步出清，上游 PPI 终将传导至下游 CPI。我省上游厂商主要为资源集中型大型国企等，产品价格弹性较小，抗风险能力较强，成本上涨容易向中下游转嫁；中下游制造业竞争激烈，市场较为分散，产品价格弹性较大，且居民消费相对疲软，成本上涨不容易向终端消费者传导。为避免陷入经营困境，中下游企业将面临两种选择：一是在成本推动下不得不提价或者降低质量；二是如果无法提价就主动减产或退出市场，直接导致市场供给减少。最终结果都是推高居民消费品价格，增加居民生活成本。例如，2022 年我国企业商品价格指数（CGPI）走势显示，整体而言企业商品价格较 2021 年持续走高（见图 3）。

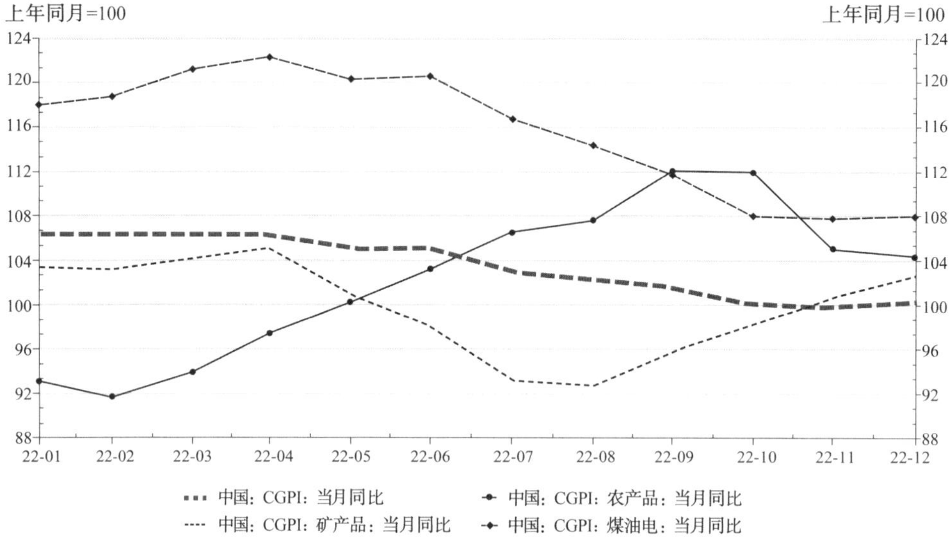

图 3 2022 年企业商品价格指数走势图

3.价格的不平衡传导加剧收入分配失衡

在市场经济中，商品之间比价关系的调整影响收入及财富在不同行业和人群中的再分配。近年大宗商品和原材料价格上涨，产业链上游产品涨价幅度远大于中下游。统计数据显示，2021 年煤炭开采等上游采矿业价格累计同比上涨 30%～40%，石油加工等上游制造业价格累计同比上涨 10%～30%，而通用设备制造、食品制造等大多数中下游制造业价格基本不变。生产资料 PPI 累计涨幅为 9.8%，生活资料涨幅仅为 0.2%，上游采矿业平均成本利润率为 18.0%，下游制造业为 6.0%。这意味着利润进一步向上游大型企业集中，中下游民营和中小企业利益受到蚕食，抗风险能力进一步降低，企业降薪裁员风险加大，导致中低收入群体收入分配失衡加剧，既不利于共同富裕，也给稳就业带来较大压力。

4.背离走势收窄将带来结构性机会

2022 年数据显示，我省 CPI 温和上涨，PPI 逐步回落，背离走势逐步收敛，将给不同行业带来结构性机会。历史上在 CPI 与 PPI 的差值缩小周期中，上游利润占比平均降幅 7.9%，中游利润占比相对稳定，平均涨幅 1.3%，下游在利润传导中受益较大，平均涨幅 6.8%。结合历史比较分析，上游行业的有色金属业及中游行业的建筑材料、钢铁、基础化工、机械设备业的盈利将有所增加；下游行业中，伴随 CPI 上行、CPI 与 PPI 差值收窄和下游利润修复，食品饮料、家用电器、社会服务、交通运输、电子、商贸零售业的盈利将有所增加。

5.背离走势收窄强化稳增长预期

2022年第三季度企业家问卷调查报告数据显示，第三季度企业家宏观经济热度指数略有回升，较上季度上升0.4个百分点；盈利指数为50%，处于临界点，销货款回笼指数较上季度上升0.7个百分点；产品销售价格感受指数和原材料购进价格感受指数进一步回落，超过80%的企业认为价格与上季度相比是持平和下降的。

从山东省来看，中下游特别是服务、消费行业盈利改善可期。2022年前三季度，我省制造业增加值同比增长3.0%，现代服务业同比增长3.9%，对经济增长的贡献率分别为21.1%、27.9%。中国人民银行发布数据显示，2022年9月末我省社会融资规模余额19.1万亿，同比增长12.6%，连续44个月快于全国，新增人民币贷款及社会融资增量数据大幅回升，反映出企业投资扩张意愿有所增强，收入预期更加稳定，有利于进一步稳就业、稳预期。

三、政策建议

（一）健全价格波动调控机制

做好重要民生商品保供稳价工作，确保普查、统计、监测等环节价格数据的真实性、时效性，切实完善价格预警机制，强化对生猪、粮食、煤炭等商品价格的监测监管，细化省级特色品种目标价格保险，落实农户价格风险保障，保持CPI涨幅不超过3%。在PPI下行、CPI上行背离阶段，充分考虑通货膨胀对消费者的影响，通过价格补贴政策提高购买力，提升生产企业和农户对民生类重点商品的产能；完善应急调配机制，强化政府释放重要物资储备、增加进口等措施。在PPI上行、CPI下行背离阶段，利用价格杠杆，加强基础生产要素保障，疏通要素流通渠道，如提供水电气绿色通道服务、减免物流运输费用等；综合运用价格扣除等举措支持引导中小企业参与政府采购。

（二）完善大宗商品价格监测

健全价格指数品类，加速构建全品类、全时点大数据平台，科学监测大宗商品波动幅度；加快建设山东省大宗商品交易中心，形成以国企为中心的大宗商品贸易平台，培育稳健的大宗商品供应链上下游企业，增强我省市场供应链韧性。当大宗商品价格上涨、PPI上行时，拓宽大宗商品多元化供应渠道，以缓解进口需求单点释放带来的价格上涨压力，减轻价格变化对我省产业的负向冲击。当大宗商品价格走低、PPI下行时，完善大宗商品战略储备，扩大对能源类大宗货物的仓储规模,针对对外依存度高、供应链可能“卡脖子”的重要矿产资源,可借鉴石油储备等先进经验。

(三)缓解企业融资难问题

鼓励金融机构提供优惠利率贷款,着重加大金融机构对中下游生产企业的倾斜支持力度,分行业细化金融政策。尤其在PPI上行、CPI下行背离阶段,发挥政府性融资担保机构作用,推进制造业中长期贷款投放,围绕石油化工、机械、建筑业、医疗医药、食品等行业龙头,重点支持符合国家产业政策方向、主业集中于实体经济、技术先进、有市场竞争力的产业链链条企业;推动银保合作再深入,发挥保险的增信分险功能,选取“专精特新”中小企业“小切口”,在信用管理、风险管控、服务体系、资金运作方面构建科学合理的运作模式;推广汇率避险担保试点经验,稳步实施外汇套保奖补等支持措施,鼓励担保公司对中小微外贸企业开展汇率避险担保。

(四)灵活财政政策调控手段

在PPI下行、CPI上行背离阶段,一是针对投资增速下行导致的PPI下行,要扩大有效投资。增大省级及以上重点项目建设推进力度,有针对性地梳理地方强带动性项目清单,加强资金配套支持;精准统筹我省产业转型升级专项资金,加大对具有优势突破的示范园区或产业集群的资金奖补力度,尤其是战略性新兴产业、高新技术产业、工业互联网以及智能制造中的新技术应用等,同时出台支持民间投资参与科技创新项目建设的政策。二是针对行业产能过剩、供需结构失衡导致的PPI低位运行,要以推动技术创新为手段深化供给侧结构性改革。强化“十强”产业技术创新需求导向,实施企业研发投入奖补政策,依托我省新旧动能转换综合试验区,实施“万项技改”推动“万企转型”;加快新能源产业集群式发展,加大对新能源企业研发、技术创新方面的财政投入力度,依托我省绿色低碳高质量发展先行区建设,促进煤、油、气清洁、高效、智能开发,推进传统产业绿色低碳转型。

在PPI上行、CPI下行背离阶段,加大产业链中下游企业的税收优惠力度,打好“增值税留抵退税”及“制造业中小微企业延缓缴纳部分税费”组合拳;精准调度中小微企业发展专项资金,深化社保降费、稳岗返还、扩岗留工补助等政策覆盖面;通过RCEP自贸区建设扩大外贸进出口,优化出口退税分担机制;引导消费多元化,着力打造文化消费产业带,利用黄河、大运河等优秀齐鲁文化推动线上线下产业融合发展;推进收入再分配,精准强化对低收入群体的财政兜底作用,促进社会公平。

课题组成员:孙斌　马春晓　陈玉婷

能源类大宗商品价格波动对我省经济运行的影响与对策

全球经济因新冠疫情、通胀高企、供应链不畅面临经济增长减速的压力，加之乌克兰危机影响，能源类大宗商品供应缩减，使得能源类大宗商品价格大幅上涨。能源作为重要的生产要素，是经济增长的动力源泉，对于社会经济发展至关重要。随着我省能源需求量与日俱增，能源类大宗商品价格波动对我省经济运行产生了显著影响。

一、山东能源市场发展现状及趋势分析

山东工业体量大，门类齐全，重工业发达，经济总量连续多年居全国前三，是化工第一大省。这也使得山东能源消耗量大，能源需求缺口越来越大，对外依存度日渐增高。

从能源消费端来看，我省能源消费总量逐年增加。2020 年，山东能源消费量为 41826.80 万吨标准煤，近 5 年平均每年增加 499.04 万吨标准煤，年均涨幅 1.27％。从能源消费行业看，工业消费量最大，占总量的比重达 76.04％，但随着新旧动能转换，能源利用效率不断提升，工业能源消费量占总量的比重逐年下降，由 2015 年的 78.90％下降至 2020 年的 76.00％；其次是交通运输、仓储和邮政业能源消费量占比 4.87％。另外，生活消费能源消费量占比达到 10.61％，并呈现逐年上升趋势。从能源消费构成看，以煤炭为主，煤品占能源消费量的比重高达 66.84％，油品、电力和天然气消费量占比分别为 13.61％、11.97％和 5.83％，其中，电力净调入占比为 7.60％。

从能源生产端来看，能源生产总量逐年下降，短期内仍以煤炭为主，新能源快速增加，作用日渐增强。2020 年，山东能源生产总量为 12205.71 万吨标准煤，比产量最高的 2012 年（16973.8 万吨标准煤）下降 28.09％，年均下降 3.51％。从能源生产构成看，以原煤为主，占能源生产总量的比重为 60.81％，并呈现逐年下降态势，原油、天然气、清洁能源（水电、风电和太阳能光伏发电）分别占比 25.97％、0.52％和 6.69％。传统能源均呈现逐年下降趋

势,清洁能源(水电、风电和太阳能光伏)产量快速增加,从 2012 年的 79.19 万吨标准煤增加至 2020 年的 817.12 万吨标准煤,涨幅高达 931.85%,占能源生产总量的比重也由 0.47%上涨至 6.69%。近 10 年来,山东可再生能源发电装机从 2012 年的 496.5 万千瓦提升到 2022 年的 6387 万千瓦,占电力总装机的比重达到 35.9%,提高 29.1 个百分点,其中光伏、生物质发电装机分别达到 3715 万千瓦、410 万千瓦,均居全国第一。

综合来看,全省能源市场供给小于需求,且能源需求缺口呈现逐步扩大态势,对外依赖程度越来越高,国际能源价格波动对我省经济运行的冲击越来越明显。从缺口看,2015～2020 年,能源消费总量与能源生产总量的差额由 24388.7 万吨标准煤扩大到 28613.45 万吨标准煤,涨幅达 17.32%。各类能源进口总量已超过本省能源生产总量,进口量由 13471.1 万吨标准煤上涨至 16554.2 万吨标准煤,涨幅达 22.89%。分品类看,电力和天然气缺口持续增加。电力方面,电力净调入由 1555.19 万吨标准煤上涨至 3180.02 万吨标准煤,涨幅达 104.48%;天然气方面,随着生活用气的增加,天然气消费总量由 1040.44 万吨标准煤上涨至 2439.03 万吨标准煤,涨幅达 134.42%,缺口由 982.74 万吨标准煤扩大到 2375.60 万吨标准煤。能源整体对外依存度[①]为 70.82%,分品类看,原油、煤炭、天然气对外依存度分别为 43.85%、71.79%、97.40%。另外,从第一批开展电力现货交易的 8 个试点看,2021 年山东电力缺口 1575.0 亿千瓦时,居全国第 2 位,仅低于广东的电力缺口 1751.8 亿千瓦时。[②]

二、能源类大宗商品价格波动对我省经济运行的影响

近年来,大宗商品价格异动明显,尤其是能源类大宗商品价格大涨,涨幅远超过其他大宗商品。2022 年年初至 9 月 22 日,全球大宗商品涨幅排名前列的依次为 ICE 鹿特丹煤炭(上涨 142.50%)、ICE 理查德湾煤炭(上涨 117.78%)、NYMEX 天然气(上涨 105.88%)、CZCE 动力煤(上涨 50.85%)、ICE 柴油(上涨 46.77%)、INE 原油(上涨 30.56%)。我国动力煤指数和原油指数分别累计上涨 47.04%和 29.46%。

国际能源类大宗商品价格大涨给我省经济运行带来不小冲击,具体可以

① 能源对外依存度=(能源消费总量－能源生产总量)/能源消费总量,数据来源于《山东统计年鉴(2021)》。

② 数据来源于 Wind 数据库。

从宏观和微观两个角度进行分析。从宏观角度看，能源类大宗商品价格上涨会影响物价水平、经济稳定、产业结构调整、外贸进出口结构等；从微观角度看，能源类大宗商品价格上涨会影响企业生产经营和居民生活成本。

（一）从通胀渠道看，能源类大宗商品价格上涨推高省内物价水平，输入型通货膨胀风险加大

能源是国民经济的命脉，是人类生存和发展的物质基础。无论是作为我国经济运行“压舱石”的煤炭，还是作为工业血液的石油，都对全社会通货膨胀影响显著。国际能源类大宗商品价格上涨导致油价及工业原材料价格走高，从而引发通胀。具体来看，2022 年 7 月，山东 CPI 同比上涨 1.5%，PPI 同比上涨 8.5%。在国际大宗商品价格高度联动的情况下，相关大宗商品价格上涨为我省带来输入性通胀压力，对我省工业生产和社会活动造成影响。从工业 PPI 来看，大宗商品进口价格上涨会带动工业生产者购进价格指数上升，而投入成本的上升将直接推高工业品的出厂价格，尤其是与能源类大宗商品相关的生产成本大幅增加，我省燃油、动力类指数和重工业（采掘）指数同比上升幅度远高于其他指数，分别累计上涨 31.3%和 23.0%。从 CPI 来看，能源类大宗商品价格上涨对消费者物价指数的冲击较为有限，主要原因是受疫情影响，居民旅游需求受到限制，我省服务项目、衣着、居住、教育文化和娱乐、医疗保健等价格指数同比上涨均低于 1%；但是，与国际大宗商品密切相关的商品价格上涨幅度较大，交通和通信、粮食价格指数分别同比增加 6.1%和 4.9%，2022 年上半年，扣除食品和能源价格的核心 CPI 仅上涨 0.4%。虽然国际能源类大宗商品价格上涨冲击对于工业出厂价格 PPI 冲击强度和作用时间远远高于 CPI，但根据价格传导规律，一般情况下，上游价格传导到下游需要 6～12 个月。国际能源类大宗商品的涨价效应向 CPI 传导只是时间问题，要高度警惕后续输入型通胀形成。

（二）从制造业渠道看，CPI 与 PPI“剪刀差”维持高位，下游中小企业承压明显

我省工业门类齐全，产业链长，上游行业垄断性较强，中下游制造业竞争充分甚至存在过度竞争，集中了大量中小民营企业、个体工商户，使得下游产品价格弹性较大，加之终端消费需求疲软，使得上游成本在向下游传导时逐步减弱且具有时滞性，最终导致利润从以中小企业为主的中下游加工制造行业向以大型企业为主的上游资源型行业转移，中小企业经营压力更大。

从中国采购经理指数（PMI）可以看出，2022 年 8 月，全国制造业 PMI 为 49.4%，仍低于临界点；分企业规模看，大型企业 PMI 为 50.5%，略高于临界

点，中型企业和小型企业PMI分别为48.9%和47.6%，仍低于50%的“荣枯线”。根据国家统计局发布的数据，2021年1月至2022年9月，全国大、中、小型企业分别有2个、8个、18个月低于50%的“荣枯线”，表明小企业经营情况持续恶化。2020年12月开始，我省PPI高于CPI，并延续到现在，俄乌冲突进一步激化了该矛盾，导致全省企业注销数量明显增多，尤其是规模较小的小微企业。从注销企业规模看，2021年，全省注册资本100万元以下、100万～1000万元、1000万～5000万元以及5000万元以上规模注销企业数量[①]分别为80661家、82271家、8375家以及－698家，分别比去年增加212.74%、111.72%、－0.12%以及－121.66%，分别比2020年增加162.05%、72.67%、6.35%以及－132.28%。如果PPI与CPI“剪刀差”继续维持在高位，下游企业经营压力将进一步加大，出现亏损的企业也会越来越多，注销企业还会增加，给就业带来不利影响。

（三）从交通运输渠道看，物流运输企业成本增加，倒逼企业向集约化方向发展

公路货物运输车辆大多以汽油、柴油等成品油为动力燃料，成品油价格上涨导致公路货物运输企业直接生产成本上升，并大幅压缩了其盈利空间。一方面，运输企业成本快速增加。受国际原油价格上涨影响，成品油价格从2020年5月份开始连续两年上涨。2022年9月，山东地区0号柴油价格为8.1元/升，同比上涨22.73%，比年初上涨19.47%，与2020年同期相比上涨59.45%。以济南—杭州(往返路程1880公里)线路为例，2022年3月订单收入共计11418元，与2021年同期相比增长了418元，燃油费4232元，同比上涨32%，占总成本的比重上升至38%，净利润骤降为154元，降幅达90%。另一方面，需求低迷。受整体经济下行影响，生产企业运输业务量不断减少，使得货车多货源少的局面更为突出，再加上一些大型物流企业趁机压低价格抢订单，运费价格难以跟随燃油价格成比例上涨。以山东省内线路泰安—金乡为例，2020～2022年，大宗商品运费价格从24元/(吨·百公里)上升到28元/(吨·百公里)，上涨16.7%，省际线路泰安—山西从20元/(吨·百公里)上涨到24元/(吨·百公里)，远低于燃油价格和其他成本上涨幅度。当前，公路货物运输行业利润已处于历史低位水平。根据山东省物流与交通协会2021年度调研数据，我省重点物流企业利润率为4.3%。

大型企业除自有车辆会承受一定燃油费上涨的影响外，其大量物流运输

① 注销企业数量＝新增注册企业数量－每年企业净增加数量，注销企业数量为负数是因为原有规模较小企业规模扩大，并不会计算在新增企业名单上。数据来源于Wind数据库。

进行外包，它们凭借市场主导地位和高议价能力可以将燃油价格上涨压力转移。个体货车司机在议价方面处于相对弱势地位，燃油价格上涨会直接增加其成本，减少其利润，降低其收入。泰安峰松物流公司负责人表示："2022年真的特别难，成品油价格上涨进一步加剧了运费价格混乱程度，一些大型物流公司趁机以更低价格抢订单。在多重因素叠加下，个体货车司机受到的冲击最大，一部分个体司机盈亏平衡，一部分因为还车贷即使亏损也还在坚持，一部分已经开始退出该行业。"总体来说，大型企业受到的影响较小，众多中小型企业利润微薄，而个体货车司机则承受最大压力。燃油价格上涨或将加速交通运输行业向集约化方向发展。

（四）从对外贸易渠道看，能源产品出口大幅增加，高耗能产业面临新机遇

受能源类大宗商品价格大幅上涨影响，能源类大宗产品进口大幅增加，高耗能产品出口也大幅增加。2022年上半年，山东省进口能源呈现量减价增，其中，原油进口4144.2万吨，减少19.8%，货值1897.9亿元，增长21.4%，平均价格上涨51.4%，占全省进口值的25.8%。其中，从俄罗斯进口以能源产品为主，共计536.76亿元，排名第三，占进口总值的比重为8.54%。受俄乌冲突影响，欧盟国家短期内不能获得充足的能源供应，天然气短缺，电价飙升，欧盟化工、钢铁、肥料等多个高耗能行业产能严重下滑，被称为"凝固的电力"的铝首当其冲。比如，欧洲最大的电解铝生产商之一法国敦刻尔克铝业公司宣布将于2022年第四季度减产22%。青岛海关统计，2022年1～7月，山东未锻轧铝及铝材出口价值176.5亿元，同比增长74.5%，基本有机化学品出口价值548.1亿元，同比增长75.1%。随着俄乌冲突持续升级，欧盟国家能源价格回归合理水平遥遥无期，这可能会倒逼高耗能企业继续削减产能，而受重启的高成本制约，高耗能产品产能或将永远削减。山东作为全国第一化工大省，依托以煤炭为基础的能源优势，将面临新的发展机遇，促进化工产业结构转型，进一步提升全球竞争力。

（五）从农业渠道看，农业生产成本增加，农民增收受到较大影响

山东是粮食和蔬菜生产大省，受能源类大宗商品进口价格上涨影响，农业种植成本大幅上涨。一是各类化肥价格全面大幅度上涨，直接推升农业种植成本。截至2022年9月26日，中国复合肥批发价格指数（CCPI）为3523.02点，环比上涨1.64点，涨幅为0.05%；同比涨幅为18.86%，比基期上涨40.77%；山东复合肥市场均价为3933元/吨，与9月初持平，同比上涨12.70%。农业全行业企业利润率持续下降，2021年全国农业企业平均净资产收益率仅为1.90%,比2020年下降13.64%,比2019年下降45.71%。[①] 鉴于俄罗斯是世界上最大的氮肥出口国、第二大钾肥出口国以及第三大磷肥出口国,乌克兰是氮肥的重要供应国,一旦俄乌冲突进一步升级,全球化肥供应可能会出现短缺,进一步推高农业生产成本;同时,燃油价格上涨使得运输和农机具使用成本大幅提升,转运成本增加,进一步拉高农资价格,这已经成为蔬菜等食品价格大幅上涨的原因之一。

(六)从新能源渠道看,新能源产业面临新格局

我省能源需求增加与传统化石能源供应不足矛盾日益突出,严重依赖外部能源,受国际能源类大宗商品供应不足影响,能源供应链风险、能源保供压力骤增,发展新能源产业势在必行。当前,我省新能源占能源总量的比重仍然较低,新能源发展潜力巨大,我省正大力推动可再生能源高质量发展,加快实施可再生能源替代。能源类大宗商品价格上涨有助于提升清洁能源竞争力,促进其发展。另外,从能源安全角度看,清洁能源的快速增加也将有效减缓和对冲外部影响。

三、政策建议

受商品产能不足、供应链中断等因素的影响,全球主要大宗商品处于低库存、紧供需的局面,这也使得我省能源供需矛盾日益严峻。要立足我省能源禀赋,多措并举,综合施策,在供给端、需求端、市场端以及政府端同时发力,完善有助于保障能源安全的短、中、长期政策,保障能源安全。

(一)供给侧,立足我省资源禀赋,稳定能源供给渠道

一是稳定煤炭供应链,保障煤炭可靠供应,引导重点用煤企业与省外煤矿签订中长期合同。二是完善油气供应链,推进油气资源调查评价和勘探开发,提高油气储采比,努力保障原油年产量,围绕炼化产业布局,完善基础设施建设,增强油气码头配套输送能力,加快建设覆盖全省的长输油气管网。三是增强电力供应链,加快煤电机组更新改造,持续扩大“外电入鲁”规模。四是增加能源储备建设,提升应急储备调峰能力,统一规划和布局能源储备设施,加强储油储气设施建设。五是鼓励能源企业“走出去”,拓展能源来源。

---

① 数据来源于Wind数据库。

(二)需求侧,深入推进新旧动能转换,提高能源利用效率

一是推动能源转型,提高能源利用效率,逐步降低工业能源消耗量,推进省内产业结构转型升级。二是倡导节能减排,实现能源转换。以经济效益和环境效益为中心,积极调整工业燃料结构。

(三)市场侧,鼓励发展,深化改革,科学监测

一是构建科学的价格监测预警和报告系统,完善价格监测分析制度和风险预警体系。加大对国际市场的研判,引导企业在进行国际贸易时合理规避风险。二是大力发展能源市场,提升对大宗商品价格的影响力。依托山东港口,进一步丰富指数品类,同时将覆盖范围延伸至沿海其他港口,汇聚更多港口优势货种信息,打造“全国港口大宗商品指数体系”。三是深化电力改革,融入全国电力现货市场。支持具备条件的现货试点不间断运行,尽快形成长期稳定运行的现货市场。

(四)政府侧,保障民生,加大对中小微企业的支持力度

一是加强保供稳价工作和市场监管力度。从短期来看,政府需要加强市场监管,对大宗商品的供求进行双向调节,并利用好减税降费手段和直达货币政策工具来帮助企业应对原材料价格上涨造成的经营困难。研究出台大宗商品价格行为规范及监管办法,合理引导企业的价格行为。二是推动政策落地,积极帮助企业纾困减压。鼓励和支持市场主体综合运用各类市场工具,增强应对短期大宗商品超预期波动的能力。加大货币政策逆周期调节力度,落实对小微企业和个体工商户减免税、对先进制造业企业按月全额退还增值税增量留抵税额等纾困政策。

课题组成员: 匡敏　王永冲　孙斌　马春晓　田焱　陈玉婷　傅增清　刘占功　孔凡革　郑红

第六篇　扎实推进共同富裕

以乡村振兴齐鲁样板为抓手
打造共同富裕省域范例

共同富裕是社会主义的本质要求，是中国式现代化的重要特征。乡村振兴与共同富裕一脉相承、一体共进，都是现代化建设的系统工程。大力推进乡村振兴，是确保如期实现共同富裕的重要保障。山东在打造乡村振兴齐鲁样板过程中，深化拓展"诸城模式""潍坊模式""寿光模式"，统筹推进乡村"五个振兴"，取得重要阶段性成效，但是，与先进省份相比，在农业现代化、农村发展和农民收入等方面仍面临一些短板和矛盾。下一步，应以打造乡村振兴齐鲁样板为抓手，从创新发展、产业振兴、新型城镇化、数字赋能四个方面率先突破，聚力打造共同富裕的省域范例，坚决扛起共同富裕"走在前、开新局"的光荣使命。

一、立足创新发展，增强乡村振兴内生动力

制度创新、科技创新是乡村振兴的关键。按照高质量发展要求，全面推进乡村振兴，需要在深化土地制度改革、强化科技创新赋能、加强良种选育推广三个方面下大气力，尊重和激发基层和群众的创造性、积极性，使广大农民有更强的获得感。

(一)深化农村土地制度改革

农村最关键的要素是土地。我省农村承包地"三权分置"已经形成了比较成熟的制度体系，农村集体经营性建设用地同等入市和宅基地制度改革有待面上突破，围绕市场化增值，落实好集体所有权和共同富裕大原则问题。比如，浙江绍兴作为全国新一轮农村宅基地制度改革整市试点之一，通过推动农村宅基地"三权三票"制度改革，极大地促进了宅基地的全市域流转进程。其主要做法是：其一，通过保障权票实现对人均占用住宅面积小于 15 平方米或人均建筑面积小于 30 平方米的住房困难户兜底保障；其二，通过保留权票允许宅基地在特定范围内流转调剂；其三，通过集体权票将 50％的流转收益留

在村集体,增加村集体收入。绍兴的改革成功实现了我国首例农村宅基地资格权市域跨县交易。下一步,山东要紧抓平度、兰陵、禹城、寒亭、汶上等全国新一轮农村宅基地制度改革试点机遇,积极推进农村宅基地制度改革,在激励闲置宅基地退出、因地制宜推进宅基地流转、盘活利用宅基地资源等方面大胆探索、试点先行。以制度创新作为推进宅基地改革工作的核心支撑,深入分析研究农村宅基地利用和管理现状,找准问题症结,形成改革模式,为全国宅基地改革打造可复制、能推广、利修法的成功做法。

(二)以科技拉动农业农村发展

科技优势是山东打造乡村振兴齐鲁样板的关键支撑。习近平总书记在山东农业科学院考察时,强调"要给农业插上科技的翅膀"[①]。乡村振兴的各行业、各领域、各环节,都需要科技引领、技术支撑、推广应用做示范。比如,我国第二个国家级农业高新技术产业示范区黄河三角洲农业高新技术产业示范区建设国家盐碱地综合利用技术创新中心,充分挖掘盐碱地利用潜力,不断突破关键核心技术;依托加速育种平台,利用生物技术、信息技术等现代育种手段,精准选育出"齐黄34""希森6号"等一批耐盐碱植物新品种,将部分作物的育种周期由10年缩短到3～5年;已示范推广的耐盐碱新品种亩增效益最高达20%,为盐碱地生态高效农业发展提供了有力支撑,为全国5.5亿亩盐碱地的开发利用提供了科技模式、科技方案。下一步,山东需构建现代农业科技创新体系,加快农业科研成果转化速度。强化科技人才支撑,整合各渠道培训资源,分类型、分层次开展新型职业农民培训,推动科技进村、入户、到田间地头,培养爱农业、懂技术、善经营的新型职业农民。重点优化县域创新创业环境,加强县域基层组织体系创新和产业治理能力提升,促进数字化、智能化技术与县域特色优势产业深度融合,推动形成产业链与创新链深度融合的产业发展新业态,以农业科技强省支撑新时代乡村振兴。

(三)坚决打好种业翻身仗

习近平总书记强调:"只有用自己的手攥紧中国种子,才能端稳中国饭碗。"[②]种子是农业种植和加工的前提,是推动现代农业生产进步的最主要动

---

① 《习近平在山东考察时强调　认真贯彻党的十八届三中全会精神　汇聚起全面深化改革的强大正能量》,《人民日报》2013年11月29日。

② 《"探索试验蹚出来一条路子"——记习近平总书记赴海南考察调研》,《人民日报》2022年4月15日。

力。山东拥有种业相关企业3000余家,其中持证的农作物种子企业700余家,数量居全国前列。但是与国内外种业企业相比,存在规模小、市场份额较低、同质化竞争严重、育种研发投入与粮食产量不匹配、原始创新和品种创新能力不强、企业与基础研究脱节等问题。下一步,山东可探索将种质资源收集保护、种质创新挖掘利用等种业基础性、公益性研究列入财政预算,重点支持大型企业商业育种项目试点。开展种源"卡脖子"技术攻关,针对主要蔬菜作物、主要畜禽品种等建立基于全产业链和创新链协同的科学中心。强化领军企业商业化育种能力,推动种业企业参与国际种业市场竞争,加强资本市场对种业大企业的帮扶,促进种业技术、人才、数据等创新要素向企业开放、共享与集聚,全面推动种业高质量发展。

二、立足产业振兴,提升农业全产业链发展水平

产业振兴是乡村振兴的基础,是做大财富蛋糕、解决农村一切问题的前提。农业全产业链建设是重塑农业竞争力的关键之举,深入实施"链主制",延伸产业链条,着力构建农村现代流通体系,将有效提高农业的质量效益,切实提升农民的致富能力。

(一)深入实施"链主制"

通过选育能够起主导作用的农业龙头企业担任"链主",构建农业产业化联合体,引领推动农业从单项生产环节向全产业链持续增收拓展。2021年12月,农业农村部公布了全国31个农业全产业链重点链和61个典型县建设名单,山东的小麦全产业链重点链和乐陵玉米、栖霞苹果、诸城生猪全产业链典型县等"一链三县"被列入其中,对山东农业全产业链发展起到了重要引领、示范作用。我省现有130家国家级重点龙头企业和1003家省级重点龙头企业,为培育农业全产业链"链主"企业提供了有力支撑。下一步,山东要加大规模化种养基地建设力度,鼓励和引进农业龙头企业在省内布局原料生产基地。深化拓展农产品精深加工,鼓励农业龙头企业发展农产品产地初加工、精深加工和副产品综合利用加工。引导农业龙头企业联合农民合作社、家庭农场等新型农业经营主体以及村级集体经济组织组建农业产业化联合体,参与产业农合联建设,助力推动乡村产业发展壮大。

(二)不断延伸产业链条

加快推进农业产业纵向和横向融合发展,做好延链、补链、强链大文章,协

同打造产业链、供应链、价值链,推动构建立体多维的现代农业产业体系,拓展农业增值增效空间。纵向上,推动产业向后端延伸,向下游拓展,推动产品增值、产业增效;横向上,促进农业与旅游、康养、生态、文化等产业深度融合,丰富乡村产业类型,拓展农业多种功能和乡村多元价值。例如,预制菜产业链纵跨上游农业、中游工业制造业、下游餐饮零售业,是实现小农户与现代农业发展有机衔接的重要纽带。山东省第十二次党代会提出支持预制菜产业发展,并成立了10亿元的预制菜产业基金,但与广东相比,配套支持稍显不足。广东率先出台全国首个省级层面的预制菜产业支持政策,成立全国预制菜第一个省级母基金,成立省级预制菜产业联合研究院,制定并发布系列行业标准,在全国呈现领跑态势。下一步,山东要以"粮头食尾""农头工尾"为着力点,大力发展预制菜等农产品加工业,推进农产品产地初加工、精深加工及综合利用协调发展,重点建设一批农产品加工技术集成科研基地和农产品加工园,健全完善农产品从田园到餐桌的生产、加工、流通、消费的纵向产业链条。依托田园风光、村落建筑、民俗风情等乡村独特资源优势,积极开发观光农业、游憩休闲、健康养生、生态教育等服务产品,打造绿色生态环保的乡村休闲旅游产业链条。加快构建现代农业产业体系、生产体系、经营体系,为农民"接二连三"增收致富开辟新渠道,为推进农民生活富裕开创新局面。

(三)着力构建农村现代流通体系

农村物流是连接城乡生产和消费的重要纽带,完善农村物流配送体系是畅通国内大循环、全面推进乡村振兴和促进农村消费的重要举措。但是,我省农村流通基础设施薄弱、渠道不畅、时间不快、成本偏高的问题较普遍,一方面导致农产品上行难、损耗高,难以实现产品增值和农民增收,另一方面制约了农村消费升级和内需扩大。整体来看,产地冷链物流和冷链运输仍有很大发展空间。山东农产品冷藏库、加工车间和气调库等规模较大,但总量仍有不足且布局分散,呈现出冷库东多西少、销地多产地少等特点。特别是冷链运输能力不足,部分果蔬流通损耗率高达25%～30%,远高于欧美、日韩等发达国家5%以下的水平。下一步,山东应着眼构建新发展格局和建设统一大市场的战略需求,大力发展订单直销、连锁配送、加工体验、中央厨房等新型业态,支持建设通风贮藏库、气调贮藏库、预冷库等农产品产地仓储保鲜设施,配套建设集中储藏冷库、零售网点冷柜和冷链物流设施,提升乡村基础物流设施服务能力。着力构建数字农业流通体系,深化电子商务进农村综合示范,完善农产品进城和工业品下乡双向流通体系,着力推进城乡流通一体化发展。

三、立足新型城镇化，推动城乡深度融合发展

振兴乡村，不能就乡村论乡村。党中央、国务院把城乡融合发展作为促进农业农村现代化和农民富裕富足的重要举措。只有打破地区间和城乡间的市场分割，打通上行和下行通道，推动城乡资源和要素的联动协同，才能缩小城乡和地区差距，打造和谐城乡关系，提升农民生活质量。

（一）推动以县城为载体的新型城镇化

县城位于“城尾乡头”，是城乡融合发展的关键支撑。推进县城建设，既能更好满足新生代农民到城镇就业安家的需求，又有利于辐射带动乡村发展，也有利于强化邻近县域之间的衔接配合，建设统一大市场。2022 年 5 月，中共中央办公厅和国务院办公厅联合印发《关于推进以县城为重要载体的城镇化建设的意见》，提出要“发挥县城连接城市、服务乡村作用，增强对乡村的辐射带动能力”[①]。《山东省新型城镇化规划（2021～2035 年）》提出，要充分发挥县城融合城乡发展的纽带作用，打造就地就近城镇化示范区。下一步，山东应充分发挥济南、青岛国家城乡融合发展试验区和 15 个省级城乡融合发展试验区的示范引领作用，加快城乡基础设施同规同网、基本公共服务标准统一、制度接轨。加大力度推动县、乡、村功能衔接互补、公共基础设施一体化，促进农民在县域内就近就业、就地城镇化，享受更加优质均衡的基础设施条件和基本公共服务。

（二）推动城镇资本、信息、数据、人才等要素资源下乡

在城乡融合背景下，乡村振兴战略的核心是把要素资源从农村向城市单向流动转变为要素资源在城乡之间双向流动。但是，要素资源下乡仍面临乡村制度不完善、要素下乡支撑条件不足、下乡渠道不畅、成本较高且收益不确定等问题。目前来看，我省乡村振兴面临的最大挑战是人才不足。统计数据显示，2020 年我省 71 个县为人口净流出县，占县（市）数量的比例高达 91%。山东通过选派大学生村官、驻村工作队和第一书记等方式，在一定程度上缓解了乡村人才不足问题，但是这些人才大部分会离开乡村，不能从根本上解决问题。下一步，山东要逐步提升与现代产业相匹配的乡村硬件基础设施水平和

---

① 《中共中央办公厅　国务院办公厅印发〈关于推进以县城为重要载体的城镇化建设的意见〉》，《中华人民共和国国务院公报》2022 年第 14 号。

软件治理制度环境,消除要素下乡制度性障碍,建立要素价格市场化形成机制,完善下乡资本与村民利益共享机制,推进城乡要素融合持续共生,助推形成乡村振兴的新引擎。

四、立足数字赋能,推进数字乡村建设

数字赋能是未来的发展方向,也是乡村振兴的重要举措。加快数字乡村建设,推进农业生产经营和管理服务数字化改造,提升乡村数字治理水平,持续释放数字红利,有助于推动城乡资源和机会均等化,弥合城乡"数字鸿沟"。

(一)提升农业数字化发展水平

通过数字赋能,将数据作为关键生产要素,大力发展农业物联网、农业大数据、精准农业和智慧农业,促进生产加工数字化、经营流通数据化、质量监管精准化转型,有助于解决传统农业弊端,加速形成现代农业。2022 年数字乡村百强县榜单显示,山东有 5 个县上榜,排名最靠前的博兴县仅列第 27 位。浙江有 32 个县上榜,前 10 位中占据了 8 席,榜首的浙江德清市以建设国家级数字农业试点县为契机,搭建"有德鲜生""有德共富"等应用场景,打通农业、供应、销售、配送的业务流、数据流,带动农产品产、供、销、配的全链条价值提升,使农业企业用工成本降低 43%,生产效率提高 40%以上。下一步,山东可借鉴先进省市经验,加强农村地区 5G、人工智能、物联网等新型基础设施建设,加快光纤宽带、网络信号等通信基础设施建设向偏远农村地区的覆盖延伸,提高农业农村新一代信息技术应用的普及度和覆盖率,推动农村信息基础设施共建共享。以建设好济南、青岛、潍坊智慧农业试验区为着力点,加快发展智慧农业,将物联网、大数据、人工智能等技术引入农业生产经营的全过程,打造生产数字化全链条解决方案。鼓励发展休闲农业平台,完善农业科技信息服务平台,促进农业生产经营和管理服务数字化转型。

(二)推动乡村治理数字化转型

数字技术与乡村治理相融合是数字乡村建设的重要内容。将信息技术嵌入乡村党建、信用体系、村务管理、乡村应急管理等重点工作,有助于打破乡村治理过程中的信息孤岛,提升乡村公共服务品质,助力形成共建共治共享的新型乡村治理格局。例如,威海以建设全国信用示范城市为契机,实施"信易+"工程,在山东率先推出将诚信转化为"海贝分"的信用评价体系。基于"海贝分"开发"信易游""信易贷"等信用融合应用,将积分与民众的旅游、贷款等日

常生活相融合，对积分高者给予一定的优惠和便利，真正营造出“守信光荣，失信可耻”的良好氛围。“海贝分”成为基层社会治理中“看不见的治理载体”，有效提高了基层自治水平。威海成功入选了2020年中央改革办典型案例。下一步，山东应加大典型经验推广力度，不断完善农村智慧党建体系，提升基层党建工作信息化、科学化水平。完善“互联网＋网格管理”服务管理模式，开展网格化服务管理标准化建设，提升村务管理网格化水平。加快推动农村全面接入全国一体化在线政务服务平台，依托政务服务平台，为农村居民提供精准化、精细化的政务服务，不断提升乡村数字化治理效能。

课题组成员：张中英　倪艳亭

山东促进高质量充分就业的对策建议

就业是民生之本、稳定之基、发展之要。山东省委、省政府高度重视稳就业、保就业工作，明确要求充分认识做好就业工作的极端重要性，以更大力度、更实举措推动就业高质量发展。2022 年山东省政府工作报告确定的全省经济社会发展六项量化指标中，就业占了两项。山东省宏观经济研究院组织专门力量，深入调研分析全省就业总体形势和就业压力的结构性变化，重点研究青年群体失业率高企、部分行业就业容纳能力下降、数字化转型就业瓶颈显现、就业政策稳定性压力较大等制约我省就业高质量发展的突出矛盾和困难短板，提出加快实现我省更加充分更高质量就业的五点建议。

一、我省就业形势总体稳定

2021 年，山东省委、省政府科学统筹新冠疫情防控和经济社会发展，深入实施就业优先政策，全省经济保持积极复苏态势，就业形势持续向好。全省城镇新增就业 124.20 万人，城镇调查失业率回落至疫情前水平，城镇登记失业率 2.94%，比 2020 年下降 0.16 个百分点。

(一)促进高校毕业生就业

通过扩大机关事业单位和国有企业招聘规模，实施“三支一扶”等基层项目和就业见习计划，2021 年我省高校毕业生毕业去向落实率居全国前列。“全面推行电子报到证”入选了全省优化营商环境典型案例。

(二)推动创业带动就业

制定实施了“就业优先 10 条”等政策措施，开展了创业助推、扩容提质、服务增效、用工保障 4 项计划，发放创业担保贷款 226 亿元，总量居全国第一。新增 2 家全国创业孵化示范基地，发放创业补贴 16.8 亿元，开展补贴性培训 33 万人次。

(三)提高就业者职业技能

我省一直高度重视职业技能培训质量管理工作，2021年在全省开展职业技能提升行动质量年活动，开展多层次职业技能培训323万人次，以训扩岗，发放以工代训补贴19亿元，惠及5.3万家企业、147万人，取得了显著成效。

(四)提升用工保障服务水平

聚焦企业用工需求，加大援企纾困力度，发放稳岗返还资金8.2亿元，惠及企业16.2万家，稳定就业岗位544万个。全面提升就业服务质效，大力发展人力资源服务业，全省人力资源服务业营收突破千亿元大关。

二、我省就业新挑战新问题不容忽视

我们也要清醒地看到，当前世界经济复苏动力不足，外部不稳定不确定性加大，国内经济发展面临需求收缩、供给冲击、预期转弱三重压力，我省长期累积的结构性矛盾和短期面临的制约性因素交织叠加，经济持续恢复的基础尚不牢固，就业压力的结构性变化呈现新特点，就业形势依然复杂严峻，新挑战新问题需要我们重点关注。

(一)青年群体就业形势更加严峻

目前，以高校毕业生为代表的青年劳动者已成为城镇新增就业的最大群体，但受新冠疫情、高校扩招、就业意愿、就业偏好等多重因素交织影响，青年劳动者调查失业率持续高企。2022年2月，全国16～24岁青年人口调查失业率为15.3%，是总人口调查失业率的2.8倍，其中20～24岁的大专及以上人员调查失业率更是逼近20.0%。2022年高校毕业生就业总量的供需矛盾更加突出，我省2022届高校毕业生达79.5万人，比2021年增加13.5万人，毕业生规模和增量均创历史新高；受国际疫情影响，超过100万的留学生选择回国，让就业形势越发紧张；2022年全国考研报考人数突破450万人，净增长21%，即使在提高录取率的情况下，考研落榜生规模仍将超过330万人，其中的一大部分也将涌入就业市场。当前，高校毕业生就业的结构性错配矛盾也十分突出，主要体现在招聘企业性质与就业偏好错配、区域机会和流动意向错配等方面，高校毕业生更偏向于国企、外企和东部地区，但这些企业和地区提供的岗位远远无法满足全部需求，非“211”“985”“双一流”高校毕业生的就业选择空间更窄。因竞争激烈、就业期待难以满足，部分毕业生尤其是本科以上毕业生选择“慢就业”,甚至“有业不就”。

(二)部分行业就业容纳能力下降较大

新冠疫情暴发以来,以住宿餐饮、旅游观光、影视娱乐和批发零售为代表的服务业受到的冲击最大,就业恢复压力明显高于其他行业。随着疫情变化和宏观调控政策的持续深入,我省部分行业的就业容纳能力也正在承受较大下行压力。

一是制造业。随着数字经济的迅猛发展,现代制造业智能化、数字化、平台化特征日益显著,工业机器人大幅推广应用,“机器换人”成为必然趋势,特别是近期上游原材料价格高居不下,我省工业企业特别是劳动密集型企业纷纷加快技术改造,以自动化、智能化设备代替一般劳动力。截至2021年底,我省典型劳动密集型工业行业用工规模约为350万人,如按用工人数同比下降5%测算,2022年将减少超过17万就业岗位。另外,随着海外刺激政策转向、供应链逐步回落以及高基数效应呈现,2022年我省外贸出口增速预计将见顶回落,进而影响外向型制造业用工。截至2021年底,我省出口比重较高的制造业企业用工规模约为200万人,假如相关行业出口增速下降10%,将直接影响超过20万的就业岗位。

二是房地产业。在房地产强化监管调控、房企信用事件引发交付担忧、房地产税试点节奏加快等因素影响下,我省房地产销售、投资指标快速下行,调整压力加大。据预测,2022年全国房地产销售增速将为-10%左右,房地产投资增速将为-5%左右,我省情况应与此大体相当。截至2021年底,我省房地产城镇单位就业超过50万人,建筑业就业超过500万人,其中近一半与房地产相关。据此测算,2022年我省房地产的行业调整将直接影响近20万人的就业。

三是教培行业。“双减”政策落地实施叠加疫情双重影响,全省教培行业进入“寒冬”,对我省就业造成较大冲击。一方面,原有的大量员工将不得不重新进入就业市场寻找就业机会;另一方面,教培行业也难以再扮演高学历人才“吸纳器”角色。据测算,此轮教培行业整顿可能会影响我省6万名左右本、硕应届毕业生的就业,其中师范、语言类院校波及面最大。

(三)数字化转型就业瓶颈日益凸显

当前,我省数字经济发展势头迅猛,各行业都在加速推进数字化转型,但劳动者数字化技能水平不高、就业结构错配、供需脱节等成为制约数字化转型的突出问题。一是劳动节约型数字技术替代效应变大,新岗位缺乏合格劳动力。制造业数字化转型加快,面临高技能人才短缺难题。《新职业在线学习平台发展报告》显示,全国物联网安装调试、无人机驾驶、电子竞技等领域的用工缺口均超过100万人。二是劳动互补型数字技术的就业红利开始减弱,快递、网约车等行业竞争加剧带来工资下行压力。据调研,全国快递派送费已由1.5～2.0元/件下降至0.4元/件,每单平均利润仅有0.25元,部分快递员收入相比2018年下降近一半。

(四)就业政策稳定性面临挑战性压力

当前,稳就业保就业的组合性政策措施取得了重大成效,但就业稳定性仍存在较大压力。一是高强度稳岗扩岗政策具有不可持续性。调研中发现,高强度政策补贴下增加的就业岗位和企业发展的实际就业需求并不完全一致,企业基于响应政府号召或者分享短期政策红利增加的就业岗位带有一定"非正常就业增长"的特征,一旦政府补贴政策力度减弱或退出,部分企业将会裁员以确保其正常发展。二是短期化保障就业政策与长期化提升经济效率难以统一。就业补贴、政府购买社保、稳定返岗等保就业政策呈现出明显的短期化特征,短期内能够激发企业吸纳就业的积极性,然而这种短期化保障就业政策有可能损伤市场资源配置的功能作用,出现与提升经济效率相背离的情况。

三、精准施策,努力实现更加充分更高质量就业

(一)坚持"托底"与"提质"协同发力

要实现以有限资源最大限度地创造更加充分更高质量的就业,就必须兼顾公平与效率、短期与长期,坚持"两条腿"走路,在"托底"与"提质"两端协同发力。在"托底"端,深入实施城乡公益性岗位扩容提质行动,积极消纳城镇困难人员和农村剩余劳动力就业;健全失业登记、职业指导、技能培训、岗位推荐联动机制,常态化帮扶就业困难群体,保障好残疾人平等就业权益,确保零就业家庭动态清零。在"提质"端,遵循就业创造规律,充分发挥信息服务、科技服务、文化教育和卫生健康等知识密集型行业创造就业的倍增效应,将知识密集型行业作为就业创造的"牛鼻子",着力优化我省就业结构、就业质量,形成可持续的就业创造循环,打造就业促进的长效机制。

(二)着力强化青年群体就业支持力度

持续推进"万名博士、十万硕士、百万大学生创业齐鲁计划",开展"就选山

东”毕业生就业服务系列活动。用足用好税费减免、社保补贴、意外伤害保险补贴、创业担保贷款等支持政策,积极促进高校毕业生到中小企业就业、灵活就业、自主创业。继续实施“三支一扶”等基层服务项目,鼓励岗位下沉,加大基层社区岗位开发。对低收入家庭、身体残疾等困难毕业生,组织开展“特聘行动”,实施“一人一档”“一人一策”重点帮扶。

(三)大力提升劳动者数字化技能水平

以数字化转型为重点,实施新一轮职业技能提升计划,引导劳动者主动加强数字技能学习。开发职业技能培训数字平台,探索制定数字职业技能标准和认证机制,建立政府、企业、个人共同参与的数字职业技能培训体系。支持职业院校增强应用数字机床、工业机器人、工业物联网等相关课程的教学能力。开展专项技能培训行动,切实提高快递物流、直播销售、汽车代驾等互联网从业人员综合素质。

(四)创新实施结构性就业扶持政策

坚持多领域协同、多部门配合,针对结构性就业压力更多实施结构性扶持政策,努力打造货币、财政、金融、产业等政策对就业拉动能力强、就业困难突出的重点行业领域的精准性支持合力。充分发挥企业吸纳就业主体作用,落实好“稳中求进”高质量发展政策清单,强化对中小企业的纾困帮扶,加大减税降费力度,切实减轻企业成本负担,实现企业发展和稳岗就业的“同频共振”。实施新就业形态劳动者技能提升项目,健全灵活就业劳动用工和社会保障政策,开展新就业形态劳动者权益保障专项行动,促进劳动者多渠道灵活就业。

(五)持续优化就业服务环境

实施就业服务质量提升工程,推进公共就业服务标准化建设,开展公共就业服务人员能力培训。支持各类人力资源服务机构和各级人力资源服务产业园发展,引导提供联合招聘、重点群体就业、促进灵活就业、就业创业指导与培训、劳务协作、供求信息监测等专业服务。落实网络招聘服务管理规定,督促服务机构切实承担自身责任,加强主管部门事中事后监管,提高远程监管、移动监管、预警防控等能力。

课题组成员:张鹏　张辉　冀刚　张钰

山东省新就业形态劳动者权益保障研究

就业是最大的民生。2022年我省高校毕业生近80万人，留鲁率超过80%，全年城镇新增就业约120.4万人，较上年度下降了3.2%，就业压力不断增大。党的二十大报告提出要“支持和规范发展新就业形态”①，这是“新就业形态”的表述首次出现在党的报告中。新就业形态是就业的重要组成部分，不仅要积极发挥其在助力实施“稳就业、保就业”中的积极作用，还要不断加强保障体系建设，以规范促发展。

一、新就业形态在对冲短期影响、培育新增就业、提升就业质量等方面发挥了重要作用

新就业形态主要包括互联网平台组织的分散的、无雇主的就业模式，是有别于正式就业和传统灵活就业的平台化组织用工方式的就业新形态，主要表现出以下发展特点。

（一）扩大了就业容量

新就业形态为闲置劳动力提供了新选择，降低了就业门槛，提升了就业总规模。虽然疫情减弱了部分行业就业的容纳能力，但2021年我省信息传输、软件和信息技术服务业从业人数依然达到了21万，较2019年增长了21.4%，较传统行业优势明显。调研显示，约35%的美团骑手是下岗工人，20%曾是办公室职员，有近70万骑手来自原先的贫困县。2022年上半年，济南市已有2500多家新业态运营主体、5.2万多名新业态从业人员。灵活多样的就业方式有效降低了结构性、不充分以及隐性失业风险。

---

① 习近平：《高举中国特色社会主义伟大旗帜　为全面建设社会主义现代化国家而团结奋斗——在中国共产党第二十次全国代表大会上的报告》，人民出版社2022年版，第47～48页。

(二)创新了就业方式

随着新技术被应用到各行各业,新职业应运而生,新岗位供给不断增加。网约车驾驶员、健康管理师等众多新职业涌入了大众视野,并有74类被人社部纳入了新版事业分类大典,提升了社会认可度,同时也迎合了年轻就业者对于岗位灵活、自由的需求。“80后”“90后”在新就业形态从业者中占比超过90%,其中,“90后”占比超过一半,“95后”占比超过20%,逐渐成为新就业形态的重要组成部分。

(三)提高了劳动效率

新就业形态提升了以往非正规从业者的就业质量,越来越多的正式工作人员愿意干兼职、搞副业。调查显示,农村户籍外卖骑手的月均收入比农民工月收入高出约13%,超过半数的新业态青年从业者月收入在4000~8000元,劳动报酬的提高有效改善了劳动者的就业质量。新就业形态打破了“一人一份工作”的传统模式,许多网约配送员、写手、网店店主等从业者都是利用闲暇时间和闲置资源进行兼职工作,拓展了职业边界。

二、保障新就业形态劳动者权益面临的主要困难

当前我省新就业形态劳动者的保障条件虽已有明显改善,但还存在劳动关系不明确、社保制度难覆盖、工会机构不完善等问题。

(一)劳动关系保障覆盖面不足

我国社会保障制度是与劳动关系密切相关的,虽然2021年国家出台了《关于维护新就业形态劳动者劳动权益保障的指导意见》,承认了新就业形态目前存在的非劳动关系的现状,但仍没有明确如何确定和保护这类“不完全符合确立劳动关系情形”。同时,《关于维护新就业形态劳动者劳动权益保障的指导意见》只提到了“鼓励参保”“积极探索”“研究制定”等,并没有要求“必须参保”,造成部分平台企业刻意回避主动建立劳动关系。

(二)从业人员社会保障不足

新就业形态劳动者可以以灵活就业者的身份参与城镇居民养老、医疗等社会保险,但个人承担保费比例远高于正规就业者,自主缴费意愿和缴费档位均较低。据抽样统计,我省约80%的骑手参加了平台提供的商业保险,10%

购买了商业养老保险，12%购买了商业医疗保险，参保率普遍较低。在加入保险时，许多从业者会倾向于选择以最低年限和最低标准缴纳保费，这导致退休后的新业态从业者的养老金远低于同龄正式工作人员的退休工资。

（三）劳动权益保护亟待提升

现有公共服务体系尚未覆盖全部新就业形态劳动者，无法提供与传统正规就业者同等的权益。调研发现，外卖、快递员等经历高强度工作、工资拖欠以及遭受不平等对待的现象较为普遍，月工作时间多集中在20～30天，日工作平均时长多在8小时以上。约71%的外卖员经历过工资发放不及时，遇到顾客辱骂、受伤、恶意点单的概率均在30%以上。因此，需进一步完善组织机构，拓宽有效维权渠道。在职业进修升级方面，用工单位缺乏培训员工的积极性，对济南市外卖员进行问卷调查时发现，约42%的被调查者对培训种类的多样性不满意，约40%对授课水平不满意，约21%对培训内容不满意。

三、对策建议

构建新就业形态劳动者劳动权益保障体系，防范和化解新就业形态劳动者面临的风险挑战，成为今后及未来一段时间实现更充分更高质量就业的关键所在。

（一）补齐制度短板，确保新就业形态劳动者各项权益保障落到实处

一是持续优化和完善新就业形态劳动者的养老和医疗保障，支持对新就业形态劳动者保费进行补贴。二是加快推进职业伤害保障试点，探索将工伤保险与劳动关系认定解绑，将职业伤害逐步纳入正式保障范围。三是引导保险公司推出适合新就业形态从业人员的商业保险产品，增强商业保险的灵活缴费方式，扩大保障覆盖面。

（二）加大服务供给，不断提升从业者的就业保障和福利水平

一是建立新就业形态劳动者统计指标，将新就业形态纳入新增就业统计，提升岗位认同感。二是制定支持新就业形态从业人员的培训政策，定期开展面向新就业形态从业人员的技能提升培训以及资格认证、补贴申请等服务，解除其后顾之忧。三是健全完善新就业形态劳动者工会组织，优化意见表达、处理和反馈流程，畅通表达渠道。四是加强职工代表大会等民主管理制度建设，

定期发布劳动者权益保护的指导性案例,推进"法院+工会"诉前调解机制,强化法律服务。

(三)拓宽监管范围,构建新就业形态立体式协同治理体系

一是加大劳动保障监察执法力度,严肃查处侵害劳动者权益的行为,督促相关企业落实权益保障责任。二是强化劳动权益保护监督,加强治理拖欠劳动报酬、违法超时加班等突出问题。三是督促企业通过优化算法、抽成比例等,合理制定工时制度和劳动定额,严肃查处逃避用工主体责任、拖欠薪酬等问题。

课题组成员:张钰　张辉　高鸣

山东省医养健康产业发展研究报告

近年来，山东以医养结合示范省创建为抓手，着力构建居家和社区机构相协调、医养和康养相结合的养老服务体系，不断满足老年人的医养需求。截至 2022 年 7 月，全省“两证”[①]齐全的医养结合服务机构有 749 家，占全国的 10%以上；全省 74%的二级及以上公立综合性医院设置了老年医学科，97%以上的医疗机构设置了老年人绿色通道；共推出了 88 家山东省医养结合示范机构、118 个医养结合典型案例，制定实施了 16 个医养结合地方性标准规范。

一、我省医养结合产业发展现状

(一)顶层政策设计逐步完善

近年来，山东省政府先后出台有关加快养老服务业发展、推动医疗服务业和养老服务业转型升级等的政策文件，在设施规划、土地保障、资金扶持、保险政策、税费减免等方面对医养结合机构制定优惠扶持政策。2022 年，中国共产党山东省第十二次代表大会把“建成医养结合示范省”作为今后五年山东“走在前、开新局”、聚力实现“六个新跃升”的重要内容之一。我省印发《关于深入推进医养结合发展的实施意见》《深入推进全国医养结合示范省创建工作责任分工(2021～2022)》等文件，从目标任务、实施路径、重点任务、保障措施等方面对医养结合示范省建设进行了全面部署。2022 年 4 月印发的《医养健康产业 2022 年行动计划》进一步明晰了强产业、扩需求、促创新的路径，促进医养健康产业“雁阵形”集群和领军企业不断发展壮大，显著提升产业现代化水平和核心竞争力，贯通产业链条上下游的关键环节，突破一批关键核心技术，培育一批“专精特新”和“单项冠军”企业(产品)，打造一批具有显著影响力

① “两证”即医疗机构执业许可证和养老机构备案证。

的知名品牌,推动与相关产业跨界融合取得显著进展,并要求2022年全省医养健康产业增加值达到5000亿元。

(二)产业融合优势逐渐加强

医养健康产业涵盖一二三产业领域,涉及领域广,融合发展潜力大,各地通过积极探索医养跨界交叉融合发展模式,推动医养健康产业集群培育发展,促进产业集群培育壮大、多元化发展。省内医养康复相关集团利用社会资本探索规范化、连锁化医养结合机构发展模式,发挥行业辐射带动作用,多维度提升医养康养服务品质;老年公寓等机构打造嵌入式医养结合模式,实现优质资源下沉和居家社区医养结合服务覆盖面扩大;积极探索"互联网+医养结合"模式,实现线上线下医养结合服务资源整合。例如,泰安市着眼于推进新型工业化强区建设,明确将医药及医疗器械产业链发展作为加快新旧动能转换、实现工业高质量发展的主攻方向,加速推进一批医学研发、现代医药、高端医疗器械项目的落地建设,目前产业链产品涉及了生物医药、免疫微生态制剂、医疗康复机器人、空气净化消毒设备等多个领域。2019～2021年,全省滚动实施医养健康产业重点项目333个,总投资超1860亿元。

(三)创新发展空间更加广阔

我省鼓励试点先行、率先探索,明确12个市、120个县(市、区)为省医养结合示范先行区,推出5个医养结合创新引领县(市、区),省财政给予扶持,经过各地积极尝试,特色鲜明、层次多样的医养结合"山东模式"初步形成。曲阜市、东阿县依托家庭医生签约服务、基本公共卫生服务和长期护理保险制度,打造"居家医护"服务模式,实现老年人在家即可获得专业医疗服务。东平县、平阴县以基层医疗卫生机构为依托,打造医养结合"两院一体"模式,优化卫生院、敬老院资源配置,既实现政府兜底养老服务,又能为当地有需求的人员提供医养服务,体现了"1+1>2"的叠加效应。泰安市中心医院、枣庄市精神卫生中心以区域医疗中心资源为支撑,打造公立医院"医康养护综合体"模式,形成以医促养、以养助医的运营态势,实现住院治疗、康复护理和养老服务的院内切换。同时,随着大数据、人工智能等信息技术在医养健康服务领域的广泛应用,智能化医养模式不断涌现,应用领域不断拓展,市场前景广阔,智能化应用成为医养健康产业的新蓝海。

(四)地方特色业态不断涌现

各地在探索发展中立足本地产业基础,优化医养健康产业发展布局,培育形成了一批特色产业和发展模式。以青岛、曲阜为代表的居家医养、医护巡诊模式,以青岛西海岸新区、烟台福山区为代表的社区医养、智慧服务模式,以淄博博山区、日照五莲县为代表的机构医养、“两院一体”模式和以菏泽医学专科学校附属医院为代表的医养康护、产教研学模式等各具特色,让越来越多的家庭和老年人多了一份养老的踏实感和获得感。从具体做法看,淄博市创新发展“医养互转、康护一体”“机构医养、两院一体”“分区服务、兜底保障”“以医带养、医养一体”“以养为主、以医助养”“中医引领、健康养老”“高品质建设、高端化服务”“智慧赋能、居家医养”等医养一体的 8 种医养结合服务模式,同时统筹规划农村卫生室和农村幸福院毗邻建设、协同发展,探索创新发展“医养结合村”服务模式,基本实现市、县、乡、村四级健康养老服务纵横联动。潍坊市以创建全国医养结合示范省先行区为契机,积极开展医养结合质量提升行动,制定实施《潍坊市建设全国医养结合示范省先行区实施方案》,推动医养服务与体育、中医药、康养文旅融合发展。菏泽市充分发挥菏泽牡丹种植业特色和中医药、生物医药产业优势,高起点规划建设舜王城中药产业园、中药材种植产业基地、全国中成药制剂与原料药产业知名品牌示范区,重点建设牡丹种植产业园区、高新区生物医养产业园区、定陶生物蛋白肽产业园区等。

二、当前我省医养健康市场面临的问题及原因

近年来,我省医养健康产业发展总体保持良好态势,但是与创建全国医养结合示范省的目标要求相比,与粤、苏、浙等发达省份相比,与我省老龄化趋势下医养健康服务需求的快速增长相比,还存在不少差距(见图 1、图 2)。

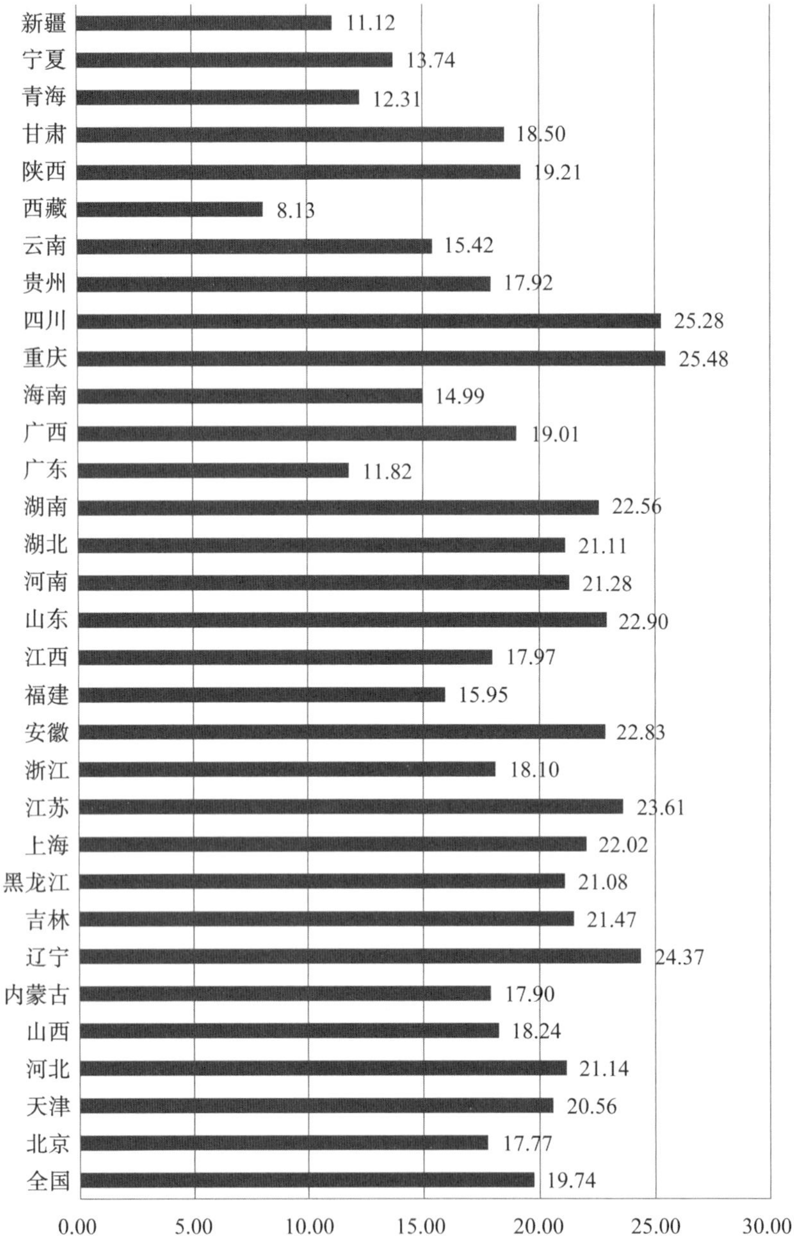

图 1　2020 年全国及各省份老年人抚养比

注:不含港澳台地区,数据来源于《中国统计年鉴(2021)》。

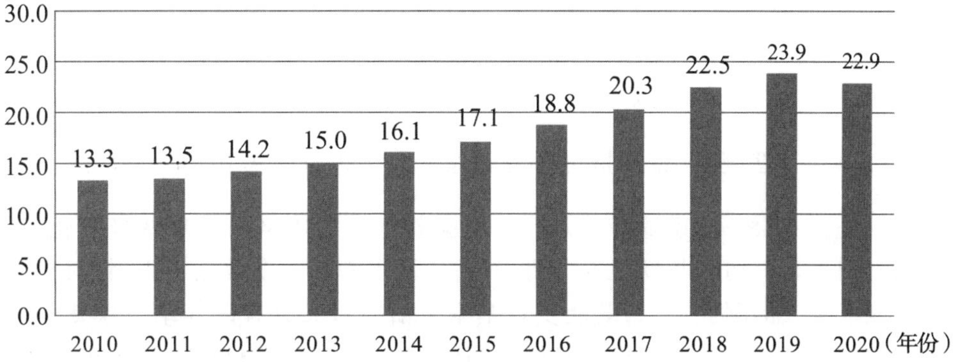

图2 2010～2020年山东老年人口抚养比

数据来源：《山东统计年鉴（2021）》。

（一）从供给侧看，当前康复医疗产业尚无法满足日益增长的市场需求

一是配套机制尚不完善。虽然国家和省级层面已出台多项政策，但市、县层级尚未充分利用国家和省出台的政策优势，政策体系仍有缺口。加之养老康复机构尚未纳入医保报销体系，许多老年人已处在康复期却仍选择长期住院，造成医疗资源浪费，阻碍康养产业发展。二是产业链延伸性、带动性、创新性偏弱。医养健康产业涉及领域众多、产业技术壁垒较高，导致产业链条辐射延伸不够，医药领域布局相对分散，产业链较短，尚未形成规模化的产业集群，普遍存在整体档次不高、产业发展不均衡、创新能力不强、龙头企业知名品牌较少、企业研发力量薄弱等问题。三是社会资本资金投入不足。小规模机构在专业医护人员等医疗资源方面的配置难度大，专业水平低满足不了医养机构专业需求；中等以上规模机构投资大、运营成本高、医养服务收益低，多数机构处于略有盈利状态，很难吸引社会资本进入基本养老市场。

（二）从需求侧看，医养健康市场尚有大量潜在需求有待满足

一是传统赡养模式面临压力。目前，多数家庭依旧依赖传统的家庭养老和自我养老模式，对社区养老、机构养老等新型方式积极性不高。随着老年人口与劳动力人口的比例不断扩大，“四二一”或“六加一”的家庭结构导致忽略了对老年人的照顾，医养结合模式逐渐成为必然趋势。二是城市老年人群体消费能力不断提升。受经济、教育和收入水平不断提升的影响，城市中部分已经和即将步入老年的人群具有相当程度的经济实力，老年人个体消费能力上升，具有负担得起改善退休后生活状况的经济能力，大量待释放的养老需求将带动高质量、高起点的医养结合需求。三是城乡医养资源结构性矛盾突出。

当前,大量农村青年劳动力在城市求学、工作、定居,仅那些经济能力允许的农村家庭能够将老年人接到经济更为发达的地区赡养,农村劳动力补充城市劳动力的同时,农村老年人无法享受到优质的城市医养资源。

(三)从管理侧看,整体推进医养健康产业的良性发展格局尚未形成

一是医养服务体系亟待普及。社会医养机构总体格局呈现两极分化,豪华福利型养老机构和救助型养老机构较多,真正满足大多数老年人、针对失能半失能老年人的刚性需求,既能实现基本生活照料又具有医养结合康复护理功能的中档养老机构所占份额较低。调研发现,不少养老机构人满为患,老年人得不到应有的尊重和照护。二是管理体系有待理顺。医养健康产业涉及卫健、民政、发改、工信等多部门交叉管理,省市县三级产业处(室)设置衔接上存在不一致,市、县层面产业专班人员和经费不足问题较为突出,业务服务能力存在短板。三是人员队伍尚待加强。机构养老主要面向中低端市场,养老护理职业社会地位低、收入低、劳动强度大,而且照顾老年人远比照顾普通病患困难、烦琐得多,这导致养老服务机构招人难、人员流动性大,从业人员年龄普遍偏大。加之专业护理人才支撑不强,医养结合服务、健康管理、中医药养生和健康产业等中高端人才缺口严重,多数服务人员只会最基本的生活照料,无法提供有效的康复护理、医疗保险、心灵抚慰等专业服务。

三、促进我省医养健康产业高质量发展的对策建议

我省人口基数大、老年人口多,医养健康产品和服务需求巨大,产业发展空间广阔。因此,应充分发挥我省工业门类齐全、医养健康产业基础坚实的独特优势,加强医养健康产业发展的顶层设计,突出政策引导、项目支撑、科技创新、人才培育等,不断推进全省医养健康产业高质量发展。

(一)以满足需求为引领,健全医养结合普惠型服务网络

一是充分发挥城市社区服务作用。整合城区、街道、社区等现有设施,充分利用家政服务、医疗保健、心理咨询等行业现有的市场资源,并适度向老年人群倾斜,培育发展社区服务中介组织,建立社区养老服务信息平台,拓展社区服务领域。二是推进农村医养服务体系建设。探索推动农村医养服务体系建设的方式方法,鼓励吸引民间资本设立专项发展基金,充分利用敬老院或镇街医院闲置设施,通过改建、扩建,加快镇街医养设施建设,补齐农村医养服务体系短板。三是提升机构服务质量。新建、改建、扩建一批投

资少、见效快的公办普惠型老年人康复护理院，支持医疗卫生资源进入养老机构，鼓励发展民办养老机构，促进形成公益性、营利性相结合、相补充的多元化格局，满足不同层次的医养服务需求。四是丰富医康养结合的实现模式。鼓励开发适合老年人的融“医、食、居、养、游”为一体的康养旅游产品，构建全产业链康养服务体系，打造一批集休闲娱乐、健康养生、旅游度假等特色于一体的特色医养健康园区；应用信息化智能化手段，创新“医护巡诊”“在线问诊”等模式。

（二）以优化供给为导向，构建医养融合高质量产业体系

一是强化政策支撑保障。充分运用各类优惠扶持政策，引导大企业、大集团投资建设和运营养老机构、日间照料设施，走连锁化、品牌化、规模化发展道路，通过政策引导，切实提高社会资本参与养老服务的积极性。二是加大重点项目扶持力度。立足产业科技含量、发展前景等，对新药、医用新材料、人体器官修复、高端医疗设备、疫苗等研发生产类企业，加大财政和税收支持力度，重点扶持一批医养健康产业骨干企业，形成骨干企业带动相关中小企业共同发展的健康产业发展格局。三是大力拓展服务模式。加快中医养生保健服务体系建设，提供中医健康咨询评估、干预调理、随访管理等治未病服务，鼓励养老服务机构提供拔罐、艾灸、刮痧等中医服务，大力发展中医远程医疗、移动医疗、智慧医疗等新型医疗服务模式；尽快完善推广长期护理保险制度和职工长期护理保险筹资运行机制。四是着力推动技术业态创新。逐步建立以企业为主体、产学研结合的多领域生物医药产业创新联盟、协同创新中心，促进中小企业与骨干企业合作、上下游企业合作。鼓励以骨干生物医药企业为龙头，实现中小企业融合协同发展。

（三）以完善机制为保障，发展“夕阳产业”为“朝阳产业”

一是建立长效机制。结合地区差异性特点，把医养健康事业纳入社会发展整体规划，制订产业发展具体计划，明确长、中、短期目标，加强机构布局、规模和功能统一规划，完善监管制度、评估体系等；推进医养结合信息平台数据标准化和信息共享，建立统一的数据交换共享指标体系，实现跨部门、跨区域的业务协同和信息资源共享。二是完善工作机制。完善政府主导、部门配合、社会参与的工作机制，加强协调配合，研究解决医养健康产业高质量发展的重点、难点问题，形成部门协作、齐抓共管的工作格局；鼓励对在社区提供日间照料、康复护理等服务的符合条件的机构按规定给予税费减免、资金支持、水电气热价格优惠等扶持；支持商业保险机构大力发展医养保险等。三是优化人

才机制。科学制定医养结合的服务标准、服务体系和服务规范,明确人才培养的目标、范畴与质量,充分发挥医养结合的服务优势与巨大作用;适时将医养照护人才纳入学历教育,扩大招生规模,构建与医养结合相适应的课程体系和教学内容,稳定从业队伍,切实提高职业道德、业务技能和服务水平。

课题组成员:张钰　张辉　张鹏　李建芳　冀刚

山东深化医康养融合发展路径研究

山东是全国第一老年人口大省，日益严峻的老龄化趋势必然伴随老年服务、康复护理服务需求的刚性增长。从满足健康养老多元化需求出发，加速推进医康养融合发展，积极打造包括日常照料、检查诊断、医疗护理、康复疗养、健康管理、保健教育和临终关怀等在内的专业化持续性服务闭环，是优化老年健康和养老服务供给的重要举措，是积极应对人口老龄化、增强老年人获得感和满意度的重要途径，更是推进我省养老服务业高质量发展的必然要求。

一、我省医康养融合发展总体情况

近年来，我省以医养结合示范省建设为总抓手，协调推进养老事业和养老产业发展，在顶层设计、基础建设、服务成效与功能发挥等方面成绩显著，医康养融合发展的基础不断夯实。

（一）组织领导更加有力，医康养融合发展的政策支撑持续加强

近年来，我省制定出台了《山东省“十四五”老龄事业发展规划》《山东省养老服务条例》《关于推进养老服务发展的意见》《关于支持社区居家养老服务的若干意见》等省级涉老法规政策文件150余个，为养老服务工作奠定了法律基础和政策保障。特别是自2018年我省被国家确定为首批医养结合示范省以来，我省高度重视医康养融合发展工作，先后出台了《山东省创建全国医养结合示范省工作方案》《关于深入推进医养结合发展的实施意见》等文件，对医养结合示范省建设进行全面部署。持续加大对养老服务业高质量发展的财政保障力度，自2013年起在全国率先设立省级养老服务专项资金，从资金、土地、税费、信贷等方面进行全方位扶持。

（二）社会保障更加健全，医康养融合发展的基础支撑持续夯实

山东连续17年提高企业退休人员养老金标准，8次提高全省居民养老保险基础养老金，惠及1560万名居民。城乡居民基本养老保险制度不断完善，截至

2021年底，全省城镇职工养老保险、居民养老保险参保人数分别达3226.7万人、4614.1万人，总体保持稳步增长态势。老年人医疗保险制度不断完善，实现困难老年群体基本医保“应保尽保”，大病保险最低段报销比例提高至60%，省内异地住院医疗费用实现联网直接结算。老年人社会福利救助制度不断完善，城市、农村特困人员平均生活保障标准分别提高到每月1155元、882元，全省失能特困人员集中供养率达到60%。创新兜底保障政策，基本养老服务清单发布制度实现省、市、县三级全覆盖。

(三)养老服务更加完善，医康养融合发展的保障水平持续提升

全省现有养老机构2287家、床位40.3万张，其中护理型床位20.9万张，占比52%。积极发展社区居家养老服务设施，全省已配建社区养老服务设施的小区达到20443个。建设城市老年人日间照料中心3180处、农村幸福院10165处、助餐食堂5696处，创新发展“家庭养老床位”5.2万张。积极开展老年友好型社区创建，2021年山东省54个社区创建为全国示范性老年友好型社区，数量居全国第一。全省设置老年医学科的二级以上公立综合性医院250家，老年医院、康复医院、护理院(站)等接续性医疗机构204家。全省1212万名65岁及以上老年人签约家庭医生，签约率达79%。

(四)改革步伐持续加快，医康养融合发展机制不断深化

山东省委、省政府以医养结合示范省创建为抓手，持续加大“放管服”力度，共推出88家山东省医养结合示范机构、118个医养结合典型案例，设立12支省级医养健康基金，制定实施16个医养结合地方性标准规范。全省现有12个市、120个县(市、区)被确定为医养结合示范先行区，“双证”齐全的医养结合机构数量达到780家。充分发挥国家长期护理保险试点重点联系省作用，健全完善长期护理保险制度，2021年在全国率先实现职工长期护理保险全覆盖，全省长期护理保险参保人数达到3613.6万，居全国第一。先后开展公办养老机构改革试点、居家社区养老服务改革试点、县域养老服务体系创新示范，打造县域养老服务发展强县22个。

(五)新模式新业态不断推进，医康养融合发展模式持续创新

我省大力推进医药、养老、养生、保健、旅游、食品、健身等融合发展，一批养老服务新模式、新业态蓬勃发展。制定康养旅游地方标准，开展文旅康养融合发展示范区和文旅康养“十强县”创建。积极探索“互联网+医养结合”模式，完成互联网医院审批241家，是全国数量最多的省份。坚持智慧赋能，省

级建立“两台一网”，即养老管理平台、养老服务平台和养老信息网，市、县级建立养老信息平台101处。全省各地在探索发展中立足本地产业基础，优化医养健康产业发展布局，培育形成了一批特色产业和发展模式。

二、我省医康养融合发展面临的突出问题

（一）医康养融合发展顶层设计不完善

一是发展规划不够清晰。医康养融合发展尚未形成制度体系，服务体系的发展规划、运行模式和服务标准尚不清晰，缺乏养老服务资源和卫生资源有效衔接的科学规划。二是体制机制不健全。医康养融合发展政策有待细化，与扶持政策相关的投融资、土地供应、财政补贴、保险、护理补贴、医保结算等领域的资源分散在卫生、民政、人社、发改、财政、商务、建设、金融等多个部门，导致医康养融合在实际发展过程中，各部门之间缺乏有效的横向衔接和整体合力，难以确保扶持政策落地惠民，影响和制约了医康养融合工作的整体推进。三是医养融合和医保报销政策有待进一步衔接。现在养老机构因为没有治疗资质，仅能采用代为买药及转诊、请医疗机构上门服务等方式满足老年人医疗服务需求。

（二）医康养融合发展供需矛盾突出

一是供需缺口较大。居家养老服务供给明显不足，养老机构和医疗机构服务向社区和家庭延伸不够，嵌入式养老机构较少，社区居家养老服务项目和实际服务能力与老年人需求不匹配。社区养老设施建设滞后，老旧小区配套用房保障难，养老服务场地严重不足。机构养老存在结构性矛盾，普惠型养老机构床位供不应求，大城市养老床位比较紧张，小城镇和农村空置床位过剩；专业的老年康复与护理医疗机构数量少，康复床位比例低，康复设施设备不足，老年人临床治疗后无处康复养老，导致“压床”现象突出。二是农村和基层养老服务难题亟待破解。受工作基础、设施资源、家庭收入、养老观念、市场发育等多种因素制约，医康养融合在农村面临的问题和制约更为突出，已经成为全省养老服务体系建设的明显短板。受到传统习俗和现实条件等多方面因素的影响，大部分的老年人更愿意选择社区嵌入式的居家养老，但是社区、乡镇医养机构作为基层单位，普遍存在医疗卫生服务水平较低、设施不完善、护理队伍人员不足、高素质人才留不住、智能化发展滞后等情况，难以为居家老人提供综合性、连续性、高质量的医疗卫生服务。

(三)医康养融合发展质量不高

一是配置结构失衡。医康养融合在一些实力较为雄厚的养老或医疗机构得到了较好的实施，取得了良好的经济和社会效益。但居家医康养结合的法律保障和制度支持比较欠缺，医务人员上门服务的医疗风险和医患纠纷防范、家庭医生签约服务规范和收费标准、医养结合费用医保报销等配套政策尚未明确，家庭医生有签约无服务现象凸显，难以推动医康养在居家和社区养老层面的深度融合发展。二是银发经济发展水平不高。我省老年用品产业处于起步阶段，与日本等发达国家相比，产品种类相对匮乏，行业间发展不均衡。康复辅具、护理用品等单价低、利润薄的基础产品较多，关键核心技术受制于人，产品研发相对滞后，面向老年人特定需求的适老化、个性化、智能化产品较为欠缺。三是养老服务企业经营困难。养老服务业前期投入大、投资周期长、资本回收慢。民办养老服务机构经济效益差，缺乏投资动力。目前，金融机构对养老行业普遍慎贷惜贷，信贷、债券、基金等融资平台缺乏具体有效的优惠措施。品牌化、规模化的养老龙头企业数量少，产业内容和运营模式较为传统单一，与文旅、健康、地产等其他关联行业的融合度有待提升。

(四)医康养融合发展要素保障不足

一是资金保障不够。医康养深度融合的推进缺乏专项经费支持，尚未建立长效的资金保障机制，财政对医康养深度融合服务的保障力度不够，加上医康养深度融合投资周期较长、成本较高、风险较大，社会资本参与的积极性不高。二是人才缺口较大。工作时间长、责任大、社会认同低、薪酬待遇低、职业发展空间有限，导致养老服务行业吸引力不足，人员招不来、留不住，严重制约了养老服务供给。与此同时，养老服务从业人员文化程度较低、专业性和职业性较弱，大部分养老机构只能聘用年龄较大的下岗工人或农村进城务工人员作为护理人员。现有护理人员“半路出家”居多，缺少养老服务技能培训和职业标准。三是长期护理保险制度保障不完善。作为推动医康养融合发展的重要制度保障，长期护理保险制度仍处于探索完善阶段，缺乏统一的制度保障和法律规范。长期护理保险多元筹资机制的建立难以一蹴而就，较多倚重医保基金直接划转，过度依赖基本医疗保险。现行职工长期护理保险制度侧重于医疗护理，以解决医疗护理为主，基本生活照料未完全纳入，保障范围较窄。长期护理服务能力还不高，在空间分布上，提供长期护理服务的机构主要集中在城市，农村地区机构少、服务半径大、成本高。

三、医康养融合发展的新趋势新模式

当前，医疗、护理、康复、养老等多业态交叉融合、互动发展的趋势特征越发明显，医康养融合发展的新模式不断涌现，通过提升医康养融合发展水平促进养老服务业高质量发展成为国内外的重要选择。因此，准确把握当前医康养融合发展新趋势新特征，积极开展医康养融合发展模式创新，对全面提升我省医康养融合发展水平意义重大。

（一）医康养融合发展的新趋势

1.智慧养老新业态模式不断涌现

随着人工智能、物联网、云计算、大数据等新一代信息技术和智能硬件产品的持续创新与发展，互联网与养老服务广泛深度融合，正从以技术为中心向以服务为中心加速转变，智慧养老将成为“互联网＋养老”的未来向度。智慧养老坚持人本、创新、协同、开放和共享的核心理念，充分运用物联网、互联网、云计算等技术对不同养老模式进行智慧赋能，实现养老需求和养老服务的精准匹配和对接，为老年人提供全方位、全过程和个性化的服务。智慧养老持续催生了众多新产业新模式，成为创新养老服务体系和模式的动力引擎。

2.康复在医康养融合发展中的作用和地位日益突出

当前，老年照护需求和医疗服务需求明显增加，尤其是亚急性期患者、终末期患者、呼吸照护需求患者众多。我国康复医疗正处于加速发展阶段，临床与康复融合发展趋势明显。康复日益成为治疗的一个重要组成部分，在防治并发症、缩短治疗周期、提高患者满意度等方面发挥着重要作用。特别是随着互联网渗透率和智能化设备使用率的提升，智慧康复平台持续赋能社区康复，居家康复新场景新应用不断涌现，远程康复大有可为，这些将进一步提升医康养融合水平。

3.居家社区医养结合服务成为提升养老服务质量的重要制度安排

2022 年 7 月，国家卫生健康委员会等 11 部门印发的《关于进一步推进医养结合发展的指导意见》将发展居家社区医养结合服务作为首要目标。考虑到我国劳动力结构、老龄人口规模及家庭结构特点等，经过全国多地长期实践探索，开展家庭社区医养整体性服务建设被证明是适合我国国情、社会结构和经济发展的较好制度安排。在这一制度安排下，各地可以充分发挥家庭、社区和机构的各自优势，引导机构通过连锁化运营等方式进入社区，提供上门居家养老服务，使老年人在家庭环境中享受专业机构提供的服务,真正实现居家社区机构相协调、各种养老服务方式相融合。

4.互助幸福院成为提升农村养老服务水平的重要途径

近年来,互助养老模式成为农村养老服务的重要选择和制度安排。我国农村血缘、亲缘、自治以及邻里守望的传统为互助养老的开展提供了坚实的社会基础。互助养老具有低成本、非营利、多元参与、灵活多样的特点。充分发挥农村基层组织的能动作用,推动互助养老,是解决农村养老服务供给不足的有效途径。作为农村互助养老的主要形式之一,互助幸福院兼具居家养老、社区养老和机构养老的性质,成为近年来应对农村养老问题的有益举措。建设互助幸福院是可以实现部分农村空巢老人、留守老人"离家不离村"的养老服务模式,能够改善这些老人的生活条件,有效缓解农村养老难题。

5.中医药在促进医康养融合发展方面的作用日益突出

老年群体对中医药服务的需求尤其旺盛,中医药的"医""养""防"在医康养融合、促进老年人心理健康以及促进卫生资源合理分配中具有独特优势。当前,中医药服务新业态、新模式蓬勃兴起,"中医药＋"跨界融合加快推进,中医药正向养老保健、健康食品、康养旅游、健康养老等领域跨界延伸,在促进医康养融合发展方面扮演着越来越重要的角色。

(二)医康养融合的新模式

1."医康养一体"模式

这是"机构养老"医康养融合模式的一种,在现有二级以上医院的基础上新建护理院和养老院,实施医康养一体化运营。此模式优点是康复患者住院一段时间后,身体状况大为好转,许多患者由卧床不起到独立行走,社会效益极佳;康复患者在住院期间既得到康复治疗服务,又得到养老服务,康复出院后可能还会有一批人在养老机构长期居住,机构的经济效益将大为提高,是资源配置效率最高的医养结合模式。

2."社区卫生服务机构＋老年人日间照料中心"模式

这是"社区养老"医康养融合模式的一种。日间照料中心的设施可以在养老、医疗、基本公共卫生服务等多方面共享使用,资源配置效率高。社区卫生服务机构属于实体性机构,由其运营老年人日间照料中心,既解决了社区居委会管理运营老年人日间照料中心带来的体制不顺、权属不清问题,又解决了老年人日间照料中心资产闲置问题,还化解了社区卫生服务机构用房紧张的矛盾,实现了资源共享。这种模式既可以取得良好的社会效益,又能通过更多服务为社区卫生服务机构带来应有的经济效益,同时还能推进养老产业化,真正实现多方共赢,是社区层面实现医养结合的理想方式。

3.“居家养老＋长期护理保险”模式

这种是“居家养老”医康养融合模式的一种，为符合条件的失能老人提供居家养老服务。失能老人平时在家中由家人提供生活照料，由长期护理保险的定点医疗机构提供以康复为重点的家庭护理服务，相关费用主要由医保资金提供。这一居家养老模式主要针对享受长期护理保险的城镇职工，受益面较小，但随着长期护理保险制度在全国范围内的实施，该模式将成为今后各地医康养融合发展的一个重要选择。

4.“康养联合体”模式

这是浙江全省试点推广的一种“康复＋养老”医康养融合新模式。它通过整合民政、卫健、残联等部门资源，以功能康复为重点，以提升康复服务能力为抓手，按照“有设施、有器材、有队伍、有标准、有数据”的“五有”标准，对医院资源和家庭需求进行有序衔接，打造照护技能培训、精准能力评估、服务政策衔接等各板块环环相扣的一体化服务体系，促进康复和养老服务融合；同时依托本地区二级以上医院的优质医疗资源，主打高品质“医养结合”服务特色，集休闲、医疗、护理等全流程项目于一体，满足服务对象平衡、认知等能力训练及康复知识普及等多样化的康复需求。

5.持续养老照料社区（CCRC）模式

这是起源于美国的一种新型医康养融合发展模式，通过建设复合式老年社区，为老年人提供自理、介护、介助一体化的居住设施和服务，使老年人在健康状况和自理能力发生变化时，依然可以在熟悉的环境中继续居住，并获得与身体状况相对应的照料服务。CCRC 模式优势明显，一是可以提供完备的健康照护服务，针对老年人的生理特点布置智能化设施，根据老年人的需求提供医学治疗、康复辅助、交通服务、居家护理等多项服务；二是可以提高生活质量，通过提供各式各样的活动与社交满足居民的自我实现需求，减少老年人的被孤立感及沮丧感；三是可以为不同阶段的老年人提供连续照料，满足不同年龄阶段、不同财力层次的老年人的需求。但 CCRC 模式也存在投资规模大、回报周期长、管理难度大、入住费用高等劣势，需获得长期政策和资本支持。

四、提升我省医康养融合发展水平的对策建议

（一）全面提升医康养融合供给服务水平

一是丰富医康养融合实现模式。针对不同场景，创新服务模式，以家庭医生签约为抓手，应用信息化、智能化手段，创新“医护巡诊”“在线问诊”等模式；

以城市社区为依托,发挥社区卫生服务机构作用,创新“精准服务”“智慧养老”等模式,设立“家庭照护床位”,实施老年“幸福食堂”建设工程;以机构医养结合为保障,推广共建民营模式,提升养老机构医疗护理水平;发展政府购买居家养老服务,重点为高龄失能老年人提供康复护理、生活照料等居家养老服务。二是加强医疗康复养老资源共享。推进社区卫生服务机构与社区养老服务机构、社区康复站,乡镇卫生院与特困人员供养服务机构(敬老院),村卫生室与农村幸福院、残疾人照护机构统筹规划、毗邻建设,采取多种有效方式,实现资源共享、服务衔接。将养老机构内设的医疗卫生机构纳入医疗联合体管理,与医疗联合体内的牵头医院、康复医院、护理院(中心、站)等建立双向转诊机制,提供一体化、连续性服务,实现医疗、康复、护理、养老服务资源的高效协同。三是构建“三期四级”医护康养融合联动机制。实现急难危重患者急性期在三级医院进行治疗,患者病情稳定后在二级医院或专科医院进行康复治疗,患者恢复期在社区卫生机构进行功能恢复治疗,之后居家进行日常照料和医养融合,构建起大型综合性医院、二级医院或康复医院、社区医院和居民之间的联动机制。四是持续推进“中医药+健康养老”融合发展。充分发挥中医药在治未病、慢性病管理、疾病治疗和康复中的独特作用,加快中医健康服务在基层医疗卫生机构的推广,鼓励养老服务机构开设中医诊所,提供拔罐、艾灸、刮痧等中医服务,大力发展中医远程医疗、移动医疗、智慧医疗等新型医疗服务模式,提供覆盖全民和全生命周期的中医药服务。

(二)加快补齐基础设施建设和农村养老服务短板

一是加强养老服务设施建设。落实社区养老设施配建要求,加大老旧小区改造力度。支持老城区和已建成居住区通过购买、置换、租赁等方式增加养老服务设施。加强农村养老服务设施供给,优化农村养老服务设施均衡布局,支持行政村、较大自然村利用已有资源建设日间照料中心、互助幸福院、托老所、老年活动站等设施。加强城乡无障碍设施建设,重点推进公共场所和家庭适老化改造。二是加强信息基础设施建设。加快推进养老服务数字化改革,创新智慧养老,整合养老服务、户籍、医疗、社会保险、社会救助等信息资源,推动养老服务平台迭代升级,鼓励资源共享、互联互通,避免重复建设和信息孤岛。消除“数字鸿沟”,深入开展互联网应用改造专项行动,督促与老年人密切相关的信息基础设施开展适老化改造,推动建立解决老年人运用智能技术困难的长效机制。三是强化农村养老服务。结合实施乡村振兴战略,加大对农村养老事业的投入,健全县、乡、村三级养老服务网络,发挥乡镇卫生院、敬老院等机构的作用。加大农村转移劳动力在养老机构就近就业的支持力度,给予服务业稳岗补贴和职业资格认证，提高农村养老服务职业化、专业化程度。推进农村互助养老服务发展，加快农村养老“邻里互助”模式创新，提高邻里互助点的服务补贴标准。

（三）着力提升智慧医康养发展水平

一是拓展智慧医养应用场景。积极应用大数据、人工智能、区块链等信息化技术，依托养老服务信息平台及电子终端设备，为老年人提供紧急救援、安全防范、电子围栏、烟雾报警、跌倒报警、远程照护等智慧养老服务，提高医养服务智能化水平和养老服务资源利用率。加强顶层设计，逐步统一建设全省养老服务信息平台，建设省、市、县（市、区）、乡镇（街道）、村（社区）五级联网、标准统一、互联互通的智慧养老服务综合信息管理系统，加强信息数据的标准化和共建共享，为辖区内每位老年人建立电子健康档案，实行老年人健康信息动态管理。二是实施智慧健康养老产业发展行动。鼓励产学研用相结合，发展适用于医康养融合服务的低功耗、微型化智能传感技术、高精度定位技术、高性能微处理器。针对家庭、社区、机构等不同环境，研发健康管理类可穿戴设备、便携式和自助式健康监测设备、智能养老监护设备和康复辅助器具、家庭服务机器人等，促进医康养融合服务更加便捷、精准、高效。三是推进“智慧＋”医康养一体化。支持有条件的实体医疗机构建设互联网医院，为养老服务机构提供远程健康管理、健康咨询、移动医疗等服务。深化“互联网＋护理”，开通专科护士门诊，提供优质、便捷居家医疗护理模式。以社区为单元，共享健康小屋等资源，共同开展认知症社区筛查、知识宣讲、康复训练等活动。探索通过有线电视网络，建设“医养通”平台，提供预约挂号、预约上门及健康咨询、慢病随访、续方配药、生活照料、精神慰藉、应急救助等服务。

（四）大力完善推广长期护理保险制度

党的二十大报告明确指出要建立长期护理保险制度。我省的试点经验也证明，通过长期护理保险制度，能够较好地满足失能人员的医疗护理需求，减轻其医疗费用负担，优化医疗资源配置，促进定点护理机构“医康养融合”业务的开展。针对长期护理保险运行存在的问题，建议重点推进以下四项工作：一是完善职工长期护理保险筹资运行机制。建立医保、财政、福彩公益金、社会救助捐助及其他相关资金共同参与的多元筹资机制，明确职工医保个人账户和职工医保统筹基金按相同比例划拨，提高财政资金筹资标准。二是支持和鼓励医康养结合机构的发展。在制度设计上对护理机构实行适当政策倾斜，鼓励有资质的医养结合机构提供照护服务，支持医养结合机构产业发展，形成共建共治共赢的格局。三是完善第三方参与经办的服务模式。发挥商业保险机构的专业优势,通过公开招标,引入竞争机制,确定承办机构,提高经办服务能力,为失能失智参保人员提供更好的服务。鼓励商业保险公司开发适销对路的保险产品和服务,发展与长期护理保险相衔接的商业护理保险,满足不同需求。四是稳步推进居民长期护理保险。发挥济南、青岛等市的示范带动作用,引导其他市积极开展居民长期护理保险制度试点,到 2025 年努力实现居民长期护理保险全覆盖。

(五)着力加强医康养融合发展的人力资源支撑能力

一是将老年医学、康复、护理人才作为急需紧缺人才纳入卫生计生人才培训规划。鼓励医学院校、职业技术学院开设医养结合专业方向的复合型医师、家庭护理专业,增设老年服务相关专业和康复保健心理疏导等课程。定向培养老年医学、照护、康复、心理等方面的专业人才,并通过增加在校生补贴、给予学费减免、推荐就业等优惠政策,吸引更多生源。二是利用全程就业指导、定向培养、建立实训基地等方式,对医务人员进行继续教育培训和实践操作培训,支持和鼓励其参加国家技能职称晋升考试。对养老护理人员进行再培训、再教育,提升养老护理人员技能水平,加快形成一支专业、稳定的技术队伍。三是对政府主导的医康养结合型医疗机构,合理增加医护人员岗位,提高医疗服务能力,对社会力量举办的医养结合机构,根据投资规模合理核定医疗技术岗位、护工岗位和一般服务性岗位,并根据多部门考核情况,通过政府购买服务的形式予以基本保障。四是学习借鉴"时间银行""邻里互助"等经验做法,扶持各类养老服务志愿组织,动员社会组织积极参与社区居家养老服务,鼓励志愿者重点向贫困、失能、空巢、高龄、计划生育特殊家庭老年人提供情感慰藉、生活协助、出行陪伴、健康科普、法律援助等服务。

(六)持续完善医康养融合发展的政策保障体系

一是强化规划引领。根据我省老年群体养老、医疗和康复的实际需求,明确发展思路,创新医康养结合机制,科学规划,合理布局,在养老服务中充分注入健康理念,实现养老机构和医疗机构的最佳配置、资源共享。二是打造政策联动机制。建立由政府主导,发改、卫健、民政、医保、财政等相关部门组成的工作联席会议制度,形成明确的长效统筹联动机制,厘清相关部门的职责权限,打通养老、卫生、医保的政策壁垒,形成部门合力。三是完善经费保障体系。设立医康养融合服务建设专项资金,逐步增加财政投入。充分发挥基本医疗保险制度的支持作用,落实政府"兜底式"养老服务保障政策,将符合条件的医康养融合机构中的医疗机构按规定纳入基本医疗保险定点范围，鼓励有条件的地方按规定逐步增加纳入基本医疗保险支付范围的医疗康复项目，推行可随时核算的医保卡，缩短医疗报销时间。吸纳社会资本参与养老事业。落实医康养融合优惠扶持政策，完善政府购买服务机制，建立合理的成本分担机制和利益补偿机制，提高医院、社会组织、企业参与医康养融合建设的积极性。

课题组成员：张鹏　张辉　李建芳　任栋　张钰　冀刚　史倩倩

山东省文化与旅游深度融合路径研究

我省是文化和旅游资源大省，丰富的文化资源、优美的生态环境是我省文旅产业发展的坚实基础。近年来，随着文化旅游部门职责的整合，文旅融合的体制机制日益理顺，政策法规环境逐步优化，文化与旅游融合发展迎来了黄金期。山东省"十四五"规划专门列出一章"推动文化和旅游融合发展"，并出台了《山东省文化旅游融合发展规划（2020～2025年）》，文化旅游融合发展大有空间、大有可为。同时，我省文化与旅游融合也面临消费者对文旅产品质量要求更高等一系列挑战。

一、我省文旅融合现状

（一）我省文旅融合优势

1.资源优势明显

一是文化资源丰富灿烂。山东是文化大省，拥有泰山、曲阜孔庙孔林孔府、齐长城、大运河（山东段）4处世界文化遗产，全国重点文物保护单位228处，国家级历史文化名城10座，国家级非物质文化遗产代表性项目186个，被列入联合国教科文组织认定的"人类非物质文化遗产代表作名录"项目8个。齐鲁文化源远流长，从远古时期的北辛文化、大汶口文化、龙山文化、岳石文化到春秋战国时期的儒家文化、墨家文化、齐文化、兵家文化，再到近现代的沂蒙红色文化，各种文化交相辉映，圣贤诸子辈出，名家智者云集，历史文化名人群星璀璨。

二是自然禀赋得天独厚。山东风景优美，物产丰富。海岸线绵延3300多公里，占全国的1/6，山东半岛东部、北部、南部海岸线各具特色，有近海岛屿500多个，沿海滩涂面积约3000平方千米，是中国重要的沿海省份之一。大陆地理环境复杂，拥有山地、平原、丘陵、洼地、湖沼等各种地形地貌，泰山、崂山、沂山、蒙山、鲁山等山脉纵横，微山湖是中国北方最大的淡水湖，京杭大运河穿境而过。山东省年平均气温11～14℃，年平均降水量550～950毫米，气候宜人。我省的自然禀赋独具优势，十分利于发展旅游产业。

三是乡村旅游资源丰富。2022 年 9 月，全省规模化开展乡村旅游的村庄达 3500 多个，景区化村庄 569 个，乡村旅游重点村 180 个，精品文化旅游小镇 35 个，旅游民宿集聚区创建单位 34 个，建设“乡村好时节”体验基地 15 处，拥有全国乡村旅游精品线路 5 条，评选“乡村好时节”优秀案例 47 个，乡村旅游经营业户 8.9 万户，吸纳安置就业 58 万余人。2021 年，全省接待乡村旅游游客 4.02 亿人次，同比增长 40.8%；实现乡村旅游消费总额 1972.50 亿元，同比增长 38.3%。乡村旅游已经成为拉动农村经济转型升级的强大引擎。

2.发展基础雄厚

一是经济基础雄厚。山东省是中国经济实力最强省份之一，各项主要经济指标均位居全国前列，在全国经济格局中占有重要地位。2021 年，全省实现地区生产总值 83095.9 亿元，比 2020 年增长 8.3%，位居全国第三；居民人均可支配收入 35705.0 元，位居全国前列。二是基础设施完善。山东省持续加强交通基础设施建设，完善高铁、高速、民航、旅游公路等布局，畅通旅游交通网络，构建全域旅游交通体系，提高旅游通达性和便捷性，营造良好旅游环境。威海市高质量打造总长度 1001 公里的千里山海自驾旅游公路，探索打造中国自驾旅游公路的新样本。济南联合交通部门及济南市公共交通总公司联合开通济南旅游公交（爱巴士假日专线），线路覆盖济南周边 300 公里以内景区和景点，章丘、雪野地区各大景点均涵盖其中，真正做到“定制出行、快乐旅游”。三是产业规模壮大。2021 年，山东省接待游客 7.3 亿人次，实现旅游总收入 8278.6 亿元，分别比 2020 年增长 26.6%和 37.5%；新增首批国家级夜间文旅消费集聚区 6 个、第二批国家级文旅消费示范试点市 3 个、国家级文旅消费试点市 7 个，推出“好客山东　云游齐鲁”智慧文旅平台，已为 3 万余家景区、酒店、商场赋能。建成博物馆 639 个、国家一级文化馆 133 个，数量居全国第一，全域旅游蓬勃发展。

（二）我省文旅融合面临的问题

1.资源碎片化

在文化旅游方面，我省长期存在资源集约化程度不够的问题。我省各地区文化和旅游资源丰富，但都是各自为政、“单打独斗”，没有很好地串珠成链、连片成面，整体优势发挥不够。文化旅游产业是综合性强、涉及面广、关联度高的“集成”产业，涉及多部门、多领域、多主体，很多文化旅游资源跨行政区划，如黄河文化旅游带跨越菏泽、泰安、济宁、聊城、济南、德州、淄博、滨州、东营等多个中西部城市，“山水圣人”文化带以济南、泰安、曲阜、邹城为核心，延伸至枣庄、德州。当前,各地已成立各级各类文化旅游合作联盟,但资金、产业等资源的跨区域实质性合作不足,旅游资源开发和旅游线路设计缺乏统筹协调,要素流动不顺畅。例如,在海洋旅游方面,青岛、烟台、威海、日照等城市各有优势和特色,却没有形成整体的区域品牌和规划,消费者大多只选择其中一个城市游览,去往其他城市的意愿不强烈,停留时间短,不能更好地拉动消费。

2.产品质量和结构低端化

一是资源利用上,特色优质文化旅游资源发掘和整合提升不够,产品档次不高,导致一些世界级的文化旅游资源处于低效利用状态。截至2022年9月,我省拥有5A级景区14个,排名全国第六;江苏拥有5A级景区25个,排名第一;浙江拥有5A级景区20个,排名第二;广东拥有5A级景区15个,排名第三。旅游服务方面,我省拥有五星级饭店34家,而全国排名前三的广东、浙江、江苏分别有93家、83家、76家。在景区开发和配套服务方面,我省与粤、苏、浙三省均有明显差距。我省自然和文化资源丰富,许多景区还有很大的开发空间。二是产品结构上,观光产品比例偏大,休闲、度假、体验、研学、康养等产品发展不够,新产品、新业态、新空间不足。例如,景区对门票经济过度依赖。从5A级景区门票收入占营业收入的比重来看,2020年我省高达30.60%,远高于全国平均水平21.35%。三是创新发展上,科技对文化旅游产业融合发展的支撑力不强。旅游文化产品高科技元素应用少,缺乏体验感强、具有地方文化特色的现代表现方式。以山东博物馆的虚拟展厅为例,截至2022年9月,山东博物馆仅有1个展览可以线上观展,而江苏的南京博物院和浙江省博物馆均有7个,广东省博物馆甚至有27个展览可以线上观展,包括历史文物、现代艺术、地质生物等各种主题。相比之下,我省历史悠久,物产丰富,但大部分文化文物仍“躺”在博物馆、图书馆、档案馆里,无法吸引游客线上或实地游览。

3.文化旅游资源融合封闭化

一是文化和旅游公共服务机构功能融合深度不足。相对产业领域的文旅融合加速推进,我省公共服务领域的文旅融合发展整体比较缓慢。一方面,旅游景区中缺乏文化公共服务,景区没有因地制宜设置文化公共服务设施,如旅游书吧、非遗展览等,增加景区内的文化元素;另一方面,公共服务空间利用不足。公共服务空间是文旅活动开展的主阵地,也是彰显地域特色、精神气质的表意场,但各地对公共服务空间的利用不足,图书馆、博物馆、文化馆、城市书房、广场、公园等空间功能单一,文化和旅游资源没有相互嵌入、相互融合,没有打造特色鲜明的城市文化体验场所,没有进行品牌化运营,从而无法有效吸引游客。二是文化旅游资源在统一平台上整合深度不足。尽管山东省文化和旅游厅官方网站、“好客山东 Lite”微信小程序等平台对省内的文旅资源进行了整体上的介绍和展览，但整合深度和广度仍有不足。以各省文化和旅游厅微信平台提供的服务为例，“好客山东 Lite”微信小程序提供了景区介绍、地图导览、周边设施等基本服务，而广东省文化和旅游厅的“广东文旅”微信小程序中，除提供这些基础功能外，还将所有景区的预约入口整合到一起，实现线上预约全省大部分景区的游览或参观。江苏省文化和旅游厅的智慧文旅平台“苏心游”则提供了更多、更全面的服务，如交通、天气、景区客流等，游客在一个平台上即可完成出行的所有准备。

二、新形势下文化旅游发展新趋势

(一)多业态融合

1.“X＋旅游”产品不断丰富

近年来，文化旅游资源进一步融合，新业态不断涌现。优秀传统文化、“非遗”文化、文博场馆、历史文化街区、历史建筑、传统戏曲演绎、影视基地等与旅游有机融合，“X＋旅游”文旅融合产品不断涌现，主要有“研学＋旅游”“非遗＋旅游”“博物馆＋旅游”“演艺＋旅游”“文创＋旅游”“影视＋旅游”等。

2.文化旅游与一二三产业深度融合

一二三产业与文化旅游的跨界融合方兴未艾，表现在农业观光、乡村旅游快速发展，工业遗产充分盘活，老品牌文化不断挖掘，体育场馆、训练基地、交通设施、会展场所得到有效利用，形成“文化旅游＋工业”“文化旅游＋体育”“文化旅游＋乡村”“文化旅游＋会展”等诸多新业态。交通基础设施对文旅产业的持续发展影响越来越大，文旅新热点的出现催生交通线路的延伸，将客源地逐步衔接串联，实现各地文化旅游资源整合，交通路线本身也成为旅游景点。

(二)数字转型加快

互联网、物联网、大数据、云计算、现代信息技术、人工智能、AR/VR/MR、卫星导航、5G 技术等同文旅产业实体经济逐步深度融合，加速旅游数字化转型进程。

1.文旅信息资源实现数字化整合共享

依托全省统一的政务云、政务网和大数据管理平台，以大数据和人工智能技术为驱动，省级统筹，按照统一标准规范，实现各级目的地文旅信息归并整合,构建文旅主题信息资源库、文旅消费数据监测体系,实现全省文旅信息数据融通共享。

2.文旅产业实现数字智慧化

大数据技术、移动支付、刷脸入园、扫码识景、AI智能、无感支付等实现文旅公共服务智慧化;数字可视化辅助决策技术应用,推动文旅管理智慧化;智慧景区、智慧酒店、智慧乡村旅游点、智慧文旅小镇、智慧博物馆等一批重大基础设施数字化工程落地实施,推进文旅企业服务智慧化。

3.数字文创产业激发文旅新业态活力

全省文化信息资源共享工程、数字图书馆推广工程、数字博物馆和数字文化馆建设统筹实施,全省公共文化数字化水平提升。深入实施"互联网+文化产业"行动计划,文化艺术资源实现数字化、信息化和网络化,新一代沉浸式体验型文化和旅游消费内容快速发展。借助各种类型的文学、音乐、游戏以及文创大赛等活动,实现营销创意、国际赛事、品牌跨界、数字体育、影音娱乐与当地特色文化结合,实现数字化创新,推动线上文旅产业投融资发展,逐步开展文创产品在线生产、营销和销售。

4.旅游组织生态实现数字变革

数字赋能下,要素与资源配置优化,旅游组织生态圈的旅游新模式重构,旅游组织生态从"以企业组织生态为中心"转向"以平台组织生态为中心"。传统旅游组织以企业组织生态为核心,旅游资源与要素的配置以及运营都是以某个处在产业链核心地位的企业为中心实现的。随着大数据、人工智能等数字技术和场景技术的广泛应用,旅游价值链和产业链实现升级改造。旅游资源与要素配置、运营越来越多地转向数字平台,平台组织日益成为旅游资源配置的运营主体。旅游平台借助数字技术和场景技术构建起组织生态圈,以线上数字技术为旅游服务商和旅游者提供服务性变革,通过数字技术整合旅游资源,按照共享经济的法则盘活闲置资源,提升旅游全要素生产率,变革原有的旅游组织生态。

(三)疫情形势下产业重构

新冠疫情对旅游产业冲击巨大,常态化疫情防控推动整个旅游行业重新洗牌。

1.产业竞争力格局重塑

文化和旅游部统计数据显示,2021年国内旅游人次为32.46亿人次,比2020年同期增加3.67亿人次,增长12.8%(恢复到2019年的54.0%);国内旅游收入(旅游总消费)2.92万亿元,比2020年同期增加0.69万亿元,增长

31.0%(恢复到2019年的51.0%)。市场规模缩小极大地冲击着原有的市场结构和竞争力格局。企业间兼并收购、战略重组,行业集中度有所提升,集团化、联盟化、共同体、集体回应成为疫情中行业竞争与发展的重要需求。主营入境游占比较高的市场主体将向国内游转型,空间布局、服务产品和服务流程、运营管理和营销推广等都需做出相应调整。

2.高质量周边旅游需求增加

我国已经开放了省际旅游组团业务,但在常态化疫情防控形势下,部分机构、单位和人员依然实施相对严格的旅行管理,大、中、小学生群体在上学期间的外出一般执行严格的审批制度。出境游转向国内游,国内游则趋向城市郊区和周边等短程旅游。休闲、度假、康养和亲子游等产品受欢迎,住宿客人更加关注健康、卫生、安全和品质,对智能化、无接触式服务需求增加,且消费预算降低,对价格更为敏感。需求变化倒逼住宿业供给侧结构性改革,产生更多休闲度假、健康疗养、家庭亲子等主题酒店、主题乐园等。

3.旅游产业的危机应对能力加强

新冠疫情是百年未遇的重大公共卫生事件,国家采取了前所未有的疫情防控机制和措施。常态化的疫情防控提升了旅游行业和从业人员的安全意识,强化了旅游企业的安全资源配置水平,大部分旅游企业在疫情中建立起的常态化危机的应对机制和安全保障体系强化了企业危机抵抗能力,夯实了产业的危机应对机制,提升了产业的可持续发展水平。

三、我省文旅深度融合路径建议

认真贯彻习近平总书记关于文化旅游融合发展重要论述精神和对山东工作重要指示要求,紧紧围绕“走在前列、全面开创”和“三个走在前”总遵循、总定位、总航标,坚定文化自信,把更好满足人民群众精神文化需求作为出发点和落脚点,突出高质量发展、特色化发展,以文化旅游供给侧结构性改革为重点,以融合发展为路径,推进文化旅游发展现代化、集约化、智慧化、品质化、国际化,不断提高人民群众获得感、幸福感、安全感。

(一)文旅体制机制融合

1.深化体制机制改革

进一步推进“放管服”,增强市场主体活力。推进景区体制机制改革,建立现代企业法人治理结构,提升全省旅游景区的核心竞争力。推进全链条优化审批,推行涉企事项“证照分离”,实现营业性演出审批、旅行社设立、导游证核发等全程网办、全省通办。提高申请政务服务事项网办率和满意率，大幅压缩办事周期，更大力度利企便民。建立考核机制，综合运用第三方评估、社会监督评价等方式，对企业、群众满意度进行考核、晾晒。推动文化旅游企业建立健全现代企业制度，培育一批本土化骨干文旅企业，形成一批创新活跃的文旅企业集群。

2.加强政策鼓励支持

强化政策集成，壮大文旅产业发展。研究制定有关扶持政策和举措，特别是在财政、金融、用地和人才保障等方面拿出真招实招，为文化旅游发展提供政策支撑。统筹整合旅游发展等资金，支持全省文化旅游规划落地和重大项目建设。在首贷培植、普惠金融、融资担保、专项债券等方面，鼓励金融机构创新金融产品和服务，帮助文旅企业盘活资金、创新产品。强化国土空间规划指导约束作用，将文化旅游发展所需用地纳入国土空间规划统筹安排，保障文化旅游重点项目和乡村旅游扶贫项目用地。坚持文化旅游招商引资与招才引智相结合，建设山东文化旅游高端智库，强化工学结合、校企合作，培养技能型文化旅游专业人才。

3.加强文旅市场监管

强化执法力度，提振消费者的消费信心。推进文化市场综合行政执法改革，完善市场监管体系，加强重要节点、重点领域市场监管和暑期、黄金周、节假日等旅游高峰期市场检查，切实维护消费者合法权益。突出重要时间节点、重点领域、重点环节，深入排查安全隐患，严防各类事故发生。整治旅游市场秩序，开展不合理低价游、在线旅游企业违法经营等专项整治。加强执法机构和队伍建设，提高行政执法的专业化、规范化、信息化水平。

4.加强信用体系建设

提升文化和旅游行业信用体系建设的法治化水平，出台相应的文旅市场信用管理办法或规定，制定失信惩戒措施和守信激励措施，对轻微失信主体提供信用修复措施，促使文化和旅游各类市场主体和从业人员依法合规经营从业。通过信用管理提升市场监管能力，破解监管资源和监管对象不匹配的矛盾，提升监管效能，维护公平竞争，更好激发市场主体活力，从而推动文旅市场高质量发展。

(二)区域文旅特色融合

1.优化文旅空间布局

在空间布局中，统筹文化旅游资源开发、精品线路设计，创新区域协作机制，突出儒家文化、齐文化、黄河文化、海洋文化、红色文化、运河文化等重点板块，推动文脉、山脉、水脉贯通，培育文化旅游融合新格局，打造具有全国影响力的文化旅游目的地。找准各文化板块的地理辐射、布局定位、突出特色、重点方向，合理设计旅游路线，根据文化主题，加强景点、景区的建设联动，串珠成链、连片成面，形成整体效应，通过合理的空间布局和建设，突出山东文化大省的特色，推动文旅资源深度融合。

2.加强数字赋能

运用人工智能、虚拟现实、物联网等现代科学技术，助力新型文旅融合业态发展。培育一批智慧旅游创新企业和重点项目，开发数字化体验产品，发展沉浸式互动体验、虚拟展示、智慧导览等新型旅游服务，推进以“互联网＋”为代表的旅游场景化建设；景点、景区内部运用 VR 等技术，讲述历史故事，展示文化底蕴，扩大消费群体，根据各区域、各文化板块的特色，线上开展云旅游、云直播、云展览等多种新型文旅融合业态，强化对区域特色的宣传，以线上虚拟体验引流线下实地游览。

（三）文旅业态融合

1.拓展旅游景区的文化内涵

推动文化旅游与一二三产业的深度融合，培育支撑经济发展的新动能，促进文旅产业高质量发展。鼓励景区加强配套设施和拓展功能，通过功能延伸和业态融合，塑造出独特的文化氛围，如乡村文化、演艺文化、电竞文化等，使文化和旅游相互交织、高度融合。开展与景区文化内涵相适应的特色文化经营性项目，如特色曲艺表演、夜市等，打造休闲商业空间，延长消费者在景区停留的时间，提高过夜游客比重。

2.加强文化资源的发掘和转化

发掘城市的文化资源和特色，充分利用城市历史文化街区、公共文化设施，如影视基地、工业遗产、非遗传承、革命遗产、乡村文化等，推动更多文化资源转化为高品质旅游产品，满足人民群众多样化、多层次需求。大力发展研学旅游、展演旅游、康养旅游、夜间旅游等新型文化旅游业态，吸引消费者在旅游淡季前来游览。例如，形成网络化的营地服务体系和比较完整的自驾车旅居车旅游产业链；创建一批研学资源丰富、课程体系健全、活动特色鲜明、安全措施完善的研学实践活动基地，鼓励发展非遗特色旅游景区；以专业康养医学技术为支撑，加快布局康养小镇、康养酒店、康养度假中心等业态，不断增加市场供给，满足市场需求。

(四)文旅品牌融合

1.打造品牌体系,创新发展产品

着力打造“好客山东”服务品牌,提升服务水平,探索制定旅行社、旅游饭店等行业服务标准,打造“山东优质旅游服务”品牌;持续推动旅游商品品牌建设工程,打造“好品山东·山东有礼”高端旅游购物品牌,擦亮青岛啤酒、张裕葡萄酒、东阿阿胶等工业旅游购物品牌,打造烟台苹果、胶东刺参、崂山绿茶、日照绿茶等地理标志产品品牌;实施文创产品研发工程,支持开发标志性文创旅游商品,以生动的文创产品吸引消费者,进一步提升“好品山东”品牌内涵。

2.强化品牌营销,讲好品牌故事

打造“好客山东　好品山东”品牌,推进省、市、县、企四级捆绑营销,整合相关资源和资金,在国内主流媒体大力宣传。加强线上线下全媒体宣传,扩大宣传覆盖面,特别是节假日等旅游旺季,加大宣传力度,针对山东风景优美、历史悠久、物产丰富、民风淳朴等特色进行宣传,提高“好客山东”的话题度,提升品牌形象,强化品牌记忆。深化对外和对港、澳、台地区交流,加强与其他省市合作,扩大齐鲁文化影响力,用好各类文化和旅游双边、多边交流机制,用好国际孔子文化节(尼山世界文明论坛)等平台,统筹安排文化和旅游交流活动,加强“好客山东”的海内外推广力度。

3.加强行业规范,维护品牌形象

加强旅游景区门票、观光购物等价格管理,重点查处景区不按规定擅自增设收费项目、变相提高门票价格、捆绑销售、违反明码标价规定等行为。严厉打击各类违法违规经营行为,及时查处假冒伪劣、以次充好产品,维护文旅产品的市场秩序,避免产品质量参差不齐给品牌带来负面影响。

课题组成员:郭太禄　袁静　王傲晨　陈国梁　孙明霞　王淑娟　崔鹏
王帅

新时代党建引领沂蒙红色文化传承创新对策研究

沂蒙革命老区是沂蒙精神的发源地，拥有丰富的红色文化资源。沂蒙精神与时俱进、锤炼升华，成为山东人民密切党群关系、推动经济社会发展的力量源泉。传承创新沂蒙红色文化是牢记历史的需要，是时代发展的诉求，是让沂蒙精神在新时代焕发新光芒的重要举措。

党的二十大报告提出："弘扬以伟大建党精神为源头的中国共产党人精神谱系，用好红色资源，深入开展社会主义核心价值观宣传教育，深化爱国主义、集体主义、社会主义教育，着力培养担当民族复兴大任的时代新人。"[①]这对传承红色文化提出了进一步要求。

一、沂蒙红色文化传承创新的意义

习近平总书记指出："红色资源是我们党艰辛而辉煌奋斗历程的见证，是最宝贵的精神财富，一定要用心用情用力保护好、管理好、运用好。"[②]"加强革命文物保护利用，弘扬革命文化，传承红色基因，是全党全社会的共同责任。"[③]"沂蒙精神与延安精神、井冈山精神、西柏坡精神一样，是党和国家的宝贵精神财富，要不断结合新的时代条件发扬光大。"[④]

沂蒙红色文化带有党的先进性烙印，传承沂蒙红色文化有利于用党的奋斗历程和伟大成就鼓舞斗志、指引方向，用党的光荣传统和优良作风坚定信

① 习近平：《高举中国特色社会主义伟大旗帜　为全面建设社会主义现代化国家而团结奋斗——在中国共产党第二十次全国代表大会上的报告》，人民出版社2022年版，第44页。

② 习近平：《用好红色资源、赓续红色血脉，努力创造无愧于历史和人民的新业绩》，《求是》2021年第19期。

③ 《习近平对革命文物工作作出重要指示强调　切实把革命文物保护好管理好运用好　激发广大干部群众的精神力量》，《人民日报》2021年3月31日。

④ 《习近平在山东考察时强调　认真贯彻党的十八届三中全会精神　汇聚起全面深化改革的强大正能量》，《人民日报》2013年11月29日。

念、凝聚力量,用党的实践创造和历史经验启迪智慧、砥砺品格。传承红色文化能够夯实信仰之基、铸牢思想之魂,为中华民族伟大复兴提供精神支撑和价值遵循,有利于坚定文化自信,弘扬中华文化的正能量,培养担当民族复兴大任的时代新人。

二、新时代党建引领沂蒙红色文化传承创新的重要作用

(一)发挥示范引领作用

沂蒙精神被纳入第一批中国共产党人精神谱系,具有与时俱进、开放包容的特征,传承沂蒙红色文化有助于密切党群关系,进一步践行中国共产党的发展思想和执政理念,对牢牢站稳以人民为中心的政治立场具有重要的示范引领作用。

(二)筑牢思想文化阵地

传承沂蒙红色文化有助于增强民族凝聚力,发挥主流意识形态的正向引领作用,有效构建社会主义主流意识形态的编码方式、解释框架以及传播模式,把对意识形态工作的话语权牢牢掌握在自己手中,有助于加深群众对红色文化的认知和认同,更好培育和践行社会主义核心价值观。

(三)赋能高质量发展

依托沂蒙红色文化资源,把传承和弘扬红色基因落实到改革发展各项工作中,充分发挥红色文化引领和凝聚作用,推动红色文化创造性转化、创新性发展,有效推动沂蒙红色文化与资源优势融合发展,凝聚红色基因,擦亮红色品牌,推进乡村振兴,促进经济持续均衡高质量发展。

三、新时代党建引领沂蒙红色文化传承创新的具体做法和成效

沂蒙革命老区充分利用多种资源和平台,在党性教育、传承弘扬沂蒙精神、促进经济社会发展方面发挥了重要作用,为增强山东经济社会发展创新力提供强大的精神动力。

(一)党性教育赋予沂蒙精神新内涵

沂蒙红色文化是共产党人革命精神的具体承载、展现和升华,是党和人民

群众共同铸就的伟大精神。

1.深挖资源丰富内容

沂蒙红色文化积淀深厚,其发掘研究和保护传承工作尤其重要。近年来,沂蒙革命老区探索红色文化赋能党建新模式,把弘扬沂蒙精神作为重大政治任务,对红色资源保护利用状况进行了全面摸底排查,广泛收集资料,建立文字和图像数据库,不断丰富沂蒙精神内涵。

2.提升党员培训实效

沂蒙革命老区充分发挥党建引领作用,先后建设了山东抗日根据地纪念馆、沂蒙根据地群众工作展馆等展示场所,定期举办各类红色专题展览。沂蒙干部学院聚焦"党群同心、军民情深、水乳交融、生死与共"的沂蒙精神,充分依托沂蒙地区丰富的红色教育资源,精心设计沂蒙精神、党的建设、群众工作等六大教学专题模块,综合运用专题教学、体验教学、访谈教学等八种主要教学方式,扎实做好党员干部党性教育培训。2022 年 9 月,沂蒙干部学院被中共中央组织部列入省(自治区、直辖市)党性教育干部学院目录。

(二)党建宣传推动文化科技新发展

沂蒙革命老区探索"红色党建"新模式,升级传统红色文化宣传教育形式,开发了沉浸式课堂、体验式教学、情景式演出等多种形式,通过创新赋能红色文化。

1.红色剧目弘扬正能量

坚持把党建宣传作为重要内容,借助多种宣传渠道,为沂蒙红色文化拓展传播空间。民族歌剧《沂蒙山》被誉为我国舞台艺术的高峰之作;《沂蒙山小调》被联合国教科文组织评定为中国优秀民歌;沂蒙红色乐舞剧三部曲《沂蒙畅想》《沂蒙印象》《沂蒙情深》借助现代科技,以全新形态弘扬红色文化。

2.数字科技带来新流量

沂蒙革命老区的党建工作在科技创新价值链中发挥着引领方向、精神塑造等作用,借助虚拟现实技术(VR)把红色教育博物馆搬进虚拟世界,多措并举丰富党性教育和爱国主义教育形式。例如,沂南县常山庄村的沉浸式演出视频在短视频平台广受欢迎,为沂蒙红色文化推广带来了"流量",2021 年常山庄村共接待游客 35 万人次,带动周边 1 万余名村民就业。

(三)党建理论提升业务融合新高度

奋进新征程,沂蒙革命老区持续推进党建与业务深度融合,着力增强群众文化自信和地方经济社会发展后劲,进一步整合盘活红色文化资源,推动多业态融合高质量发展。

1.持续放大“红色+”效应

沂蒙革命老区是山东最具价值、最有特色的旅游品牌之一,近年来重点打造了红色教育、展览、文艺和研学等品牌。串联重点红色景区,紧扣“推进党建标准化建设,推动党建高质量发展”主线,深入挖掘红色文化内涵,将红色元素融入旅游业态,打造文旅融合拳头产品。采用多种“红色+”形式开发文创产品,为游客提供可参与、可互动的旅游新业态,全面凸显“红色引擎”,助推文旅融合高质量发展。

2.推行“红+绿+蓝”产业发展模式

沂蒙革命老区坚持“围绕发展抓党建,抓好党建促发展”的思路,充分挖掘展现党性教育的时代内涵,坚持“以红带绿,以绿映红,红绿接蓝,古今辉映”的发展思路,对孟良崮片区、云蒙明珠片区、岱崮地貌片区进行全面提升改造,实现红色资源、生态经济和蓝色产业一体化发展。2021 年,沂蒙革命老区生产总值为 7548.42 亿元,比 2012 年增长近一倍,居民人均可支配收入同步翻番。

沂蒙革命老区紧贴时代脉搏,适应社会需求,在红色文化传承创新方面取得了一定的社会效益和经济效益,但在发展中依然存在“红色”品牌不响亮、产业链单一、专业人才匮乏、宣传内容缺乏创新性等短板,需要深入研究,实现跨越式发展。

四、新时代典型地区党建引领红色文化传承创新的经验做法

在党建引领红色文化传承创新中,井冈山、延安、嘉兴等革命老区积累了许多可复制推广的做法和经验,值得学习和借鉴。

(一)党建统领谋全局　创新发展促提升

1.突出党建,凝聚高质量发展合力

井冈山、延安、嘉兴等革命老区充分利用红色文化资源,采用“党建+”模式破解难题、推动工作。井冈山主动融入湘赣边区域合作,加大基础设施互联互通力度,推进旅游全时、全域、全业发展。延安加强与井冈山、嘉兴等红色旅游城市的合作,推出省际红色旅游精品线路,同时深入长三角、珠三角、京津冀等地区,有针对性地开展红色研学旅游活动。

2.强化党建,构建乡村振兴新模式

井冈山充分发挥党组织核心作用,依托红色文化、自然生态和特色资源,大力发展红色旅游业和特色种植业。延安注重以红色文化滋养新风正气,与

赣州、遵义等革命老区携手，整合文化资源，蹚出红色旅游品牌高质量发展的新路子。嘉兴建成多条党建引领美丽乡村精品线路，基本实现了产业、生态、“三治”、文化、组织等“五大融合”。

（二）党建领航增动能　深度融合强实效

1.以文凝心，提升基层党建活力

嘉兴坚持“红船精神”引领，注重学习型党组织建设，大力实施禾城文化复兴行动，打响运河、名人、古镇等文化品牌；打造子城遗址公园、马家浜文化博物馆等文化地标，城市的知名度、美誉度、凝聚力空前提升。延安大力推进“党建＋文化特色品牌”建设，对红色旅游景区进行包装设计，树立整体形象，让红色延安的形象与品牌深入人心；举办延安红军节、红色延安年等红色文化主题活动，培育富有内涵的红色文化品牌。

2.以文兴业，携手共促非遗传承

井冈山全堂狮灯、红米酒酿造技艺、井冈翠绿茶制作技艺等非遗项目与红色文化有直接、深刻的联系，见证和记录了中国共产党走过的光辉历程。近年来，井冈山开展非遗普查，进一步健全非遗数据库和非遗名录保护体系，探索“党建＋非遗传承”新路径，积极打造非遗党建品牌，进一步拓展非遗外延。

（三）党建赋能聚合力　产业升级再提速

1.“党建＋文旅”，红色引擎驱动绿色发展

嘉兴通过增强基层党组织政治功能和组织功能，做大做强特色优势产业。以南湖红色基地为轴心，串起全市100个重点红色旅游景区（点），形成三大主题15条精品旅游路线；持续推进新时代“重走一大路”等红色旅游路线建设，串联中心城市与运河古镇，打造“中国古镇看嘉兴”品牌。延安把红色旅游资源与绿色原生态、历史民俗、古迹遗址等相结合，走出红色旅游与多业态融合发展之路。西柏坡发挥红色旅游龙头带动作用，通过创建红色旅游特色小镇和开发研学游、休闲游等方式，拉动革命老区的经济发展。

2.“党建红”引领“生态绿”，建设美丽乡村

西柏坡坚持党建工作与业务工作同谋划、共部署，大力实施“生态立县、旅游兴县”战略，打造230公里“快旅慢游”大环线，谋划建设中山文化体验区、太行山水休闲区、山乡农旅融合区等新业态项目，全力构建“红色引领、多业融合”的产业发展格局，走出一条县域经济高质量发展新路径。

五、新时代党建引领沂蒙红色文化传承创新的对策建议

(一)坚持党的领导　擦亮红色品牌

沂蒙文化传承创新要坚持以习近平新时代中国特色社会主义思想为指导,以传承红色基因为着力点,在党建引领下深化教育,让主流思想舆论阵地的“红色地带”越来越宽广。

1.发挥党建作用,汇聚力量

发挥党建引领作用,坚定扛起保护、运用、传承红色文化的政治责任,深入推进红色基因传承,充分发挥红色资源禀赋,积极探索红色资源活化利用新路径,通过科学保护利用、做强研修研学、延伸产业发展等方式,全力打造沂蒙红色文化传承发展示范区。

2.坚持党群同心,密切合作

践行“党群同心”的沂蒙精神,在各级党委领导下建立跨部门联席机制,在政策联动、规划衔接、信息资源、保护管理、专业人才等方面形成强大合力,实现对资源的有效整合。

3.抓住政策机遇,一体布局

推动党建与业务工作深度融合,抢抓黄河流域生态保护和高质量发展、淮河生态经济带、淮海经济区、鲁南经济圈、省级新区等战略机遇,参照中部地区高质量发展政策、市场采购贸易方式试点、商贸服务型国家物流枢纽、国家跨境电商综合试验区、普惠金融服务乡村振兴改革试验区和省级“一带一路”综合试验区等政策集成,积极融入区域发展大格局。强化与周边县市联合,共同打造一批高水平服务业集聚区,共同培育高端服务品牌,打造区域创新共同体,协同推进沂蒙红色文化传承发展。

(二)打造红色课堂　聚力干部培训

1.接受红色洗礼,丰富党建内涵

运用沂蒙红色文化丰富党建内涵,组织专家学者深度挖掘沂蒙红色文化的精神内涵,引领党员自觉继承和发扬革命精神,争做优秀共产党员;吸引全国各地党员走进沂蒙“红色课堂”,接受红色洗礼,赓续红色血脉,从而使党旗飘红、党建更红,擦亮沂蒙党建红色品牌。

2.改革文化体制,激发培训活力

以体制机制创新为重点,深化培训体制机制改革,激发培训发展活力,推

进沂蒙红色培训规范有序发展。组织开展系列宣讲、论坛和研讨活动，提升沂蒙红色文化在全国的知名度和影响力。同时，坚持培训主体规范性、培训内容政治性和培训形式创新性，探索建立培训课程体系和培训管理体系，打造知名培训品牌，推进红色教育培训高质量发展，升级打造全国党性教育培训基地。

3.挖掘文化底蕴，唤醒红色记忆

结合党史学习教育和爱国主义教育，深挖沂蒙红色文化资源，将沂蒙红色文化作为推动新时代党建工作的有效载体。用革命故事激活党员爱国主义情怀，让党员增强传承红色基因的价值认同、情感认同和行为认同；提升展示技术，运用触控、体感、投影、成像等先进技术，对沂蒙红色场馆进行三维立体复原，开发漫游版、浏览版和VR体验版等多个版本，实现历史与科技、线上与线下的有机统一，让党员全息感受沂蒙红色文化。

(三)发挥基层党建　助力乡村振兴

1.加强基层党建，建设坚强堡垒

通过“党支部＋”“村集体＋”“合作社＋”“社团组织＋”等形式，充分发挥基层党组织的战斗堡垒作用，构建和谐有序的党群关系。选优配强村党组织带头人，精心培育村级后备干部，储备乡村振兴优秀人才，持续优化村干部队伍建设，积极探索发挥党员作用的有效途径，把党员队伍建设成为推动发展、带领致富、服务群众、维护稳定的中坚力量。

2.升级产业链条，助力绿色发展

壮大电子信息、生物医药、磁电、氢能源、食品等产业集群，升级临沂金锣肉制品、兰陵蔬菜、平邑金银花、沂源新医药等特色产业园和绿色食品产业园。注重产业融合，形成产业链，生成附加值，打造新的经济增长点。党性教育基地与文旅融合，以沂南县朱家林、竹泉村为样板，打造“党性教育—游览—餐饮—住宿—特色产品销售”产业链。加快乡村文旅产业链的完善、供应链的整合和价值链的提升，促进生产生活生态“三生同步”“三产融合”“三位一体”，打造“红色热土、绿色家园”生态文化红色品牌。

3.探索灵活机制，促进共同富裕

充分发挥党组织的核心领导力，支持以党员为主体的集体经济组织和农民合作组织发展。鼓励有特长的党员带领群众共同致富，探索建立“党支部＋旅游公司＋农民合作社＋互联网＋农户”的联结机制，引进多种合作方式，鼓励通过土地经营权流转、股份合作、农业生产托管等形式开展适度规模经营。推广多种模式，建设沂蒙革命老区农业全产业链服务中心，大力发展多元化的农业社会化服务。优化农村生产关系，健全创新激励机制，强化农民与合作社、社会化服务组织、涉农企业的利益联结,充分调动村民参与文旅产业的积极性和主动性,促进共同富裕。

(四)凝聚红色基因　助推干事创业

1.肩负红色使命,号召团结奋斗

在沂蒙精神指引下,发挥党员先锋模范带头作用,真正将红色使命转化为凝聚群众、服务群众的力量,形成高质量发展的强大动力,持续提升群众的认同感、归属感、幸福感,号召群众团结一心、共同奋斗。

2.加强日常学习,感受沂蒙温度

组织主题鲜明、形式多样的党性教育活动,将党建内容贯穿到业务工作中,使每名党员都能用好自身业务知识,带动其他干部开展好各项工作。让全体干部职工在党建引领下,感受沂蒙红色文化的温度,自觉树立和践行社会主义核心价值观。

3.把握时代脉搏,汇聚红色人才

突破现有的人才模式,建立高素质的专业人才队伍,培养一支站得稳、叫得响的红色文化传播队伍,组建沂蒙红色文化高级讲师团;依托大数据,紧扣中国式现代化发展主题,构建沂蒙红色文化新的发展平台,加大对沂蒙红色文化历史和精神价值的挖掘研究与提炼,提升沂蒙红色文化的精神品质与内涵。

课题组成员:周霞　董忱　原文若　由卫娟

第七篇　他山之石可以攻玉

江苏省稳增长举措及对我省的启示

2022年政府工作报告提出，面对新的经济下行压力，坚持稳字当头、稳中求进，把稳增长放在更加突出的位置。山东省政府常务会议提出，坚决打赢打好一季度“开门红”攻坚战。2022年以来，江苏省把稳增长摆在突出重要位置，出台了一系列政策性文件，值得我们学习借鉴。

一、江苏推动稳增长的重点举措

（一）坚持扩内需稳外需，促进经济平稳发展

江苏省坚持稳字当头、稳中求进，在稳运行、稳预期、扩投资、强消费、稳外需等方面综合发力。一是强化运行监测，稳定企业预期。建立全省工业经济运行监测分析机制，依托涉企服务平台，及时向企业发布工业经济运行形势和趋势，稳定企业预期。二是推进项目实施，扩大有效投资。召开全省重大项目建设动员会，聚焦先进制造业和战略性新兴产业、重大基础设施、生态环境、公共安全和重要民生工程等，推进实施一批重大项目，2022年一季度计划开工亿元以上项目和产业类、增资扩产项目明显增加。三是激发消费动能，做强消费品牌。大力发展首店经济、首发经济、夜经济，培育医疗健康、养老托育、家政服务等消费热点。2021年，南京引进品牌首店175家，同比增长70%以上，“首店经济”在创新消费场景、引领消费热点、激发消费活力等方面发挥积极作用，成为南京建设国际消费中心城市、提升城市商业魅力的重要支撑。此外，江苏注重多层级消费体系建设，聚力打响全域“消费福地”品牌。四是发展外贸新业态，拓展外贸新模式。制定《省政府办公厅关于加快发展外贸新业态新模式若干措施的通知》，出台加快发展跨境电商、完善跨境电商支持政策、优化全球海外仓布局、打造市场采购贸易“江苏模式”、创新发展离岸贸易、推动贸易全流程数字化转型等16个方面的具体措施，推动外贸转型发展。

(二)聚力数字化转型，促进产业高质量发展

江苏省在聚力智能化改造、数字化转型，增强产业链供应链韧性和竞争力等方面超前谋划，推动产业高质量发展。一是推进“智改数转”，促进制造业高质量发展。印发《制造业智能化改造和数字化转型三年行动计划(2022～2024年)》，聚焦省重点先进制造业集群和重点产业链，大力实施龙头骨干企业引领、中小企业“智改数转”推进、产业链“智改数转”升级、工业互联网创新、领军服务商培育等十大工程，夯实工业互联网平台、工业软件、智能硬件和装备、网络设施及安全等基础支撑，加大优秀服务商培育和典型案例推广应用力度，全面推动全省制造业智能化改造和数字化转型。二是强化平台建设，打造产业集群发展新高地。将平台建设、集群打造作为产业发展的重要支撑，截至2022年1月，江苏省累计创建国家级产业示范基地30家，总数位列全国第一；创建省级产业示范基地62家，涵盖16个先进制造业集群，构建起江苏集群和产业链重要承载基地的梯度培育体系。2022年，进一步突出16个先进制造业集群和50条重点产业链建设，打造一批五星级先行示范基地。

(三)深入实施创新驱动发展战略，推进科技自立自强

江苏省深入实施创新驱动发展战略，以科技自立自强为目标，部署“五突破五提升”十大重点任务。一是着力“五突破”，即着力在国家战略科技力量培育、基础研究和原始创新、科技支撑碳达峰碳中和、科技人才队伍建设、科技政策和改革举措落实等五个重点领域有更大突破，推动战略科技力量、战略科技人才、战略科技任务“三位一体”部署，打造更多创新“高峰”。二是加快“五提升”，即加快推动产业技术创新能力、企业技术创新能力、区域协同创新能力、科技资源配置能力、科技服务民生能力明显提升，组建任务型、系统型、应急型、实体型等“四型”创新联合体，做实做强产业技术创新战略联盟，促进创新链、产业链、价值链深度融合。三是推进知识产权强省建设。将2022年确定为全面落实知识产权强国、强省建设纲要和知识产权发展“十四五”规划，细化攻坚“五区五高”[①]的关键之年。

---

① “五区五高”即打造知识产权强国建设先行区、全链条保护样板区、引领产业高质量发展示范区、开放协作标杆区、高端人才培养试验区，推进知识产权高质量创造、高标准保护、高效益运用、高品质服务、高水平合作。

（四）更高质量推进长三角一体化，促进区域协调发展

江苏省提出更高质量推进长三角一体化，赋能省域发展，在区域一体化建设方面进行积极探索。一是构建江苏推动长三角一体化发展战略实施体系。对推进长三角一体化发展做出全面部署，制定任务清单，成立领导机构和专题工作组，聚焦各项任务，加强统筹协调，层层抓落实。二是以“六个一体化”服务推动长三角一体化。聚焦产业创新、基础设施、区域市场、绿色发展、公共服务、省内全域等“六个一体化”展开工作布局；携手沪、浙建设长三角生态绿色一体化发展示范区，率先探索以创新驱动为引领、生态与发展相得益彰、跨行政区域共建共享的一体化发展新路径。三是锻长板与补短板相结合，促进携手共赢。发挥江苏优势，积极推进沿沪宁产业创新带、环太湖科创圈等重大科创平台建设，重点培育30条优势产业链，打造人工智能、生物医药、集成电路等先进制造业集群。四是谋划实施一批标志性引领性重大事项。围绕落实《长三角地区一体化发展三年行动计划（2018～2020年）》，2022年将在积极探索实现共同富裕的有效路径、共塑营商环境、推动长三角生态绿色一体化发展示范区建设等方面重点发力。

（五）坚持减污降碳协同增效，提升美丽江苏建设水平

江苏省提出加快建立健全绿色低碳循环发展经济体系，全域推进“无废城市”建设，提升美丽江苏建设水平。一是建立健全绿色低碳循环发展的经济体系。出台《加快建立健全绿色低碳循环发展经济体系的实施意见》，全方位全过程推行绿色规划、绿色设计、绿色投资、绿色建设、绿色生产、绿色流通、绿色生活、绿色消费、绿色金融，建立健全绿色低碳循环发展经济体系。二是全域推进“无废城市”建设。出台《江苏省全域“无废城市”建设工作方案》，以大宗工业固体废物、主要农业废弃物、生活垃圾、建筑垃圾、危险废物等五大类固体废物为重点，推动减污降碳协同增效；探索建立协同监管体系，形成党委领导、政府主导、企业主体、市场驱动、公众参与、社会监督的固体废物管理体制机制，全域推进“无废城市”建设。

二、对我省的几点启示

（一）供需两端发力，推动经济平稳增长

坚持供需两端发力，加快供给侧结构性改革，落实扩需求“十大行动”。围

绕“十强”产业、基础设施、重大平台、社会民生,推动重大项目早落地、早开工、早见成效。研究推进首店经济、首发经济、夜经济等消费新业态、新模式的支持政策,助推消费扩容提质。借鉴江苏消费体系建设经验,支持济南、青岛打造国际消费中心城市,培育一批区域性消费中心。借鉴江苏在发展外贸新业态、新模式上的先进做法,促进跨境电商发展,推动贸易全流程数字化转型,壮大外贸细分服务平台,全方位提升外贸发展质量。

(二)强化数字赋能,助力动能转换

顺应数字化智能化引领产业发展趋势,统筹谋划我省产业智能化改造和数字化转型路径。从我省确定的42条关键产业链中精选部分产业链,深入推进产业链“智改数转”。此外,我省是全国唯一拥有全部41个工业大类的省份,制造业基础雄厚,在以新兴制造业为依托的工业互联网领域具有较大优势。我省应紧抓机遇,以山东半岛国家级工业互联网示范区建设为总抓手,做强做大工业互联网,支持卡奥斯COSMOPlat、浪潮云洲两大国家级“双跨”工业互联网平台打造世界级工业互联网平台,推动更多企业“上云用数赋智”。

(三)科技创新引领,全面抓好“十大创新”

围绕“十大创新”,逐项制定实施方案,完善评价体系和考核机制,确保落地见实效。强化系统思维,推动项目、基地、资金、人才一体化配置,实现科技、产业、金融良性循环,促进创新链、产业链、价值链深度融合。借鉴江苏推进知识产权强省建设经验,加快推进我省知识产权强省建设,以全链条保护为重点,全面提升知识产权创造质量、保护效能、运用效益、管理水平和服务能力。

(四)落实黄河流域生态保护和高质量发展战略,主动融入区域重大战略

深入落实《山东省黄河流域生态保护和高质量发展规划》,进一步完善有利于省会、胶东、鲁南三大经济圈优势互补、错位发展、一体推进的体制机制及配套政策,探索跨行政区域共建共享一体化发展路径。借鉴江苏推进长三角一体化经验,深度对接京津冀协同发展、长三角区域一体化和粤港澳大湾区建设,明确我省锻长板与补短板重点领域,将我省发展与服务区域发展战略相结合,在合作中谋求发展共赢。

（五）转变发展模式，推进绿色低碳转型

将绿色发展理念贯穿经济体系全方位全过程，全面提升能源资源利用效率和产出效益，加快形成减污降碳的激励约束机制，促进经济绿色低碳转型。制定碳达峰实施方案，建立覆盖重点领域的能耗统计监测体系，落实国家鼓励可再生能源消费政策。

课题组成员：刘佳

安徽省创新驱动发展经验及启示

近年来,安徽省在创新发展领域异军突起,表现亮眼。“十三五”期间,国家实验室、合肥综合性国家科学中心率先获批布局,“四个一”创新主平台和“一室一中心”分平台立柱架梁,大科学装置集群初步形成,量子通信、动态存储芯片、陶铝新材料、超薄玻璃等标志性原创成果竞相涌现,区域创新能力稳居全国第一方阵。“十四五”开局之年,国家实验室全面投入运行,“九章二号”“祖冲之二号”实现量子计算新突破;合肥先进光源、量子空地一体精密测量等大科学装置列入国家规划。安徽在科技创新领域取得了一系列引领性、突破性的原创科技成果,部分领域在国内乃至世界实现了从跟跑到并跑、领跑全面创新的华丽转型。

一、高端站位,前沿布局,“下好创新先手棋”

2016 年 4 月,习近平总书记视察安徽,要求安徽充分发挥科技、教育、人才等优势,下好创新先手棋,努力塑造更多创新驱动的引领型发展。安徽贯彻落实习近平总书记视察安徽时提出的“下好创新先手棋”的重要指示,加快构建创新型现代产业体系和重大创新平台,引领安徽进入全面创新的大时代。2016 年 6 月,国务院批复的《安徽省系统推进全面创新改革试验方案》提出“两大中心、三大任务、八大机制”。

“两大中心”即建设有重要影响力的综合性国家科学中心和产业创新中心,综合性国家科学中心是为了强化源头创新,产业创新中心是建设创新型产业体系的基础。

围绕“两大中心”完成“三大任务”,即建设综合性国家科学中心、具有国际竞争力的产业体系、科技成果加快转化新体系,着力打造“基础研究源头创新—共性技术研发平台—重大科技攻关—产业转移转化平台—科技成果产业化—重大新兴产业专项/工程/基地”创新型产业体系。

为实现上述目标和完成任务,安徽提出建立激发企业创新活力的新机制、创新人才集聚新机制、高校院所源头创新新机制、金融服务自主创新新机制、高层次开放合作新机制、推进大众创业万众创新新机制、军民深度融合新机制、政府创新管理新机制等“八大新机制”。

通过建立“八大新机制”，安徽率先实施“编制周转池”制度，深入推进科技成果“三权”管理改革，通过系统性、整体性、协同性创新改革试验，重点解决各类创新主体活力不强、创新管理跟不上时代发展节奏、创新政策不能落地、创新发展环境不优等问题，激发全社会创新活力与创造潜能。

二、依托综合性国家科学中心，实现创新并跑赶超

2017 年 1 月 10 日，经国务院同意，国家发展改革委和科技部正式批准安徽省建设合肥综合性国家科学中心。国家“十四五”规划纲要对全国城市科技创新格局又做出了明确规划，提出“支持北京、上海、粤港澳大湾区形成国际科技创新中心，建设北京怀柔、上海张江、大湾区、安徽合肥综合性国家科学中心”[①]，合肥综合性国家科学中心的地位不断提升。近年来，安徽依托合肥综合性国家科学中心，面向世界科技前沿、重大战略需求、经济主战场，集全省之力，全力推进建设具有全球影响力的综合性国家科学中心，量子信息、聚变能源等战略领域研究的影响力不断攀升。安徽推进合肥综合性国家科学中心建设的主要做法有以下几个方面。

（一）建立“三位一体”组织架构

决策层面，成立由安徽省委、省政府和中国科学院主要负责同志，国家发展改革委、科技部分管负责同志任理事长，国家有关部委和单位负责同志为理事的合肥科学中心理事会，成立理事会领导下的专家咨询委员会。协调层面，成立由安徽省政府主要负责同志担任主任的合肥科学中心办公室，由省政府和中国科学院主要负责同志担任组长的省院合作建设领导小组，下设合肥科学中心建设工作小组。执行层面，中国科学院成立合肥科学中心专项办公室，安徽省委组织部成立合肥科学中心人才协调服务办公室，省发展改革委成立合肥科学中心工作处，省科技厅成立量子信息科学国家实验室推进办公室，合肥市成立国家科学中心建设办公室等专门工作推进机构。

① 《中华人民共和国国民经济和社会发展第十四个五年规划和 2035 年远景目标纲要》，人民出版社 2021 年版，第 16 页。

(二)完善创新政策支撑体系

安徽省委、省政府先后出台《关于支持创建量子信息科学国家实验室的意见》《关于支持建设聚变堆主机关键系统综合研究设施的意见》《合肥综合性国家科学中心项目支持管理办法(试行)》等 9 个专门政策文件,从资金、土地、体制机制等方面为科学中心建设提供全要素保障。省、市安排 200 亿元专项资金支持合肥科学中心建设,实际投入 34 亿元支持量子信息与量子科技创新研究院以及中国科学技术大学高新校区建设,正式运营首期 20 亿元量子科学产业发展基金,已落实 3.88 亿元先进光源预研、类脑智能技术和应用国家工程实验室省内配套资金。

(三)加强高端人才培养引进

安徽省委出台《关于实施新时代江淮英才计划全面夯实创新人才基础的若干意见》,提出建立国家科学中心首席科学家制度,为顶尖高层次人才量身定制研发机构,探索允许重点项目建设资金按照一定比例用于人才引进培育工作等一系列创新政策措施。在全国首批实施外国人才签证制度,国家科学中心相关单位已办理外国高端人才确认函 56 张。

(四)加快重大创新平台建设

一是积极争创国家实验室。将争创量子信息科学国家实验室作为科技创新"一号工程",在资金、土地、规划等方面做出系统安排。依托中国科学院合肥物质科学研究院、中国科学技术大学、安徽理工大学等高校院所,集聚先进核能、煤炭清洁利用、可再生能源领域优势创新资源,积极争创能源国家实验室。二是加快建设重大科技基础设施集群。开工建设合肥科学中心聚变堆园区工程,成为安徽第4 个大科学装置。开展重大科技基础设施预研,提升现有重大科技基础设施运行水平。三是积极布局前沿交叉研究平台和产业创新转化平台。

(五)开展重大基础前沿研究

依托中国科学技术大学、中国科学院合肥物质科学研究院、中国电子科技集团公司第三十八研究所等相关高校、科研院所,在信息、能源、健康、环境、高端仪器研制等领域拥有在研国家顶级项目超过 3000 个,国拨经费约 100 亿元。其中,量子通信与量子计算机、天地一体化广域量子通信网络技术、聚变堆稳态高约束先进运行模式的探索和机理研究、EAST 等离子体关键分布参数对外部功率动态响应的研究、先进光源材料表界面能量转换过程的多维度原位同步辐射研究等取得了一大批原创性科研成果。

(六)深化科技体制机制创新

一是积极探索地方政府参与国家基础创新平台建设、参与基础研究的有效模式。从有限财力中设立200亿元专项资金支持重大科技基础设施、前沿交叉平台建设,支持重点科学研究,改变仅仅依靠中央财政的基础研究投入模式。二是探索将基础研究、应用基础研究成果及时转化为现实生产力。借助科学中心建设优势,对重点科技成果进行系统梳理、科学论证、重点支持、集中推介,搭建从科学到技术、从技术到产业的桥梁。三是创新科技合作模式。中国科学技术大学与中国科学院合肥物质科学研究院共建相关学院,共建大科学装置,共享科技资源,协同开展科技攻关,联合培养人才,实现人才互聘;中国科学技术大学合并安徽省立医院,成立生命科学与医学部,探索建立理科、工科、生物、医学融合的“科大新医学”;安徽大学聘请中国科学院合肥物质科学研究院院长兼任校长,并成立物质科学与信息技术研究院,在组织架构、人才评聘、考核激励等方面进行创新改革,高水平推进省属高校“双一流”建设。

三、创新效率高,主体结构优,企业创新活力引人瞩目

2020年,安徽省投入883.2亿元研发经费,居全国第11位,研发经费投入强度2.28%,居全国第10位,在全国并不算突出(见表1)。2019、2020年,安徽发明专利授权占全部授权专利的比重均超过山东,且在与其他地区的横向对比中,除低于北京、上海外,表现也十分优异(见表2);2021年,安徽每万人发明专利拥有量为19.9件,同年全国平均7.5件,山东2020年为12.4件。

表1　2020年部分地区研发经费投入情况

排名	地区	研发经费(亿元)	研发经费投入强度	增长率(%)
1	广东	3479.9	3.14	12.31
2	江苏	3005.9	2.93	8.15
3	北京	2326.6	6.44	4.16
4	浙江	1859.9	2.88	11.38
5	山东	1681.9	2.30	12.52
6	上海	1615.7	4.17	5.98

续表

排名	地区	研发经费(亿元)	研发经费投入强度	增长率(%)
7	四川	1055.3	2.17	21.16
8	湖北	1005.3	2.31	4.95
9	河南	901.3	1.64	13.66
10	湖南	898.7	2.15	14.16
11	安徽	883.2	2.28	17.14

数据来源:各省统计年鉴。

表 2 2019、2020 年部分地区专利申请、授权状况

		北京	上海	广东	江苏	浙江	安徽	山东	河南
国内专利申请	2019 年	226113	173586	807700	594249	435883	166871	263211	144010
	2020 年	254165	210293	967204	719452	507050	202298	337280	178585
	增长率	12.41%	21.15%	19.75%	21.07%	16.33%	21.23%	28.14%	24.01%
国内专利授权	2019 年	131716	100587	527390	314395	285342	82524	146481	86247
	2020 年	162824	139780	709725	499164	391700	119696	238778	122809
	增长率	23.62%	38.96%	34.57%	58.77%	37.27%	45.04%	63.01%	42.39%
发明专利授权	2019 年	53127	22735	59742	39681	33964	14958	20652	6991
	2020 年	63266	24208	70695	45975	49888	21432	26745	9183
	增长率	19.08%	6.48%	18.33%	15.86%	46.88%	43.28%	29.50%	31.35%
发明专利占比	2019 年	23.50%	13.10%	7.40%	6.68%	7.79%	8.96%	7.85%	4.85%
	2020 年	24.89%	11.51%	7.31%	6.39%	9.84%	10.59%	7.93%	5.14%

数据来源:国家知识产权局网站。

在经费投入不突出的前提下,安徽取得了突出的创新成绩,在创新效率上跑在了前列。这与安徽深入实施创新驱动发展战略,着力培育以企业为主体、产学研融通的技术创新体系密不可分。国家企业创新调查数据显示,安徽省企业创新活跃度为 49.5%,居全国第 4 位;有 61.1%的企业制定了创新战略目标,居全国第 1 位;2019 年安徽全省有 7274 家企业开展了创新合作,占调查企业的 23.3%,居全国第 3 位,其中与高等学校、研究机构开展创新合作的企业占 60.0%,居全国第 2 位。2020 年,安徽省发布的发明专利百强排行榜显示,奇瑞汽车股份有限公司、合肥工业大学和安徽江淮汽车集团股份有限公司位列前三强,企业、高校、科研院所分别有 74 家、16 家和 10 家。与此对比,2020 年山东省国家专利50强机构中，高校数量居多，是山东省专利研发的重要组成力量，山东大学获得了山东省最多的国家发明专利。研发创新主要依靠高校，企业创新能力偏弱，导致山东的创新优势很难转化为产业经济发展动力。

在培优扶强企业主体地位、激发企业创新活力方面，安徽的主要做法有以下几点。

一是引导企业加大研发投入。出台《关于引导全社会加大研发投入的意见》，对研发经费支出前100名和研发强度前100名的规模以上企业每家给予50万元奖励。推动规模以上工业企业、规模以上服务业企业、农业龙头企业和特级建筑企业等建立研发机构、开展研发活动，对研发支出强度持续加大的企业优先支持申报国家、省级计划项目和安徽省实验室、技术创新中心、企业技术中心、工业设计中心、工程（技术）研究中心等研发平台。

二是加强企业创新主体培育。实施省高新技术企业加速成长行动，2020年上半年分4批备案科技型中小企业4854家。出台服务企业"科技专员"制度，引导组织科技人员服务企业，为科技型中小企业提供科技和智力支撑。落实高新技术企业所得税优惠政策。不断深化"放管服"改革，实施降低企业引进高科技人才成本奖励。

三是优化科技金融服务。加快省科技成果转化引导基金运行，已设立运行4支子基金，总规模10.6亿元。推动省科技融资担保业务发展，支持省科技融资担保公司创新"科融通"模式，开发"科保贷""抗疫贷"产品。深化与银行金融机构的对接合作，协调金融机构对接861家科技型企业的186亿元融资需求。出台支持企业科创板挂牌股改、挂牌融资、上交所科创板转板上市等奖励政策。支持相关银行开发适合科技型企业的金融产品，加大对高新技术企业、科技型中小企业的融资支持力度。

四是强化企业成果转化主体地位。出台促进科技成果转化行动方案、支持与国内外重点科研院所、高校合作等系列政策。加强科技成果寻找对接，设立实施重大科技成果工程化研发专项项目。积极探索攻关"揭榜挂帅"，对省内行业龙头或骨干企业提出的重大技术难题或需求揭榜攻关，对省内外有转化需求的重大科技成果，组织省内有转化意愿和应用场景的企业揭榜转化。

五是营造良好的创新创业环境。实施高层次科技人才团队在安徽创新创业行动计划，吸引海内外高层次科技人才团队携带成果落户安徽创新创业。创新创业团队回购地方政府产业投资基金所持股权的机制，获国务院办公厅发文推广。持续加大支持科技企业孵化器、众创空间建设力度，鼓励全社会多元建设孵化器，支持建设专业孵化器，致力打造完善的"众创空间＋孵化器＋加速器"科技创业孵化链条。

四、安徽创新发展经验对山东的几点启示

安徽近年来的突出表现是多年来锚定创新,持续投入,坚持市场化导向,以基础研究引领应用研究,以应用研究倒逼基础研究,把科技创新势能更多转化为高质量发展新动能。这对山东的启示有以下几点。

一是布局基础性研究,强化源头创新。结合我省“十强”产业,面向前沿领域、前沿科技,支持企业、高校、科研机构进行相关基础性研究,强调久久为功、厚积薄发。

二是建设创新型产业体系,解决科技成果转化难问题。将科研优势转化为发展动能,借鉴安徽省构建“基础研究源头创新—共性技术研发平台—重大科技攻关—产业转移转化平台—科技成果产业化—重大新兴产业专项/工程/基地”产业体系的做法。

三是积极打造区域科技创新中心。合肥综合性国家科学中心对安徽创新发展的意义不但在于综合了科研力量,集聚了创新资源,还在于创新了可复制、可推广的经验,是以点带面的优秀典范。国家“十四五”规划纲要明确提出“支持有条件的地方建设区域科技创新中心”①,山东应响应政策,抓住机遇,发挥制造业优势,集全省之力率先建成区域科技创新中心。

四是充分激发企业创新活力。实施科技型企业梯度培育计划,针对企业初创期、孵化期、成长期等发展阶段,实施差异化的企业培训、企业孵化、成果熟化、联合攻关等扶持政策,创造有利于创新创业的软硬件环境,支持培育发展更多科技型中小企业和高新技术企业,不断提高企业创新和科技成果转化的主体地位。

课题组成员:张靖会

---

① 《中华人民共和国国民经济和社会发展第十四个五年规划和2035年远景目标纲要》,人民出版社2021年版,第16页。

广东省推动共同富裕的创新实践与经验启示

党的十九届六中全会强调："立足新发展阶段、贯彻新发展理念、构建新发展格局、推动高质量发展，全面深化改革开放，促进共同富裕。"[①]习近平总书记在中央财经委员会第十次会议上强调："共同富裕是社会主义的本质要求，是中国式现代化的重要特征，要坚持以人民为中心的发展思想，在高质量发展中促进共同富裕。"[②]广东历来是改革开放的排头兵、先行地、试验区，改革开放以来党中央始终鼓励广东大胆探索、大胆实践。作为"共同富裕"概念的诞生地，广东先行先试，用创新务实的举措逐步缩小收入差距、城乡差距、区域差距，蹚出了一条新时代共同富裕的"广东路"。2021 年，广东农村居民人均可支配收入比 2013 年增加了 11238 元，年均增长 9.2%；城镇居民人均可支配收入年均增长 8.0%，农村居民人均可支配收入增速快于城镇居民。城乡居民收入比由 2013 年的 2.67∶1 缩小到了 2021 年的 2.46∶1，这是继 2020 年城乡居民收入比缩小到 2.49∶1 之后，连续第二年保持在 2.5∶1 以内。广东城乡居民收入比迎来重大"拐点"，意味着城乡发展失衡局面有所改观，城乡融合发展趋势向好，推进共同富裕工作取得新成效。

一、引导劳动力和人才有序流动，加快推进劳动力要素市场化配置改革

2021 年 12 月，广东省政府印发了《劳动力要素市场化配置改革行动方案》，提出 17 项具体工作措施，是全国首个省级劳动力要素市场化配置改革文件。《劳动力要素市场化配置改革行动方案》充分发挥市场决定性作用，更好

① 《中共中央关于党的百年奋斗重大成就和历史经验的决议》，人民出版社 2021 年版，第 73 页。

② 《习近平主持召开中央财经委员会第十次会议强调　在高质量发展中促进共同富裕　统筹做好重大金融风险防范化解工作》，《人民日报》2021 年 8 月 18 日。

发挥政府作用,努力破除阻碍劳动力和人才要素流动的体制机制障碍,在激发劳动力流动活力、完善劳动力流动配置机制、畅通劳动力流动渠道等方面发挥了重要作用。

(一)深化户籍制度改革

落实取消城区常住人口300万人以下城市落户限制的有关政策,试行以经常居住地登记户口制度。探索居住证互认制度,在除广州、深圳外的珠三角城市率先探索户籍准入年限同城化累计互认。完善财政转移支付与常住人口挂钩机制,实现转移支付资金分配与政府提供公共服务的成本相衔接,加大对农业转移人口进城落户较多地区的转移支付支持力度,加快推进农业转移人口市民化。

(二)畅通劳动力和人才社会性流动渠道

引导人力资源服务业向价值链高端延伸,发展高级人才寻访(猎头)、人才数据分析、人才集群区块链等人力资源服务高端业态。深入实施"粤菜师傅""广东技工""南粤家政"三项工程,大力弘扬劳模精神、劳动精神、工匠精神,更加注重劳动技能的实质性提高和技能人才品牌的打造。进一步畅通国有企业、高校、科研院所等优秀人才进入公务员队伍的渠道。支持和引导离退休干部、乡村本土能人、外出农民工、高校毕业生、退役军人、科技人员、农村实用人才等领办、创办家庭农场、农民合作社、农业社会化服务组织。

(三)加大人才引进力度

推动人才服务保障一体化发展,推广"国际人才一站式服务窗口",定期编制粤港澳大湾区(内地)急需紧缺人才目录。制定"卡脖子"技术领域和战略必争领域引才目录,大力引进具有国际水平的战略科技人才、科技领军人才、青年科技人才和高水平创新团队,探索粤港澳人才协同管理创新机制。

(四)完善收入分配和激励评价机制

完善事业单位改革配套保障激励政策,制定深化高校、科研事业单位薪酬激励分配制度改革指导意见。深化国有企业工资制度改革,健全完善国有企业工资决定、正常增长和最低工资保障制度。健全以创新能力、质量、实效、贡献为导向的科技人才评价体系,推动技师学院和高等职业院校政策互通。

二、完善民生服务供给体制，推进公共服务均等化

“十三五”时期，广东省全省在基本公共服务领域共投入财政资金4.6万亿元，年均增长7.8%，不断完善基本公共服务均等化推进机制，制定基本公共服务标准体系，以标准化推动均等化。“十四五”时期，积极推进国家城乡融合发展试验区广清接合片区、广东省城乡融合发展改革创新试验区建设，同时赋予深圳在重点领域和关键环节改革上更多自主权，支持深圳在更高起点、更高层次、更高目标上推进改革开放。

（一）创新医疗服务体系

支持深圳开展国际前沿药品临床应用。探索完善医疗服务跨境衔接，建立与国际接轨的医学人才培养、医院评审认证标准体系。建设全新机制的医学科学院。完善重大疫情防控体制机制，健全公共卫生应急管理体系。医疗卫生资源总量持续增加，医疗机构床位数从2015年的43.6万张增加到2020年的56.5万张，基本公共卫生服务经费人均补助从2015年的40元提高到2020年的74元。

（二）探索扩大办学自主权

地方教育经费总投入居全国首位，年均增长10%以上。探索扩大深圳高等学校办学自主权。在符合国家相关政策规定的前提下，支持深圳引进境外优质教育资源，开展高水平中外合作办学。赋予深圳对企业博士后科研工作站分站的设立和撤销权限。

（三）优化社会保障机制

探索公共服务多元化供给新机制，加快构建以促进健康为导向的创新型医保制度。支持完善普惠型婴幼儿照护服务体系。鼓励利用全国一体化政务服务平台实现医保政务服务一体化办理。健全公共就业服务和终身职业技能培训制度。目前，全省城乡居民基本养老保险基础养老金最低标准提高到每人每月180元，珠三角地区低保救助实现城乡一体化。公积金制度惠及中低收入人群，2020年中低收入人群缴存公积金比率达到94.07%。

（四）完善文化体育运营管理体制

深化文艺院团改革，完善院团管理体制、运行机制和利益分配制度。按程

序赋予深圳省级电视剧审查等管理权限。建设适用国际通用规则的文化艺术品(非文物)拍卖中心。开展体育消费城市试点,推进体育产业创新试验,创新促进体育赛事发展的服务管理机制和安保制度。

三、促进区域协调发展,加快构建“一核一带一区”发展格局

区域发展不平衡不协调问题是长期困扰广东发展的突出问题,也是广东率先实现社会主义现代化必须解决的重要问题。广东省委、省政府《关于构建“一核一带一区”区域发展新格局促进全省区域协调发展的意见》明确指出:“2022年,‘一核一带一区’区域发展新格局基本确立,区域协调发展新机制更加完善,珠三角地区高质量发展、一体化水平和核心引领作用进一步提升,横贯东西两翼地区和珠三角沿海地区的沿海经济带基本形成,北部生态发展区绿色发展成效显著,全省区域发展差距显著缩小。”①

(一)分类指导扎实推进区域协调发展

携手港澳共同打造国际一流湾区和世界级城市群,引导支持东西两翼地区和北部生态发展区共同参与大湾区建设,带动全省全域协同发展。强化珠三角核心引领带动作用,强化广州、深圳“双核”驱动作用,加快珠海经济特区发展,将珠海培育成珠江口西岸核心城市。坚持陆海统筹发展,加快建设现代化沿海经济带。统筹实施区域协调发展战略和乡村振兴战略,加快建立健全促进城乡融合发展的体制机制和政策体系。

(二)提升区域基础设施均衡通达程度

加强交通枢纽建设,建设区域间快速交通网,完善基础交通网络,补齐能源、水利、信息、物流设施短板。全省通行政村道路基本实现硬底化,行政村通客车率和农村公路列养率均达100%,行政村集中供水实现全覆盖,被纳入规划的自然村集中供水覆盖率达92.7%。

(三)优化区域产业布局

推动珠三角地区产业高端化发展,大力推进新旧动能转换,以新产业、新业态、新模式为引领,推动互联网、大数据、人工智能和实体经济深度融合。推

① 《省委省政府印发意见 构建“一核一带一区”区域发展新格局 促进全省区域协调发展》,《南方日报》2019年7月19日。

动重大产业向东西两翼沿海地区布局发展，实行差别化产业政策，构建与区域发展功能相适应的绿色产业体系，因地制宜发展绿色低碳新型工业、数字经济、文化生态旅游、健康养生、绿色食品、生物医药、运动休闲、现代农林业等产业。

(四)提升区域对内对外开放水平

改善区域整体营商环境，重点破解“准入”“准营”和“退出”的机制障碍，推进“证照分离”“照后减证”，提升企业开办、运营、退出便利化水平。加快探索建立规划制度统一、发展模式共推、治理方式一致、区域市场联动的区域市场一体化发展新机制，着力破除行政区划壁垒，促进城乡区域要素自由流动。提升区域对外开放水平，推进跨省区域合作。

(五)建立更加有效的区域协调发展新机制

实行差别化的区域政策，完善省级财政转移支付体制，健全区际利益补偿机制，完善区域对口帮扶协作机制，完善基础设施投融资体制，完善土地管理体制和用地保障机制，完善绿色生态发展约束机制。

四、广东共同富裕实践经验对山东的启示

站在新的历史起点上，山东要立足全国实现共同富裕的大局，牢牢把握多重国家战略的叠加优势，着力促进区域协同发展，形成合理的分配制度，促进城乡公共服务均等化发展，使全省人民朝着共同富裕目标扎实迈进。

一是均衡城乡公共服务供给。以制度创新破解城乡二元结构，持续加强城乡一体化发展，贯彻实施城市公共服务资源进农村的长效机制，从根本上缩小城乡基本公共服务差距。完善流动人口基本公共服务供给保障机制，结合地区流动人口实际情况，建立“钱随人走”的转移支付机制，让更多的城市公共服务惠及外来人口，共享城市经济和社会发展的成果。均衡配置城乡教育资源，建立统筹规划、统一选拔的乡村教师补充机制。加快城乡医疗卫生联动发展，推行基层卫生人才“县管乡用”制度，鼓励县医院与乡镇卫生院建立县域医共体，鼓励城市大医院与县级医院建立对口帮扶、巡回医疗和远程医疗机制，适当调整城乡医疗卫生财政投入比例。建立互惠共享社会保障制度，建立城乡统一的基本养老保险制度、医疗保险制度以及社会兜底保障体系。推动政府、企业以及个人共同承担养老责任，重点提高农村居民重大疾病医疗保障水平。加快城乡基础设施互联互通，以市或县域为整体统筹规划城乡基础设施，

支持有条件的地方一体化开发建设城乡基础设施项目。

二是支持区域经济协调发展。发挥各地资源禀赋优势,形成差异化主导产业,提高财政政策的精准性和有效性,促进区域间相互融合补充。加快培育东中西各城市内生发展动力,全面梳理短板弱项和能够取得重大突破的重点领域,积极谋划重大政策、重大项目、重大任务,力求通过充分发挥各自比较优势提升城市发展能级,协同引领周边区域发展,破解区域发展不平衡难题。以镇为重点推进新型城镇化建设,促进区域协调发展。

三是千方百计增加农民收入。坚持"多轮驱动",释放农民收入增长的积极因素。加大力度支持中小企业发展,带动就业群体特别是农民的收入提升,夯实中等收入群体的收入基础,扩大中等收入人群比重。大规模开展职业技能培训,提高农民职业技能水平和就业创业能力。加强农民工、新型职业农民等重点群体就业创新培训,扩大培训规模。深入实施农业产业项目,大力发展乡村特色产业,扶持农民工返乡创业。通过保就业、保市场主体保障低收入群体收入,通过减税降费的措施提升居民可支配收入占总收入的比重。全面落实农村社会保障兜底政策,坚守困难群众基本生活底线。

课题组成员:张钰

浙江山区县跨越式高质量发展的经验与启示

浙江省把建设共同富裕示范区的第一步"重棋"落在了山区26县，通过政策加持、"八大行动"和"一县一策"，实现了山区县超常规跨越式发展。在高质量发展的前提下把关键量做大，聚焦县域特色产业及全产业链，整合资源，有效投资，分类施策，量身定制发展方案和政策工具箱，着力打造山区县高能级产业新平台。

一、浙江推动山区26县高质量发展

浙江省落实落细稳经济一揽子政策措施，推动政策措施靠前发力、适当加力，使山区县得到了更大实惠，提振了市场预期。

(一)发展策略

1.政策加持，一大批专项政策密集出台

在生态环保方面，浙江省生态环境厅印发《关于支持山区26县跨越式高质量发展生态环保专项政策意见》，省级专项资金支持"零碳"试点示范建设，推动构建多层级多领域的"零碳"示范体系，开展低碳社区、低碳工业园区试点工作。在产业发展方面，浙江省发展改革委等五部门联合印发《关于支持山区26县特色生态产业平台提升发展的指导意见》，构建山区26县县域范围内扩大税源和促进就业增收的发展平台，与山海协作"产业飞地"形成两翼齐飞、资源共享之势。在要素保障方面，浙江省自然资源厅出台《支持山区26县跨越式高质量发展意见》，提出支持重大项目建设、支持"双向飞地"建设、给予加快发展指标奖励和倾斜、创新土地利用政策等7项具体举措。在平台建设方面，浙江省商务厅出台《关于推进山区26县开放平台共建发展的指导意见》，全省26个先进地区开发区与山区26县开放平台签约结对，激发先进地区开发区对山区高质量跨越式发展的带动作用，最大限度发挥开发区"产业主平台、发展主动能"的作用。在共同富裕方面，缩小地区、城乡收入差距，统筹推进山区

26县乡村全面振兴，浙江省委农村工作领导小组办公室印发《关于支持山区26县乡村全面振兴加快农民农村共同富裕的意见》，提出到2025年，山区26县建成产值10亿元以上农业全产业链30条，创建未来乡村300个，农村集体经济年均增速高于全省平均增速3个百分点，农民人均可支配收入达到3.7万元，与全省农民收入倍差缩小至1.2；低收入农户人均可支配收入达到1.3万元，与全省低收入农户收入倍差缩小至1.9；城乡收入比缩小到1.9以内。

2.实施“八大行动”，推动山区26县跨越式高质量发展

浙江省为了在山区县跨越式发展进程中不断推出标志性、开创性、突破性重大成果，实施了“八大行动”计划，即招大引强行动，打造高能级产业新平台；牵引型重大项目建设行动，加快建设一批重大基础设施项目、重大产业项目和重大社会事业项目；“两山”转换促进行动，拓展生态产品价值转换途径；新型城镇化建设行动，提升中心城市首位度和县城综合能级；乡村振兴和现代化建设行动；突破性集成改革推进行动，强化数字化改革牵引、城乡集成改革、现代乡村治理；新时代山海协作行动，打造一批高质量“飞地”，推动“山”“海”高效联动；公共服务提质扩面行动，补齐山区县教育、医疗等公共服务短板。

3.“一县一策”，推动山区同步迈向现代化和共同富裕

山区26县是高质量发展建设共同富裕示范区的重点、难点，也是突破点。浙江省强调，“十四五”时期，以真金白银的大投入、集成精准的大政策、系统重塑的大变革，努力推动山区同步迈向现代化和共同富裕，使其成为全省乃至全国人民的向往之地。确定新目标，着眼现代化和共同富裕新场景，从经济、创新、生态、民生指标等方面，细化量化目标和指标体系。开辟新路径，“一县一策”，为每个县量身定制发展方案和政策工具箱，推动共性问题共同解决，拓宽“两山”转化通道，走科技创新、数字化和绿色低碳的融合聚变之路，走厚植特色放大特色的快速裂变之路，走周边山区基本形态整合提升的全面蝶变之路。

(二)推进成效

浙江省强化政策措施落实，抓住运行监测、项目建设、助企纾困等重要环节，促进山区26县工业经济在合理区间运行。浙江省经济和信息化厅发布数据显示，随着一系列政策发力显效，近一年来浙江山区26县工业经济呈现边际改善，特别是2022年上半年，山区26县工业增幅实现由负转正，逐步进入稳进提质轨道。

1.工业经济企稳回升，边际改善态势明显

2022年6月，山区26县规模以上工业增加值同比增长5.1%，增速高于5月2.8个百分点，增速连续两个月加快，工业生产进一步呈现边际改善，彰显强

大韧性。1～6 月，山区 26 县规模以上工业增加值 830.3 亿元，占全省的比重为 7.6%，同比增长 4.1%，比 1～5 月回落 0.1 个百分点，低于全省 1.4 个百分点；拉动全省规模以上工业增长 0.3 个百分点，贡献率为 5.7%。其中，11 个山区县规模以上工业增加值增速高于全省平均水平(5.5%)，6 个山区县增速超 10%，2 个山区县增速分别达到 18.2%、18.5%。

2.发展质效持续改善，向好态势不断巩固

1～6 月，山区 26 县规模以上工业亩均增加值 60.6 万元，同比增长 6.2%，比 1～5 月回落 0.1 个百分点，低于全省 1.2 个百分点。其中有 2 个山区县继续保持领先势头，规模以上工业亩均增加值高于全省平均水平(91.8 万元)，分别达到 94.4 万元和 93.3 万元；9 个山区县规模以上工业亩均增加值增速高于全省平均水平（7.4%），3 个山区县增速位居前三，分别达到 19.5%、18.2%、18.7%。

3.工业投资持续发力，新动能彰显新潜力

1～6 月，26 个山区县工业投资均延续正增长态势，23 个山区县增速高于全省平均水平(14.9%)。全省 90 个县(市、区)中，8 个山区县增速位于前 10。其中，13 个山区县增速超过 50%，5 个山区县增速超过 100%，分别达到 218.9%、170.5%、122.4%、113.9 和 104.7%。14 个山区县规模以上高新技术产业增加值增速高于全省平均水平(6.7%)，有 4 个山区县增速超过 20%，分别达到 32.5%、24.2%、23.9%和 21.8%。

二、浙江山区县跨越式发展的探索与实践

浙江省在高质量发展建设共同富裕示范区的行动方案中提出了“扩中、提低”的思路，当前又抓住了山区县这一共同富裕的短板和“题眼”，实施政策加持、专项行动计划和“一县一策”，有效推动了样板县高质量发展。

(一)典型做法

1.云和县：“八大行动”打造全国山区共同富裕样板县

2021 年，云和县通过了《云和加快跨越式高质量发展打造全国山区共同富裕样板县行动方案(2021～2025 年)》，以缩小地区差距、城乡差距、收入差距为主攻方向，聚力实施产城融合示范、生态富民惠民、美丽乡村建设、收入持续增长、开放合作共赢、精神文化引领、服务优质共享、社会和谐共治“八大行动”，加快跨越式高质量发展，推动“小县大城”向“名县美城”转型。

2.新昌县:全省推广众创云平台,让创新真正“活起来”

2020年,新昌县众创共享科创云平台正式上线运行,覆盖征榜、揭榜、攻榜、验榜、奖榜等“揭榜挂帅”全过程,涵盖政策咨询、创新培训、知识产权维权等科技创新全要素,让创新真正“活起来”。新昌县探索出了科技创新服务数字化新模式,浙江省科技厅向全省推广了这一做法。2021年底,云平台已累计注册企业近1200家,入驻创新专家1782位,成功帮助企业解决技术难题89项,政策兑现近3000万元。

3.遂昌县:全面推进数字化改革,催生快速进村新动能

2019年以来,遂昌县以发展数字生态经济开辟新赛道,积极推进产业生态化改造、数字化转型。“天工之城—数字绿谷”已注册市场主体606家,其中220多家为数字经济企业,社会资本合同投资额近80亿元,已落地实施超14亿元,数字经济成为“绿水青山”转化为“金山银山”的“桥梁”。为破解农村物流配送中的快递进村和农产品上行变现难题,遂昌县引入“数字物流”概念,率先建设浙江省首个数字乡村物流中心,实现县、乡、村三级物流体系共配。遂昌县数字乡村应用平台将在48个村推广应用,实现数字民生服务城乡共享。

4.武义县:念好“人才经”,两年引进376位“周末科学家”

面对“引才难”问题,武义县自2019年以来推行利用周末引进科学家的柔性引才方式,省内外20余所高校、院所的376位科学家成为武义县的“周末科学家”。这些“周末科学家”采取“线上+线下”相结合的服务方式,精准解决企业难题,有效助推企业迭代升级。同时,为解决技能人才缺口较大问题,武义县探索建立了一套技术工人享受高层次人才待遇、下放技能人才评价权限到企业、开展技能人才直接认定等自主评价体系,选拔了2803名高技能人才,走出了一条符合后发地区发展实际的选才用才新路子。

(二)经验启示

1.山区县“出圈”靠投资,必须抓牢有效投资

从浙江省加快落实“一县一策”“八大行动”的成效可以看出,实施做大产业、扩大税源行动和提升居民收入富民行动是推进山区县跨越式高质量发展的有效手段。如浙江自2021年以来举行高质量发展建设共同富裕示范区重大项目集中开工活动,388个重大项目中山区26县的项目占比超过1/3,产业发展项目居多,签约项目或涉足数字经济或坚守实体经济,含金量十足。浙江省统计局统计显示,2021年,山区26县固定资产投资2958亿元,比2020年增长11.8%,增速比全省高1.0个百分点。其中,工业投资、工业企业技术改造

投资分别增长 22.8%和 16.6%，增速比全省分别高 5.0 个和 2.7 个百分点。新产业、新平台在山区县刮起一阵“数字风”。2021 年，山区 26 县规模以上工业增加值增长 12.8%，略低于全省 12.9%的水平，但数字经济核心产业制造业增加值增长 21.7%，增速比全省高 1.7 个百分点。民营企业加大投入，市场信心不断增强。2021 年，山区 26 县民营企业投资增长 11.1%，增速比全省高 2.2 个百分点；规模以上民营企业研发费用增长 34.7%，增速比全省高 3.1 个百分点。实践证明，山区县要不断立足地方特色和资源禀赋，注重政策集成效应，深入实施工业强农，聚焦“农头工尾”，打造农业全产业链，发挥旗舰项目带动作用，做大产业、扩大税源，加快把资源优势转变成商品优势，以有效投资凝聚发展新动能，打开山区县的新发展格局。

2.山区县“探路”靠产业，必须聚焦特色、分类施策

山区县跨越式发展需要探索各自的推进策略，如浙江遂昌经济开发区 2022 年获批成立，填补了遂昌县无省级经济开发区的空白，浙江省这一轮批复设立的 7 家省级开发区中，5 家属于山区 26 县，补上了山区 26 县高能级平台的一大短板。其中，开化经济开发区就由此引来了浙江泰恒新能源有限公司，一家“链主”企业的到来带来了一串企业，并迅速形成一条产业链。龙游县建成总投资 32 亿元的龙游·云墨碳谷产业园项目，1 万吨高性能碳纤维生产线即将投产。特色、高新、低碳正成为浙江山区 26 县发展生态工业的关键词。从数据来看，经过一年的时间，浙江省的跨越发展类、生态发展类山区县经济增长速度、增长结构和增长动能得到了大幅提升和优化。2021 年，生态发展类山区县第三产业增长 8.4%，增速比跨越发展类山区县高 0.6 个百分点；跨越发展类山区县第二产业增长 9.3%，增速比生态发展类山区县高 1.8 个百分点。实践表明，山区县要换一种眼光看“家底”，换一种“玩法”挖资源，换一种思路做产业，借力发展、借梯登高，厚植特色、放大特色，以超常规举措实现“弯道超车”甚至“变道超车”。同时，要瞄准差异化定位，找对“桥”和“路”，找准适合自己的特色产业，分类施策，这是带动产业能级跃升的重要法门。

3.山区县活力靠“钱袋子”，必须落实精准帮扶举措

能否推进共同富裕，还要看老百姓的“钱袋子”鼓不鼓，生活物质水平高不高。浙江省找准了共同富裕发展的“提低”路径，不断提高低收入群体的收入水平。2021 年，浙江山区 26 县全体居民、城镇居民和农村居民人均可支配收入分别为 42139 元、53710 元和 27619 元，分别比 2020 年增长 10.9%、9.8%和 11.1%，增速分别比全省高 1.1 个、0.6 个和 0.7 个百分点，城乡居民收入差距稳步缩小，居民收入不断上涨，居民消费潜力不断释放。2021 年，山区 26 县社会消费品零售总额增长 10.1%，高于全省 0.4 个百分点。落实精准帮扶举

措,加大对山区26县的帮扶力度。2021年,山区26县低收入农户人均可支配收入为14965元,同比增长15.6%,增速比全省高0.8个百分点,占全省的比重由2020年的90.1%提高到90.7%。实践证明,山区县跨越式高质量发展需要找准共同富裕的"提低"路径,落实精准帮扶举措。一方面,通过产业发展促进就业增收。提升农村低收入群体的收入水平需要拓宽视野,需要在第一产业农业的基础上,做大"接二连三"的全产业链农业和多功能农业,也就是要让更多的农民进入第二、第三产业就业。如当前农旅结合、民宿、农家乐等新业态能容纳大量劳动力就业,发展空间很大且附加值不低。要重视以县城和乡镇为载体的城乡融合发展、乡村群和城市群的有效衔接,促进乡村一二三产业融合发展、多功能发展,推动乡村振兴与乡村产业发展、县域经济有机结合,推进农村低收入群体就地就业增收和市民化进程。另一方面,激活乡村存量资源,如进一步深化农村承包地、宅基地和集体建设用地"三块地"的改革,不断提高乡村存量资源的利用效率、转化效率、增值效率和绿色发展效率,并且保障广大农村居民,尤其是低收入群体在乡村存量资源的激活过程中获得应有的收益和"提低"的动能。

课题组成员:吴军　崔雁冰

国内先进地区数字经济创新经验及启示

数字经济浪潮澎湃而来，成为推动我国经济高质量发展的重要引擎。江苏、浙江、上海、北京等先进地区纷纷抢抓数字经济机遇，聚焦数字经济核心内涵，加强战略部署，找准定位、抢占先机，推动数字经济与实体经济深度融合发展，培育发展数字经济新业态、新模式，对我省推进数字强省建设具有重要借鉴意义。

一、先进地区数字经济创新的典型做法

（一）力推企业智能化改造、数字化转型

企业是数字化转型的主战场，是实体经济发展的主力军。江苏省发布《江苏省制造业智能化改造和数字化转型三年行动计划（2022～2024年）》，实施“智改数转”计划，创建国家级“5G＋工业互联网”融合应用先导区。（1）提供专业诊断“把脉问诊”。针对企业因“缺方案”而“不敢转”的难题，江苏通过购买服务的方式，面向全国精选北自所、自仪院、用友等优秀机构，为企业免费提供智能化改造和数字化转型诊断服务；实施智能制造顾问制度，组织制造业企业、高等院校等机构专家为企业把脉问诊，建设线上服务平台，开展差异化诊断，为企业提供可操作、可落地的具体解决方案。（2）运用金融工具“精准扶持”。针对企业因“缺资金”而“不愿转”的难题，江苏省级财政每年安排12亿元专项资金，采取贷款贴息、有效投入补助等方式，支持工业企业“智改数转”；苏州市推出“智能制造贷”等金融产品和服务，对制造业企业智能化改造项目，财政按照项目贷款额的1%给予贴息，县级市（区）再贴息1%。（3）支持标杆企业“输出服务”。针对企业因“缺技术”而“不会转”的难题，江苏遴选“智改数转”技术服务输出标杆企业，引导优秀外资企业、民营企业、大型平台输出解决方案和智能化改造经验，带动中小企业开展“智改数转”。

(二)构建数据新型要素市场体系

数据作为新型生产要素，具有可复制、可共享、边际成本为零、规模收益递增等特点，成为连接创新、激活资金、培育人才、推动产业升级和经济增长的关键生产要素。上海市积极创新数据治理手段，探索数据价值化机制，释放数据生产要素价值，建设具有世界影响力的国际数字之都。(1)建设数据交易平台。设立上海数据交易所，针对数据交易普遍存在的确权难、入场难、定价难等关键共性难题，提供高效便捷、透明安全的数据产品交易服务，培育数据合规评估、资产评估、安全审计、交付服务等第三方专业服务机构，推动数据完成从“资源”到“资产”的转变。(2)推进数据立法。2019 年出台的《上海市公共数据开放暂行办法》是我国首个针对公共数据开放的地方政府规章；2021 年出台的《上海市数据条例》聚焦数据权益保障、数据流通利用、数据安全管理三大环节，最大限度地促进数据流通和开发利用。(3)推动管理手段、模式和理念变革。落实“管行业也要管数字化转型”的理念要求，实施包容审慎、支持创新的监管制度，探索试点“监管沙箱”等创新支持机制，着力消除数字化转型过程中新技术、新业态、新模式发展的政策性门槛。2021 年，上海数字经济在地区经济中已占据主导地位，数字经济 GDP 占比超过 50%。

(三)推进城市治理数字化转型

城市数字化转型是世界大势所趋、城市治理所需，有助于提升城市系统产出、配置、运行效率。杭州市依托阿里巴巴、用友等数字经济龙头企业优势，2016 年推出城市大脑，探索城市治理数字化之路，努力打造“全国数字治理第一城”。(1)构建“城市大脑”内核机制。市级层面成立“城市大脑”建设领导小组，分设“城市大脑”指挥部、云栖工程院、项目专班，构建“统筹规划—大脑架构—场景落地”工作机制，由政府、企业、社会机构等多方参与，共同推进“城市大脑”建设。(2)创新城市治理方式。瞄准城市治理最需要解决、群众企业最期盼的问题，围绕民生直达、惠企直达、基层治理直达三个层次，截至 2022 年底“城市大脑”拥有人才码、亲清在线、数字城管、数字驾驶舱、两山银行等 48 个数字化应用场景，解决医疗、交通、文旅、政策兑现等社会治理中的痛点、难点。(3)推进数字政府建设。推进亲清在线、一网通办、数字城管、驾驶舱全域治理等数字化应用，打造“整体智治、唯实惟先”现代政府。通过“亲清在线”政商关系数字化平台，实现“申报零材料”“审批零人工”“兑现秒到账”，实现政策落实从“大水漫灌”到“精准滴灌”；通过“人才码”让人才生态从“找服务”到“送服务”，实现高层次人才各类补贴“政策主动提醒、系统自动审核、兑现即时到账”。

(四)搭建数字化转型公共服务平台

通过建设数字化转型公共服务平台,面向产业链上下游企业和行业内中小微企业,提供数字化诊断服务、政策咨询、服务资源对接、产业大脑展示等功能,解决数字化转型痛点。(1)深圳市聚焦数字经济产业创新需求,精准布局关键技术平台、资源条件平台、科技服务平台等数字经济产业通用型高层次重大平台,加强数字经济产业领域智库建设,构建数字化转型全链条服务体系。(2)杭州市着力打造"产业大脑",立足对产业数据的整合和分析,综合集成产业链、供应链、资金链、创新链,融合政府侧和市场侧,贯通生产端和消费端,为企业生产经营提供数字化赋能。(3)上海市建设立足上海、面向长三角区域、辐射全国的"长三角企业数字化转型公共服务平台",针对企业在工业互联网创新发展方面存在的应用深度不足、创新水平能力不足、行业覆盖广度不足和政策制度供给不足等问题,提供水平评估、转型建设指南、数字化转型工具集、转型解决方案、智能检测、标识解析和高端智库等公共服务,助推大中小企业数字化转型。

(五)强化创新平台和人才队伍建设

科技自立自强是数字经济发展的最大底气,关键核心技术自主可控可以让数字经济"根深叶茂"。(1)北京市建立开源开放创新中心,支持大学、科研院所、中介组织、高新技术企业等围绕数字经济核心领域组建产业技术联盟,开展产学研用合作、产业链协同创新。(2)深圳市成立工业互联网专家委员会、工业互联网联盟,创新"总部(深圳)+工厂(珠三角)"跨地域生产制造模式,打造政产学研"体系作战"的强大优势,涌现出富士康"熄灯工厂"、华龙讯达数字孪生平台等先进案例。(3)重庆市设立我国首家"数字经济人才市场",围绕数字经济人才的"引育留用转",着力打造高级人才服务综合体,加速集聚"芯屏器核网"全产业链人才,打造"云联数算用"人才集群。(4)江苏省实施"数字技能提升行动",福建省推出"数字工匠技能大赛",着眼大数据、人工智能、区块链、物联网等重点领域,培养选拔数字技能人才。

二、相关建议

(一)提供开展企业数字化转型服务

引导各地通过政府购买服务的方式,精选数字化转型服务机构,推广智能制造顾问制度,为企业免费提供智能化改造和数字化转型诊断服务。在省级层面遴选一批数字化转型服务标杆企业,输出解决方案和智能化改造经验,“以点带面”引领行业转型。以现有各类数字化转型试点为基础,推动建立基于省内重点行业的整体解决方案,加快推广成功经验。

(二)培育壮大数据要素市场

研究设立山东省数据交易平台,通过区块链等技术探索开展数据确权服务试点工作,培育规范的数据交易平台和市场主体,推动数据“资源”变“资产”。发挥我省工业大数据资源优势,推动工业企业开展数据分类分级,促进工业大数据在研发设计、生产制造、经营管理、售后服务等工业全价值链中的应用。

(三)打造数字化应用场景

5G与人工智能的融合给生产、生活方式带来巨大影响,驱动更多数字化应用场景走向现实。围绕社会治理痛点、难点问题,聚焦惠企直达、民生直达等重点领域,培育打造一批数字化应用场景,加快实现“政策找企”“政策找人”。

(四)加强数字技术应用创新

依托省级示范数字经济园区(试点),围绕先进计算、智能终端、超高清视频、网络安全、人工智能、量子信息等重点产业,依托骨干企业组建数字产业技术联盟,合力突破数字经济核心技术。实施数字技术工程师培育计划,打造一批数字技能公共实训基地,加大数字专员培育力度,壮大复合型“数字工匠”队伍。

课题组成员:王安　杜超　高福一

江苏省人才强省建设经验对我省的启示

人才资源是衡量地区综合实力的重要指标，是城市和区域经济发展的重要战略资源，是推动经济高质量发展的重要支撑。2022年1月，江苏省出台了《江苏省人力资源社会保障部门推进新时代人才工作十大专项行动》，在人才培养、平台建设、技能培训、人才评价等方面提出了诸多充满含金量的举措。近期，江苏又提出了“打造人才发展现代化先行区”的发展战略，将加快新时代人才强省建设，奋力打造人才发展现代化先行区，努力把江苏建成人才强国雁阵格局的重要支点和全国科技创新的重要策源地。江苏人才强省建设的战略布局和务实举措值得我们深入思考和学习。面对日趋激烈的人才竞争和严峻的“抢人大战”形势，我们应当直面问题，积极应对。

一、江苏省人才强省建设的雄心和布局

(一)建设国家级人才平台

江苏省抓住世界科学和人才中心向亚太地区转移的机遇期，瞄准一流水准，紧抓关键领域，计划布局建设一批高层次人才集中的中心城市和平台，提出支持南京、苏州、无锡等具备条件的城市建设国家级人才平台。借鉴世界主要城市群发展经验，立足长三角城市群优势基础，建设有利于优化区域创新布局和人才协同创新生态的高水平人才平台，形成区域战略支点，推动人才一体化发展，加快形成雁阵格局。

南京依托科教创新独家资源——53所高校、120个国家级研发平台、193家科技企业孵化器、国家级重大科技创新平台等，瞄准科技前沿和关键领域，形成具有世界水平的一流学科集群，强化跨学科人才培养。南京将重点打造战略人才力量培养、海外人才首选发展、人才发展改革试验和区域资源集聚辐射等平台，形成头雁带动。苏州利用其开放大市优势，网罗全球智慧资源、创新要素，加快绘制全球高端人才图谱，靶向招引一流科技领军人才和创新团队，以人才支撑“组合拳”打造创新高地、人才高地、产业高地。无锡充分挖掘现有

“国字号”重大创新平台,补齐本地高校院所和自然资源相对不足的短板,实施科创载体“攀高计划”,集聚“高精尖缺”战略科技人才、科技领军人才和创新团队,着力打造国内一流、具有国际影响力的人才发展高地。

(二)做强聚才高能级载体

江苏省充分利用“大平台—大团队—大项目—大成果”的“集团军”创新模式,形成创新与人才建设新动能。优化整合江苏省现有168所高校、750家研发机构和91万研发人员资源,建设人才创新事业高能级平台,以高端平台留住高端人才。深化重大科技平台用才机制,研究出台“人才科研特区”政策,在赋予更大的用人自主权、人才双向自由流动等方面加大突破力度,推动项目、基地、人才、资金一体化配置。

(三)打造区域人才聚集地

江苏省发挥强市域、强县域的产业基础和优势,打造各具特色的区域人才集聚地。结合各城市现实基础和比较优势,鼓励特色发展、错位发展,形成“一城一特色”,促进人才资源跨区域融合互动,实现整体效益最大化。如南通依托长三角城市群,加强与上海高校院所、产业部门、科创园区、行业协会、猎头机构的对接,引进优质人才;同时吸引上海等地的技术成果来江苏转化,打造“孵化在上海、转化在南通”的创新创业新模式。徐州着力构建赋能型人才服务体系,在全省率先成立区域性人才集团,设立总规模3.7亿元的“彭城英才”创业基金,建设人才赋能大数据平台。

(四)打通关键领域人才链

突出培育战略人才力量,强调培育集聚战略科学家、科技领军人才和创新团队。围绕集成电路、生物医药、人工智能等重点领域,江苏省科技厅每年支持10名左右有深厚科学素养、长期奋战在科研一线的战略科学家加强探索性、原创性、前沿性研究,带动形成一批高水平创新团队;每年支持1000名左右青年科研骨干开展创新研究,加快建设以35周岁以下科研人员为主体的优秀青年科技人才队伍。在全国率先启动省域产业学院建设计划,设立30个省级重点产业学院建设点。实施“卓越工程师”培养计划,建设省级“卓越工程师培养专业(基地)”,深化产教融合,强化工程实践,培养一批精于实操、具有突出技术创新能力、善于解决“卡脖子”问题的“卓越工程师”,注重培养既懂科技又通市场的科技企业家队伍。

(五)健全人才成长资金链

大力发展各类投融资机构,推动资金扶持模式从单纯由政府提供创业启动资金向“政府资助＋股权投资＋风投补偿”综合化资金链条补助转变。通过设立创业投资引导基金和国际人才创业投资引导基金,引入社会资本助推人才创新创业。如苏州设立了国内首家服务“人才计划”的综合性投融资平台——国家“人才计划”创业投资中心。支持科创人才授信企业,与省内高新技术企业开展广泛合作,支持 115 家科创人才企业上市,推出“人才金融 10 条”,推出人才贷、“卡脖子”专项贷、“专精特新”贷等。深化科研经费管理改革,为人才松绑,建立更加鲜明的激励体系,制定出台更有含金量的政策。

二、山东与江苏人才建设对比分析

江苏和山东毗邻,经济规模和人口规模相似,GDP 总量长期位列全国第二、第三名,在人才建设上的可比性和可借鉴性较强。

(一)人口总量和结构方面

2021 年,山东省常住人口 10170 万,江苏省 8505 万,自然增长率分别为 0.02‰和－1.10‰。虽然山东的第七次人口普查数据与第六次人口普查数据相比,人口自然增长了 657 万,但山东常住人口维持净流出状态。据统计 2010～2020 年,江苏省和山东省人口机械增长量分别为 396.3 万人、－83.5 万人。在城镇化率方面,2020 年江苏省和山东省分别为 73.44％、63.05％,较 2010 年的城镇化率分别上升了 13.22 和 13.34 个百分点,江苏城镇化率指标优于山东。人口教育情况数据显示,江苏省和山东省的大学以上人数占比分别为 18.66％、14.38％,高中以上(含大学)人数占比分别为 16.19％和 14.33％,两项指标江苏均超过山东。

在结构上,山东作为新旧动能转换先行示范区域,“十强”产业及重点发展领域对物联网、新能源、量子技术、人工智能、海洋发展、电子通信等领域的高端人才需求量大幅度增加,现有人才结构与区域发展战略存在一定程度上的不匹配,人才专业结构矛盾明显。同时,山东因其位于京津冀与长三角城市群辐射覆盖区域,人才外流特别是高端人才外流显著。根据 2020 年山东省驻鲁高校毕业生就业样本抽样调查,江苏对于驻鲁高校的吸引力已经超越上海,位列第二,仅排在北京之后。

(二)人才平台方面

在高等院校人才平台方面,江苏省有“985”大学 2 所、“211”大学 11 所、“双一流”大学 16 所;山东省有“985”大学 2 所、“211”大学 3 所、“双一流”大学 6 所。在上市公司人才平台方面,截至 2021 年底,山东辖区共有上市公司 254 家,其中第二产业占比高,第三产业占比较低;江苏辖区共有上市公司 584 家,数量上是山东的 2 倍多。从产业结构来看,山东省内国有企业所占比重大,素有“大象经济”传统,据统计 2021 年流入山东省市场化人才就业行业占比最高的分别是机械/设备/重工行业、建筑/建材/工程行业、石油/石化/化工行业,分别占比 9.18%、8.45%、8.42%。《中国区域创新能力评价报告 2018》显示,山东综合科技创新水平指数为 65.71%,低于全国平均水平 69.30%,低于江苏 77.13%,位列全国第五;山东科技意识指数为 46.77%,低于江苏 76.36%。

(三)人才服务方面

从近三年大中华区人力资源服务机构 100 强名单来看,总部设立在上海、北京的机构占比超过 65%,江苏苏州的机构数位列第三,山东尚无一家上榜。截至 2019 年底,山东省共设立各类人力资源服务机构 3295 家,从业人员 6.98 万人;江苏省共设立人力资源服务业机构 7300 家,是山东的 2 倍多,从业人员近 10 万人。

三、江苏人才强省建设对我省的启示

(一)探索高能级人才平台建设

集中力量支持济南、青岛发挥经济实力、科教资源、产业集群、人才集聚等方面优势,打造国家级人才平台;聚焦山东省八大发展战略与“十强”现代优势产业集群部署,加速推动关键核心技术、前沿引领技术和颠覆性技术创新突破,建成具有山东特色和重要影响力的一流科技创新高地和科学中心;推动省内人才互认互准以及博士后工作站、人才市场和人力资源服务产业园建设,深层次推进“产才城”一体化;深化“人才+项目+资本”协同引才,进一步加强高校与政府、科研院所、大型企业之间的互利合作,借智借力,构建高端实用的人才发展平台。

(二)聚焦优势产业链人才培养

促进“人才链”“产业链”“创新链”深度融合，聚焦卓越产业链和数字经济发展，实施急需紧缺产业链人才引进计划、数字技能提升行动，组织开展产业工程师培训项目，推进优势产业链、卓越产业链技能人才评价开发，推动“产才”融合，打造数字经济人才高地。着眼“技能山东”建设，扩大“技术技能大师”评选影响力，不断增加技能人才有效供给，推动职业技能培训提质增效。

(三)深化人才发展体制机制改革

着力建设一批人才综合改革试验区，建立更加科学完善的人才评价体系，突出市场发现、市场认可、市场评价，分类推进重点领域人才评价机制改革，加快建立以创新价值、能力、贡献为导向的人才评价体系。畅通民营企业、社会组织和新兴职业领域人才申报评价渠道。着力实施一批更大力度的人事管理支持政策，推行高校引进人才直接备案制，建立事业编制人才“周转池”，进一步满足用人单位高层次人才引进需求。积极探索重大创新平台和高能级人才载体灵活用人方式。

(四)提升人力资源服务质量

充分发挥政府部门支持服务的作用，举办全省人力资源服务业发展大会。以科技赋能人才工作，加快构建全省人才大数据平台，形成市场化、开放式运营平台和人才信息数据库。配套实施精准引育支持政策，在住房、教育、居留、出入境等方面，对企业引进培养使用的关键核心、紧缺人才实行差异化供给政策，创新人才政策落实机制。针对重点产业领域高端人才，构建灵活、开放、高效的补充兜底机制。

课题组成员：田焱　刘占功　傅增清

浙江省未来社区建设经验及启示

数字变革创新和民生改善创新是“十大创新”的重要要求，打造未来社区是推进数字社会改革的重要举措，是促进民生改善的重要途径。《浙江高质量发展建设共同富裕示范区实施方案（2021～2025年）》提出，要全省域推进城镇未来社区建设。浙江未来社区建设从试点先行迈向全域推广，肩负着“共同富裕现代化基本单元”“示范区建设标志性工程”的时代使命。浙江省未来社区建设构想中的“九大场景”“139理念”“10分钟生活圈”对我省社会治理创新有较强的借鉴意义。

一、浙江省未来社区建设“九大场景”

《浙江省未来社区建设试点工作方案》和《浙江省未来社区建设导则》提出了以未来邻里、教育、健康、创业、建筑、交通、低碳、服务和治理等“九大场景”创新为重点的集成系统，打造有归属感、舒适感和未来感的新型城市功能单元，促进人的全面发展和社会进步。

未来邻里场景提出营造特色邻里文化，突出社区即城市文化公园的定位；构建邻里贡献积分机制和服务换积分、积分换服务激励机制，打造邻里互助生活共同体，制定邻里公约，建立邻里社群，发挥居家办公人员、自由职业者、志愿者及退休人员等群体的特长优势，为居民提供放心安全的服务，形成远亲不如近邻的邻里氛围。

未来教育场景提出多元化实现3岁以下幼儿托育全覆盖；打造“名师名校在身边”的青少年教育平台和社区青少年线上线下联动的学习交流平台，打通优质教育资源进社区的渠道，集成素质拓展、兴趣活动等多种类型教育服务；搭建“人人为师”的共享学习平台，建设社区邻里共享学堂、共享图书馆等，倡导终身学习新风尚。

未来健康场景提出建立全生命周期健康电子档案系统，完善家庭医生签约服务机制；探索社区健康管理线上到线下（O2O）模式，促进健康大数据互联共享。创新社区健身服务模式，科学配置智能健身绿道、共享健身仓、虚拟健身设备等运动设施。

未来创业场景提出按照数字经济、文化创意等领域特色创业需求，配置孵化用房、共享办公、家居办公等双创空间，配套共享厨房、共享餐厅、共享书吧、共享健身房等生活空间；依托社区智慧平台，形成共享服务需求与供给零距离对接场景。

未来建筑场景提出推广集约高效的公共交通导向开发（TOD）布局模式，推广智慧家居系统应用，搭建数字化规划建设管理平台，构建社区信息模型（CIM）平台，实现规划、设计、建设全流程数字化，建立数字社区基底。

未来交通场景提出创新车位共享停车管理机制，推广应用自动导引设备（AGV）等智能停车技术；为5G环境下的自动驾驶和智能交通运行留白；运用智慧数据技术，集成社区快递、零售及餐饮配送，打造“社区—家庭”智慧物流服务集成系统。

未来低碳场景提出构建社区综合能源系统，创新能源互联网、微电网技术，推广近零能耗建筑，建设“光伏建筑一体化＋储能”的供电系统、“热泵＋蓄冷储热”的集中供热（冷）系统，优化社区智慧电网、气网、水网和热网布局，实现零碳能源利用比倍增。

未来服务场景提出推广“平台＋管家”物业服务模式；建设无盲区安全防护网，围绕社区治安构建设界、控格、守点、联户多层防护网，应用人脸识别等技术，推广数字身份识别管理。围绕社区消防和安全生产，应用智能互联技术，实现零延时数字预警和应急救援。

未来治理场景提出构建社区基金会、社区议事会、社区客厅等自治载体和空间；搭建数字化精益管理平台，强化基层事务统筹管理、流程优化再造、数据智能服务，有效推进基层服务与治理现代化。

二、基于“139理念”的浙江省未来社区发展模式

浙江未来社区的总体发展理念可概括为“139”系统架构：“1”指以人民对美好生活的向往为中心；“3”指人本化、生态化、数字化三维价值坐标；“9”指未来邻里、教育、健康、创业、建筑、交通、低碳、服务和治理九大场景系统。未来社区建设理念的内核是“以人为本”，基于安居需求、生活需求、社交需求三大层次需求构建场景内在逻辑体系。九大场景系统设计原则，结合试点及创建项目实践，将场景系统设计归纳为“PETHRD”6D原则，即POD（生活圈导向）、EOD（生态为本导向）、TOD（公共交通导向）、HOD（人文链接导向）、ROD（韧性安全导向）、DOD（数字孪生导向）。未来社区创建类型主要包括整

合提升、拆除重建、拆改结合、规划新建和全域类等五大类型,在此基础上浙江提出分级分类创建指引。在未来社区的模式与机制方面,牢牢把握未来社区现代化属性、家园属性、民生属性、普惠属性。

三、浙江省未来社区"10分钟生活圈"的创新探索

浙江省基于"生活圈"来配置与引导城市公共服务设施建设,聚焦10分钟步行活动圈,构建未来社区生活圈的核心领域。建设路径上采用"标准+定制"的模块配置、"公益+商业"的功能组织、"集中+分散"的空间布局、"融合+弹性"的共享利用方式。以满足高品质生活服务需要为导向,以实现各场景系统功能为目标,形成"18+N"的标准模块清单,清单包括社区礼堂、幸福学堂、社区食堂、社区客厅等18项公益性及惠民性场景模块组和城市图书馆、社区商业模块等N项选配场景模块组。

四、浙江省未来社区对山东建设未来社区的启示

一是强化顶层设计,统筹推进未来社区建设。建立健全对未来社区建设的统筹领导机制,构建具有指导性的总体规划设计框架,明确主要内容、任务目标、基本路径、重要保障等,引领各级各部门合力推进未来社区建设。以数字化手段推进社区治理、服务等各项应用的整合,以数字孪生理念打造社区数字新空间,形成数字社会基本功能单元系统。

二是创新空间智治,打造未来社区建设新支撑。充分运用新一代地理信息、遥感、大数据等技术,建立可视化、可分析、可计算的数字空间,打造数字孪生、精明智治的空间关键,建设空间智治数字平台。积极建设未来社区的规划体验、数字展示平台,实现未来社区的数字化规划、设计、征迁、施工管理、验收审查、运营维护等建设运营全周期智慧化集成管理。

三是打破数据壁垒,不断拓展未来社区应用场景。按照市级城市大脑、县(市、区)城市中脑、镇(街)城市小脑、社区城市微脑四级架构,搭建未来社区社会治理多部门"齐抓共管"数字平台。自上而下打破政府公共数据瓶颈,形成统一的基层数据收集格式,提高数据的共融互通性。制定安监、消防、城管、卫计、公安等职能部门共同参与社区治理的任务清单,构建标准流程,形成业务协同、数据共享模式。聚焦治理端和服务端需要,全方位挖掘、创造、丰富智慧应用场景,形成一批示范性强、带动面广的典型应用场景。

四是加强政策保障,促进未来社区工作可持续发展。及时跟进未来社区

建设,加快相关政策、法律等问题的调查研究,保障未来社区数字化工作有法可依。提升基层治理数据分析应用能力,为实现基层社会治理体系和治理能力现代化、智慧化提供有力的人才保障。积极探索不同类型未来社区建设的资金保障政策研究机制,加大资源整合,积极探索实现政府、企业、居民等主体共建共享共治的可复制的实践经验。

课题组成员:张磊　牛娟　匡敏

合肥高新区双创示范基地建设主要做法及对我省的启示

合肥高新区是首批国家级高新区，自 2016 年入选首批国家双创示范基地以来，合肥高新区以建设合肥综合性国家科学中心为契机，积极打造以创新驱动发展和构建双创生态为特色的“世界一流高科技园区”，在推动双创政策落地、扶持双创支撑平台、优化双创发展生态等方面取得了明显成效。合肥高新区依托中国科学技术大学、合肥工业大学、安徽大学、中国科学院部分院所等高校和科研院所优势资源，通过产学研结合建设双创产业园区，通过双创实现产业转型升级的做法非常有特色，对我省实施新旧动能转换重大工程具有较大的借鉴意义。

一、合肥高新区双创示范基地建设的主要做法和成效

近年来，合肥高新区充分依托合肥市优质科教资源优势，以双创发展需求为导向，全力构建平台、服务、政策、改革、环境“五位一体”的双创体系，带动形成了智能家电、汽车及配套、新一代信息技术、光伏新能源、生物医药、节能环保等高新技术产业集群，培育了科大讯飞、四创电子、安科生物、阳光电源、国盾量子等知名企业，成为安徽省最大的高新技术产业化基地、合肥综合性国家科学中心核心区、合肥滨湖科学城创新成果转化区，获批建设国家自主创新示范区、全国首批双创示范基地、国家知识产权示范园区，连续五年在国家高新区综合考评中稳居第一方阵，跻身国家世界一流高科技园区建设序列。

（一）全力打造创业创新平台集群，吸引双创资源集聚

充分发挥中国科学技术大学、合肥工业大学、安徽大学、中国科学院部分院所等高校和科研院所的集聚优势，大力实施名校、名所、名企合作战略，建设合肥综合性国家科学中心、中国科学院技术创新工程院、中国科学技术大学先进技术研究院、中国科学院合肥技术创新工程院等新型协同创新平台，引进中国科学院广州生命健康研究院、安徽大学绿色发展研究院、工业和信息化部五

所军民融合研究院等30多个面向双创企业的新型创新平台，力推产学研深度合作，打通从科学到技术再到产业化的链条。截至2022年底，合肥高新区已累计建设各类联合实验室、技术研发和成果转化平台近100个，转化各类成果800余项，孵化企业600余家；自主培育国家高新技术企业1025家，拥有上市公司22家，占全省的1/5；市场主体总数达3.4万家，近3年年均增速40%以上；研发投入占生产总值比重达8.9%，是全国平均水平的3倍；万人有效发明专利数375件，是全国平均水平的30倍，国家级研发机构、省级以上重点实验室、技术研究中心和工程研究中心数量均居全省第一，在科技部2018年国家高新区综合评价“知识创造和技术创新能力”单项排名中位列全国第七。

(二)组建高新区孵化器联盟，健全完善科技孵化链条

孵化器工作是合肥高新区区别于其他类型开发区的主要特点。截至2022年底，合肥高新区各类孵化载体(众创空间、孵化器、加速器、产业园区等)达90余家，其中众创空间38家(国家级12家，占全省的比重为29%)、孵化器21家(国家级9家，占全省的比重为36%)，服务企业超过3200家，培育了合肥高新区50%以上的上市公司和70%以上的瞪羚企业，其中有国内人工智能领域龙头企业科大讯飞、全省唯一美国上市公司华米科技、全省第一家独角兽企业国盾量子。近两年来，腾讯、阿里巴巴、36氪、即联即用等国内外知名企业纷纷落户合肥高新区，并建立了区域创新中心。为进一步提升和完善孵化器建设，合肥高新区一方面积极推动组建了全省第一家县区、开发区级的科技企业孵化器联盟，联盟由区内60家孵化器、众创空间、加速器、产业园区组成，另一方面在全省率先开发了覆盖全区孵化链条的大数据管理平台——科技创新孵化载体信息管理平台，通过汇聚孵化载体和企业数据池，运用大数据手段对各孵化载体及企业进行画像。孵化器联盟已初步促进了区内各类孵化载体之间的交流、融合发展，未来将通过开展孵化器培训、双创活动、交流学习、智库研究等方式，进一步提升孵化载体管理和服务水平。孵化载体信息管理平台于2018年底建成使用，截至2022年底已覆盖全区近60家孵化载体、约2100家在孵企业，汇聚起知识产权、空间场地、创业导师、政策兑现、绩效考核等各类信息20余万条，极大地提升了孵化器的服务效率，也为合肥高新区制定孵化器发展战略提供了大数据参考。

(三)构建“人工智能+合创券”平台，创新运用“企业画像”实施精准科技服务

2016年，合肥高新区采取发行创新创业服务电子券——“合创券”的方式，为小微企业发放政策补贴。企业使用“合创券”向科技中介服务机构购买

服务,科技中介服务机构接受"合创券",并按约定向企业提供服务。在实际操作中,合肥高新区一方面在全省率先建立区域企业法人信息总库,通过全面梳理园区企业历史数据,累计汇总梳理企业记录29700条、各类数据7400万项,科学编制数据目录与字典,建成包含9823家企业的企业法人信息总库;另一方面,借鉴微信、支付宝个人用户画像功能,构建科技型中小企业"百分制"评价模型,为合创券领用企业开展成长画像,按照企业画像评分给予相应额度授信,引导企业全程线上采购科技中介服务、兑现奖补资金,实现按需申领、即领即用。截至2022年底,合创券企业用户画像模型基本成熟,已累计为区内9823家小企业画像。"人工智能+合创券"系统已累计帮助2600余家科技型中小企业领取1.5亿元政策资金,提供科技中介服务过万次,形成发明专利等各类知识产权超500件,促进技术咨询和委托研发超过500项,受服务企业合计营业收入增长37.1%。

(四)打造"合创汇"双创品牌,鼓励和支持创新创业

合肥高新区倾力打造了区域双创活动品牌——"合创汇",搭建创业者与企业家、投资人、创业导师等的对接平台,通过开展项目路演、创业培训等各类活动,帮助创业者解决创业过程中遇到的各种困难,提升创业成功率。截至2022年底,"合创汇"品牌各类双创活动已深度服务创业者600余人,推荐优质项目超过140余个,促成融资金额约5亿元,已成为国内较有影响力的区域双创品牌,多次作为全国双创活动周合肥分会场的主场活动。一大批优质项目通过"合创汇"平台脱颖而出,获得各类投资机构的青睐,咪鼠科技、青空净化等一批优质项目甚至登上了央视《创业英雄汇》的舞台,获得了全国范围内投资人的关注,带动高新区企业获得融资86亿元。

(五)试行青年创业引导资金,破解初创企业融资难题

合肥高新区积极推进省、市、区三级政府合作,通过设立资金池,引入合作银行为企业提供信用贷款、担保贷款。一是针对小企业轻资产、少抵押属性,鼓励银行发放100万元以内信用贷款,发放300万元以内抵押贷款,满足小企业流动资金需求。二是进一步简化贷款流程,实现在线申报,确保从提交资料到贷款审核再到发放贷款分别不超过15天。三是降低合作银行资金风险及成本,约定引导资金与银行风险分担比例为8∶2,对利率上浮不超过基准利率30%的贷款项目给予银行基准利率20%的补贴。四是降低小企业贷款成本,为企业提供基准利率50%的补贴。截至2022年底,通过安徽省青年创业引导资金项目,合肥高新区累计为小微企业发放融资贷款747笔,引导合作银

行发放贷款5.07亿余元，直接带动就业1.7万余人。贷款申请人全部为青年创业者，贷款企业全部为小微创业企业，80％的项目首次获得银行贷款，80％的项目获得无需抵押的信用贷款。初步形成了小微企业贷款的商业化、可持续发展长效机制。

二、合肥高新区双创示范基地建设对我省的启示

一是打造产学研合作创新“策源地”。我省拥有普通高校145所，其中一流大学建设高校3所，分别为山东大学、中国海洋大学、哈尔滨工业大学（威海），一流学科建设高校1所，为中国石油大学（华东），6所高校进入ESI（基本科学指标数据库）中国大学综合排名前100，拥有高等教育一流学科42个。但长期以来，我省未充分利用高校及科研院所资源优势促进企业与高校、科研院所开展多种形式的产学研合作，未充分引导高校及科研院所围绕我省科技、经济发展重点领域开展共性技术、关键技术攻关，为我省经济建设和社会发展服务。建议聚焦新旧动能转换“十强”产业等领域，充分利用山东大学、中国海洋大学、山东省科学院等高校、院所资源，依托青岛蓝谷高新技术产业开发区、济南新旧动能转换先行区等产业转移集聚区，实施名校、名所、名企引进战略，加强高端协同创新平台建设，汇聚创新创业人才资源，构建长效系统化产学研合作体系，推动科技成果转移转化，加快建设一批具有国际影响力的高层次人才聚集中心、高科技产业孵化基地、成果研发和转化基地，打造双创示范基地。

二是建设“互联网＋创业创新”服务平台。借鉴合肥高新区“人工智能＋合创券”模式，建设区域法人基础信息库，打造“人工智能＋双创券”系统和双创载体管理服务系统，利用大数据资源和人工智能手段开展企业画像，并根据企业成长画像，实现政策推送、精准申报、绩效考核、资金兑现、导师管理、产业地图等智能化、精准化服务，切实转变服务方式，提高服务效率。

三是构建创新创业载体“全链条”。围绕双创发展急需的载体等，提升完善孵化场地、设备设施等双创“硬件”，全面强化双创政策扶持、科技金融支撑、双创特色活动等“软件”，构建“众创空间—孵化器—加速器”全程双创载体链条，打造科技企业孵化器联盟，完善科技孵化体系，整合各类双创资源，促进孵化载体服务能力不断提升，为处于不同发展阶段的双创主体提供全要素保障。

四是培育区域双创活动品牌。发挥政府引导作用，大力弘扬鼓励探索、宽容失败、尊重人才、崇尚创造的创新创业文化，支持各类创业服务机构组织开展形式多样的创新创业活动，为中小企业和创客搭建交流展示、产融对接、项目孵化的平台，构建关心、关注和帮助创业者创新创业的浓厚氛围，推动区域

双创文化氛围蔚然成风。

五是着力完善科技金融生态。围绕企业成长的全周期,充分发挥利用山东省新旧动能转换基金、天使基金等资金的撬动作用,引导各类基金集聚,鼓励金融机构聚焦双创主体,打造支持双创的特色金融产品,加大对中小企业,特别是种子期及初创期企业的扶持,构建覆盖企业成长全周期的金融服务"生态圈"。

课题组成员:张靖会